KB261009

경도와 태도

LONGITUDES & ATTITUDES

경도와 태도

토머스 L. 프리드먼 지음 · 김성한 옮김

세계는 지금 어떻게 돌아가고 있으며,
우리 인간은 어떤 태도를 취하고 있는가?

www.book21.com

미국·중동관계를 파악하는 통찰의 나침반

냉전 종식 이후 유일 초강대국으로서의 존재감을 유감없이 보여주었던 미국은 2001년 9·11 테러사태를 계기로 '혁명적 변화'의 시기로 접어들었다. 이전까지 미국은 유일 초강대국이면서도 미국이 가진 힘을 가급적 드러내지 않는 나라였다. 그러나 9·11을 계기로 미국은 자신이 가진 힘, 특히 군사력의 실체를 드러내기 시작했다. '반테러 전쟁'이 시작된 것이다. 그러나 미국은 자신의 동맹국들조차도 테러에 대한 공포를 미국과 완벽히 공유하지 않는다는 사실을 깨달았다. 테러의 대상이 주로 미국에게 집중되어 있는 상황에서 미국은 결국 전통적 동맹국들의 지원을 이끌어내기 위해 노력하기보다는 미국이 가진 압도적인 군사력을 앞세워 반테러 전쟁을 수행하는 '일방주의'를 택했다. 2003년 3월 이라크 전쟁은 그렇게 시작되었다.

그러나 이라크 전쟁이 '혼돈'으로 빠져들면서 미국의 세계전략은 물론 미국의 이미지에도 상당한 손상이 가해졌다. 범세계적으로 반미감정이 드높아지는 가운데 조지 W. 부시 행정부 1기를 주름 잡은 '네오콘'(신보수주의자)들의 외교정책에 대한 비판이 거세졌다. 결국 미국 외교정책이 네오콘의 이념주의적 성향을 탈피하여 실용주의적 모습으로 전환하게 된 것은 러시아·프랑스·독일·중국 등과 같은 강대국의 '압박' 때문이 아니라 2006년 11월 중간선거에서 나타난 미국 유권자의 '심판' 때문이었다. 집권 여당인 공화당이 패하면서 조지 W. 부시 대통령은 기존 정책과 수행 방식에 상당한 수정을 가했다.

이제 미국은 국제문제를 다루는데 있어서 동맹국들과 상의하고, 국제적 다자협력에 미국이 관심을 보이기 시작했다. 그럼에도 불구하고 미국이 이라크 사태를 포함한 중동문제에 몰입하느라 동아시아를 챙기지 못해 동아시아 지역협력 구도를 형성해 가는데 있어서 중국의 '약진'을 허용했다는 비판의 목소리가 국내외에서 커졌다. 미국 경제가 침체의 늪으로 빠져들면서 부시 행정부에 대한 부정적 평가를 넘어 미국의 앞날을 걱정하는 견해들이 잦아졌다. 그 중에서도 최근 들어와 가장 주목을 끄는 것은 중국·인도·러시아와 같은 신흥 강국들의 부상 속에 미국을 중심으로 하는 단극체제(unipolarity)가 막을 내리고 있다는 주장이다. 미국이 과연 이대로 주저앉을 것인지 아니면 기술과 교육에 대한 경쟁력을 바탕으로 신흥강국들의 부상으로 변화하고 있는 세계질서의 형성을 새롭게 주도해 나갈지 기로에 서 있다고 할 수 있다.

유일 초강대국 미국에게 들이닥친 경제위기는 미국의 안보 및 국방 정책 수립에 적지 않은 도전으로 다가왔다. 미국이 대외정책과 안보전략의 기조를 정립하고 이를 정책에 체계적으로 투영시킬 수 있을지는 당면한 경제위기를 얼마나 빨리 극복하느냐에 달려 있다고 할 수 있다. 미국의 경제위기는 국제정치의 판도에 상당한 변화를 초래했다. 미국이 그동안 누려왔던 '패권적 지위'(hegemonic status)가 상대적으로 약화되고, 중국의 '반패권적 지위'(counter-hegemonic status)가 상대적으로 강화되었다. 미국이 경제위기를 조기에 극복하고 산업 및 금융 부분에서의 경쟁력을 조속히 회복하지 않는 한 국제정치경제 구도 속에서 중국의 입김은 시간이 흐를수록 강화될 것이다.

중국뿐만 아니라 러시아·인도·브라질로 대표되는 '브릭스'(BRICs) 국가들의 입지도 한 단계 격상되었다. 이들 국가 역시 2008년 하반기 미국 발 경제위기의 직격탄을 맞았으나 2009년도에 들어와 빠른 속도로 회복되는 모습을 보여주었다. 이는 세계 경제위기 이후 국제관계가 '군사적 단극성'(military unipolarity)과 '정치경제적 다극성'(politico-economic multipolarity)으로 대표되는 특징을 보여주고 있음을 뜻한다. 군사적으로는 미국이 계속 독점적 지위를 유지하고 있지만, 정치적으로는 미국이 중국·러시아·EU 등과, 경제적으로는 중국·일본·인도·브라질 등과 협력해 나가야 하는 구도가 더욱 선명해졌다고 할 수 있다.

조지 W. 부시 행정부로부터 경제위기와 이라크·아프가니스탄 문제를 떠안게 된 버락 오바마 행정부는 출범과 동시에 경제위기 극복, 아프간·파키스탄 문제, 이란 핵문제 및 이스라엘·팔레스타인 문제 해결, 적대국과 적대적 비(非)국가 행위자의 대량살상무기(WMD) 확보 및 사용 예방, 기후 변화 대응책 및 에너지 안보 제고, 군사변혁 지속 등을 전략적 우선 과제로 설정하였다. 전략적 과제를 실천해 나가기 위해서는 테러, 대량살상무기 확산문제, 그리고 국제협력을 이끌어내는 문제 등에 관해 분명한 기조를 정립하는 것이 오바마 행정부의 급선무일 수밖에 없었다.

9·11 테러사태 이후 미국 외교정책의 양대 기조라고 할 수 있는 반테러 및 반확산 문제에 관해 오바마 행정부는 나름대로 분명한 입장을 가지고 있다. 반테러전략의 이념적 기초를 어떻게 정립하는가 하는 문제는 구체적 전략만큼이나 중요하기 때문이다. 오바마 행정부는 '범세계적 반테러 전쟁'(global war on terrorism)이 이슬람에 대한 부정적 정서를 기저에 깔고 군사적 수단만으로 테러를 근절할 수 있다는 그릇된 인식이 범세계적 반발을 불러일으켰다고 보고 더 이상 이 용어를 쓰지 않기로 했다. 오바마 행정부는 범세계적 테러 네트워크를 분쇄하기 위해 군사적 수단만이 아니라 총체적인 미국의 힘을 동원해야 한다고 본다. 테러의 위험이 있는 국가와 지역에 교육·의료지원·무역·투자 등과 같은 '기회'(opportunity)를 수출하고, 정치개혁을 도모하는 시민사회의 역량을 강화하기 위한 지속적 지원을 강조하고 있다.

그러면서도 오바마 행정부는 군사적 측면에서 반테러 전략의 초점을 아프가니스탄과 파키스탄에 두어야 한다고 본다. 그는 아프가니스탄에서 북대서양조약기구(NATO)군이 보여주고 있는 한계를 극복하기 위해선 미군을 보다 강화하여 유기적으로 통합된 전략을 구사할 수 있어야 한다고 믿는다. 이러한 전제를 바탕으로 오바마 행정부는 이라크에서 미군을 철수하고 아프가니스탄에 대한 미군 병력을 증강시켜 탈레반 세력의 준동을 저지하기 위해 전력을 투구하고 있다. 오바마 행정부의 반테러 정책은 동맹 및 우방국들과의 협력에 바탕을 두고 있다.

반확산 문제에 대해서도 오바마 행정부는 핵무기와 핵물질의 확산을 막기 위해 범세계적 협력이 필요하다는 점을 직시하고, 특히 러시아와의 협력을 실천에 옮기고 있다. 동시에 오바마 행정부는 미국이 신세대 핵탄두 개발을 서두를 필요가 없다는 입장을 견지하고 있다. 포괄적핵실험금지협약(CTBT)을 조속히 비준하고, 새로운 핵무기 관련 물질 생산을 금지하는 범세계적 검증체계를 확립하기 위해 노력하고 있다. 아울러 평화적 목적을 위한 핵개발이라는 구실 아래 핵무기 개발의 길을 사실상 열어주고 있는 핵비확산조약(NPT) 체제의 허점을 보완하기 위한 준비 작업에 착수했다. 오바마 대통령은 선거운동 과정에서 국제원자력기구(IAEA)가 핵연료를 통제하는 '핵연료 은행' 설립을 위해 5천만 달러를 투자할 것을 공약했다. 오바마 대통령은 2009년 4월 체코 프라하에서 행한 연설에서 "핵 없는 세상은 나의 꿈"이라며 '핵 없는 세상'을 주창했다. 이에 대한 방법으로 미국과 러시아의 핵무기 대폭 감축, 모든 핵실험을 금지하는 협약 채택, 핵무기를 만들 수 있는 물질생산을 입증 가능한 방식으로 전면 중단할 것을 선언했다.

오바마 행정부는 이러한 대외정책 기조를 바탕으로 행정부 출범과 동시에 다섯 가지 외교목표를 설정했다. 이라크전의 책임 있는 종료, 알카에다와 탈레반과의 투쟁 종식, 테러리스트와 불량국가로부터 핵무기와 핵물질 제거, 진정한 에너지 안보 실현, 21세기 도전에 대처하기 위한 동맹 재건이 그것이다. 오바마 대통령은 당선자 시절부터 이러한 외교목표를 실현하기 위한 방편으로써 '직접외교'(direct diplomacy)를 강조했다. "어느 누구와도 만나겠다. 대화하지 않는다고 미국이 강인해 보이진 않는다"라고 하여 '외교의 힘'(power of diplomacy)을 중시하는 모습을 보여주었다.

외교정책의 이념적 좌표라는 측면에서 볼 때 오바마 대통령의 경우 정치체제와 관계없이 비민주국가의 지도자들과도 만나겠다고 한 점에서 현실주의(realism)에 근접한다고 할 수 있다. 그러나 미국이 조속히 포괄적핵실험금지협약(CTBT)을 비준하고 미국 주도의 국제적 다자협력과 공동안보를 강조하는 점 등은 자유주의적 국제주의(liberal institutionalism)에 가깝다. 따라서 오바마 행정부의 대외정책은 현실주의적 요소와 자유주의적 국제주의적 특징이 혼합한 실용주의적 형태를 띠고 있고, 이러한 추세는 상당 기간 지속될 전망이다.

9 · 11 테러가 발생한 후 미국이 군사력 중심의 일방주의로부터 동맹 및 우방국과의 협력을 강조하는 다자주의로 발전하기까지 8년이라는 세월이 흘렀다. 하지만 미국의 '반테러전쟁'의 근거지가 된 아랍-이슬람 세계는 여전히 '변화'의 모습을 목격하기 힘들다. 자유가 싹 틀 기미는 보이지 않고 이라크의 약화를 틈 타 이란은 지역패권국이 되기 위해 핵개발에 박차를 가하고 있다. 아라파트 의장이 사망한 이후 팔레스타인은 여전히 내분에 휩싸여 이스라엘에 대한 '투쟁'에서 계속 밀리고 있는 형국이다. 9 · 11 테러리스트의 대부분을 배출한 사우디와 이집트

에서 정치적 자유화가 싹트고 있다는 얘기는 들려오지 않는다.

　뉴욕타임스의 외교전문 칼럼니스트 토머스 프리드먼이 지향하는 미국과 이슬람 간의 '윈-윈 게임'의 필요성은 그래서 여전히 유효하다. 미국은 민간 여객기를 미사일로 둔갑시켜 미국의 상징인 세계무역센터에 충돌시킬 정도의 '증오심'이 이슬람 지역에서 확산되지 않도록 각별한 관심을 기울여야 한다. 오바마 행정부의 키워드 중의 하나인 '스마트 파워'는 특히 대 중동외교에서 체계적으로 반영되어야 한다. 마찬가지로 이슬람 지도자들은 미국에 대한 분노보다는 삶의 기술을 국민들에게 가르치도록 노력해야 한다. 이슬람 정부들은 반정부 세력들을 탄압하면서 정부에 대한 국민들의 불만을 미국 쪽으로 돌리는 기만적 행위를 중단해야 한다.

　토머스 프리드먼은 『베이루트에서 예루살렘까지』(1989), 『렉서스와 올리브 나무』(1999)에 이어 『경도와 태도』(2002)를 출간해 베스트셀러 작가로서 명성을 다졌고 퓰리처상을 세 번 씩이나 수상했다. 중동문제에 대한 깊이 있는 통찰력을 보여주면서 미국과 이슬람 간의 '화해'를 시도했건만 프리드먼의 희망은 점차 실망감으로 바뀌고 있는 것 같다. 그는 중동문제를 '해결'하기 위해선 석유에 대한 의존도를 줄여 환경친화적인 에너지 개발을 하는 것이 유일한 방안이라는 생각을 하고 있다. IT의 발달로 인해 전 세계가 지식과 정보를 공유하게 되고 이로 인해 세계가 평평해질 수 있다고 주장한 『세계는 평평하다』(2007)에 이어

『코드 그린: 뜨겁고 평평하고 붐비는 세계』(2008)를 출간하여 '녹색 혁명'의 전도사가 되었다. 중동이 석유를 붙들고 앉아 계속 세계화에 뒤쳐진 상태에서 시대착오적 행태를 반복하고 인류에게 걱정거리만을 안겨준다면 세계가 중동을 떠날 수밖에 없고, 그 방안 중의 하나가 바로 환경 친화적 에너지 개발이라는 것이다.

따라서 토머스 프리드먼의 저작들을 섭렵하게 되면 역사의 수레바퀴가 어떤 방향으로 굴러가고 있는지를 이해하게 된다. 레바논 내전을 취재하면서 웬만한 비극적 사건에는 눈물 한 방울 흘리지 않는 이른바 '감정의 방탄조끼'를 입게 되는 과정을 묘사한 『베이루트에서 예루살렘까지』를 출간하고 그는 시야를 세계화 과정으로 돌린다. 『렉서스와 올리브 나무』에서 세계에는 두 가지의 투쟁이 진행되고 있다. 전자는 번영과 개발이며, 이는 렉서스로 상징된다. 반면에 정체성과 전통을 지키려는 움직임은 올리브 나무로 나타난다. 이 책에서 프리드먼은 미국의 맥도널드 햄버거 체인점의 로고를 상징하는 M자형의 이른바 '골든아치'가 들어선 나라들 사이에는 전쟁이 일어나지 않는다는 이른바 '분쟁 방지의 황금 아치 이론'(Golden Arches Theory of Conflict Prevention)을 제시하였다. 중동지역에서는 이스라엘·사우디아라비아·이집트·레바논·요르단에는 맥도날드 체인점이 있으며, 이들 나라에 맥도널드 햄버거 체인점이 진출한 이후로 그 나라들 사이에는 전쟁이 일어난 적이 없음을 예로 들고 있다. 뒤이어 그는 중동문제에 관해 뉴욕 타임스에 기고했던 칼럼 모음집 『경도와 태도』를 통해 중동문제가 얼마나 풀기 어려운 퍼즐인지를 현장감 있게 생생하게 보여주었다. 그 다음에 토머스 프리드먼은 『세계는 평평하다』에서 IT 혁명이 세계화에 미치는 영향에 천착하여 국가보다는 개인을, 암기력보다는 상상력의 중요성을 강조했다. 이 역시 개인의 상상력을 중시하지 않는 중동지역의 한계를 지적하는 메시지를 담고 있다. 그 이후 토머스 프리드먼은 『코드 그린: 뜨겁고 평평하고 붐비는 세계』를 출간했다. 세계화를 올바른 방향으로 유도하고 중동지역을 더 이상 화약고로 만들지 않기 위해선 모든 나라가 합심해서 기후변화와 에너지 문제에 대처하기 위한 '녹색 혁명'을 일으켜야 한다는 것이다.

이 모든 저작의 기저에는 그의 수십 년 전문 분야인 중동에 대한 고민이 스며들어 있다. 따라서 중동문제의 복잡성과 이에 대처하는 미국의 고민을 이해하지 않고서는 다른 저작들에 대한 이해가 피상적일 수밖에 없다. 『경도와 태도』를 '21세기 북스'에서 재출간하여 독자들에게 새롭게 다가가는 이유가 여기에 있다. 10년 가까이 된 토머스 프리드먼의 칼럼들이지만 독자들에게 미국과 중동관계를 파악하는 통찰력이 무엇인지를 보여주는 값진 기회가 될 것임을 믿어 의심치 않는다.

2009년 10월 안암동 연구실에서
김 성 한

칼럼

9·11 사태 이전 │ 2000년 12월 15일~2001년 9월 11일

칼럼

9·11 사태 이후 │ 2001년 9월 13일~2002년 7월 3일

워드 앨범

9·11 테러가 발생하기 훨씬 전, 나는 『뉴욕 타임스』의 국제문제 칼럼니스트로 일하는 것이 세상에서 가장 멋진 일이라고 생각했다. 그것은 내가 아는 한 합법적으로 할 수 있는, 가장 재미있는 일이었기 때문이다. 호기심에 가득 찬 여행자가 되어 자신의 의견대로 글을 쓰고 그에 대한 대가도 받을 수 있었다. 이런 생각은 9·11 사태 이후에도 변함이 없었다. 하지만 이제는 그 일이 재미있다고 말하지는 않는다. 그보다는 '반드시 해야 할 일'이라는 것이 더 나은 표현일 듯싶다. 이곳저곳 자유롭게 돌아다니며 내 생애에서 가장 대단한 사건에 대해 기사를 쓴다는 것은 저항할 수 없을 만큼 매력적인 일이다.

처음부터 나는 두 가지 사실에 초점을 맞춰 글을 썼다. 첫째는 9·11 테러로 우리의 삶에 뛰어든 19명의 자살특공대가 누구인가 하는 점이다. 또 무엇이 그들에게 테러를 감행하게 했고, 무엇이 대부분의 아랍인과 이슬람 세계가 그들의 행동에 암묵적인 지지를 보내게 만들었는가 하는 점이다. 내 생각으로는 국가적인 차원에서 그들이 누구인지 알아내지 못한다면 우리는 결코 안전할 수 없고, 제2의 9·11 사태도 막지 못한다. 내가 글을 쓰게 된 또 다른 동기는 우리가 누구인지 즉 우리 미국에 대해 좀 더 정확하게 이해하고 좀 더 정확하게 표현하고 싶다는 욕구였다. 나는 우리가 미국인으로서 가지고 있는 특성, 그러니까 이번 사태를 통해 깨달은 미국의 특성에 초점을 맞추었다. 우리가 왜 다른 사람들의 분노와 시기의 대상이 되어야 하는지 설명해 줄 특성 말이다.

이 책에는 내가 이번 사태에 대해 직접 조사하는 가운데 얻게 된 개인적인 견해를 피력해 놓았다. 이 책은 두 부분으로 나누어져 있다. 앞에는 9·11 사태 이전에 쓴 칼럼들 중 11개를 선정했고, 이와 함께 2001년 9월 13일부터 2002년 7월 3일 사이에 쓴 거의 모든 칼럼을 실었다. 칼럼의 순서는 『뉴욕 타임스』에 게재된 날짜순에 따랐다. 해외에서 쓴 칼럼들은 당시 내가 머물고 있던 곳의 시간을 기준으로 삼았다. 물론 국내에서 쓴 칼럼은 시차를 염두에 둘 필요가 없다. 그리고 두 번째 부분은 내가 이번 9·11 사태에 대한 연구를 위해 여행하며 기록한 일기들이다. 나는 일주일에 두 번씩 매번 740단어 분량의 글을 연재했다. 이를 위해 훨씬 더 많은 자료를 모으고 훨씬 더 많은 사람들을 만나곤 했지만, 그런 정보들을 한정된 칼럼 안에 모두 담을 수가 없었다. 9·11 사태 이후 나는 비망록 속에 관련 정보를 모아 두었다. 내가 그 정보들을 독자 여러분과 나누려는 이유는 다음과 같다. 나는 칼럼을 쓰면서 당시 내 주위에서 일어났던 일들을 조금이나마 전달하고 싶다. 또한 내가 어떤 이유에서 그런 칼럼을 썼고, 어떻게 나의 의견을 전개하게 되었는지도 알리고 싶다. 매주 칼럼을 쓰는 작업이 단지 작은 점을 찍는 행동이라고 표현한다면, 일기를 쓰는 작업은 이러한 점들을 연결하는 과정이었다.

칼럼니스트로서 하고 싶은 말이 한마디 있다. 신문에 내 칼럼이 나오기 전에 그것을 보는 사람은 편집장뿐이다. 그는 내용을 보고 문장이 문법에 맞는지, 오자는 없는지 검토한다. 하지만 그는 내가 어떤 의견을 내놓든, 어떤 입장을 취하든 전혀 관여하지 않는다. 나는 독립적으로 일한다. 나는 언제 어디로 갈지 스스로 결정한다. 즉 특정한 이슈들에 대해서 독자적인 의견을 제시할 수 있는 완벽한 자유를 누리고 있는 것이다. 위에서 언급했듯이, 『뉴욕 타임스』 칼럼니스트는 대단히 매력적인 직업이다. 나는 1995년 1월부터 국제문제 칼럼니스트로 일해 왔지만, 그 동안 내가 채택한 견해나 내가 쓴 칼럼 때문에 『뉴욕 타임스』의 사장과 이야기를 나눈 적이 없다. 앞으로도 그럴 것이다. 아무도 나를 아프가니스탄·파키스탄·이스라엘·인도네시아로 파견하지 않았다. 내가 그 곳에 간 것은 많은 기사거리가 있고, 의문 나는 점들을 풀 수 있으리라는 생각 때문이었다. 나는 완전한 자유를 누리며, 비용에 대한 제약도 거의 받지 않고 이곳 저곳을 탐사했다.

나는 칼럼니스트로서 다양한 경험을 했다. 우선 국제경제 문제에 초점을 두고 일을 시작하고는 세계화에 수반되는 전반적인 현상에 대해 주의 깊게 지켜보았다. 이후 NATO·중동·중앙아시아·중국, 그리고 환경문제로 관심이 쏠렸다. 이번 9·11 사태는 나에겐 도저히 그냥 지나칠 수 없는 사건이었다. 왜냐하면 이번 사태는 세계화와 중동 문제라는 중요한 두 가지 관심사를 모두 포함하고 있기 때문이다.

칼럼니스트로서, 나는 독자들이 내 칼럼에 대해 다음 네 가지 가운데 한 가지 반응을 보여주기를 기대한다. 하나는 칼럼을 읽고 이렇게 말하는 것이다. "그건 내가 몰랐던 사실이로군요." 때로는 독자들의 선생님이 되는 일도 재미있다. 다른 하나는 칼럼을 읽고 이렇게 말하는 경우다. "전에는 이런 식으로 생각한 적이 없었는데……" 이 또한 독자들에게 사건에 대한 새로운 시각을 제공한다는 점에서 만족스러운 일이다. 다른 또 하나의 반응은 내가 칼럼니스트로서 가장 좋아하는 반응인데, 독자들이 글을 읽고 다음과 같이 말하는 것이다. "당신이 말하는 건 바로 내가 말하고 싶었던 것이군요. 하지만 난 그것을 어떻게 표현해야 할지 몰랐어요." 그리고 마지막으로 독자들이 이렇게 이야기하는 경우이다. "당신 얘기는 말도 안 돼요." 칼럼의 의미는 그 글의 내용을 좋아하는 사람보다는 싫어하는 사람들에 의해 명확해진다. 나는 도전적인 발언으로 세상을 떠들썩하게 하고 때로는 독자들을 화나게 만들고 싶다. 물론, 단순히 센세이션을 일으키기 위해 억지를 부리고 싶지는 않다. 그저 내가 느끼는 바를 매우 정확히 표현해서 반향을 일으키기를 바랄 뿐이다. 만일 내가 그러한 일들을 내켜 하지 않는다면, 칼럼 쓰는 일을 그만두었을 것이다. 나는 이 책에 실린 칼럼을 읽은 독자들이 위에서 말한 네 가지 반응 가운데 한 가지 반응을 보이리라 기대한다.

이 책 속의 칼럼들과 일기는 9·11 사태에 대한 종합적인 역사 기록이나 심층 연구를 하려는, 혹은 테러가 발생한 요인을 분석하려는 의도에서 작성된 것이 아니다. 그런 일들은 역사학자들의 몫이다. 나는 내 칼럼과 일기가 역사학자들에게 '어느 기자가 쓴 9·11 사태 이후 여정의 기록'이라는 하나의 사료로서 도움이 될 수 있기를 희망한다. 나는 내 칼럼과 일기가 9·11 사태의 경험을 (글로 구성된) '워드 앨범'으로 만드는 데 조금이나마 보탬이 되었으면 한다. 시중에는 9·11 사태를 되새기기 위해 많은 사람들이 포토 앨범을 구입하고 있다. 이 칼럼과 일기는 우리가 느꼈던 감정들을 사진보다는 글로 보존하기 위해 만들어졌다.

자, 그럼 앨범을 펼쳐 보자.

거대담론

프롤로그

거대담론

나는 이른바 거대담론(super-story)의 신봉자이다. 거대담론이란 우리가 세상에서 벌어지는 일들을 보고, 정리하여, 무엇이 중요하고 무엇이 중요하지 않은가를 결정하는 과정에서 활용 가능한 폭넓은 시각, 다시 말해 거시적인 사고의 틀을 의미한다. 9·11 사태는 이유 없이 발생한 것이 아니다. 그것은 새로운 세계 체제로 인해 생겨났다. 위에서 언급한 세계 체제로 모든 현상을 설명하지는 못하지만 다른 어떤 원인보다도 다양한 측면에서 많은 현상들을 설명할 수 있다. 새로운 세계 체제란 이른바 '세계화'를 의미한다. 세계화는 1980년대 후반에 떠오르기 시작해 제2차 세계대전 말기부터 시대를 지배했던 냉전 체제라는 국제 질서를 바꾸어 놓았다. 이 새로운 체제가 내가 9·11 사태를 설명하는 렌즈, 거대담론이다.

나는 세계화를 이전까지는 경험하지 못했던 규모의 시장, 운송 시스템과 통신 시스템의 거역할 수 없는 통합으로 규정하고 싶다. 이러한 통합을 통해 개인·기업·국가는 보다 멀리, 보다 빠르면서도 깊게, 그리고 더욱 저렴한 비용으로 세계 곳곳에 도달할 수 있다. 그 역도 마찬가지다.

세계화 체제는 냉전 체제와 몇 가지 측면에서 매우 다른 특성을 보인다. 이러한 특성은 9·11 사태를 이해하는 데 매우 중요하다. 나는 지난번에 출간한 『렉서스와 올리브나무』에서 현재 세계 체제의 특성을 자세히 다뤘기 때문에 여기서는 간략히 강조하고 싶다.

냉전 체제는 단 한 가지 특성만으로 모든 것을 명확하게 설명할 수 있다. 그것은 바로 분할(지역구분)이다. 세계는 분리되고 잘게 조각나 있었다. 당사자가 기업이든 국가든 누릴 수 있는 기회나 겪게 되는 고초는 모두 그 중 어느 진영에 속해 있는가에 달려 있었다. 이러한 냉전 체제는 한 단어로 상징되었다. 그것은 바로 장벽, 그 중에서도 베를린 장벽이었다.

하지만, 세계화 체제는 이와 다르다. 모든 것을 명확하게 설명하는 특징은 바로 통합이다. 오늘날 세계는 점점 그물망처럼 촘촘히 연결되고 있다. 오늘날 국가와 기업을 막론하고 어떤 기회나 위협에 직면하느냐는 누구와 연결되어 있느냐에 달려 있다. 그리고 이러한 세계화 체제를 설명하는 결정적인 단어가 웹(Web), 그러니까 월드 와이드 웹(World Wide Web)이다. 따라서 좀 더 넓은 안목으로 본다면 우리는 분열과 장벽을 중심으로 세워진 세계 체제로부터 통합과 웹을 중심으로 구축된 세계 체제로 이전해 왔다. 냉전 시대에는 두 강대국인 미국과 소련 사이에 핫라인(Hot-Line)이 개설되어 있었다. 핫라인은 세계가 두 진영으로 분리되어 있다는 사실을 극명하게 보여 주는 상징물이었고, 미국과 소련의 두 국가원수는 공동의 안녕에 대한 책임을 져야 했다. 그러나 세계화 체제에서는 인터넷이 개설되어 있다. 이는 우리 모두 연결되어 있으며, 누구도 책임질 위치에 있지 않다는 사실에 대한 하나의 상징이다.

현재 전 세계 모든 사람들은 직접적이든 간접적이든 이 새로운 국제 체제에 의해 영향받는다. 하지만 결코 그것을 통해 모두가 이익을 얻지는 못한다. 세계화가 확산될수록 세계화에 대한 반감이 커지는 것도 바로 이 때문이다. 사람들은 세계화로 인해 모두가 획일화되고 세계화의 물결에 압도당하며, 세계화가 요구하는 조건들을 따라잡을 수 없다고 반발하고 있다.

냉전 체제와 세계화 체제 사이에 존재하는 다른 핵심 차이점은 힘이 생성되는 방식에서도 나타난다. 냉전 시대에는 민족국가를 중심으로 힘이 형성되었다. 냉전 체제는 국가를 단위로 이루어졌으며, 국가를 통해 모든 활동이 이루어졌다. 냉전 체제는 국가들 사이의 대치와 균형 또는 동맹에 의해 이루어지는 드라마였다. 그리고 궁극적으로 미국과 소련이라는 초강대국들을 중심으로 균형을 이루는 구도였다.

냉전 체제와는 대조적으로 세계화 체제는 서로 영향을 미치는 세 개의 힘을 기반으로 구축된다. 첫 번째는 국가들 사이에 이뤄지는, 전통적인 힘의 균형이다. 세계화의 질서 속에서 미국은 유일하고 강력한 초강대국이며 다른 나라들은 정도의 차이만 있을 뿐 모두 그 아래 종속되어 있다. 미국과 여타 국가들, 혹은 여타 국가들 사이에서 이동하는 힘의 균형은 세계화 체제의 안전성에 매우 중대한 영향을 미친다. 그리고 이 같은 힘의 균형을 이해할 수 있을 때 비로소 신문 1면에서 읽은 뉴스들을 제대로 파악할 수 있다. 러시아와 중국, 이라크와 이란, 인도와 파키스탄 간의 대립 뉴스들도 이 같은 측면에서 바라본다면 쉽게 이해할 수 있다.

세계화 체제에 영향을 미치는 두 번째 힘의 균형은 국가와 세계 시장 사이에 존재한다. 세계 시장에는 단 한 번의 마우스 클릭으로 전 세계 어디로든 막대한 자금을 이동시킬 수 있는 수백만 명의 투자자들이 있다. 나는 그들을 '전자투자가 무리'(Electronic Herd)라고 부른다. 이들은 미국의 월 스트리트, 홍콩, 런던, 그리고 프랑크푸르트 같은 세계 금융 중심지에 모여 있다. 나는 이러한 세계 금융 중심지를 '초강대시장'(Supermarket)이라고 부른다.

이러한 전자투자가 무리와 초강대시장의 태도와 행동은 마음만 먹으면 한 국가정권의 몰락도 불러올 수 있는 막대한 영향력을 행사한다. 1998년 인도네시아의 수하르토 대통령이 쫓겨난 것은 누구 때문인가? 그것은 다른 국가의 힘이 아닌 초강대시장의 힘이었다. 초강대시장은 인도네시아 경제에 대한 지원을 중단하고 국가신용에 의문을 제기했다. 만일 여러분이 이러한 초강대시장의 힘을 분석에 집어넣지 않는다면 신문 1면을 제대로 파악할 수 없을 것이다. 미국이 폭탄을 투하해 한 정권을 무너뜨릴 수 있다면, 초강대시장은 한 나라의 국채 신용등급을 하락시켜 정권 몰락까지도 불러올 수 있다. 다른 말로 하면, 미국은 세계화 게임판을 유지하는 유력 선수이지만, 게임판의 움직임에 혼자서만 영향을 미치는 것은 아니다.

세 번째 힘의 균형은 정말로 주목해야 하는 것이다. 이것은 9·11 사태와 가장 밀접한 연관관계가 있는 새로운 힘으로, 개인과 국가 사이에서 발생하는 힘의 균형을 뜻한다. 세계화로 인해 사람들의 이동을 방해하던 각종 장벽들이 무너졌고, 세계는 하나의 네트워크 안에 묶였다. 그로 인해 개인들이 시장과 국가에 역사상 어느 때보다도 막강한 영향력을 행사할 수 있게 되었다.

사람들은 인터넷을 통해 세계 어느 곳이든 거의 무료로 의사를 교환할 수 있게 되었다. 또한 인터넷으로 돈을 전송할 수 있게 되었고, 국가의 통제로 불가능했던 무기 제작법도 인터넷을 통해 쉽게 입수할 수 있다. 또한 누구든 장비 가게에서 500달러짜리 인공위성 수신기능을 갖춘 GPS장치만 구입하면 납치한 비행기를 통제할 수 있게 되었다.

세계화는 개인의 능력을 증대시켜 국가를 매개로 하지 않고 전 세계에 막강한 영향력을 행사할 수 있도록 했다.

오늘날 세계 질서를 이해하기 위해서는 초강대국과 초강대시장 뿐만 아니라 초강대개인(Super-empowered individuals)의 존재도 염두에 두어야 한다. 초강대개인들 가운데 일부는 현재의 세계 질서에 불만을 품고 있고, 또 일부는 놀랄 만한 역량을 발휘하고 있다. 하지만 중요한 점은 이들이 세계무대에서 훨씬 더 직접적이고 강력한 영향력을 행사할 수 있다는 사실이다.

오사마 빈 라덴은 1990년대 후반 미국에 대한 전쟁을 선포했다. 그가 아프리카에 위치한 두 곳의 미국 대사관에 폭탄 테러를 감행한 뒤, 미 공군은 아프가니스탄 영토 안에 있는 그의 군사 거점에 크루즈 미사일을 발사하고 보복 폭격을 단행한다. 생각해 보라. 1998년 어느 날, 오사마 빈 라덴을 목표로 미국이 75개의 크루즈 미사일을 발사했다. 대당 1백만 달러나 하는 크루즈 미사일을 빈 라덴 한 사람을 상대하기 위해 발사한 것이다. 이 일은 초강대국과 분노에 찬 초강대개인 사이에 벌어진 최초의 전투였다. 그리고 9·11 사태는 그 두 번째 전투였다.

조디 윌리엄스는 1997년 지뢰를 불법화하자는 협약 체결에 일조한 공로로 노벨 평화상을 받았다. 약 120개 정부가 이 협약을 지지했으나 중국, 러시아, 미국은 반대했다. 윌리엄스는 "당신은 어떻게 그 일을 할 수가 있었죠? 다섯 개 대륙의 일천여 시민단체들과 비정부기구(NGO)들을 조직해 강대국들이 반대하는 조약을 체결할 수 있었던 비결은 무엇이었나요?"라는 질문에 대해 다음과 같이 간단하게 대답했다. "이메일을 통해서였지요." 조디 윌리엄스는 이메일과 네트워크로 얽힌 세계를 이용해 스스로를 초강대개인으로 만들었다.

국가는 여전히 중요한 존재다. 특히 미국의 경우 그러하다. 하지만 초강대시장과 초강대개인 역시 중요하다. 이 세 가지 힘 사이에 복잡한 상호관계를 이해하지 못한다면, 세계화 체제는커녕 조간신문의 1면조차(혹은 9·11 사태를) 이해하지 못하게 될 것이다. 이제, 우리는 국가 간의 힘겨루기, 국가와 초강대시장 사이의 힘겨루기, 초강대개인(불행히도 대부분 분노에 찬) 대 초강대시장과 국가라는 3자 사이의 힘겨루기에 대해 이해해야 한다.

9·11 사태 이전

2000년 12월 15일 ~ 2001년 9월 11일

훈장

2000년 12월 15일

앨 고어는 베트남 전쟁에 참전했지만, 실제로 전투 경험이 많은 것은 아니었다. 대통령선거 유세 기간 내내 그는 모든 미국인을 위해 '싸우겠다'고 말했다. 그리고 수요일 밤에 있었던 대선 결과 승복 연설에서, 앨 고어는 국가를 위해 '총탄'을 맞은 셈이 되었다.

그 총탄은 5명의 보수적인 대법원 판사들이 미국의 심장을 향해 쏜 것이었다. 정치적으로 편향된 그들의 판결은 조지 W. 부시를 대통령으로 당선시켰다. 다섯 명의 판사는 플로리다 주정부가 후보자 선거인단 명부의 마감 시한을 12월 12일로 정한 이상 이를 지키는 것이 가장 중요하다는 판결을 내렸다. 요컨대 플로리다주 대법원이 플로리다의 모든 유효 투표수를 인정할 수 있는 공정하고 일관된 방안을 모색하는 것보다 그러한 지침을 지키는 일이 더 중요하다고 판단한 것이다. 게다가 전국 대통령 선거인단은 12월 18일에 투표를 하기 때문에 사실 플로리다주 대법원의 판결은 연방정부의 규정에 부합되는 것이었다. 결국 보수적인 다섯 판사들은 투표권의 신성함보다 기일 준수의 신성함이 더 중요하다는 판결을 내린 셈이다. 실제로 기일을 준수하는 것보다는 투표권을 지키는 것이 더 의미 있는 일인데도 말이다.

렌퀴스트(대법원장)의 법원에는 이제 '우리는 기일을 준수해야 한다'

(In calendars we trust)*는 새로운 유산이 생겼다.

이 다섯 명의 판사들이 당시 주지사였던 부시를 대통령으로 당선시키기 위해, 결승선을 끌어당기는 도움을 주는 식의, 공화당 원로로서 퍽 어울리는 판결을 했을 것이라는 사실은 쉽게 짐작할 수 있다. 그리고 당시 이들에 대해 반대 의견을 개진했던 브라이어, 긴스버그, 수터, 스티븐스 등 4명의 대법원 판사들의 목소리에 귀를 기울일 필요가 있다. 그들은 다섯 명의 동료들에게 맡겨진 것이 정확히 무엇인지 온 나라에 물었던 것이다. 법적 원칙과 논리적 원칙을 무시하고 행동한 그들에 의해서 입은 상처에 대해서, 브라이어 판사는 이렇게 말했다. "이 판결은 법정뿐만 아니라 국가 전체에 상처를 남겼다."

하버드 대학의 윤리철학 교수인 마이클 산델은 이렇게 말했다. "법정은 이번 판결을 정당화시킬 어떠한 원칙적 논거도 만들지 못했을 뿐만 아니라, 다수의 보수주의자들의 주장, 즉 연방정부의 개입에 대해 주정부의 권리를 보호해야 한다는 논리와도 모순된다. 그것이 바로 이번 판결이 원칙적인 문제보다는 당파싸움의 문제로 보이는 이유다. 그리고 이런 이유로 사람들은 보수적인 이 다섯 판사들이 부시 대통령의 손을 두 번씩이나, 한 번은 11월에, 한 번은 12월에 들어준 셈이라고 말하고 있다."

이제 고어의 승복 연설을 다시 한번 되새겨 보자. 사실 고어는 국가를 대신하여 총탄을 맞은 것이다. 법의 지배란 비록 그것이 잘못된 편견을 갖고 집행되었다 하더라도, 판결을 받아들이는 사람이 법과 그 배후의 체제가 최종적이고 합법적이라고 여길 때 더욱 공고해지기 때문이다. 비록 법이 우리에게 불리하게 적용될지라도 우리가 법 체계에

---

* Head Start – 미국의 빈민층 아이들을 위한 교육 프로그램

대한 신뢰를 재확인할 때에 체제는 유지 개선되고 오류로부터 배우게
되는 것이다.

이것을 명확히 인지했던 앨 고어는 우아하게 후퇴하면서, "이것이
미국이다. 우리는 당리당략보다 국가를 먼저 생각한다."고 말했다.

만약 중국이나 러시아 스파이가 워싱턴에서 빼낼 수 있는 최고급 비
밀정보를 찾고 있다면, 여기에 무료 비밀 정보가 있다. 바로 앨 고어의
연설문을 훔쳐라. 그의 연설문 몇 페이지 안에는 진정한 미국의 정수
가 담겨 있다.

그 비결은 월 스트리트나 실리콘 밸리에 있지 않다. 공군이나 해군
에 있지도 않으며, 언론의 자유 또는 자유로운 시장에 있지도 않다. 그
것은 바로 그 모든 것들의 기저를 이루는 법치주의와 제도에 있으며,
그런 법치주의와 제도야말로 누가 권력을 잡느냐에 상관없이 각각의
요소들을 번영시켜주는 것이다.

미국의 궁극적인 힘은 부시 대통령이 추구하는 군사 시스템이나 인
텔의 최신 기술에서 나오는 것이 아니다. 물론 그런 것들이 중요하지
않다는 것은 아니다. 하지만 진정한 힘은 우리가 선조에게서 물려받은
법 체계로부터 나온다. 미국의 법 체계는 천재들이 만들어냈고 따라서
어떤 바보라도 이해할 수 있다.

부시 대통령은 이러한 법 체계를 보존하는 것이 미국뿐만 아니라 전
세계에 매우 중요한 의미를 지닌다는 사실을 곧 이해하게 될 것이다.
미국은 지금 전 세계에 마이클 조단 같은 영향력을 행사하고 있다. 이
러한 영향력 때문에 많은 국가들이 미국에 이러한 지배력을 가져다 준
제도와 경제를 부러워하고 있다. 물론 일부는 미국의 영향력에 반감을
갖고 있다. 하지만 전 세계가 이번 앨 고어의 연설을 주의 깊게 바라보
았다. 마찬가지로 전 세계는 미국이 현 체제와 경제를 지속시킬 수 있

어야만 오늘날 세계 정세가 안정될 수 있다는 것을 이해하기 때문이다.

앨 고어는 선거 결과에 대해 우아하게 승복함으로써, 미국의 체제를 한층 더 견고하게 만들었다. 부시 대통령은 재임 기간 동안 체제를 더욱 강화시킬 것이다. 선거전은 이제 끝났다. 승자는 결정되었다. 하지만 아무도 앨 고어가 패했다고는 생각지 않는다. 앨 고어 자신이 그랬듯이 "이것이 미국이다." 그리고 그것이 우리가 얻은 유일한 것이기 때문이다.

내가 가장 존경하는 스승

2001년 1월 9일

지난 주 일요일 『뉴욕 타임스 매거진』은 작년에 작고한 사람들 가운데 세상에 특별한 발자취를 남긴 사람들을 반추해 보는 특별호를 발간했다. 독자들도 개인적으로 존경하는 사람이 있을 것이다. 물론 나에게도 존경하는 사람이 있다. 사실 내 생애에서 가장 큰 영향을 끼친 사람은 작년에 사망했다. 그는 고등학교 시절 은사였던 해티 슈타인버그라는 인물이다.

나는 미니애폴리스의 교외 지역에서 자랐다. 그리고 세인트루이스 파크 고등학교를 다녔는데, 그 때 저널리즘을 강의했던 전설적인 사람이 바로 313호실 해티 슈타인버그 선생님이다. 1969년, 그러니까 내가 10학년 때다. 그의 저널리즘 강의를 듣고, 그 이후로 다른 저널리즘 강의를 들을 필요가 없다고 느낄 만큼 그의 강의는 훌륭했다.

해티 선생님은 여성이었다. 선생님이 생각하는 인생의 성공비결은 기본적인 원칙을 제대로 지키는 것이었다.

그 당시 소년이었던 나에게 선생님은 저널리즘에 대한 기본 지식을 머릿속 깊이 새겨 주었다. 단순히 기사의 도입부 쓰기나 인용문 넣는 요령뿐 아니라 기자로서 어떻게 행동하고, 어떻게 해야 만족할 만한 기사를 쓸 수 있는지를 가르쳐 주었다. 지금도 나는 막막해질 때면 나

를 꾸짖던 해티 선생님을 생각한다. 고등학교 시절 인터뷰를 한 경험
이 있는데, 당시 인터뷰 상대는 상스러운 말을 쓰던 어느 광고 담당자
였다. 당시 나는 동료들과 함께 과연 그의 인터뷰 기사를 내야 하는가
에 대해 토론했다. 해티 선생님은 기사를 내야 한다고 했다. 그 기사가
났을 때 인터뷰를 했던 광고 담당자는 실직당할 위기를 맞았다. 선생
님은 우리들에게 책임과 결과에 대해 가르쳐 주고 싶었던 것이다.

해티 선생님은 내가 지금까지 본 사람들 가운데 가장 강인한 사람이
었다. 나는 그의 수업을 듣고 나서, 그가 지도하는 학교 신문『에코』에
지원했다. 경쟁은 아주 치열했다. 11학년 때, 내 작문실력은 선생님이
만족할 만한 수준에 미치지 못했다. 결국 나는 피자 배달집 같은 후원
업체를 섭외하는 영업을 담당해야 했다.

하지만 그 해, 나는 기사를 쓸 수 있는 기회를 얻었다. '6일 전쟁'에
서 영웅이 된 이스라엘 장군에 관한 기사였는데, 인터뷰의 주인공은
미네소타 대학에서 강의를 하고 있었다. 나는 그의 강의에 대한 기사
를 쓰기 위해 간단한 인터뷰를 했다. 그의 이름은 아리엘 샤론(Ariel
Sharon)이었고, 이 때 쓴 기사가 내 생애 첫 기사였다.

그 당시 동료들과 함께 작성했던 신문 기사와 해티 선생님이 감수한
연감은 아직도 선생님의 강의실에 남아 있다. 우리들의 작품 역시 지금
도 그 강의실에 걸려 있다. 해티 선생님은 독신이었고, 당시 60세에 가
까웠다. 그리고 그 때는 1960년대였다. 해티 선생님은 이성적인 매력
이 있는 사람이 절대로 아니었다. 그런데도 우리는 사탕가게 앞을 서성
이듯 선생님의 주위를 맴돌았다. 그는 우리에게 울프만 잭(Wolfman
Jack)과 같은 존재였다. 비록 당시에는 아무도 이런 말을 꺼내지 않았지
만 우리는 선생님이 열변을 통하고 우리를 교육시키는 것이 즐거웠다.
선생님은 불확실성의 시대에 확신으로 가득 찬 여성이었다.

선생님과 나는 30년간 친구로 지냈다. 그 동안 그녀는 내게 때로는 칭찬을, 또 때로는 따끔한 충고를 해 주었다. 선생님이 돌아가신 후 그녀의 친구가 나에게 유품을 보냈다. 그것은 수년간 내가 쓴 기사를 모아 둔 스크랩북이었다. 사실 선생님은 학생들을 가족처럼 대했다. 그의 제자였던 주디 해링턴은 해티 선생님에 대해 자주 이야기한다. "나는 졸업한 지 40년이 지났는데도 매일 해티 선생님이 생각나."

주디는 해티 선생님의 생일 파티 때 있었던 일을 이야기했다. 파티 중간에 누군가가 딸아이를 데려다 줘야 한다며 일어나려고 하는데, 해티 선생님이 이렇게 말했다. "앉아. 아직 일어나기엔 일러. 아이도 때론 늦을 수 있는 거잖아."

해티 선생님은 이런 식이었다. 나는 자세를 바로 하고 그녀를 떠올린다. 해티 선생님에게서 내가 받은 가장 큰 영향은 『뉴욕 타임스』에 대한 것이다. 선생님은 매일 아침 『뉴욕 타임스』를 보았다. 나는 전에는 이 신문을 본 적도 없었다. 선생님은 진정한 저널리스트가 되고 싶으면 『뉴욕 타임스』의 앤소니 루이스나 제임스 레스톤 같은 칼럼니스트의 글을 읽으면서 하루를 시작해야 한다고 가르쳤다.

나는 올해 선생님에 대한 생각을 많이 했다. 그녀가 최근에 유명을 달리해서가 아니라 우리에게 가르쳐 준 것이 지금 현실에 부합된다고 생각했기 때문이다. 우리는 얼마 전 닷컴-인터넷-세계화 버블을 경험했다. 그 때 수많은 인재가 IT산업에 매료되어 사업 경영에 있어 가장 중요한 수익성 창출, 지속적인 포트폴리오, 민족국가, 또는 성장중인 학생 등의 기본 원리를 망각했다. 정보화 시대의 진정한 성공 비결은 독서, 작문, 수학, 종교 생활을 통해 착실히 기본기를 쌓는 것이다. 전통적인 규범 준수나 절제력 배양과 같은 기본기는 여전히 중요하다.

인터넷은 여러분을 훨씬 더 똑똑하게 만들어 줄 수 있다. 하지만 현명하게 만들어 주지는 못한다. 인터넷이 시야를 넓혀 줄 수는 있지만, 사친회(Parent Teacher Association)에서 여러분이 어떤 말을 해야 하는지 가르쳐 주지는 않는다. 이처럼 기본적인 요소들은 인터넷으로 다운받을 수 있는 것이 아니다. 비록 구식이기는 하지만 내가 세인트 루이스 고등학교 시절 313호 해티 선생님 교실에서 차근차근 배워나갔듯이 여러분들도 전통적인 방식을 통해 터득해 나갈 수 있다. 왜 내게 모든 것을 가르쳐주었던 해티 선생님 생전에 이런 글을 쓰지 못했는지 후회스러울 뿐이다.

클린턴이 보낸 마지막 편지

2001년 1월 12일

수신:아랍인 여러분
발신:빌 클린턴 대통령

아랍인 여러분, 지난 몇 년간 나는 아랍의 지도자들과 자주 서신을 교환했습니다. 이제 재임기간도 얼마 남지 않았기에 여러분께, 아랍 대중께 마지막 편지를 써야겠다는 생각이 들더군요. 계속되는 분쟁으로 고통이 많으실 것입니다.

나 또한 계속되는 분쟁에 점점 무뎌지고 있습니다. 나는 아랍과 이스라엘 사이에서 공정하고 현실적인 해결책을 이끌기 위해 가능한 모든 일을 했습니다. 하지만 아랍 쪽에서 계속 투쟁만을 고집하고 요구 조건의 95퍼센트나 들어 줬는데도 협상을 거부한다면, 나 역시 더 이상 어찌할 도리가 없습니다.

하지만 한 가지 드리고 싶은 말이 있습니다. 현재 아랍 거리에서 느껴지는 분위기는 정말로 실망스럽습니다. 나는 아랍의 거리에서 현대화, 세계화, 민주화 그리고 정보혁명에 대한 적대감을 느낄 수 있었습니다. 여러분이 이스라엘을 상대로 어떤 일을 하든지 상관하지 않습니다. 하지만 아랍 사회를 상대로 한 행동은 장차 중동 지역 전체의 안정에 큰 영향을 미칠 것입니다.

다른 국가들이 세계적인 수준의 경쟁력 있는 기업을 건설하기 위해 힘을 모으고 있을 때, 여러분은 경쟁력도 없는 자국의 기업들을 보호하려고 여전히 애쓰고 있습니다. 다른 나라 사람들이 적극적으로 세계와 교역하고 있는 지금, 여러분은 아랍권 내 교역에 만족하고 있습니다. 다른 나라 사람들이 언론의 자유를 누리고 있을 때, 여러분은 오히려 언론을 탄압하고 있습니다. 다른 나라 지도자들이 교육을 장려하여 정통성을 세우고 있는 지금, 여러분 대부분은 여전히 종교적 충돌을 일으켜 정권의 정통성을 세워주고 있습니다. 다른 나라 사람들이 일자리를 창출하기 위해 외국인 투자자를 찾고 있는 반면, 여러분은 비우호적인 관료주의 그리고 배척과 불화의 추구로 외국인 투자자를 쫓아내고 있습니다. 동시에 다른 곳에서 최첨단 마이크로 칩을 만들고 있는 이 때, 여러분은 감자 칩을 만들고 있습니다.

여러분 나라의 엘리트들은 이런 현실에 대해 분명히 토의해 보았을 것입니다. 실제로 이러한 안건을 제기해 토의하는 모습도 보았습니다. 하지만 대부분의 지식인들, 전문가들, 학자들은 진실되게 이 문제에 접근하기보다는 변명거리를 찾기에 급급한 형편이었습니다. 한국의 경우 1950년대 초에는 1인당 국민소득이 시리아나 이집트와 같은 수준이었는데, 현재는 엄청난 발전을 이루었습니다. 하지만 시리아와 이집트의 발전상태는 미미한 실정입니다. 내가 이 점에 대해 아랍의 한 지도자에게 질문을 던지자, 그는 아랍국가들이 그동안 전쟁을 치렀기 때문이라고 대답했습니다. 하지만, 한국도 지난 수십 년 간 북한과 대치상태에 있었습니다. 이와 함께 아랍 국가들은 인구문제로 어려움을 겪고 있다는 변명이 나오더군요. 하지만 중국 또한 인구문제가 심각합니다. 매년 10퍼센트의 인구성장률을 기록하고 있으니 말입니다.

여러분 나라의 지식인들은 진정한 결론을 도출하기보다는 자신들의 약점을 감추기 위한 변명으로 일관하여 기득권을 유지하는 것에만 관심이 있는 것처럼 보였습니다.

나는 이스라엘 관련 문제와 예루살렘 내 이슬람 성지의 소유권 문제가 아랍 대중들의 정서를 자극한다고 느꼈습니다. 이슬람 성지의 소유나 포기에 대한 어떤 의견도 나는 내놓지 않을 생각입니다. 하지만 나는 여러분들이 한 가지 질문에만 얽매어 있지 않기를 바랍니다. 알 아크사 사원을 누가 점령하고 있느냐는 현재 모든 아랍인과 팔레스타인의 존엄성에 있어 매우 민감한 문제입니다. 하지만 아이들에게 어떤 수준의 교육을 제공하는가, 어떤 식의 경제체제를 확립할 것인가, 어떤 식으로 법치주의를 확립할 것인가는 현대 세계에서 여러분의 존엄성과 지위를 결정할 것입니다. 여러분들이 과거의 문제들에 지대한 관심을 쏟는 것은 당연합니다. 하지만 그것들만이 전부가 아니라는 사실을 알아야 합니다.

여기에는 균형 감각이 필요합니다. 자신의 뿌리를 망각한 사회는 결코 안정되지 않습니다. 하지만 뿌리에만 얽매인 사회 역시 열매를 맺을 수 없습니다. 말하자면 뿌리가 땅 속에서 나와 햇빛을 볼 수 없는 것입니다. 아랍 국가의 지식인들은 이 점에 관해서는 상관하지 않습니다. 그들은 어쨌든 기득권을 쥐고 있기 때문입니다. 여러분이 과거의 문제들과 과거의 모델들에 관심을 쏟는 동안 그들의 자리는 더욱 확고해집니다. 이런 식으로 기득권층은 여러분들의 시야를 가립니다.

나는 여러분들이 미국에 대해 좋지 않은 감정을 갖고 있다는 것을 압니다. 하지만 사담 후세인을 지지하는 지도자들을 따르는 행위는 이해할 수 없습니다. 미국에 대해서는 잊어 버리고 사담 후세인이 한 일들과 그가 자국민을 죽이기 위해 독가스를 사용한 사실을 상기해 보십시오. 그가 과연 모범적인 기득권층의 본보기가 될 수 있습니까? 그가 과연 아랍 사회의 지도자가 될 수 있습니까?

나는 전혀 그렇지 않다고 생각합니다. 나는 조만간 팔레스타인의 독립뿐만 아니라 아랍의 교육, 언론 자유, 법률 엄수, 민주주의 확립을 위한 인티파다*를 볼 수 있기를 기원합니다. 그리고 아랍 대중의 관심이 어린이들을 훌륭히 키울 수 있는 나라 만들기에 모아지기를 희망합니다.

여러분의 친구 빌 클린턴 드림

*Intifada: '민중봉기'를 뜻하는 아랍어로 팔레스타인의 반이스라엘 봉기 운동을 말한다. 인티파다는 2000년 9월 28일 강경파 리쿠드당 당수였던 아리엘 샤론 현 이스라엘 총리가 팔레스타인의 반발을 무시하고 이슬람교와 유대교의 공동성지인 동예루살렘의 알 아크사 사원을 방문하면서 촉발됐다. 샤론이 당시 팔레스타인 자치지역에 있는 동예루살렘의 주권을 양보할 수 없다는 소신을 확고히 하자 격분한 현지 팔레스타인 시위대가 투석으로 항의하고 이스라엘 경찰은 고무탄으로 응사하는 충돌로 번졌다. 이 사건은 2년 동안 이스라엘과 팔레스타인 간의 사상 최악 유혈분쟁으로 확대되면서 2천5백여 명의 희생자를 냈고 분쟁이 처음 발생한 9월 28일은 인티파다의 개시일이 됐다. 인티파다 발발 2주년을 맞아 2002년 9월 28일 팔레스타인 자치지역과 아랍국가들에서는 일제히 대규모 반이스라엘 시위와 집회들이 열렸다.

파월의 시각

2001년 1월 16일

미(美) 국무장관 내정자인 콜린 파월이 이번 주 하원 청문회에 참석한다. 나는 그가 특정 정책에 대해 많은 사실을 이야기할 것이라고는 보지 않는다. 내가 듣고 싶은 이야기는 그가 세계를 보는 시각에 관한 것이다. 1993년 전역한 이래 그가 과연 어떤 시각을 가지고 있는지 전혀 알 수 없기 때문이다. 우리는 파월이 앞으로 어떤 정책을 펼치게 될 것인지 다음과 같이 생각해 볼 수 있다. 그는 장교로서 35년을 보냈다. 그리고 지난 2년 동안은 아메리카 온라인(AOL)의 이사직을 맡았다. 그는 과연 어떤 시각으로 국무장관직을 수행할 것인가? 냉전 시대 현역 군인의 시각인가, 아니면 탈 냉전 시대 인터넷 기업인 AOL 이사의 시각인가?

이 두 가지 시각은 서로 다를 수밖에 없다. 군인의 시각으로 보면 세상은 서로를 구분짓는 벽으로 둘러싸인 곳이고, AOL 이사의 시각으로 보면 세계는 인터넷으로 통합된 곳이기 때문이다.

다시 말해, 군인의 시각으로 본다면 미국의 외교 정책은 지금까지와 마찬가지로 앞으로도 장벽을 방어하고, 세우고, 철거하는 정책이 될 것이다. 장벽 건설이란 미국이 북한, 이라크, 중국 등 적대국이나 경쟁국의 세력 확산을 막기 위해 이들을 봉쇄하는 벽을 쌓는 것을 의미한다. 또한 그들이 미국의 심기를 건드리지 않는 한 그 벽 너머에서 어떤 일을 하건 관심을 두지 않는다는 이야기다. 예컨대, 러시아의 내부 개혁이 제대로 되든 말든 미국은 전혀 신경 쓰지 않을 것이다. 그리고 장벽 철거는 지구상에 마지막으로 남은 북한과 쿠바의 공산주의 장벽을 무너뜨리는 것을 의미한다.

이와는 대조적으로 AOL 이사의 시각으로 본다면, 미국은 계속 확장되고 있는 인터넷 세상의 중심인 것이다. 무역, 통신, 금융, 그리고 환경 분야에서 세계 중심 말이다. 이 같은 시각으로 미국의 외교 정책을 편다면, 인터넷을 저해하는 자로부터 인터넷을 보호하고, 강화하며, 다른 나라로까지 인터넷을 확산시키기 위한 정책이 될 것이다. 미국의 제품 · 기술 · 아이디어 · 영화 · 식품이 인터넷을 통해 전 세계로 가장 많이 확산되었기 때문에, 미국은 인터넷의 혜택을 가장 많이 받는 국가다.

인터넷을 보호할 수 있는 방법 가운데 하나는 인터넷을 두절시키려 할 사담 후세인 같은 위협 요인을 제거하는 것이다. 다른 방법은 자유무역을 확산시키고, 세계 환경보호 활동에 동참하며, 외환 위기를 겪고 있는 멕시코와 태국 같은 국가들이 위기에서 벗어날 수 있도록 도와 인터넷 확산에 악영향을 끼치는 위협 요인을 제거하는 방법이다. 또 다른 방법은 북대서양조약기구(NATO)의 영역을 러시아 국경까지 확장시켜 러시아를 위협하는 대신 러시아와의 관계 개선 및 협력에 힘쓰는 방법이다. 이로써 핵미사일 확산과 같이 미국과 러시아 양측 모두에게 불리한 문제들을 해결할 수 있고, 인터넷의 역효과와 악영향을 막을 수 있다.

장벽의 사람인 군인들은 영화「어 퓨 굿 맨」(A few good man)을 좋아한다. 특히 강인한 해병대 대령 역을 맡았던 잭 니콜슨은 마지막 장면에서 자신을 법정에 세운 해군 법무관 역의 톰 크루즈에게 조소를 보낸다. 그는 냉전 기간 중 쿠바의 미군기지에서 나약한 미군 병사를 죽음으로 내몬 혐의로 재판을 받고 있다.

이 장면에서 잭 니콜슨은 이렇게 말한다. "이봐, 우리는 지금 장벽으로 둘러싸인 세상에 살고 있고, 그 장벽은 총을 든 사람들이 지켜야 하지. 그런데 누가 그 일을 맡지? 자네? ……자네도 파티 같은 곳에서는 절대 드러내지 않을 마음속 깊은 곳에서는 내가 그 장벽에 올라서 있기를 원하는 거야. 내가 그 자리에 있기를 바라는 것이라고."

인터넷 업계 종사자인 AOL 직원들은 영화 「유브 갓 메일」(You've got mail)을 좋아한다. 그들은 통합된 이 세계에서 우리가 알지도 못하는 타인에게서 인생이 송두리째 바뀔 만한 메일을 받아볼 수도 있음을 알기 때문이다. 러시아가 지금 금융위기를 겪고 있다면, '우리도 메일을 받는 것이다.' 네트워크로 연결된 현대사회에서 작은 테러 집단이 초강대개인이 되어 작은 보트를 타고 침투해 예멘에 주둔한 미국 구축함을 폭파시킬 수 있을 때, '우리도 메일을 받는 것이다.' 두 명의 필리핀 해커가 '러브 바이러스'를 인터넷에 올려 24시간만에 천만 대의 컴퓨터가 바이러스에 감염되었고, 100억 달러 규모의 데이터가 파괴되었을 때, 우리는 낯모르는 타인에게서 '메일을 받는' 셈이다.

군인들에게 세계는 친구 아니면 적으로 나누어진다. AOL 직원들에게 세계는 네트워크상의 가입자와 비가입자로 양분되어 있다. 군인은 테러리스트 명단에 초점을 맞추지만, AOL직원들은 AOL의 메신저 버디 리스트에 초점을 맞춘다. 그렇다. 이것은 지나친 비약일 수 있다. 하지만 시사하는 바는 크다. 군인들과 AOL 사람들은 세상을 보는 두 가지 방식을 보여준다. 과연 파월은 어떤 렌즈를 낄 것인가? 그가 발전시킬 것은 미국 군인의 시각인가 AOL의 시각인가?

사이버 노예

스위스 다보스에서

2001년 1월 30일

다보스에서 열리는 세계 경제 포럼은 언제나 세계 흐름을 읽는 데 도움이 된다. 최근 다보스 포럼에서 사람들이 하는 얘기를 유심히 들어 보면 앞으로 우리에게 어떤 기술이 영향을 미칠 것인지 알 수 있다. 올해는 테크놀로지가 우리에게 미칠 영향에 대해 더욱 더 많은 이야기들이 들려오고 있다. 다보스 포럼이 이처럼 기술 중심 사회에 대한 일종의 선행 지표 역할을 한다면, 일상에 테크놀로지가 널리 확산되는 것에 대한 반발이 커지고 있다는 사실도 감지할 수 있다.

올해 다보스 포럼 참석자들에게는 도착 즉시 '컴팩 포켓피시'가 지급되었다. 이는 참가자들 간에 원활한 의사 소통을 돕기 위해서였다. 지급된 컴퓨터를 사용하기 위해 더듬거리며 복잡한 다보스 이메일 시스템을 접하고 있을 때, 『워싱턴 포스트』의 칼럼니스트 리차드 코헨 또한 나와 같이 새로운 시스템을 어떻게 사용할지 몰라 더듬거리고 있었다. 그는 나에게 이렇게 말했다. "첨단 전자제품으로 내 생활이 편해질수록 그것을 사용하려면 누군가의 도움이 필요해."

21세기 기업에 관한 패널 모임에서 참가자들은 현대를 디지털 진화주의 시대라고 이야기했다. 오늘날 비즈니스에서 승리하는 열쇠는 적응이냐 도태냐, 즉 디지털 진화에 적응하기 위해 하루 24시간 내내 일하거나 그렇지 않으면 경쟁 대열에서 낙오하는 것이다. 질의 응답 시간에 하워드 스트링거 소니 미국지사 회장은 이렇게 말했다. "이런 이야기를 들으면 꼭 지옥을 보고 있는 것 같지 않습니까? 우리가 이렇게 치열한 경쟁을 하는데, 섹스를 하거나 음악을 듣거나 독서를 할 여가 시간이 생기겠어요? 이대로라면 나는 세상을 떠나고 싶군요."

사실, 이것은 선진국에 해당되는 이야기이다. 아프리카에서 온 참가자들 중 상당수는 유럽에서 온 참가자들과는 달리 벨트에 호출기나 휴대전화 등을 차고 다니지 않는다. 하지만 이런 통신기기의 가격이 급격히 하락하고 있어, 생각보다 훨씬 빠른 속도로 보급될 것이다. 그리고 이에 따른 스트레스도 증가하는 추세다. 이번 주 나는 "기계라면 소름이 돋는다.", "기계는 우리를 섬기지 않는다. 우리가 기계를 섬길 뿐이다.", "내 정체성은 나 자신의 개인정보보다 중요하지 않다." 등 미래를 묘사하는 새로운 말들을 들었다.

우리는 마이크로소프트사의 연구원 린다 스톤이 지적한 것처럼 '부분적인 집중만이 지속되는' 시대에 살고 있다. 나는 그녀의 말에 동의한다. 이 말은 이메일 답장을 보내거나 자녀와 이야기하는 도중에 휴대전화가 울리면 통화를 해야 한다는 것을 의미한다. 여러분은 지금 각각의 상황에 부분적으로만 집중할 수 있는, 상호관계의 지속적 흐름에 싸여 있는 것이다.

린다 스톤은 "일을 제대로 하려면 열정을 다해야 한다. 이를 위해서는 지속적인 집중이 필요하다."고 말했다. 하지만 우리는 이런 집중력을 계속 잃어 가고 있다. 항상 새로운 것을 찾기 위해 세상을 두리번거려야 하고, 좀 더 좋은 것을 놓치지 않을까 걱정하고 있기 때문이다. 그리고 이는 곧 엄청난 정신적 고갈로 이어진다.

나는 내 사무실로 전화를 걸어 내가 사무실에 없으면 바로 휴대전화 번호나 호출기 번호를 알려 달라고 하는 사람들이 많다는 사실에 대해 새삼 놀라곤 한다. (나는 두 가지 모두 가지고 있지 않다). 이제 더 이상 "밖에 나가고 없다."는 말은 통하지 않는다. 우리는 언제나 사무실 안에 있는 것과 마찬가지이고, 연락 범위 밖으로 나갈 수 있는 시대는 지나 버렸다. 그리고 연락이 가능하다는 이야기는 항상 통신으로 연결되어 있고 언제나 일할 수 있는 상태임을 의미한다. 항상 일할 수 있는 상태는 또 무엇을 의미하는가? 그것은 우리가 바로 컴퓨터 서버와 같은 존재라는 말이다.

사람들은 호출기나 휴대전화 같은 통신기기들이 궁극적으로는 '눈에 보이지 않게' 될 것이라고 전망한다. 하지만 지금으로서는 우리 주변에서 직접 느낄 수 있는 것이 사실이다. 그리고 정말 두려운 일은 이 모든 것이 이제 겨우 시작단계에 불과하다는 사실이다. 2005년에는 무선 기술, 광섬유 기술, 소프트웨어 기술, 차세대 인터넷 스위치 기술, IP 버전6 등으로 인해 전원이 연결된 어떤 것이든 인터넷 주소를 갖게 되고 침실 전구에서부터 토스터나 심장박동 조절장치(이를 통해 심장박동수가 바로 주치의에게 전송될 것이다)에 이르기까지 모든 것이 인터넷으로 연결된다. 이러한 에버넷은 언제 어느 곳에서든 항상 온라인 상태를 가능케 한다. 어떤 사람은 다음과 같이 자랑할 것이다. "난 집안에 25개의 인터넷 주소가 있어요. 당신은 몇 개나 있죠? 우리 집 냉장고는 자동으로 우유를 주문합니다. 당신은 어떻습니까?"

하지만 문제는 인간이 컴퓨터 서버처럼 설계되어 있지 않다는 사실이다. 예컨대, 인간은 하루 8시간은 잠을 자야 한다. 바로 여기서 심각한 문제가 발생한다. 나는 아직도 비디오 카메라 녹화기를 제대로 조작할 줄 모른다. 그런데 어떻게 토스터 프로그램을 조작할 수 있겠는가? 예일대 경영학대학장이자 『CEO의 마인드』의 저자인 제프리 가튼은 다음과 같이 말했다.

"지금은 우리가 적응하거나 도태되는 시대가 아니다. 기술이 적응하거나 도태되는 시기일 뿐이다."

샤론, 아라파트 그리고 마오쩌둥

2001년 2월 8일

2주 전 다보스 세계 경제 포럼에 참석했다가 이스라엘 외무장관 겸 부총리인 시몬 페레스를 만났다. 그와 함께 있던 한 기자가 내게 페레스 부총리와 야세르 아라파트 팔레스타인 국가 수반이 다보스에 참석한 투자자들과 장관들에게 연설하는 내용을 들을 계획이냐고 물었다. 그래서 "아니오. 난 엄격한 원칙을 가진 사람입니다. 나는 아라파트 수반이 국민들에게 하는 이야기에만 관심을 갖고 있습니다."라고 대답했다. 그 기자는 "그것 참 안됐군요." 하며 이렇게 이야기했다. 이번 연설을 계기로 상황이 달라질 수도 있었다. 그러니까 페레스 부총리가 아라파트 수반에게 평화의 올리브 가지를 내밀면 아라파트 수반역시 이에 대한 답례로 똑같은 평화의 제안을 하게 된다. 이스라엘과 팔레스타인 사이에 우정의 잔치가 이어지면서 이스라엘의 평화 진척 노력과 에후드 바라크 이스라엘 총리의 재선을 위한 분위기가 조성될 것이다.

나는 그 기자에게 "멋지네요. 나중에 텔레비전으로 꼭 보겠습니다."라고 말했다.

페레스 부총리는 당초 계획대로 올리브 가지를 내밀었다. 하지만 아라파트 수반은 그 가지에 불을 붙여 태웠다. 아라파트 수반은 아랍어로 준비된 원고를 읽으며, 이스라엘의 '파시스트적 무력 침략행위'와 '무력을 동원한 식민 팽창주의'를 비난하고 이스라엘의 '살인, 처형, 암살, 파괴, 유린' 정책을 비판했다.

다보스에서 아라파트의 연설은 매우 파급력이 큰 사건이었고 이는 이스라엘 총선이 아리엘 샤론의 압도적인 승리로 끝난 이유를 이해하는 데 있어 매우 중요하다. 페레스가 참석한 자리에서 아라파트가 연설을 통해 이야기기하고자 했던 것은 무엇일까? 우선, 그는 바라크와 샤론이 별반 차이가 없다는 사실을 말하고 싶었을 것이다. 바라크 총리가 이스라엘 총선 전날 11시간에 걸친 팔레스타인과의 협상 종결을 시도한 후 연설한 내용은 그가 아라파트 수반에게 내놓은 제안이 얼마나 우스운 것인지를 보여 주는 계기가 되었다. 또한 아라파트 수반은 페레스 부총리와 샤론 사이에도 아무런 차이가 없다고 말하고 있었다. 이스라엘 신문들은 페레스가 따뜻한 위로의 말을 건넨 후 그런 연설을 한 것은 페레스를 바보로 만든 격이었다고 보도했다. 마지막으로 팔레스타인 사람들이 일자리를 찾고 있을 때, 전 세계 투자자들을 향해 아라파트가 던진 무언의 메시지는 "우리 일에 간섭하지 말라."는 것이었다.

이에 비춰 볼 때, 언론은 샤론의 선거에 대해 잘못된 질문을 제기했다. 그들은 "아리엘 샤론은 누구인가?"라는 물음을 던졌는데, 이 질문의 진정한 의미는 "아라파트는 누구인가?"였다. 기자들은 계속해서 묻는다. "샤론은 알제리에서 프랑스 군대를 철수시킨 강경파 장군 드골처럼 될 것인가? 그렇지 않으면 공산주의 국가였던 중국과 평화협정을 맺은 반공주의자 닉슨처럼 될 것인가?" 이러한 질문들은 사실 초점이 완전히 빗나간 질문이다.

왜 그럴까? 이스라엘에는 얼마 전까지 드골과 같은 인물이 있었다. 그의 이름은 바로 에후드 바라크이었다. 바라크는 이스라엘의 가장 훌륭한 군인이었다. 그는 오슬로 평화회담에 대한 내각 투표에서 제외되었다. 하지만 그가 집권하자 완전히 태도를 바꾸었다. 그는 아라파트 수반에게 서안 지역의 94퍼센트를 팔레스타인에 제공하고 나머지 6퍼센트 땅에 대한 보상금을 제공하는 한편 예루살렘 영토의 절반을 넘기고 팔레스타인 난민들의 재정착을 허용하는 방안 등을 제안했다. 아라파트 수반은 이 모든 제안을 거절했을 뿐만 아니라 바라크 총리가 재선을 위해 애쓰는 것을 보며 이스라엘 사람들을 파시스트라고 불렀다. 이는 드골이 알제리에서 군대를 철수시킬 때 알제리 국민들이 "고맙소. 파시스트 양반. 물론 우리는 알제리 영토 전부를 차지할 것입니다. 하지만 우리가 보르도(Bordeaux), 마르세이유(Marseilles)와 니스(Nice)를 차지할 때까지 투쟁을 지속할 생각입니다."라고 말한 것과 같다.

팔레스타인 사람들도 아리엘 샤론이 누구인지 개의치 않는데, 우리가 왜 상관해야 하는가? 아라파트가 그에게 중요한 결정을 강요하지 않는 이스라엘 지도자를 원한다면 왜 샤론이 드골처럼 행동하고 그에게 대단한 제안을 해야 하는가? 사실 아라파트 수반에게는 결정할 능력조차도 없다. 팔레스타인에 마오쩌둥 같은 사람이 없는데 이스라엘에 닉슨 같은 인물이 있어 봐야 무슨 소용이 있겠는가?

오슬로 평화회담은 일종의 시험과도 같았다. 그것은 이스라엘이 확고부동한 평화를 위해 팔레스타인 사람들과 동반자 관계를 가질 수 있는가에 대한 회담이었다. 이스라엘이 감내할 만한지 알아보기 위한 시험이었고, 이스라엘 국민 대부분이 원했던 시험이었으며, 바라크가 이스라엘 정치적 합의의 한계를 시험했던 용감한 시험이었다. 아라파트는 기회를 놓쳤다. 결국 팔레스타인은 또 다른 기회를 요구할 것이고, 분쟁의 그림자가 다시 드리우면 이스라엘은 그들에게 기회를 제공할 것이다. 하지만 그 동안 얼마나 많은 폭력과 고통이 뒤따를 것인지는 아무도 모른다.

　오슬로에서의 시험은 끝났다. 그리고 그 결과는 이스라엘 국민 대다수가 선거를 통해 간접적으로 표현한 바와 같다. 샤론이 이스라엘의 드골이 되거나 그렇지 않거나 상관할 필요가 없다. 이스라엘 사람들이 샤론을 총리로 선출한 이유는 그것이 아니기 때문이다.

　그들은 샤론이 패튼 같은 사람이 되기를 바라는 마음에 그를 총리로 선택했다. 그들은 샤론이 어떤 사람인지 잘 알기에 그를 뽑았다. 그리고 오슬로 평화회담이 진행되는 7년 동안 그들은 아라파트가 누구인지 잘 알게 되었다.

하이프 곡선의 상승과 하강

2001년 2월 23일

가트너 그룹의 컨설턴트들은 '하이프 서클'(hype circle)이라는 새로운 개념을 도입했다. 하이프 서클은 신기술에 대한 과잉기대와 선전을 설명할 수 있는 매우 유용한 개념이다. 이에 따르면, 인터넷과 같은 새로운 기술이 등장할 경우 '하이프 곡선'(hype curve)이 최고점에 다다를 때까지 솟아오른다. 그리고 몇몇 실패 사례가 나타나면 그 때부터 바로 곤두박질치기 시작한다. 그런 다음 확실한 강자가 등장하고, 새로운 기술을 이해한 사람들이나 기업이 이를 흡수, 통합해 이윤을 창출하면 다시금 꾸준한 상승세를 보이며 새로운 안정 상태에 접어든다.

하이프 곡선에 비춰보면, 인터넷 경기는 현재 바닥 시점에 와 있다. 인터넷을 이해하지 못하거나 닷컴 기업에 환멸을 느끼는 사람들을 그동안의 신경제 현상이 모조리 거품이라고 말하기도 한다. 하지만, 하이프 곡선의 최고점과 마찬가지로 최저점에서도 잘못된 판단이 이뤄지기 쉽다. 페츠닷컴(Pets.com)이 수익을 내지 못한다는 이유로 인터넷의 시대가 지나갔다고 속단한다면, 이는 진실에 대해 제대로 주의를 기울이지 않는 것이다.

진정한 인터넷 전쟁은 이제부터 시작이다. 그리고 인터넷은 순수 온라인 업체인 아마존닷컴이나 이토이스닷컴(eToys.com)만의 문제가 아니다. 진정한 인터넷 전쟁은 실질적인 자산과 일정한 규모, 확고한 비즈니스 모델을 가진 전통기업들이 전자상거래를 비롯해, 재고관리, 재무, 교육, 고객관리 부문에서 인터넷 시스템을 완전히 흡수하여 기존 사업에 접목시킴으로써 진행된다.

진정한 인터넷 전쟁은 타겟, K마트, 월마트 같은 대형 유통업체나 제너럴 모터스 · 도요타 · 포드 같은 제조업체, 혹은 델과 컴팩 같은 하이테크 업체들이 모든 사업 영역을 세계화시키고 기업 경영의 속도를 높이기 위해 인터넷을 활용하면서부터 시작된다. 그리고 진정한 인터넷의 기능은 비정부기구(NGO) · 인권단체 · 환경단체, 그리고 여타 사회 운동가들이 인터넷을 활용해 대기업의 횡포에 대항하고 정부 행정의 투명성을 요구하면서 불붙는다.

제프리 가튼이 최근 발표한 자신의 저서 『CEO의 마인드』에서 지적했듯이, "오늘날 가장 중요한 문제는 CEO들이 닷컴 기업을 이길 수 있을 만큼 인터넷에 대한 지식과 끈기를 갖추고 있는가 하는 점이다. 그들은 경쟁자를 상대로 훨씬 더 힘들고 긴 경주에 나서야 한다. 그리고 그것이 어렵다면 최소한 자신의 후임자가 그 과업을 이룰 수 있도록 바탕을 제공해야 한다."

인터넷상에서 무슨 일이 벌어지고 있는가는 바이닷컴(Buy.com)이나 나스닥의 움직임을 통해 평가할 수 있는 문제가 아니다. 사실 그것은 중국, 인도, 유럽을 보면 알 수 있다. 중국의 경우 인터넷은 급속도로 확산되고 있으며, 그 결과 2007년에는 중국어가 인터넷 상에서 가장 많이 사용되는 언어가 될 것이다. 인도는 아메리카 온라인이 인터넷 분야에 1억 달러를 투자하겠다고 선언한 국가이며, 유럽의 인터넷 시장은 2004년까지 20배나 성장할 전망이다.

이에 대해 컨설팅 업체 베인&컴퍼니의 오릿 가디시 회장은 "사람들은 인터넷을 비즈니스 혁명이라고 이야기한다."며 "실제로 인터넷은 진화된 형태의 비즈니스를 구성하는 것"이라고 주장한다. 그는 "혁명은 힘의 본질과 유통이 새롭게 이동하는 때를 의미한다. 하지만 지금 일어나고 있는 일은 기존의 대기업들이 인터넷을 흡수한 후 이를 도구로 자사의 역량을 확대시키는 것이다. 인터넷은 사회혁명의 도구다. 인터넷은 여러 사람의 손에 권력을 쥐어 주었고 예전에는 연결되지 못했던 사람들을 연결시켰다."고 덧붙였다.

인터넷의 진보와 발전은 현재 진행형이다. 또한 차세대 인터넷은 비즈니스 혁명에 방아쇠를 당길 것이다. 이에 대해 시스코 유럽의 빌 너티 회장은 이렇게 말했다.

"아마도 4년 후 차세대 인터넷은 광섬유, 무선 기술, IPv6 인터넷 스위치의 기술이 결합되어 전원을 가진 모든 제품에 웹 주소를 부여하고 인공지능을 갖도록 만들 것이다. 그렇게 되면 가정의 냉장고는 웹을 통해 동네 상점들과 연결되고, 회사의 현금 등록기가 생산업체의 제품 조립 라인에 직접 연결될 수도 있다."

IBM의 사업전략이사인 조엘 콜리에 따르면, 인터넷 진화가 계속될 경우 기업·개인·사회 운동가들은 훨씬 적은 노력으로도 이전보다 더욱 광범위하며 강력한 창의와 혁신의 장(場)을 확보하게 된다. "그 결과 소규모 단체의 힘은 점점 더 강해지고 조직이 커질수록 분권화될 것이다. 우리 중 아무도 그런 일이 어떻게 진행될지 아직은 모른다. 하지만 우리는 그것이 사회 조직, 정부, 사회 운동가들 사이의 질서에 영향을 끼치리라는 사실을 알고 있다. 그리고 이러한 상호작용의 새로운 법칙은 이미 진행되기 시작했다."

코드 레드

2001년 3월 30일

어젯밤 내가 집에 돌아왔을 때, 숙제를 하고 있던 딸이 남한과 북한 중 어디가 좋은 나라인지 물었다. 딸의 질문 덕분에 나는 저녁식사 자리에서 냉전과 쿠바 미사일 위기 사태에 대해 이야기를 나누게 되었다. 나는 당시 라디오를 통해 쿠바 위기 사태가 발발했다는 뉴스를 들었던 기억이 생생하다. 그 때 우리 학교는 쿠바 사태 이후 확전에 대비하여, 모의 핵공격 때면 지하실에 숨어야 하는 정규 훈련을 했던 것을 설명해 주었다.

올해 15세와 12세인 내 딸들은 자기들도 그런 훈련을 받는다고 말했다. 하지만 훈련에 대한 설명을 들었을 때, 그것이 핵전쟁이나 그 이후의 핵폭풍에 대비한 훈련이 아님을 알 수 있었다. 아이들이 받는 훈련은 무장한 학생이나 학교에서 총을 쏴대는 무단침입자를 염두에 두고 실시하는 훈련이었다. 딸은 "코드 레드(code red) 훈련과 코드 블루(code blue) 훈련이 있어요."라고 말했다. 코드 블루 훈련을 받을 때는 모든 학생이 교실에 그대로 있고, 다른 곳에 있는 아이들도 자기 교실 안으로 들어와야 한다. 코드 레드는 좀더 확실하게 실내에 숨는 것을 의미한다. 모든 학생은 자기 교실에 남아 있거나 가장 가까운 교실로 들어가야 한다. 교사들은 교실 문을 잠그고, 학생들을 가장 안전한 구역으로 이동시킨 다음 학생들을 진정시켜야 한다. 그리고 교실 문의 창을 종이로 막아 총을 든 사람이 교실 안에 있는 학생을 보지 못하도록 한다.

이제 다시 원래의 질문으로 돌아가자. 내 딸들은 북한이나 남한이 과연 미국 편인지에 대해서는 잘 모르는 것 같았다. 대신 코드 레드와 코드 블루의 차이에 대해서는 잘 알고 있었다. 나는 핵미사일을 보유한 또 다른 강대국 소련에 대한 공포감을 느끼며 자랐다. 하지만, 요즘 아이들은 첨단무기를 보유한 '초강대개인'에 대한 공포감을 느끼며 자라고 있다. 나는 당시 소련이 미국에게 위협적인 대상이라는 사실을 알고 있었다. 하지만 아이들은 누가 위협적인 대상인지 알 수 없다. 어느 학생이 갑자기 총이나 칼로 위협할지 모르기 때문이다.

이런 생각을 하고 있자니 최근의 뉴스가 떠오른다. 미국과 러시아가 서로 염탐하는 것은 무엇인가? 이 모든 정탐활동은 잡지 『매드』의 '스파이 대 스파이' 만화를 보면 명확해진다. 러시아 사람들은 왜 우리가 그들을 정탐하는지 알아보려고 우리를 정탐한다. 하지만 오늘날 러시아에 대해 우리가 알고 싶은 것이 있는가?

러시아 군함은 항구에서 녹슬고 있다. 러시아의 최신예 핵 잠수함은 바다 밑바닥에 잠들어 있다. 우리는 러시아가 시인했듯이 이란과 이라크에 무기를 팔고 있다는 걸 안다. 현재 러시아의 정치체제는 공산주의와 달리 다른 나라로 수출할 수 있는 것이 아니다. 흐루시초프는 미국을 매장하겠다고 협박했지만, 푸틴은 미국을 부패시키겠다고 협박한다.

나는 어느 러시아 외교관과 잘 알고 지내는 사이다. 그는 매우 영리하고, 호감이 가는 사람이었다. 그리고 점심 값을 내달라는 것 외에는 부탁을 해본 적이 없는 사람이다. 그는 나와 만난 시간의 대부분을 자기 나라의 정부가 얼마나 멍청한가를 설명하느라 보냈다. 아마도 그것은 연기였을 것이다. 하지만 그는 상당한 열정을 갖고 이야기했다.

이 일은 딸아이의 학교 문제를 떠올리게 한다. 내가 딸만한 나이일 때 느꼈던 위협과 지금 아이들이 느끼는 위협 요인은 서로 다르다. 하지만 여기에는 커다란 공통점이 있다. 그것은 쉽게 해결되지 않는다는 점이다. 국가든 가정이든 권위가 사라지면, 회복하기가 쉽지 않다. 그러한 국가나 가정은 통제 불능의 상태에 빠지게 되고, 강점보다는 약점 때문에 위협 당한다. 목표가 없는 국가나 아이들이 무기를 취득하기 쉽다면 더욱 위험하다.

러시아 같은 나라를 국가 파멸 상태에서 벗어나 세계 무대에서 일익을 담당하고 세계 공동체에 봉사하는 일원으로 만드는 것은 쉬운 일이 아니다. 그리고 황폐한 젊은이를 성난 암살자가 되지 않도록 이끌고 지역 사회에 봉사하는 존재로 만드는 일 역시 쉽지 않다.

요즘 아이들은 다양한 환경에서 자라는데, 결손가정에서 자라는 경우도 많다. 결손가정 아이들을 다루려면 다양한 접근 방법이 필요하다. 헤드 스타트나 야간 야구 경기, 각종 시험만으로는 아이들을 다룰 수 없다. 러시아 같은 국가가 법률을 제정하고, 공정한 대민(對民) 서비스를 하며, 현대 민주사회 의식을 갖는 건 단순히 서적 수입과 선거 치르기, G-7 회담에 참석하는 일과 달리 매우 복잡한 문제다.

우리가 확실하게 알 수 있는 사실은 치료를 시작해야 하는 지점이 어디인가에 관한 것이다. 치료는 가정, 사회 혹은 집단의 가장 기초적인 곳에서 시작되어야 한다. 만일 가정에서 지속적으로 치료하지 않는다면 우리의 국가나 학교에는 미래가 없을 것이다.

그들은 우리를 싫어한다!
그들은 우리를 필요로 한다!

2001년 6월 15일

유럽 순방 중 부시 대통령이 경험한 반미주의에 대한 일화를 읽으면서, 1970년대 유행했던 랜디 뉴먼의 「폴리티컬 사이언스」(Political Science)라는 노래가 떠올랐다. 삐딱한 한탄조의 그 주요 가사는 이렇다. "아무도 우리를 좋아하지 않아/왜 그런지 나는 모르지/우리는 완벽할 수는 없어/그러나 하늘은 우리가 노력하는 걸 알지." 소감이 어떤가? 뉴먼은 우리가 전 세계 나머지 사람들에게 핵폭탄을 떨어뜨리면 그들이 우리의 동맹이든 아니든 불평하던 사람들은 모두 사라지고 우리만 남게 될 거라고 노래했다. "커다란 폭탄을 하나 떨어뜨리면 어떤 일이 벌어지나 한번 보자구."

뉴먼의 노래를 들으면 반미주의가 조지 두바이야*에게서 시작된 것이 아님을 알 수 있다. 여기서 제기해야 할 중요한 질문은 현재 전 세계적으로 일고 있는 반미주의에 색다른 점이나 특별한 전략적 중요성이 있는가 하는 것이다.

사실, 두 가지 정도는 예전에 없었던 새로운 것이라고 할 수 있다. 우선 그리스에서 그 점을 느낄 수 있다. 그리스 저널리스트 타키스 미

＊George Dubya: 미국 조지 W. 부시 대통령의 별명

카스는 「사악한 동맹 : 그리스와 밀로세비치의 세르비아」라는 최신작
에서 냉전 시대 그리스와 프랑스의 반미주의는 좌익에 의해 주도되었
고, '미국의 행위'에 초점이 맞추어졌다고 주장했다. 그에 따르면, 반
미주의는 그리스와 그밖의 다른 나라의 독재를 지지하는 명분으로 쓰
였을 뿐 반미주의 본래의 의미에는 부합되지 않았다.

오늘날 유럽의 반미주의는 '미국의 정체'에 더 초점이 맞추어져 있
다고 미카스는 말한다. 그리고 반미주의는 극좌, 극우, 그리고 그리스
정교회 모두를 포괄한다. 구좌파는 미국의 자유시장 자본주의, 사형제
도, 세계화를 혐오한다. 극우파는 미국이 그리스 민족주의를 위협하는
발칸반도 내 다문화주의를 조장하는 데 반발한다. 그리고 그리스 정교
회의 대주교는 그리스의 젊은 청년들을 종교와 자신들에게 남겨진 유
산에서 이탈하도록 유혹하는 미국 문화를 싫어한다.

좋다. 유럽인들은 지금 미국이라는 존재 자체를 싫어한다. 그것이
중요한가? 그보다는 '미국에 대항하는 국가들의 동맹이 미국의 존립
을 위협할 수 있는가?', 이것이 진정 필요한 질문이다.

독일의 외교정책 분석가인 조제프 요페는 『내셔널 인터레스트』지에
'누가 미스터 빅을 두려워하는가?'라는 제목으로 실린 칼럼을 통해 아
직까지는 반미 동맹이 결성되지 않았다고 단언한다.

요페의 지적에 따르면, 특히 유럽의 엘리트들은 미국에 대한 반감이
많다. 그런데도 아직 반미 동맹이 결성되지 않은 것은 미국의 문화, 대
학, 영화, 음식, 의복 그리고 기술 등에서 느껴지는 매력 때문이다. 그
리고 세계의 어떠한 힘도 미국의 매력을 대체할 수 없다. 현재 미국에
대해 반감을 가진 엘리트가 한 명이라면 미국을 좋아하는 어린이는 열
명이다. 그는 또 이렇게 말했다. "미국은 골칫거리이자 매력적인 대상
이며, 괴물이자 본보기이다."

미국의 문화적 힘은 다른 나라의 견제 대상이 될 수 없을 정도로 뛰어나다. 모스크바에는 디즈니랜드가 없고, 베이징에는 하버드 대학이 없다. 미국의 물리적인 힘 또한 막강하다. 요페는 다음과 같은 질문을 했다. "미국 본토를 향한 공격이 이뤄지지 않는 이유는 무엇일까? 미국은 적개심을 품게 하지만, 정복하지는 않기 때문이다. 정복하지 않으면 반항하는 연맹이나 전쟁이 발생하지 않는다." 요페는 현재 유럽의 반미주의를 '패거리 짓기'(Gang-up)라고 말한다. 시끄럽기는 하지만 심각하지는 않다는 의미다.

미국이 아직 적대적인 연합세력을 갖고 있지 않은 까닭을 조페는 세계 체제에 대해 지속적으로 공공재를 제공하고 있기 때문이라고 말한다. 공공재란 모든 사람들이 이득을 볼 수 있도록 제공되는 것이다. 말하자면 수로를 개방하고, 자유무역 시스템을 유지하고, 이라크의 불순한 세력을 공격하는 행위가 공공재라는 뜻이다. 바로 이 때문에 비록 미국이 비판을 받는다 하더라도 유럽은 미국과 협력하게 된다. 바꾸어 말하면 미국 아니면 누가 세계 평화와 금융 안정을 책임지겠는가?

이것은 정말로 중요한 사실이다. 비록 세계 질서 유지를 위해 드는 비용의 대부분을 미국이 부담하고는 있지만, 세계 체제의 질서 유지를 위한 공공재를 제공할 준비가 되어 있는 자애로운 강대국이 존재할 때 상대적 평화의 시기가 존속함을 역사는 가르친다.

현재 미국의 최대 위험 요인은 유럽의 반미주의가 아니라 국내에서 고개를 들고 있는 반미주의이다. 최대 위험 요인은 미국이 더 이상 미국으로서의 역할을 할 준비가 되어 있지 않다는 것이다. 세계 체제를 유지함으로써 가장 많은 이득을 취하고 있는 국가가 바로 미국이다. 그런데 유지 비용이 많이 든다고 하여 현재 역할을 더 이상 수행하지 않는다면, 그것은 큰 위험 요소가 될 것이다. 하지만 미국이 더 이상 비용을 부담하지 않을 가능성은 높다. 국회는 점점 어리석은 사람들로 채워지고 있고, 경제는 갈수록 쇠약해지고 있기 때문이다. 또한, 부시 행정부는 에너지 소비부터 미사일 방어체계 구축에 이르기까지 자국의 움직임에 대한 다른 국가들의 제약을 달가워하지 않기 때문이다. 앞으로 미국이 극단적인 행동을 취하게 되면 우리의 매력은 사라질 테고, 우리에게 대항하는 동맹도 생겨날 것이다. 부시 정권은 이것을 알고 있다. 내 생각이 틀린가?

오사마 빈 라덴이 보낸 편지

2001년 6월 26일

수신: 모든 공작원들
발신: 오사마 빈 라덴

동지 여러분. 오늘은 정말 대단한 날입니다!

우리가 지난 주에 어떤 일을 해냈는지 보셨습니까? 우리는 미국을 공격하겠다는 위협만으로 아랍 3개국에서 미군을 몰아냈습니다. 우리 공작원 몇 명이 내 지시에 따라 휴대전화로 미국 공격에 대해 누설했는데, CIA가 그것을 도청했습니다. 그 후 무슨 일이 일어났는지 한번 보십시오. 우선, 아덴만에 있는 USS 콜 호의 폭파 사건을 조사하기 위해 예멘에 주둔했던 FBI팀이 곧 바로 짐을 꾸려 이동하더군요. 미 국무부가 그들에게 남아 달라고 부탁을 했는데도 말입니다. 다음에 FBI를 다시 볼 기회가 있겠죠. 그 후 우리가 휴대전화로 몇 번 더 통화하자 수백 명의 미 해병대 병사들이 군사 작전을 중단하더군요. 그 대단하다는 해병대가 말입니다! 그들은 당시 요르단 군대와 합동작전 중이었습니다. 그런데 수륙양용선을 타고 토요일에 요르단을 떠나더군요. 미 해병대 양반들, 다음에 다시 봅시다. 그리고 미 해군 제5함대의 본부가 있는 바레인에서는 미국의 전투함들이 우리에게 공격당할까봐 두려워 바레인 항구를 떠나 걸프만으로 이동하더군요. 이런 모든 행동을 표현할 만한 적절한 군사 용어가 있죠. 소위 '퇴각'이라는 것이지요. 알라후 아크바르! 신은 위대하시도다!

이것이 정말 초강대국의 모습이란 말입니까? 우리가 보낸 몇 마디에 부리나케 도망치더군요.

미국의 언론은 이 사건에 대해 제대로 언급하지 않았습니다. 백악관 출입 기자들 역시 이 문제에 대해 대통령에게 질문조차 하지 않았지요. 하지만, 단언하건대, 여기 있는 모든 사람들은 분명 그 사실을 눈으로 확인했습니다. 이 사실을 통해 미국인들도 많은 사실을 알게 되었겠지요. 우선, 미국은 한 명의 병사라도 희생자가 나오는 것을 두려워합니다. 그들은 스스로의 정보력을 신뢰하지도 않고, 아랍의 우방들이 자신들을 지켜줄 거라고 믿지도 않습니다. 그리고 그들은 우리의 위협에 대해 군사적 대응을 하지도 못했지요.

나는 미국이 정말 마음에 듭니다. 부시 행정부는 MD(Missile Defence : 미사일 방어체계)를 구축하기 위해 1000억 달러나 투자했고, 이를 통해 아직 있지도 않는 위험요소를 제거했을 뿐이지요. 미국 정부는 우리가 미련하게 보복공격을 당할 게 뻔한 지대지(地對地) 미사일로 공격할 거라고 생각하고 있습니다. 정말 가소로운 일이지요. 내가 등에 '나는 바보'라고 써 붙이고 다닌다고 여기는 모양이지요? 우리는 이란인들이 사우디 아라비아의 알 크호바르 미군기지를 날려 버린 것과 같은 방식으로 미국을 공격할 것입니다. 우리는 국적을 알 수 없는 정보원을 이용할 생각입니다. 알 크호바르 폭탄 테러에 대한 미 법정의 기소 내용을 보면 알 수 있어요. 미 법정은 14명을 기소했고, 그들이 이란 정보원과 협조했다고 추정했습니다. 하지만 피고인들의 유죄를 입증할 어떤 증거도 없었습니다. 결국 미 법정은 이란이 그 일에 관련되어 있다고 단정지을 수 없었지요. 따라서 그들은 이란에 보복할 수 없었습니다.

증거를 가진 나라는 사우디 아라비아입니다. 하지만 그들은 증거를 FBI로 넘기기를 거부했습니다. 왜일까요? 사우디 아라비아는 미국이 제대로 보복할 수 있다고 믿지 않습니다. 그들은 미국이 몇 개의 크루즈 미사일을 이란에 퍼부은 후 도망칠 줄로 예상하고 있습니다. 그 다음에는 사우디 아라비아 홀로 이란 정부와 해결하도록 내버려 둘 것입니다. 이야기를 하다보니 문득 생각나는 것이 있군요.

미국이 러시아의 의사를 무시하고 MD를 구축할 경우 러시아는 이라크, 이란, 중국에 더 많은 미사일을 팔아 MD를 무력화시키겠다는 암시를 주었습니다. 미 국방부는 러시아가 수출하는 미사일이 바로 러시아를 위협할 테니 그렇게 하지 못할 거라고 말했습니다. 러시아 사람들은 미사일 방어 체계를 믿지 않습니다. 그들은 고전적인 방식을 믿었습니다. 체첸이 인간 폭탄으로 모스크바의 아파트를 폭파시키면, 러시아도 체첸에 공격을 퍼부었습니다. 1985년 베이루트에서 4명의 러시아 외교관이 납치되었을 때를 기억해 보십시오. 러시아는 외교관을 납치한 집단의 일원을 납치하여 신체 일부분을 토막낸 후, 그것을 우편으로 돌려보냈습니다. 효과는 바로 나타났지요. 결국 납치되었던 러시아 외교관은 풀려났습니다.

러시아를 만만히 볼 수 없는 건 바로 이런 이유 때문입니다. 하지만 정말 놀라운 사실은 미국의 도널드 럼스펠드 국방장관이 MD를 구축하는 데 혈안이 되어, 이 같은 고전적인 방식은 미국에게 더 이상 적용되지 않는다고 공언한 것입니다. 미국은 미사일 방어망 구축이 필요했습니다. 그리고 부시는 MD의 중요성을 거듭 강조합니다. 나는 MD가 마음에 듭니다. 우리는 방어가 잘 되어 있는 미국 본토를 공격하지는 않을 것입니다. 미국이 신경을 덜 쓰는 미국관련 해외 시설을 골라 공격할 생각입니다. 나는 미국인들이 우리에게는 영향을 미치지 못하는 MD에 모든 국방예산을 쏟아 부어 실제로 우리에게 피해를 줄 수 있는 장비와 장애물에서 관심을 돌리기를 바랍니다.

여보시오, 럼스펠드 양반, 누가 미사일이 필요하다고 했소? 우리는 노키아 휴대전화를 들고 몇 마디 위협적인 말을 속삭이는 것만으로 FBI와 미국의 해병대, 그리고 해군을 중동에서 쫓아냈는데, 그렇다면 과연 누가 바보겠소?

신은 위대하시고 미국은 어리석다. 승리의 그 날까지 혁명을!

Osama@Jihadonline[JOL]

장벽들

2001년 9월 11일

내가 얼마 전 여행을 떠나기 위해 짐을 꾸리고 있었을 때, 10대인 내 딸이 어디를 가냐고 물었다. 나는 "이스라엘"이라고 말했다.

딸은 걱정스러워 얼굴을 찌푸리며 "아빠는 왜 그런 곳을 가야 하죠?"라고 물었다.

나는 젊은 시절부터 이스라엘에 자주 왕래했다. 내가 『타임스』 지국장으로 근무할 당시 이스라엘에 있었는데, 딸도 그 곳에서 얻었다. 그런데 지금 딸은 이스라엘을 코소보와 똑같이 생각하고 있다.

팔레스타인의 자살 테러와 이스라엘의 보복 공격이 계속된다면, 이스라엘과 유대인에게 얼마나 많은 피해를 주겠는가? 정통 유대교인이나 나와 같은 중동 매니아는 계속 이스라엘을 방문하겠지만, 다음 세대 유대계 미국인들은 유대인의 국가 이스라엘과 친밀한 연대감도 느끼지 못할 것이다. 유대계의 결속을 위해 뉴욕에서 아무리 많은 시가행진을 벌인다고 해도 결과는 마찬가지다.

내가 이 이야기를 연관짓는 까닭은 그것이 제2의 인티파다와 오슬로의 몰락으로 인해 세워진 많은 '작은 경계들' 가운데 하나이기 때문이다. 현재 직면한 문제는 진정한 외교가 교착상태에 빠져 있다는 사실이다. 이스라엘, 팔레스타인 해방기구, 부시 행정부, 아랍 국가들은 문제를 해결할 힘과 의지가 부족하거나 유대 국가와 팔레스타인 국가로 크게 구분하는 방법을 모르고 있다. 사실, 현 상태는 팔레스타인 지도자인 아라파트와 이스라엘 총리 샤론 모두에게 정치적으로 견딜 만한 상황이다. 현재 두 지도자는 국민의 지지를 받고 있다. 그리고 아무도 강경 노선을 걸으려고 하지 않고, 게임이 시작됐다고 얘기하지 않는다. 현 상태는 부시에게도 참을 만하다. 평화 정착을 위한 절차가 이뤄지지 않는 한, 그는 이스라엘이 협상하도록 강요할 수 없다. 이런 협상이야말로 부시가 가장 피하고 싶어하는 것이다. 미 하원 다수당인 공화당을 보호하기 위해서는 유대인과의 충돌을 피해야만 하기 때문이다.

하지만 지도자들이 현상 유지만을 원하는 동안, 일반 국민들은 점점 그런 것을 참지 못하고 있다. 국민들은 수백만 조각으로 분열됐다. 이스라엘 국민들은 위험으로부터 자신들을 지키기 위해 스스로 장벽을 쌓고 있다. 이에 대해 어느 이스라엘 국민은 "모든 사람이 스스로 국방부장관을 자처하고 있다."고 말했다.

서안의 정착민들은 이스라엘에 있는 동안 친구들을 만날 수 없다. 친구들을 초청했다가 혹시 피살이라도 되면 책임질 수 없기 때문이다. 부모들은 아이들을 쇼핑몰, 극장, 디스코 클럽에 가지 못하게 한다. 혹시 잘못하면 폭탄 테러의 표적이 될 수 있기 때문이다. 한 이스라엘의 주부는 "일단 가장 안전한 극장을 고른 후, 그 극장에서 상영하는 영화를 고릅니다."라고 말한 바 있다.

예루살렘 교외에 위치한 사고트에서는 라말라가 잘 보인다. 라말라 언덕의 가옥들은 총격을 대비한 콘크리트 장벽과 샌드백을 설치해 놓고 있다. 남쪽으로 차를 몰아 닿을 수 있는 하 길로*의 예루살렘 주변

---

*Ha Gilo: 예루살렘 남쪽의 이스라엘 정착지

과 아랍인 마을 바이트 잘라 사이에는 저격수들의 총격을 차단하는 긴 콘크리트 장벽이 있다. 그 벽에는 유대어로 '새로운 중동'이라고 적힌 벽보가 붙어 있다. 어떤 커피숍은 폭탄 테러에 대비해 입구에 경비원을 세우기도 한다.

내가 이스라엘 출신 기자와 함께 하 길로로 이동할 때, 분기점에 도달하게 되었다. 하나는 예루살렘으로 가는 길이고 하나는 아랍 마을로 가는 길이었다. 거기서 실수로 아랍 마을로 들어서자, 이스라엘 병사가 화난 표정으로 우리를 세웠다. "죽고 싶어 환장했어요?" 그 병사는 우리에게 외쳤다. 한 번 생각해 보라. 우리가 들어갈 뻔했던 아랍 마을은 동예루살렘과 연결된 부분이다. 그 곳은 공식적으로 예루살렘의 일부이기는 하나, 유대인에게는 진입이 금지된 곳이다.

이스라엘 정착촌은 서안 전역에 퍼져 있기 때문에 한쪽의 힘만으로는 칸막이를 설치하기가 매우 힘들다. 하지만 계속되는 폭탄 테러와 보복공격에 이스라엘과 팔레스타인 양쪽 모두 지쳤고, 사람들은 가능한 모든 지역에 장벽으로 칸막이를 치고 있다. 이스라엘 사람들은 집 둘레에 장벽을 둘러 자신의 집을 보호하고, 팔레스타인 사람들을 자신의 도로에 들어오지도 못하게 격리시키고 있다. 팔레스타인 주민들은 더반으로 가서, 이스라엘 사람들을 세상에서 격리시키려고 한다.

이 곳 이스라엘에는 수많은 장벽들이 생겨나고 있어 서로 구분하기조차 힘들다. 과연 누가 누구를 가두고 있는 것일까?

9·11 사태 이후

2001년 9월 13일~2002년 7월 3일

제3차 세계대전

예루살렘에서

2001년 9월 13일

성지 예루살렘에서 서서히 밝아오는 새벽녘에 CNN을 보며 불편한 마음으로 누워 있었을 때, 노먼 미네타 미 교통부 장관이 지난 화요일 테러리스트의 공격에 따른 조치로 미국 공항에 새로운 경고를 내리는 것을 들었다. 그는 "더 이상 커브사이드 체크인은 없다."고 말했다.

나는 중동 어딘가에서 테러리스트들이 한 손에 커피를 들고 CNN을 보며 기괴한 웃음을 짓고 있을 모습을 상상했다. "대장, 들었습니까? 우리는 단지 월 스트리트와 펜타곤을 날려 버렸는데, 저들의 반응은 더 이상 커브사이드 체크인*은 없다고 하네요."

나는 미네타 장관을 비판하는 것이 아니다. 그는 할 만한 일을 했을 뿐이다. 나는 부시 행정부가 테러리스트의 배후를 파악하여 철저히 보복하리라는 사실을 믿어 의심치 않는다. 하지만 커브사이드 체크인 금지 조치는 도저히 이해할 수 없는 면이 있었다. 이번 테러를 제3차 세계대전이라고 보고 있는가? 그리고 이번 공격이 제3차 세계대전의 진

---

*curbside check-in: 공항내 정식 체크인 수속 카운터까지 가지 않고 공항 대합실 옥외 공간에 마련되어 있는 카운터에서 하는 약식 체크인.

주만 공격쯤 된다고 생각하는가? 내 말은 앞으로 장기간의 공격이 있을 거라고 보는가, 이 말이다.

이 제3차 세계대전에서 우리는 다른 강대국과 싸우지 않는다. 이번 전쟁은 세계 유일의 강대국이자 자유주의와 자유시장 체제의 상징적 존재인 미국과 분노한 초강대개인들의 싸움이다. 초강대개인들은 대부분 소외된 이슬람 또는 제3세계 국가 출신이다. 그들은 우리의 가치를 인정하지 않는다. 그들은 미국이 이스라엘을 지원한다는 사실뿐만 아니라 이슬람 사람들의 삶과 정치 그리고 어린이들에게 영향력을 행사하는 현실에 대해 분개한다. 그리고 그들은 자신의 나라가 현대화되지 못한 것에 대해 미국을 비난한다.

하지만 그들에게 막강한 힘을 제공한 건 그들이 그토록 싫어하는 네트워크화된 세계, 인터넷과 첨단기술을 천재적으로 활용할 수 있는 능력이었다. 생각해 보라. 그들은 미국의 최첨단 민간 항공기를 수동으로 조정하여 크루즈 미사일과 같은 공격 무기로 변모시켰다. 이러한 행동은 그들의 광신적 행위와 우리의 첨단기술이 최악으로 결합된 결과다. 온라인 지하드. 그리고 그들의 공격 목표물을 상기해 보라. 그 목표물은 미국중심 자본주의의 표상이었던 세계무역센터와 미국의 군사적 우월성의 상징인 펜타곤이었다.

이스라엘에서 팔레스타인 자살 폭탄 테러리스트가 목표로 삼았던 대상을 생각해 보자. 『하레츠』 지의 칼럼니스트 알 샤비트에 따르면, "그들은 유대교회들이나 정착촌들 혹은 광신도들을 공격하지 않았다. 그들은 스바로 피자가게, 네탄야 쇼핑 몰, 돌피나리움 디스코텍을 공격했다. 그들은 예시바* 이스라엘인이 아니라 여피** 이스라엘인을 공격했다."고 한다.

테러리스트들과 싸우기 위해 무엇이 필요한가? 먼저 우리가 소규모 테러 집단들의 동태까지 파악할 수는 없다. 아프가니스탄, 파키스탄, 레바논의 베카 밸리에는 다수의 테러 집단들이 은거하고 있다. 끊임없이 움직이며 은밀하게 행동하는 테러 집단들의 동태를 파악하려면 그들이 속해 있는 사회가 그들을 감시해야 한다. 하지만 그들이 속해 있는 사회도 지속적으로 그들을 통제할 수 없다. CIA도 모든 것을 통제할 수는 없다.

이스라엘 관리는 이스라엘이 팔레스타인 자살 폭탄 테러리스트와 급진세력을 통제할 수 있었던 시기는 아라파트와 팔레스타인 정부가 그들을 추적하여 감금해서 막았던 때뿐이었다고 말할 것이다.

그렇다면 우리는 다음과 같이 질문할 수 있다. 테러를 진압하기 위해 테러리스트가 속한 사회의 도움을 받으려면 어떻게 해야 하는가?

첫째로, 이러한 테러집단들이 미국의 정책뿐만 아니라 존재 자체를 증오한다는 사실을 이해하고 심각하게 받아들여야 한다. 지난 6월 오사마 빈 라덴이 휴대전화를 통해 흘린 몇 마디의 위협으로 부시 대통령이 예멘에 주둔했던 FBI와 요르단에 파견되었던 해병대, 걸프만에 본거지를 두었던 5선단을 철수시켰던 사실에 대해 내 칼럼에서 이야기한 바 있다. 이 때 미군의 철수 상황은 전 지역에서 목격되었다. 하지만 이러한 사실은 미국 내 주요 신문에서 전혀 언급되지 않았다. 이 사실은 테러리스트들에게 힘을 불어넣었을 것이다. 미국 시민들에 대해서는 말할 필요도 없이, 군인들조차 위험에 직면하는 것을 피했으니 말이다.

지난 화요일의 참사를 일으킨 사람들은 악마적인 잔혹성과 명석한

---

* yeshivah : 탈무드 연구를 하는 유대교 대학 ; 종교 교육 외에 보통 교육도 하는 유대교의 초등학교.
** yuppie : young urban professional, 미국의 1940년대 말에서 50년대 초에 태어난 대도 시 근교에 거주하는 부유한 젊은 엘리트 층.

두뇌를 겸비한 사람들이다. 우리가 대담하고 혁신적이고 꾸준한 자세로 그들에게 대항하기 위해서 최선의 마음을 다해(가령 제3차 세계대전 맨해튼 프로젝트) 애쓰지 않는다면 우리는 계속해서 위험에 노출될 것이다. 왜냐하면 이것이 제3차 세계대전의 첫번째 주요 전투가 될 수도 있는데 반면에, 이것이 관례적인 비핵무기를 수반하는 마지막 전투가 될 수도 있기 때문이다.

둘째로, 우리는 지난 몇 년간 중동 우방들과 좋은 관계를 유지하기 위해 이중 전선을 용인해 왔다. 그러나 이제 더 이상은 안 된다. 시리아 같은 나라는 반드시 결단이 요구된다. 시리아는 다마스커스의 헤즈볼라 대사관과 미국 대사관 가운데 하나를 선택해야 할 것이다. 만일 미국 대사관을 원한다면 시리아는 테러리스트 그룹의 배후 역할을 포기해야 한다.

그렇다면 앞으로 미국은 팔레스타인 문제와 이슬람의 경제 문제에 대해 손을 떼어야 하는가? 절대 그런 것은 아니다. 전 세계 대부분의 사람들은 앞으로도 미국이 최선을 다할 것을 바라고 있다. 우리가 그들에게 유일한 희망의 존재라는 것을 잊어서는 안 된다. 그런데 팔레스타인에 관해 생각나는 일이 있는데, 팔레스타인 문제 해결을 위해 캠프 데이비드에서 열린 평화 협상에서 미국은 아라파트가 요구하는 제안의 대부분을 만족시키는 대안을 제시했다. 그러한 미국의 대안도 팔레스타인의 입장에서는 부족한 부분이 있었을는지 모른다. 하지만 대안이 마음에 들지 않는다고 폭탄 테러를 시도하는 것은 정말로 이해하기 힘든 일이다.

세 번째로, 우리는 이슬람 세계의 지도자들과 이슬람 세계가 왜 낙후될 수밖에 없었는지 대해 진지한 대화를 나눌 필요가 있다. 사하라 남부를 포함한 전 세계의 어느 곳에서도 이슬람 세계만큼 자유 선거가 보장되지 않는 곳은 없다. 이슬람권에서는 자유 선거가 없다. 그 이유는 무엇인가? 이집트는 1967년 전쟁 이후 철저한 자기 비판의 시간을 가졌다. 그 덕분에 국력을 향상시킬 수 있었다. 그런데 아랍의 지도자들은 왜 자기 비판을 받아들이지 못하는 것인가?

자기 자녀들에게 이스라엘과 투쟁하되 무고한 사람을 죽여서는 안 된다고 가르치는 이슬람 지도자는 왜 없는 것인가? 아무리 보잘것없어도, 생명은 소중하다. 확실히 이슬람은 유럽 세계가 저질렀던 유대인 집단학살 같은 만행을 행하지 않은 종교이다. 그런데도 지금은 자살 폭탄 테러국가로 왜곡되어 비춰지고 있다. 이 사실은 한 사람의 이슬람 지도자가 해결할 수 있는 문제가 아니다.

이런 문제는 우리가 제3차 세계대전을 치르면서 반드시 짚고 넘어가야 할 사항들이다. 제3차 세계대전은 명석하고 적개심으로 가득 찬 적들과의 전쟁이다. 내가 이스라엘 장교에게 테러리스트들이 비행기를 납치하여 쌍둥이 빌딩의 가장 취약한 부분을 정확히 충돌시킨 기술이 대단하다고 말하자, 그는 나를 조롱했다.

"일단 이륙하고 나면 조정기술 습득은 그리 어려운 일이 아닙니다. 보세요, 그들은 착륙 기술을 익힐 필요가 없었어요."

그렇다. 그들은 착륙하는 법은 몰랐을 것이다. 그들의 목적은 파괴였으니 말이다. 그와는 대조적으로 우리는 개방 사회를 보호하며 효과적으로 싸워야만 한다. 우리는 혼신의 힘을 다해 싸우고 안전하게 착륙해야 한다. 우리는 수단과 방법을 가리지 않는 적과 싸워야 하는 반면, 시민들이 테러리스트가 없는 것처럼 느끼도록 개방 사회를 지켜야 한다. 그것은 쉽지 않은 일이다. 이를 위해서는 최선의 전략, 최고의 외교술 그리고 용감한 군인을 보유하고 있어야 한다. 충성!

흡연, 비흡연?

예루살렘에서

2001년 9월 13일

이번 공격이 광범위한 테러리스트 세포에 의해 이루어졌다면 제3차 세계대전이나 마찬가지 의미라서 장기적으로 지정학적 문제가 어떻게 되어 갈 수 있을 것인지 생각해 보는 것도 너무 이르지는 않을 것이다. 제1차 세계대전과 제2차 세계대전으로 인해 새로운 질서와 분할이 형성되었듯이, 이번 전쟁도 역시 마찬가지일 것이다. 그렇다면 과연 어떤 모습일까?

이스라엘의 외무부 장관인 시몬 페레스는 다음과 같은 가능성을 예상하고 있다. "몇십 년 전, 사람들은 흡연이 암을 유발한다는 사실을 알았습니다. 그 후 사람들은 흡연 구역과 비흡연 구역을 나눠 달라고 요구하기 시작했습니다. 테러리즘은 우리 시대의 암입니다. 지난 몇십 년 동안 많은 국가들이 테러를 부정했고 테러리스트와 협상해야 하는 것에 대해 변명거리를 찾으려 했습니다. 하지만 뉴욕과 워싱턴에서 9·11 사태가 발생하자 이제 모든 사람들이 테러가 암적인 것임을 알게 되었습니다. 테러는 우리 모두가 맞닥뜨릴 수 있는 위협입니다. 따라서 모든 국가는 의심되는 국가 또는 확실한 혐의가 인정되는 국가로 구분되어야 합니다. 내 말은 테러를 지지하느냐, 그렇지 않느냐에 따라 구분되어야 한다는 뜻입니다."

　페레스 장관은 테러 활동에 대한 지원 여부에 따라 국가들을 분류하는 방식이 곧 생길 것으로 보고 있다. 하지만 테러 활동 지원 여부를 구분하는 데 있어 미국은 매우 매우 신중한 자세를 취해야만 한다.

　페레스가 언급했듯, 이러한 현상은 이슬람 대 기독교, 힌두교, 불교, 유대교의 문명 충돌이 아니다. 진정한 충돌은 문명 사이에서가 아니라 문명 안에 존재한다. 한 문명 안의 현대적인 진보 세력과 중세적인 수구 세력간에 갈등으로 충돌이 일어난다. 현재 많은 이슬람 국민들이 위기감을 느끼고 있으며 그 위기를 극복하기 위해 미국을 본보기 국가로 보고 있다는 사실을 간과한 채 단순히 이슬람 세계 전체를 테러 국가로 지목한다면 큰 실수를 저지르게 된다.

　이에 대해 중동문제 전문가 스티븐 코헨은 다음과 같이 말했다. "남북 전쟁 후 링컨 대통령은 남부 사람들 역시 동일한 신을 위해 기도했음을 잊어서는 안 된다고 말했습니다. 동일한 신을 위해 기도하는 것은 대부분의 이슬람 국민들의 경우에도 적용됩니다. 우리는 단지 '증오의 신'을 위해 기도하는 자들과만 싸워야 합니다. 우리와 같은 신을 믿는 대부분의 이슬람 국민들과 싸워서는 안 됩니다."

　이번 주 미국을 공격한 테러리스트들은 '증오의 신'을 위해 기도한 사람들이다. 테러의 목적은 특정한 미국 정책의 변경이 아니었다. 사실 테러리스트들은 아무런 요구 조건도 내세우지 않았다. 그들의 테러는 증오와 니힐리즘을 출발점으로 삼았다. 그리고 테러의 목표는 미국의 삶의 방식을 뒷받침하는 제도들, 즉 시장과 군사력의 상징물이었다.

　이런 테러리즘은 반드시 원인을 제거하여 다시 일어나지 않도록 해야 한다. 그러나 빈 라덴에게만 집중할 필요는 없다. 9 · 11 테러리스트들의 목적은 단순히 미국인을 죽이는 데 있지 않았기 때문이다.

　미국인을 죽이는 것은 테러리스트들의 목적이 아니다. 테러리스트들은 전략적으로 생각한다. 그들은 미국의 대량 보복을 유도하여 그 대상 속에 자신들과 여타 이슬람 국가들을 함께 몰아 넣으려 한다. 이 것이 바로 그들의 목표다. 그들은 문명의 충돌을 유도해 모든 이슬람 국가들을 성전에 참여시키려 하고 있다.

미국 국민이 대형 담배회사를 이길 수 있었던 것은 담배회사에서 일하던 직원이 양심선언을 하여 자신의 직장과 사장을 상대로 싸웠기 때문이다. 이와 마찬가지로, 이 니힐리즘적 테러리스트를 실제적으로 없앨 수 있는 유일한 방법은 그들을 공격하는 데 있지 않다. 물론 공격하는 것도 필요하지만, 그것만으로 충분하지는 않다. 그들을 공격해서 제거한다고 하더라도 그들을 대신할 다른 사람들이 있기 때문이다. 유일한 방법은 그들이 속한 종교 공동체와 사회에서 테러리스트가 생겨날 수 있는 상황을 원천 봉쇄하는 것뿐이다. 이것은 이슬람 다수가 오사마 빈 라덴 무리가 이슬람 종교와 사회를 파괴하고 훼손하고 있다는 것을 인식할 때에야 가능할 것이다.

사실 이슬람 세력 내에서 현대화파와 중세화파 간의 싸움은 오래 전부터 계속되고 있다. 특히 이집트, 알제리, 사우디 아라비아, 요르단, 파키스탄에서는 특히 두드러진다. 우리는 이 내전에서 좋은 쪽을 지원할 필요가 있다. 그들을 지원하려면 세련되고, 관대한 사회·정치·경제적 측면의 전략 그리고 군사 전략이 필요하다.

이번 테러 사태에 대한 보복을 하지 않는다면, 더 큰 내일의 재앙을 그리고 테러리스트들과의 무한 전쟁을 불러올 수 있다. 하지만 증오의 신에게 기도하는 자와 우리와 동일한 신에게 기도하는 자를 구분하지 않고 마구 보복한다면 우리가 문명 간의 무한 전쟁을 불러오는 격이 된다. 그리고 우리는 전쟁의 포염 속에서 헤어나지 못할 것이다.

너무나도 참담한

요르단 암만에서

2001년 9월 18일

나는 세계무역센터 참사가 일어난 직후, 상당 기간을 요르단에 있게 됐다. 그 곳에 있는 동안 쿠웨이트, 카이로, 레바논, 터키 등지의 아랍-이슬람 세계에서 나에게 날아드는 수많은 이메일에 그만 놀라고 말았다. 메일을 보낸 이들은 모두 참사에 놀라 가족들이 무사한지 확인하려는 사람들이었다. 요르단의 한 서기관이 나에게 말한 엉터리 영어 가운데 가장 감명 깊었던, 이 테러리스트의 공격은 "너무도 참담하다"(the big terrible)란 말이 실감나는 순간이었다.

위에서 말한 중동의 내 친구들이 그 곳의 여론을 대변한다고 말할 수는 없을 것이다. 유명한 아랍의 웹사이트나 대화방에 가보면 아랍권의 여론은 테러를 두려워하는 사람들과 테러에 박수를 보내는 사람들이 반반이다. 가장 거슬리는 이메일들은 비행기 남치범들 다수의 고국인 사우디 아라비아 이슬람주의자들한테서 온 것들이다.

내가 여기서 말하고자 하는 것은 여전히 미국을 추종하는 사람이 많다는 사실이다. 중동인들이 미국에 분노하고 있다고 해도, 여전히 그들의 다수는 미국의 가치를 인정하고 부러워하며 자식들을 그 곳에 보내려 한다.

그들은 미국인이 정부에 대해 갖는 주인의식, 낙관주의, 개인의 자유 인정, 미래는 과거에 의해 지배되지 않는다는 믿음을 부러워한다. 간단히 말해서, 지난 주의 참사로 이 곳 사람들은 미국 없는 세상이 어떨지 잠시 느꼈고, 대부분이 그렇게 되는 것을 원하지 않았다. 미국은 자신들과 상관없는 외부세계가 아니고, 어떤 방식으로든 연관이 되어 있는 것이다.

왜 중동인들의 관점이 우리에게 문제가 되는가? 우리는 이 전쟁에서 온건 아랍 국가들의 도움을 필요로 한다. 그리고 지금, 대다수 아랍 국가 지도자들은 우리와 협력하려 한다. 왜냐하면 수많은 국민들이 우리를 지향하기 때문이다. 그러나 온건 아랍국 지도자들은 미국이 신중하고 바르게 행동하기를 원한다. 설사 모든 미국인들이 죽더라도 이 곳의 여론이 만장일치로 미국을 지지하지는 않으리란 사실을 알기 때문이다.

어느 일요일, 나는 미국의 진정한 친구인 요르단의 국왕 압둘라와 인터뷰를 했다. 그는 세 가지 현명한 제안을 하였다. "미국이 자신의 위치를 제대로 알고, 누가 미국의 친구인가를 잊지 않는다면, 또 미국과 그 친구들이 서로 협력한다면, 테러리스트들을 이길 수 있다. 테러리스트들은 미국의 체제와 자유주의 국가로서의 상징성을 무너뜨리려 한다. 그리고 미국이 미국 내 아랍-이슬람인들을 공격하길 바라고 있다. 미국 내 지역 사회들이 서로를 쫓아 분열하기 시작하면 미국의 체제와 그러한 상징성이 파괴되기 때문이다. 이것이 테러리스트들이 진정 원하는 바다. 그들은 미국 동맹 국가들에게 '봐라, 이 모든 것이 허구였다.' 라고 말하고 싶은 것이다."

압둘라 국왕의 이야기는 계속된다.

"이것이 테러 상황에 미국이 조심스럽게 대응해야 하는 이유며, 범인들만을 벌해야 하는 이유다. 그래야만 정의를 세울 수 있으며, 복수를 불러오지 않는다. 또한 미국의 신념에도 반하지 않는다. 하지만 현명하게 대처하지 않으면 테러리스트들이 원하는 대로 들어주게 된다."

미국의 전략은 악인들을 벌하는 동시에 선인들을 돕는 데 있다. 요르단은 인티파다에도 불구하고, 소프트웨어, 기술, 직물 산업의 발전을 강조하는 자유시장 경제의 도입으로 미국인 투자를 유치, 지난해 3.9퍼센트의 경제 성장을 이룬 국가다. 요르단은 미국 의회에서 비준이 나지는 않았지만 최초로 미국과 자유무역협정을 맺은 아랍국이기도 하다. 다시 말해, 요르단은 아랍 국가들의 모범이 되고 있다. 우리는 성공적으로 발전한 요르단을 이웃 국가들이 본받도록 하는 데 관심을 갖고 있다. 테러리스트들은 성장하는 국가가 아니고, 쓰러지거나 낙후된, 비합법적 정부를 가진 국가에서 발생한다.

국왕의 마지막 메시지는 다음과 같다. "테러리스트들은 함께 일한다, 하지만 우리는 그렇지 않다. 테러 그룹들은 전 세계적인 조직이며, 그들은 협력하여 군사작전에 몰두하는 법을 안다. 하지만 우리는 군사작전에 익숙지 않으며, 아직도 이슬람의 테러를 남의 나라 문제로 여기는 나라가 많다. 우리가 테러리스트들을 이기려면, 그들처럼 전 세계적으로 협력하는 법을 배워야 한다."

하마 법칙

2001년 9월 21일

1982년 2월 시리아 정부의 알 아사드 대통령은 아사드 정권을 무너뜨리려는 이슬람 극단주의자들에게 치명적인 위협을 받았다. 그후, 아사드 대통령은 시리아의 네 번째로 큰 도시인 하마에서 반역 행위가 발생하자, 원리주의자들이 있는 지역에 며칠 동안 포격을 퍼부었다. 포성이 잠잠해지자 잔해들을 치우고 불도저로 그 지역을 밀어 광대한 주차장으로 만들었다. 대략 1만에서 2만 5천 명의 시리아인들이 폭격으로 사망했다고 국제 사면 위원회는 추정했다. 죽은 사람들의 대부분은 시민들이었다. 그 이후 이슬람 극단주의자의 반란은 자취를 감추었다.

나는 하마 시가 포격을 당하고 몇 달 뒤에 그 곳을 방문한 적이 있다. 시리아 정권은 실제로 시리아인들이 그 곳을 가보고, 그 의미를 되새기길 바라는 듯했다. 나는 나중에 이렇게 회고했다. "도시 전체를 토네이도가 몇 주 동안 쓸고 지나간 것 같다. 하지만 이건 자연의 법칙이 아니다."

이것이 중동 정치의 진정한 법칙인 하마 법칙(Hama Rules)이다. 그러나 한편으론 하마 법칙은 법칙이 아니다. 나는 미국도 이와 같이 대응하라고 말하는 게 아니다. 우리는 도시를 밀어 버릴 정도로 머리가 돌지 않았다. 우리는 테러리스트를 뿌리뽑기 위해 보다 신중하고 현명한 방법을 찾아야 한다.

시리아, 이집트, 알제리와 튀니지가 이슬람 원리주의자들의 위협을 받자 무자비하게 그들을 짓밟았다는 사실을 우리가 알고 있다는 것이 중요하다. 미국이 지금 겪고 있는 문제가 어떻게 보면 이런 무자비한 탄압의 결과이기 때문이다. 당시에 다음과 같은 일이 있었다.

첫째, 원리주의자들이 아랍 국가에 의해 탄압받자, 레바논의 베카 밸리나 아프가니스탄으로 망명했다. 그들에게는 최후의 보루였던 셈 이다. 물론, 자유의 땅인 미국이나 유럽으로 망명한 자들도 있었다

둘째, 어떤 타락한 아랍 정권은 원리주의자들과 사악한 협정을 맺었 다. 이슬람 극단주의자들이 현 정권을 공격하지 않는다는 조건으로, 이슬람교도의 국내 지원자들이 세금을 올려 그 돈을 빈 라덴에게 몰 아 주도록 허락했다. 당시 세금은 이슬람의 복지향상이란 명목으로 올렸다.

셋째, 이슬람교도 탄압에 옹호하는 아랍 정권들이, 자신들에게 날아 오는 비난을 피하기 위해 언론과 지식인들이 마음껏 미국과 이스라엘 을 비판하도록 허락했다.

결과적으로 이슬람과 아랍의 새로운 세대들은 미국이 이집트에 매 년 20억 달러를 원조하고 쿠웨이트·코소보·보스니아 같은 이슬람 국가들의 자유를 위해 싸웠는데도, 미국이 이슬람의 가장 큰 적이라는 왜곡된 편견을 갖게 되었다. 게다가 빌 클린턴이 아라파트를 외국의 정상들 가운데 가장 자주 만났다는 사실도 이들은 모르는 게 분명하 다. 이런 편견이 아랍-이슬람 세계에 팽배해 있기 때문에, 많은 사람 들이 대 미국 테러 공격에 찬사를 보내고, 이번 테러는 이슬람 세계를 끌어들이기 위해 CIA와 모사드가 계획했다고 말하고 있다.

우리는 온건 아랍 국가를 동반자로서 필요로 한다. 그들의 지혜가 필요할 뿐 아니라 그들이 지혜로워지는 것도 필요하다. 나는 아랍 언론이 미국과 이스라엘에 호의적이길 바라지 않는다. 언론은 자신의 관점을 밝히고 비판할 자유가 있기 때문이다. 문제는 자식들을 미국에 유학 보내면서도, 언론이 미국에 대해 긍정적인 대안을 내놓으면, 그 언론을 바로 미국의 첩자라고 낙인찍어 버리는 국가에 있다.

아랍 국가가 이슬람 테러리스트를 탄압할 때, 그들은 테러리스트들을 이념적으로 공격하거나 반 이슬람으로 생각하지 않았다. 미국계 아랍-이슬람인은 이 문제의 일부가 아니다. 그러나 그들은 아랍 세계에 미국에 대한 새로운 관점을 유도할 수 있다는 점에서 중요하다.

이슬람, 아랍 세계에서 미국에 대한 인식은 매우 안 좋다. 그 이유는 우리가 우리의 이야기를 잘못한 점도 있고 우리의 정책이 그들과 맞지 않는 점도 있기 때문이다. 하지만, 아랍의 지도자들이 자국내 비난의 화살을 우리에게 돌린 원인이 크다. 결과적으로 우리는 이렇게 말하면 슬프지만, 우리가 생각하는 것보다 아랍인의 감정을 잘 대변하고 있는 광기에 찬 사악한 테러리스트들과 싸워야만 한다.

테러 게임 이론

2001년 9월 25일

자살 폭탄 테러가 탄생했던 1980년대 초반, 나는 베이루트에서 살았다. 당시 디알라라는 레바논 친구가 있었는데, 그녀는 비행기를 탈 때마다 가방에 폭탄을 넣고 다닌다고 재치있게 말하곤 했다. 왜냐하면 폭탄 든 두 사람이 동시에 한 비행기에 탈 확률은 거의 없기 때문이다.

이것은 레바논 사람들이 자살 폭탄 테러와 폭발하는 차량이 도시의 일상적인 소음으로 되어버린 곳에서 살아가기 위해 행하는 수백 가지의 심리 게임 가운데 하나다. 어느 날 저녁 파티에서 베이루트의 한 웨이터가 나에게 "지금 드시겠습니까, 아니면 총성이 그치면 드시겠습니까?"라고 물어본 적이 있다. 이 말은 지금도 내가 즐겨 인용한다.

나는 나와 내 이웃이 그런 심리 게임을 미국에서 하게 될 줄은 생각도 못했다. 나는 왜 미국인들이 두려워하는지를 잘 안다. 나는 지난 주 내 딸의 중학교 사친회에서 2주 후 예정된 8학년 뉴욕 여행이 왜 만장일치로 연기됐는가를 잘 안다. 또, 나는 우리가 막 경험한 이런 특별한 테러 행위가 베이루트 사람들이 경험하는 일상의 폭발음보다 더 놀라운 일임도 알고 있다.

그래서 어떻게 됐단 말인가? 어떤 행동은 인간의 행동양식이나 상상의 범위를 넘는 것이라는 추정 가능한 윤리에 인간의 신뢰가 근거를 두기 때문에, 그런 참사 후에는 그 무엇도 신뢰하기 힘들어진다. 19명의 사람들이 4대의 민간 항공기를 납치하고, 그 가운데 3대를 수천 명의 무고한 사람이 들어 있는 빌딩에 돌진시키는 일은 내 상상의 한계를 벗어나는 것이다. 세계무역센터는 우리의 정보국이 무너진 곳이 아니다. 그곳은 우리의 상상의 한계가 무너진 곳이다.

이번 테러리스트들의 특징은 사악하며, 지식을 갖추었고, 자살을 한다는 사실이다. 이들은 내가 전에 보아 온 수많은 사람들과는 다르다. 사악하며 지식을 갖춘 사람은 다른 사람을 자살하게 만들지 자신이 자살하지는 않는다. 사악하면서 자살을 하는 사람은 지식이 부족한 경향이 있다.

우리가 상상할 수 있는 한계가 이런 충격적인 방식으로 무너지면, 우리는 자연히 도처에 위험이 있다고 인식하고 몸을 사리게 된다. 우리는 그러지 말아야 한다. 지난 금요일 밤 나는 가족과 함께 볼티모어 올리올스 팀의 야구경기를 보러 갔다. 그리고 주차장에 들어가는 길에 경기장에 갖고 들어가면 안 되는 물건들을 적어 놓은 새로운 안전 주의 사항 쪽지를 받았다. 솔직히 공항에서 비행기를 탈 때는, 몇 번이고 X선 검사를 할 수도 있다. 그러나 어느 누구도 이와 똑같은 검사를 야구장이나 콘서트 장에서도 당하고 싶지는 않을 거라고 생각한다.

맹세컨대, 나는 이런 위협에 무감각하지 않다. 다만, 전 세계 인구 가운데 테러리스트들은 극소수에 불과하기에 크게 걱정할 필요가 없다고 믿는 것이다.

베이루트 시민은 세상을 옳게 보고 있었다. 오늘날 안전한 곳은 아무 데도 없다. 테러에 대비한 주의 사항들은 준수되어야 한다. 그러나 테러를 대비하기 시작하면, 기본적으로 선택의 기로에 서게 된다. 집에 앉아 있을 것인가, 영원히 지하실에 숨어 있을 것인가, 내 친구 디알라처럼 심리 게임을 행할 것인가, 아니면 모두 다 잊고 전처럼 평온하게 살아갈 것인가를 말이다.

평온하게 아무 일 없는 듯 살아가는 사람은 내 친구 중에 한 명뿐이다. 최근 작고한 내 영국인 친구 조지 비버가 바로 그다. 그는 레바논 내전 중에도 80대의 나이로 베이루트 골프 클럽에서 거의 매일 골프를 쳤다. 물론 나도 몇 번 같이 친 적은 있다. 내가 그에게 이런 상황에서 골프를 치는 건 미친 짓이라고 말하면 그는 항상 명쾌한 해답을 갖고 있었다. 그는 이렇게 말했다. "나도 이게 미친 짓인줄 알지만, 이렇게라도 안 하면 더 미칠 거 같아."

사실 테러리스트가 우리를 직접 구속할 수 없기 때문에, 그들은 우리가 스스로 그렇게 하기를 바란다. 미안하지만 안 될 말이다. 9월 11일 소중한 사람을 잃은 사람들을 생각하면 가슴 아프지만, 나는 그것이 내 영혼까지 아프게 하도록 내버려 두지 않을 것이다.

나는 금요일 저녁에 야구장에 가고, 토요일에는 케네디 센터에서 드보르작의 「신세계 교향곡」을 듣고, 일요일에는 워싱턴에서 딸들과 아침을 먹은 다음, 다시 미시간 대학에 비행기를 타고 날아갔다. 아, 그리고 어제도 나가서 주식을 좀 샀다. 참 좋은 나라 아닌가.

나는 오사마 빈 라덴이 어제 아프가니스탄의 동굴에서 무엇을 했는지 궁금하다.

말은 나중에

2001년 9월 28일

세계무역센터 참사가 있은 후, 어느 이집트 텔레비전 쇼에서 나를 불러서 이번 참사가 미국인에게 끼친 영향에 대해 물어 보았다. 그래서 나는, 만약 3명의 자폭 테러범이 비행기를 탈취해서, 수천 명이 그 안에 있는 피라미드에 그 비행기를 추락시켰다면 이집트 사람들의 반응이 어떨지 상상해 보라고 말했다. 세계무역센터는 돌 대신 유리와 철근으로 만들어진 미국 자유시장 경제의 피라미드다. 그런데 누군가가 그것을 무너뜨린 것이다.

나는 이 빌딩이 미국인에게 어떤 의미였는지를 아직도 세계가 잘 알지 못한다고 생각한다. 우리는 코소보나 보스니아, 소말리아, 쿠웨이트를 위해 싸우는 게 아니다. 바로 우리의 조국을 위해 싸우고 있는 것이다. 그리고 미국인들은 조국을 위해 싸울 것이고 조국을 위해 죽을 것이다.

현재 중요한 것은 복수가 아닌, 미국인들이 이 전쟁에서 넘겨 받기 원하는, 정의와 안전을 이 전쟁에서 어떻게 이끌어 내는가이다. 그러기 위해서는 전투에 대한 새로운 태도와 전장에 대한 새로운 전략이 필요하다.

어떤 태도 말인가? 우리는 정말 신중해야 하지만 약간 과감할 필요도 있다. 물론 무차별적으로 사람을, 특히 무고한 아프간 시민들을 죽여서는 안 된다. 하지만 미국은 자신의 삶을 지켜나가기 위해 수단과 방법을 가리지 않는 국가라는 사실을 테러범과 그 배후 세력들이 알아야 한다. 그래서 앞으로 벌어지는 미국의 반응에서 두려움을 느끼도록 해야 한다. 오늘 적을 강하게 몰아쳐야 내일 우리가 싸울 일이 더욱 더 줄어들 것이다.

새로운 전략에 관해서도 말해 보겠다. 우리의 최우선 과제가 아프가니스탄 내 빈 라덴의 통신망을 말살하는 것이라고 하자. 그렇다면 우리는 현지의 통신망을 이용하여 그 지역의 통신망으로 무너뜨린다는 것을 이해할 필요가 있다. 다시 말해서, 오사마 빈 라덴이 아프가니스탄이 아니라 콜롬비아의 정글에 숨어 있다면, 누가 우리에게 가장 필요하겠는가? 미군 특수부대인가? 콜롬비아 군대인가? 둘 다 아니다.

우리는 현지의 통신망을 이용하기 위해 마약상 조직과 접촉할 것이다. 그들은 우리가 필요한 세 가지 면을 갖고 있다. 그들은 비밀 통신망을 갖고 있고, 빈 라덴과 같은 상대방 통신망을 무력화시킬 수 있으며, 매수 가능하고 상대방을 매수할 수도 있는 집단이다.

칼리 카르텔은 아프가니스탄에서 활동하지 않는다. 그러나 러시아 마피아는 아프간 군벌, 마약상 조직, 파키스탄 비밀요원이 그렇듯 아프간에서 활동한다. 그들은 각자 지역 네트워크를 갖고 있는데, 아프간에서의 전쟁은 이런 지역 네트워크를 통해 이루어질 것이다. 저널 『외교 정책』 편집자 모이시즈 나임이 말했다. "내가 한 주간에 들은 최고의 소식은 푸틴이 연합군에 동참할 것을 심각히 고민한다는 거야. 그가 동참하면 정말 도움이 될 거야."

모이시즈가 말한 대로, 러시아 대통령이자 전직 KGB 단장인 푸틴은 빈 라덴이 있는 곳을 아는 자를 아는 자를 아는 아프간 동맹에서 일하는 자를 아는, 러시아 마피아에서 일하는 자의 전화번호를 연줄을 동원해 알아 낼 수 있다. 이번 전쟁은 결국 육상에서는 탱크와 군인들이 싸우고 지하에서는 스파이들이 싸우는 전쟁이 될 것이다.

이 전쟁에서 부시 대통령과 그의 고문들은 말을 줄이고 테러리스트처럼 행동을 보여줘야 한다. 행동만이 적들을 무력화시킬 수 있다.

모든 것은 때가 있다. 나중에 말할 때가 있을 것이며 테러를 지원한 국가를 처리할 때도 있을 것이다. 또 아랍과 이스라엘간의 평화나 경제발전을 도울 때도 있을 것이다. 하지만 지금은 우리나라를 파괴하려는 자들을 처벌할 때다.

전쟁만으로 이 문제를 해결할 수도 없지만, 사회적으로 해결할 수도 없다. 요란하지 않지만 강력한 전쟁은 이전까지 없었던 어느 정도의 전쟁 억제력을 만들어 낸다. 9월 11일 이후, 반미 테러리스트들을 숨겨 주면 치명적이라는 사실을 모든 국가들이 알게 해야 한다.

우리는 이번 사태에 총력을 기울이고 있으며, 테러리스트들을 공격하는 데 모든 수단을 동원할 것이다. 레바논의 장군 게마엘이 암살 당하기 전 말했듯이, 중동은 노르웨이나 덴마크와는 다르다.

이스턴 중학교

2001년 10월 2일

나는 최근에 내 딸 나탈리가 다니는 매릴랜드, 실버 스프링의 이스턴 중학교에서 열리는 사친회의 밤 행사에 참석하였다. 이스턴 중학교는 워싱턴 외곽의 공립학교로서 40여 개 나라의 학생이 다니고 있다는 교장의 연설로 행사가 시작되었다. 선생님들이 소개되기 전, 흑인, 히스패닉, 아시아인, 백인 아이들로 구성된 '노아의 검은 방주' 합창단이 「갓 블레스 아메리카」(God Bless America)를 선창하자 모두 따라 불렀다. 솔직히 잘 부른 것은 아니지만, 그 아이들의 노래에는 가슴을 찡하게 하는 무언가가 있었다. 이 장면을 보면서 문득 나는 미국을 공격한 이슬람 테러리스트들이 얼마나 미국에 대해 모르고 있는가 하는 생각이 들었다.

테러리스트들의 일관된 주장은 미국이 부와 힘을 가졌지만 "정신의 가치가 없다."는 것이다. 이슬람 테러리스트는 우리의 부와 힘이 미국의 영혼과 아무 연관이 없다고 생각한다. 그들은 우리가 근본적으로 신을 부정하는 나라이고, 하느님의 적이라고 생각한다. 그리고 당신은 하느님의 적이기 때문에, 당신은 죽어 마땅하다고 생각한다. 이 테러리스트들은 사우디 아라비아 같은 곳에서 자신들의 신념을 저버리고 부와 권력을 얻는 사람들을 보면서, 정신 가치를 포기해야만 부와 힘을 얻을 수 있다고 믿게 되었다.

물론 이런 미국에 대한 관점은 잘못된 것이다. 미국의 부와 힘은 깊숙한 영적 원천으로부터 직접 유래한다. 그것은 개인을 존중하고, 정치적 신념의 차이를 인정하고, 모든 창조성의 필수 원천인 상상의 자유를 존중하며, 모든 차이점들을 포용하는 영혼이다. 이민들을 포용하고 자유를 숭배하는, 숭고한 정신적 에너지를 갖고 있는 사회만이 지속적으로 부와 힘을 유지하고 발전시켜 나갈 수 있다.

이러한 자유로운 사회이기에 테러리스트들이 비행기들을 납치할 수 있었다. 테러리스트들이 세우기를 원하는, 영혼이 없는 획일적인 사회에서는 비행기를 만들 수 없었다. 테러리스트가 미국의 인터넷을 악용할 수는 있어도 획일적인 신, 진실, 노선, 지도자만 존재하는 숨막히는 그들의 세상에서 인터넷을 발명할 수는 없다.

미국도 완전한 나라는 아니다. 우리도 미국의 정신에서 벗어나 이기적이었던 때가 여러 번 있었다. 그러나 우리가 강하게 살아남은 것은 미국의 정신을 지키고 우리의 자리로 돌아온 적이 더 많기 때문이다.

왜 우리는 이런 뜻을 전달할 수 없는가? 부분적으로, 우리의 책임이다. 부시 대통령은 그의 캠페인 기간 동안 워싱턴을 모욕하고 공사를 구분하지 못하는 이기적인 행동을 했다. 하지만 오늘날 미국의 위기를 도우려는 수많은 손길 외에도 FEMA(Federal Emergency Management Agency: 미국연방재난관리국), FAA(Federal Aviation Administration: 미국연방항공관리청), FBI, 미합중국 군대 같은 우수한 기관을 워싱턴에 두고 있다는 사실이 고마울 따름이다.

부분적으로, 우리는 이런 쟁점들을 말하지 못한다. 왜냐하면 우리는 중동 지역의 전제주의인 우리 동맹국들을 난처하게 하지 못하기 때문이다. 그러나 또한 미국이 정신 가치 없이 부와 권력을 성취했다는 그런 부정적 견해는 중동의 정부와 단체들이 조장하고 있다. 그래야 국민들에게 한층 나은 삶을 제공하지 못한 것에 대한 변명을 할 수 있기 때문이다. 그들은 미국 사회 고유의 정신적인 혹은 인도적인 어떤 것에 의해서가 아니라, 다른 나라에서 빼앗은 것이 많아서 미국이 강해졌다고 말한다.

어떤 수준에서는 모든 개인이 하느님의 형상을 따라 창조되었다고 믿기에, 세계무역센터의 잔해에서 모든 시신을 찾을 때까지 수색작업을 계속하는 사회, 2주만에 성금을 6억 달러나 모은 사회가 영혼이 없고 정신이 없는 사회인가? 다시 생각해 보라.

테러리스트들은 미국에 대해 오해하고 있다. 그들은 우리의 힘이, 부와 군사력의 상징인 무역센터와 국방성에서 나온다고 생각하고, 그것들을 무너뜨리면 우리가 움츠러들거라 믿는다.

하지만, 우리의 힘은 사친회의 밤이 열리던 이스턴 중학교의 낡은 강당에서, 대륙을 가로지르는 수천 개의 그러한 학교들에서 나오는 것이다. 바로 이 곳들이 여러분이 영혼을 발견할 곳이며, 이 힘으로 쌍둥이 빌딩을 세웠고, 원한다면 언제라도 다시 지을 수 있다.

이 혼란스런 시대에, 만약 미국이 얼마나 강한지 확인해 보고 싶거나, 우리가 무엇을 지키기 위해서 싸워야 하는지 알고 싶다면, 사친회에 참석해 보라. 거기에 모든 해답이 소박한 통찰 속에 숨겨져 있다.

그렇다, 하지만 어떻단 말인가?

2001년 10월 5일

이번 미국의 테러 사태에 대해 외국 언론들은 테러를 철저히 비난하기보다는 다소 미온적인 태도를 보이고 있다. "테러 사태는 끔찍하다. 하지만……", 미국이 테러 사태 이면의 분노에 대해 어느 정도 책임이 있고, 그럴 만하다는 것이다.

외국 사람들과 학교에서 무엇이 테러 사태를 유발했는가를 우리에게 물어 본다니 망연자실할 따름이다. 무엇이라고 짐작하는가? 테러리스트들은 해답 노트를 남겨 놓지 않았다. 왜냐하면 그들의 행동이 그들의 노트이기 뿐이다. '우리[테러리스트들]는 미국을, 군사와 경제의 중심부에서부터 파괴하려 한다.' 여기서 어느 부분이 이해하기 힘들단 말인가?

오사마 빈 라덴이 "나는 1967년 이전의 국경으로 이스라엘 영토가 더 작아지길 원한다." 또는 "미국에는 감정이 없다. 단지 이슬람 세계가 더 낮은 군사, 문화 수준을 갖길 원한다."라고 말한 것을 들어 본 적이 있는가? 이 테러리스트들은 우리와 새로운 공존관계를 원하는 게 아니라 우리가 없어지기를 원한다.

"끔찍하다. 하지만……"이라고 말하는 사람들은 이 사실은 전혀 모른 채, 미국이 이스라엘을 전폭적으로 지원하였기에 발생한 일이라 생각한다. 내 대답은 "그렇다. 하지만…… 하지만……"이다.

미국이 이슬람의 분노를 살 정도로 이스라엘을 지원한 것은 사실이다. 심지어 이스라엘이 가자 지구의 중심부에 탐욕적인, 도발적인 정착을 할 때도 지원을 감행했다. 그러나 논쟁이 거기서 끝나서는 안 된다. 미국은 이 상황을 되돌리려고 주도적인 노력도 기울였다. 우리는 9월 11일 테러가 1년 전 계획된 것임을 알고 있다. 그러나 정확히 그 때 클린턴 대통령이 아라파트에게 95퍼센트 가량의 서안과 동 예루살렘을 팔레스타인 국가로 하자고 제안했었다. 이스라엘 정착민들을 5퍼센트를 제외하고 나머지를 철거하자고 말이다. 다시 말해서, 이번 테러는 미국이 이스라엘-팔레스타인 공존을 방해해서가 아니라 주도해서 발생한 것이다.

"그렇다, 하지만……"이라고 말하는 사람들은 팔레스타인의 봉기를 이스라엘이 억누르는 장면이 아랍의 텔레비전에 방영되면서 아랍 여론이 흥분되었다고 생각한다. 이스라엘이 과도한 진압을 한 것은 사실이다. 하지만, 이스라엘의 피자 가게와 댄스 클럽에 팔레스타인이 자살 테러 한 것에 대응한 것임은 아랍 텔레비전에 부각되지 않았다.

게다가 팔레스타인의 봉기는 그들의 의지로만 이루어진 것이 아니다. 협상 테이블에서 미국의 적극적인 외교 지원이 있었다. 이는 팔레스타인에게 완전히 만족스럽지는 못해도 확립 중인 가치가 있었다. 따라서 이스라엘 시민을 폭탄 테러 한 것을 정당화할 수 없었다. 아랍의 미디어와 지도자들은 마치 클린턴이 팔레스타인에 대한 협상 제안을 하지도 않은 것처럼 말하지만, 그는 분명히 제안을 했다.

"그렇다, 하지만……"이라 말하는 두 번째 부류의 사람들은 테러리스트들이 이슬람의 가난을 항변한다고 생각한다. 그렇다. 가난은 절망적인 사람을 낳을 수 있다. 하지만 비행기 납치범들은 사우디 아라비아와 이집트의 중산층이었다.

세계에서 가장 부유한 왕족이 있는 사우디에 가난하고 절망적인 시민이 있는 것이 미국의 잘못인가? 1950년대 아랍 국가들과 국민소득이 비슷하던 한국이 너무도 발전하여 모든 아랍의 경제를 작아 보이게 하는 것이 미국의 잘못인가? 아프가니스탄은 여성이 일하거나 배우는 것을 금하는 중세 탈레반 신정을 따른다. 그런 곳이 어찌 가난하지 않을 수 있는가? 누가 퇴보하는 탈레반 사회의 옹호자인가? 바로 오사마 빈 라덴과 그의 부하들이다.

이슬람인의 테러에 대한 근본 원인이 미국의 이스라엘 지원이라고 말하는 사우디 아라비아는 옳지 않다. 비행기 납치범 중 사우디인들이 많았다. 그리고 사우디 정권은 비행기 납치범의 관념적 토대가 되는 과격한 이슬람 부흥운동을 묵인하였으며, 탈레반의 가장 큰 지원자였다. 또한, 사우디 왕족들은 독실한 이슬람교도들을 소외시켜 호전적인 이슬람교도로 성장시켰다. 『이코노미스트』지의 ‘사우디 아라비아의 닳아빠진 이중행동’이라는 글을 보면 사우디 정권은 강경파 이슬람 비평가들의 비위를 맞추기 위해 빈 라덴에게 간접적인 모금도 하려 했음을 알 수 있다.

나는 사우디 정권이 붕괴되는 것을 원하지 않는다. 나는 사우디가 이번 사태의 해결책이 될 것을 확신한다. 좀 솔직하게 말하자면, 미국도 지금까지의 정책과 노선을 되돌아 보아야 한다. 그러나 반성해야 할 사람들은 우리만이 아니다.

중요한 것은 자유다

2001년 10월 9일

리차드 리브스의 리차드 닉슨에 대한 새로운 전기를 읽다가 이스라엘에 관한 문장이 눈에 들어왔다. 그것은 1969년에 닉슨이 키신저에게 보낸 이슬람에 대한 미국의 입장을 담은 편지였다. "우리는 기본적으로 자유를 옹호하는 것이지 유대인 표를 의식하여 이스라엘을 옹호하는 것이 아니다. 골다 마이어*는 닉슨을 완전히 신뢰해야 한다. 그는 이스라엘이 항상 '유리'함을 유념해야 할 것이다. 이것이 이 나라의 정책으로 될 것이다. 만약 이해하지 못하더라도, 이스라엘은 이런 사실을 당장 이해한 듯이 행동해야, 피해를 보지 않는다."

닉슨이 유대인을 좋아하지 않았다는 것이 이 인용문을 통해서 밝혀진 셈이 되었다. 그러나 닉슨은 대통령으로서, 미국인의 정서를 이해하고 있었다. 미국의 비전은 정치, 종교, 언론, 경제의 자유를 수호할 때 뚜렷하게 드러남을 그는 알고 있었다. 미국이 다른 모든 나라와 경제적, 전략적 이유 때문에 협력을 한다 해도, 결국은 기본적으로 자유를 추구하는 나라를 결코 저버리지 않고, 항상 특별한 유대 관계를 맺으며 끝까지 함께 할 것임을 잘 알고 있었다.

---

* Golda Meir : 당시 이스라엘의 총리.

오사마 빈 라덴에 대항하는 미 연합군의 국가들이 이런 미국의 자유 수호주의를 완전히 이해할 리 없다. 진정한 동맹국은 영국, 프랑스, 캐나다, 독일, 오스트레일리아, 일본 등 손에 꼽을 정도다. 이집트, 사우디, 시리아는 어떤 경우에도 진정한 동맹국이 될 수 없다. 왜냐하면 그들이 군사적으로 도움이 될 수 없기 때문이 아니라, 그들이 수호하는 가치는 자유가 아니기 때문이다.

이런 아랍 국가들은, 자국민에게 미국을 지지한다고 떳떳이 말할 수 없기에, 돕고 있다고 속삭이기만 하는 동맹국이다. 그들이 보존하려는 것은 자유가 아니라 현 사회 체제이다. 즉 그들의 목표는 자기 보호인 것이다.

"이집트, 사우디, 팔레스타인 같은 정권은 제도적으로 민주주의를 두려워한다. 그들은 자유로운 선거가 이슬람 극단주의자들에 의해 망쳐지는 것을 두려워하는 것이다."라고 중동 전문가 스티븐 코헨이 말했다. 그러나 이런 아랍 지도자들은 다음을 명심해야 한다. 우리는 아랍의 부정한 정권에서 탄생한 극단주의자들을 뿌리뽑을 것이다. 그 이유는 세상의 민주주의를 수호하기 위해서이지 민주주의가 없는 아랍을 유지하기 위해서가 아니다.

이 사실을 모르는 또 한 사람은 이스라엘의 총리 아리엘 샤론이다. 미국이 팔레스타인을 돕는 것은 제2차 세계대전 직전에 히틀러에게 굽힌 자들의 행동처럼 위험한 것이라는 그의 주장은 터무니없다.

물론 부시는 다음과 같이 말하는 노력을 해야 했다. "우리는 팔레스타인 국가를 옹호하지만 아직 팔레스타인에 이스라엘과 평화롭게 공존할 마음이 있는 지도자가 있는지는 모르겠다." 그렇더라도 수십 년 동안 모든 경제, 외교, 군사적인 지원을 한 미국이, 이제 이스라엘을 배반하려 한다고 말하는 것은 모욕이나 다름없다.

샤론 당신에게 말하겠소! 미국은 지난 수십 년간 이스라엘의 자유를 위해 싸웠소. 그리고 이번엔 미국의 자유를 위해 싸우고 있소. 이런 상황이라면 이스라엘은 이렇게 이야기해야 하는 것 아닌가? 무엇을 도와 드릴까요?

샤론이 알아 두어야 할 필요가 있는 것이 더 있다. 미국은 이스라엘을 포함한 세계의 자유 국가를 위해 테러리스트의 위협을 무너뜨릴 것이다. 우리가 극단주의자들의 위협을 궤멸시키려는 것은, 이스라엘이 팔레스타인 땅을 더 차지하여 정착촌을 짓게 하려는 것이 아니다. 오늘날 팔레스타인은 과연 이스라엘과 평화를 유지할 것인가에 대해 치열하게 논쟁중이다. 그리고 만일 팔레스타인이 그들의 평화 논쟁을 결론짓는다면 우리는 이스라엘이 그들의 성서상의 지도에 따라 서안 지구를 차지하도록 도와주는 것이 아니라 세상의 평화를 위해 이스라엘이 자유롭도록 도울 것이다. 이것은 유화책이 아니라 본래 미국의 방식이다.

부시가 빈 라덴에게 쓰는 편지

2001년 10월 12일

백악관이 미국 방송국에 오사마 빈 라덴의 말을 방영하지 말라고 요청했다. 나는 그런 방송 검열보다는 대통령이 직접 빈 라덴에 다음과 같이 화답하는 것을 원한다.

친애하는 빈 라덴에게.

당신이 알 자지라 텔레비전에서 발언한 내용을 들었소. 어느 아랍-이슬람 지도자도 감히 거기에 화답하지 않을 것이므로 내가 하는 것이오. 잘라 말해 당신은 지금 감상에 빠져 있소. 당신의 발언을 살펴 보건대, 당신은 왜 우리가 강하며, 왜 당신이 경멸하는 아랍 정권이 약한지에 대한 실마리를 가지고 있지 않소.

당신은 9월 11일 자살테러가 이슬람 국가가 겪은 80년 동안의 모멸과 불명예에 대한 복수라고 했고, 또 아랍 정권을 위선적이고 세습적이라고 비난했으며, 공중 납치범들은 국제적 이단자인 미국을 파괴하려 보낸 이슬람 선구자라 말했소.

그러나 가장 놀라운 것은 당신이 말하지 않은 데에 있소. 당신은 미래에 대한 비전을 제시하지 않았소. 이 발언이 당신의 마지막 유언이 될 것이지만, 그래도 다음 세대를 위한 비전은 제시해야 했소. 당신이

말한 것은 결국 누구를 증오하라는 것일 뿐, 무엇을 어떻게 하라는 내
용은 전혀 없었소.

내 생각에는 당신이 이슬람의 역사를 잘 모르는 것이 아닌가 하오.
이슬람은 중세 시대에 그 절정기를 이루었소. 최고의 그리스 로마 문
화를 물려받아 수학, 과학, 의학, 철학에서의 새로운 돌파구를 마련했
고, 개방적인 자세로 세계와 교류하였으며, 지금 당신이 이단자라고
말하는 그리스, 유대, 기독교 문명의 영향도 받았소. 여성을 가축처럼
여기고 반 이슬람을 모두 적대시하는, 폐쇄적이고 증오에 가득한 이슬
람, 당신 내부의 이슬람은 위대한 이슬람의 시대와는 아무 관련이 없
으며 그런 당신의 이슬람이 가져다 줄 것은 아무것도 없소.

당신이 언급한 유일한 아랍 국가가 이라크라는 것 역시 놀랍소. 흥
미롭게도 이라크는 국민들에게 독가스를 뿌리고, 국부를 자신의 궁전
을 짓는 데 탕진하고, 쿠웨이트를 약탈한 파시스트, 사담 후세인의 국
가요.

그러나 그런 내용은 언급되지 않았더군. 당신이 거부하는 것은 정권
그 자체가 아니라, 그런 정권을 종식시키려는 미국의 행동들인 것이오.

다시 말해서 당신은 이슬람의 과거를 이해하지 못할 뿐 아니라 현재
도 이해하지 못하고 있소. 아랍-이슬람 세계가 지난 80년 동안 정체된
이유는 미국이 발목을 잡아서가 아니오. 사실 우리는 이슬람을 그다지
고려해 본 적이 없소.

미국, 중국, 라틴 아메리카 그리고 아랍-이슬람간의 힘의 차이는 지
난 80년간 각자 해 온 일들의 결과인 것이오. 미국과 다른 나라들은 많
은 질문에 대답하려 애써 왔소. 우리의 아이들에게 무엇을 가르쳐야
하는가? 무역을 늘리려면 어떻게 하는가? 산업기지를 어떻게 건설하
는가? 어떻게 정치참여를 유도할 것인가? 그리고 우리는 우리의 지도

자가 얼마나 이런 질문들에 잘 대처했는가를 심판하였소.

그러나 당신 같은 아랍-이슬람인들은 지도자에게 한 가지 질문만 해댄 것이오. 이교도와 이스라엘에 얼마나 잘 대적했는가? 나는 누가 예루살렘을 지배하는가가 이슬람의 역사에서 얼마나 중요한 문제인가를 알고 있소. 그러나 그것이 유일한 문제는 아니오. 다른 질문을 모두 배척하고 대안을 제시하는 사람을 협박하여, 결국 후세인 같은 악당을 지도자로 만들었소.

그렇소. 빈 라덴, 당신은 대규모 테러에 성공했소. 하지만 그것으로 우리를 무너뜨릴 수 있다고 생각진 마시오. 강한 것을 쓰러뜨리려면 당신도 강해져야 하는 법. 그러나 아랍-이슬람 세계의 지성과 창조적 에너지가 이라크 같은 정권이나 당신 같은 지도자 밑에서는 제 힘을 발휘할 수 없기에 당신은 강해질 수 없소.

스탈린과 마오쩌둥이 수많은 사람을 죽였지만, 그들도 사회에 대한 어떤 계획은 갖고 있었소. 빈 라덴, 당신은 이슬람 민족, 다른 나라의 기술 그리고 아랍의 자신들의 정권에 대한 분노를 적절히 이용한 공중 납치범에 불과하오. 당신은 당신 민족에 대한 비전이 없으며 계획도 없소. 이런 이유로 당신의 비문은 다음과 같이 간단할 것이오.

오사마 빈 라덴, 수많은 것을 파괴했지만 건설한 것은 아무것도 없다.
그의 자취는 사막의 발자국같이 사라질 것이다.

사우디 왕족과 진실

2001년 10월 16일

세계무역센터의 잔해를 둘러보고 천만 달러짜리 수표를 건넨 사우디 아라비아의 억만장자, 알와리드 빈 탈랄 왕자의 기부금을 돌려보낸 줄리아니 시장에게 박수를 보낸다. 사우디 아라비아의 왕자는 테러의 원인을 미국이 이스라엘과 팔레스타인의 평화를 유지하는 데 실패하고 이스라엘이 팔레스타인 민족을 학살하는 것을 막지 못했기 때문이라고 말했다.

미국이 이스라엘을 원조한 것에 아랍이 분노한다는 것에는 이견이 없다. 나조차도 미국 정부가 이스라엘의 탐욕적인 정복─정착 프로그램을 막지 못한 것에 분노했기 때문이다. 그러나 이스라엘이 팔레스타인인을 스포츠를 즐기듯이 죽인다는 말은 거짓이다. 이스라엘은 양쪽의 시민이 죽임을 당하는 이런 전쟁을 유발한 적이 없다. 그리고 클린턴 대통령이 예루살렘에 대한 공평한 타협을 포함하는, 팔레스타인 국가를 위한 현실적인 계획안을 마련하는 데 임기 말 전부를 소진하지 않았단 말도 거짓이다. 오히려 아라파트는 달아나 버렸고, 사우디 정부는 그 뒤에서 방관하고 있었다. 마지막으로, 아랍의 분노가 뉴욕의 빌딩을 날려버린 사람들을 정당화시킨다는 말도 거짓이다.

보통 나는 그런 일상적인 거짓말을 신경 쓰지 않는다. 이는 중동 정치의 주요 테마일 따름이며 결국 거짓말한 사람이 손해보게 되어 있다. 하지만 이번엔 상황이 다르다. 전혀 근거 없는 거짓말로 우리를 해칠 수 있다.

사우디 아라비아의 관료나 아랍 언론의 말을 들어보면, 공중 납치범의 대부분이 젊은 사우디인이고, 사우디인 빈 라덴의 재정 지원은 다른 부유한 사우디인이 했으며, 사우디 정부가 탈레반의 돈줄이라는 사실을 전혀 알 수 없다. 그들의 말을 들어보면 이 젊은 사우디인들은 근원이 없고, 아무도 이들에 대해 책임을 지지 않는다. 어느 아랍 국가도 어떻게 그런 행동을 하는 악당이 자신들의 지역에서 나타났는지를 반성하지 않는다.

나는 알와리드 왕자에게 이렇게 말하고 싶다. 이 젊은 사우디인들은 사우디 아라비아에서 왔으며, 팔레스타인 문제가 그들을 분노케 했을지라도, 빈 라덴이 말하는 부패하고 위선적인 아랍의 세습 정권에 대한 분노에 비할 바 못 된다.

따라서 천만 달러를 좋은 일에 쓰고 싶다면, 그 돈을 사우디 아라비아의 반 부패 캠페인에 쓰든가, 사우디 대학의 미국 연구 부서에 기부하든가, 개혁 이슬람 학자를 양성하는 사우디 아라비아의 이슬람 교육 센터에 기부하라. 아니면, 아랍과 이스라엘의 젊은이들을 함께 모으는 평화의 씨앗 단체에 기부하거나, 사우디 아라비아와 팔레스타인 내부에 투자하여 젊은 사우디인과 팔레스타인인이 만족스러운 직업을 갖도록 하라.

파드 왕을 설득해서 이스라엘이 1967년 이전 국경으로 후퇴하면, 사우디 아라비아가 이슬람 세계와 이스라엘의 외교 관계를 유도케 하라.

그러나 무슨 일을 하든 간에, 우리와 자국민에게 거짓말을 하지 말아라. 우리는 이제 거짓말에 질렸고, 다른 나라도 여기에 공감한다.

자식들에게 보다 나은 미래를 주려는 많은 아랍 시민들은 진실을 갈구한다. 하셈 하산이라는 수단인이 쓴 다음의 편지를 읽어 보라. 이것은 런던에서 발행되는 아랍 신문 『알-쿼드 알-아라비』에 지난 주에 실렸고 MEMRI 연구소에서 충실히 번역되었다.

"우리는 빈 라덴을 미국과 서구 헤게모니의 양자로 표현하지 말아야 한다. 그는 무기력한 아랍-이슬람의 적법한 자식이며, 아랍 전체주의자, 맑스주의자, 이슬람주의자 그리고 다른 식자층이 탄생시켰다. 우리는 우리의 나라를 미국, 이스라엘 등의 손쉬운 먹이가 되도록 타락시켰다. 빈 라덴 같은 방탕아를 우리가 포기하고 서구문명에 내놓는 것은 엄청난 책임 회피이다. 빈 라덴이 우리의 자식임과, 그 동안 자유와 지식으로부터 사회, 학교, 언론을 격리시켜 잘못된 교육을 행해 왔음을 이제 인정하자."

정말로 테러의 희생자를 애도한다면, 알와리드 왕자는 런던이 아닌 사우디 아라비아에 신문사, 방송국을 세우고, 그들이 자유롭게 언론활동을 할 수 있게 해야 한다. 그러면 우리는 진실이 제대로 알려지고 있다고 느끼기 시작할 것이다.

그렇게 되기 전에는 나도 줄리아니 뉴욕 시장처럼 기부금을 받을 생각이 없다.

위험한 핀셋

2001년 10월 19일

9월 11일 이후에 우리가 새로운 세상에 살게 되었음을 깨닫는 순간이 누구에게나 있었을 것이다. 나에게는 얼마 전 국제공항에서 뉴욕행 델타 항공 비행기를 탈 때 그런 순간이 있었다. 검색 과정에서 내 작은 여행용 가방 안에서 작은 핀셋이 발견되자, 검색 요원은 핀셋을 따로 수속해야 한다고 말했다.

작은 빨간색 핀셋을 보며, 잠깐 동안 나는 다음과 같은 상상을 했다. 수속대로 돌아가 델타 항공 직원에게 "이 핀셋을 라과디아 공항에 따로 보내주세요"라고 말하자 직원은 "이 핀셋을 손수 싸셨나요? 계속 휴대하고 있었나요?"라고 물어본다. 나는 고개를 끄덕이고 직원이 핀셋의 다리에 델타 항공 수화물 딱지를 붙이는 것을 바라본다. 그리고 핀셋은, 마치 코끼리 사이의 쥐처럼, 다른 큰 여행 가방들의 틈에 껴서 컨베이어 벨트에 올려진다. 그리고 나는 라과디아 공항의 수화물 벨트에서 하염없이 핀셋이 나오기를 기다린다.

그런데 핀셋이 도착하지 않으면 어떻게 되나? 나는 다시 생각했다. 유실물 센터에 가서 워싱턴에서 보낸 짐이 도착하지 않았다고 신고를 한다. 직원이 샘소나이트나 루이 뷔통 중 어느 모델이냐고 물어보면 어떻게 대답해야 할까? 그러면 그걸 나는 라이트 에이트 약국에서 샀다고 말해야 할 것이다.

그런 생각을 하면서 나는 내 여행용 가방의 수속을 막 마쳤다. 그런데 이 컬럼은 핀셋에 대한 것이 아니고 우리가 사는 세상, 즉 핀셋을 위험한 도구로 만드는 세상에 대한 것이다.

우리는 냉전 시대에서 세계화 시대로 넘어왔다. 그리고 이 새롭게 네트워크화된, 장벽 없는 통합된 세계에선 한 쌍의 핀셋이 나쁜 사람 손에 들어가면 비행기를 미사일처럼 만들 수도 있다. 만약 그것이 빌딩을 제대로 맞춘다면, 도미노 현상을 유발하여 온 세상을 위기에 빠뜨릴 수 있다. 가난하고 무지한 자라고 해서 더 이상 약자는 아니다. 왜냐하면 이 새로운 시스템은 사악한 초강대개인들의 힘을 믿을 수 없을 만큼 강화시켜 초강대국을 무너뜨릴 수 있게 하기 때문이다.

그런 세상을 어떻게 극복하는가?

첫째, 빈 라덴을 제거해야 한다. 그는 사소한 날카로운 도구만 가지고도 우리에게 해를 끼칠 수 있다. 우리는 전쟁의 필요성에 대한 논쟁을 이겨서 아랍 동맹국들의 지지를 이끌어 내지는 않을 것이다. 우리는 전쟁의 승리를 통해 빈 라덴과 탈레반을 제거함으로써 그들의 지지와 존경을 이끌어 낼 것이다.

둘째, 우리는 강해져야 한다. 부끄럽게도 하원 의장 데니스 해스터드는 탄저병이 무서워 하원을 휴정하였다. 테러리스트가 원하는 대로 의회가 두려워하기 시작한 것이다. 하지만, 아프가니스탄의 전역에는 우리 미군이 있다. 의원들은 예전처럼 국회의사당에 모여야 하며, 아무것도 민주주의를 탈선시키지 못하리라고 적들에게 외쳐야 한다.

셋째, 우리는 비 미국인들의 미국에 대한 감정과 마음을 바꾸는 데서 시작할 필요가 있다. 물론 나는 미국의 행위에 대해 분노하는 사람들에 대해 언급하고 있는 것이 아니다. 사람들은 누구나 우리의 행동에 대해 반대할 권리가 있다. 나는 지금 우리의 존재 자체를 증오하도록 배워가는 사람들이 점증하고 있다는 점에 대해 말하고 있는 것이다.

여기에는 다각도의 접근이 필요하다. 우리는 이 분노에 찬 사람들이 미국의 전술적 원조를 받는 부패하고 억압적인 정권이 지배하는 낙후한 국가들에 살고 있음을 알아야 한다. 미국은 이들의 경제 발전을 적극 도와야 한다. 탈레반 학교 같은 학교에서 젊은이들에게 분노만을 가르치며 삶의 기술은 가르치지 않는 낙후된 국가가 정치적 발전을 통해 이를 극복할 수 있도록 적극 도와야 한다.

그러나 우리는 이슬람 동맹국들 없이는 성공할 수 없다. 우리는 빈 라덴이 부추기는 분노의 정치에 이데올로기적 대안을 제시할 수 있는, 그리고 국민의 불만을 미국에게 돌리는 거울이 아니라 자신의 정권을 되돌아보는 거울을 가진 정치적 지도자가 필요하다. 또한 다양한 문화와 신념, 사상들로 번창했던 오랜 이슬람의 역사를 거부하며 지하드와 순교만을 주장하는 사람들에게 강하게 도전할 수 있는 이슬람의 정신적 지주도 필요하다.

우리가 우리의 역할을 하지 않고 우리의 동맹이 그들의 임무를 하지 않으면, 전쟁은 문명간의 전쟁이 된다. 그런 전쟁은 우리가 이길 수 없다. 분노에 찬 사람들이 너무 많고, 우리를 찌를 핀셋도 너무 많기 때문이다.

친애하는 샤론과 아라파트

2001년 10월 23일

발신:조지 W. 부시
수신:아리엘 샤론과 야세르 아라파트

내가 두 사람에게 편지를 쓰는 이유는 둘 사이의 갈등이 심화되어, 빈 라덴과 전쟁하려는 미국에 방해가 될 우려가 있기 때문이오.

아리엘에게 먼저 말하겠소. 나는 미국이 공격을 받고 있다는 것을 당신이 알고 있는지 모르겠소. 우리는 우리 자신을 방어하기 위해, 그리고 자유롭고 개방적인 사회를 지키기 위해 싸우는 것이오. 이스라엘의 친구인 미국이 곤경에 빠졌다면, 이스라엘은 당연히 발 벗고 나서서 도와야 하오.

우리는 당신이 말하는 것처럼 아라파트가 이스라엘에게 빈 라덴과 같은 존재인지 논쟁하고 싶지 않소. 그것은 당신도 결론을 내리지 못할 것이오. 당신도 결국 아라파트와 비밀 협상을 하러, 아들 옴리를 여러 차례 그에게 보냈잖소. 나는 내 딸을 빈 라덴에게 보낸 적은 없소.

나는 아라파트가 어떤 사람인지 정확히 아오. 그는 다른 아랍의 지도자들처럼 부패하고, 권위적이며, 다루기 힘든 사람이오. 그는 문제가 될 수도 있고, 해결책이 될 수도 있소. 내가 걱정하는 것은 이스라엘의 자세요. 이스라엘은 자국민을 살해한 팔레스타인에 대항하는 것이며, 누구도 거기에 이견을 달지 않소. 또 텔 아비브 댄스 클럽에 폭탄 테러를 한 팔레스타인 테러 조직을 암살한 것도 우리는 반대하지 않소. 하지만, 이번 9·11 테러를 이스라엘 내각 일부 의원들이 주장하듯, 팔레스타인 정부를 몰아내고 서안 지구및 가자 지구에 대한 아라파트의 지배력을 종식시키는 기회로 본다면 우리는 찬성할 수 없소.

만약 당신이 그렇게 해서 그로 인해 영토분쟁이 일어난다면, 혹은 최악의 경우, 이슬람 극단주의자들이 들고 일어나 그 영토를 다시 점령하려고 무력을 행사하고, 그래서 아랍-이슬람 세계로 불똥이 튄다면, 빈 라덴에 대항하는 연합군은 흔들리게 되어 있소. 연합군을 해치려는 자는 미국을 해치려는 자와 같소.

나는 왜 이스라엘 대사관이 미국에 있는지 묻고 싶구려. 전쟁이 미국에게 얼마나 심각한지를 본국에 알리지 않을 수 있소? 팔레스타인 급진파들이 이스라엘을 자극했고, 이스라엘은 자국의 장관이 죽기 전까지 평화를 위해 노력했음을 우리는 알고 있소. 그 노력에는 찬사를 보내는 바이오. 그러나 장관 암살 사건으로 이스라엘이 전쟁을 일으켜서는 안 되겠소. 그게 바로 테러리스트가 원하는 바요!

빈 라덴은 팔레스타인을 해방시키려고 미국을 침략한 게 아니오. 이번 테러의 원인이 아랍 정권에 대한 시민들의 분노이며, 이슬람을 분노와 순교의 종교로 왜곡시키려는 광신자들과 관계가 있다는 것은 숨길 수 없는 사실이오. 우리의 결심은 확고하며 우리의 친구인 이스라엘이 여기에 방해가 되어서는 안 될 것이오. 만약 이스라엘이 방해가 되고, 미군이 아프가니스탄에서 죽는 사태가 발생하면 미국-이스라엘의 강한 유대는 깨지게 될 것이오.

다음은 아라파트 당신에게 말하겠소. 당신은 전쟁의 화염과 연기가 없는 국가와 연합하고 싶다고 말했다고 들었소. 그렇다면 내가 담배 피울 때 다가오지 마시오. 나는 분명히 팔레스타인을 돕겠다고 말했소. 그러나 지금 팔레스타인이 우리를 돕지 않는다면, 우리의 도움은 기대하지 마시오.

팔레스타인인이 이스라엘 군대에 돌을 던진다면 신경 쓰지 않겠소. 그러나 장관을 암살하고 이스라엘의 댄스 클럽을 테러한 팔레스타인인을 처벌하지 않는다면, 테러를 옹호하는 빈 라덴과 같은 편으로 간주하겠오. 국민들을 통제할 수 없다고 말하지 마시오. 지금 팔레스타인이 테러범을 처벌하지 않는다면, 우리는 원조를 끊을 것이고 팔레스타인을 테러 집단으로 간주할 것이오. 순교와 자살을 추구하는 집단이 이슬람교 팔레스타인인들 사이에서 성장하도록 방치하는 것은 이스라엘과 당신에 대한 위협일 뿐 아니라 미국에 대한 위협이기도 하오.

지난 수 년 동안 전쟁은 당신들 문제였소. 하지만 이제 미국의 차례가 되었소! 당신들의 전쟁을 연기하고 우리를 도우시오. 그렇지 않으면 우리의 적으로 간주하겠소.

우리는 모두 혼자다

2001년 10월 26일

내가 이해하고 있는 내용은 다음과 같다. 파키스탄은 이름이 오마르로 시작되고 파키스탄 정보부에 친척이 없는 탈레반만을 미국이 폭격하기로 한 대신, 월요일, 수요일, 금요일에 기지 사용을 허락할 것이다. 인도는 월요일, 수요일, 금요일에 카슈미르 지역에서 파키스탄 군을 포격할 수 있다는 조건으로, 화요일과 금요일에 미국을 도울 것이다. 이집트는 우리가 자신들에게 20억 달러 원조한 것을 비밀로 하는 조건으로 일요일에 우리와 함께 할 것이다.

아라파트는 세계무역센터 공격에 환호를 지르는 팔레스타인인들이 자러 가는 밤 10시 이후에나 동참할 것이다. 북부 동맹은 동맹군의 신발을 구매해 주고, 카불에 최초로 도착하는 천 명에게 미국 여권을 주는 조건으로 동참하기로 했다.

이스라엘은 7천 명의 이스라엘 식민 정착민들이 가자 지구의 수백만 팔레스타인인들 가운데에 정착해 버린 사건을 무마하는 조건으로 동참하기로 했다. 쿠웨이트는 이라크와의 전쟁에서 우리가 도와 준 적이 있으므로 진심으로 동참하려 할 것이나, 쿠웨이트 의회에서 두 명의 이슬람교도가 전쟁을 반대하는 바람에, 위험을 무릅쓰진 않기로 했다. 사우디는 물론 동참할 것이지만, 가재도구를 공급하는 수준일 것이다. 하지만 알와리드 왕자가 방글라데시 군대의 임대를 중개하기로 했으니 충분하다.

사우디 왕족은 비행기 납치와 관련된 사우디인 15명의 신상을 기꺼이 넘겨 주고 싶었을 것이다. 하지만, 신상을 넘겨 주는 것은 주권 침해의 소지가 있다. 9월 11일 이후 FBI의 조사가 있자, 사우디 대사관이 오사마 빈 라덴의 친척들을 전용 비행기로 미국 밖으로 빼낸 경우만 보아도 사우디의 주권 의식은 대단히 강하다.

내 개인적으로 선호하는 대안이 있다. 모든 아랍-이슬람 연합은 우리가 빈 라덴을 빨리 잡는 것을 원할 테지만, 이슬람의 신성한 9월인 라마단이 얼마 안 남았다. 이슬람교도들은 라마단 기간 동안의 전쟁을 싫어 할 것이다. 1973년 이집트와 시리아가 이스라엘에 대항해 시작한 전쟁을 기억하는가? 그 전쟁은 이슬람에서 라마단 전쟁이라 불린다. 왜냐하면 그 시기에 시작되었기 때문이다. 아랍 세계는 라마단 시기에 전쟁을 시작할 수는 있지만, 수긍하려 들지는 않을 것이다.

우리 미국인들은, 오래된 영국 친구들을 제외하고, 결국 혼자이다. 결국 빈 라덴을 제거하러 육상에 침투하는 군대는 미군과 영국군일 것이다.

그럼 왜 걸프전에서 이라크에 대항한 연합군이 그렇게 많았는가? 그건 사우디와 쿠웨이트가 연합군을 매수했기 때문이다. 사우디와 쿠웨이트는 시리아의 동참을 위해 군대를 수억 달러에 샀다. 그들은 미국과 유럽도 대규모 공사계약을 내세워 매수했다. 실제로, 일본이 지불한 돈으로 우리는 걸프전에서 수익도 거두었다.

이번엔 우리가 다른 국가를 포섭해야 한다. 불행하게도 5천 명의 무고한 시민들을 희생시킨 뉴욕 테러는 세계의 동정을 얻지 못했다. 거기엔 우리의 책임도 있다.

부시 정부가 취임 초에 전 세계에 보여 준, 교토 기후 협약을 철폐하고 생물무기 금지 협정(BWC)과 군비통제 협약을 무시한 일방주의적 행동들이 우리에게 되돌아와 발목을 잡고 있는 것이다.

부자, 로비스트, 기업들은 세금 우대를 미끼로 유인하고, 이 전쟁에 나서는 시민들에게는 아무런 혜택도 없게 하는, 한마디로, 미국 납세자를 갈취하는 하원 원내 총무 딕 아미와 그의 탐욕스런 공화당 일당이 어느 누구를 욕할 수 있겠는가?

내 생각은 이렇다. 그들 중 누구에게도 초점을 모으지 말라. 대신에 "뭐라고요?" 하고 묻지 않고 세계무역센터로 돌진한 소방대원들에게 초점을 모으라. "나와 무슨 관계냐?" 하고 묻지 않고 자신의 일과 가족을 남겨 두고 오직 조국을 위해 아프간으로 떠난 미국 수호자들에 초점을 맞추어라. 연합군에 무임승차한 나라들과 달리, 이 젊은 미국인들은 9월 11일을 자유와 민주주의를 지키기 위한 전쟁을 시작한 성스러운 날로 생각한다. 나는 전쟁이 라마단, 성탄절, 하누카(유대교 기념일) 또는 석가탄신일과 겹치는 것에 개의치 않는다. 우리가 지금 할 수 있는 가장 숭고한 일은 정의가 실현될 때까지 싸우는 것이다.

관대함 훈련

2001년 10월 30일

1988년 4월, 사우디 아라비아는 발령된 지 6개월밖에 지나지 않은 흄 호란 대사의 임명을 취소해 달라고 요청했다. 언론에 따르면 사우디 아라비아의 파드 왕이 그를 좋아하지 않는다는 게 유일한 이유였다. 호란 대사는 미 국무부에서 아랍어를 가장 능숙하게 구사하는 인물이다. 그가 뛰어난 언어 능력을 활용하여 집권 일가에 대해 비판적인 입장을 가졌던 보수적 종교 지도자를 옹호하는 등 온갖 일에 개입하려 들었기 때문에 파드 왕의 불만을 샀다. 사우디인들은 사회 내면까지 깊숙이 파고드는 탁월한 능력을 가진 외부인을 원하지 않는다. 그렇기 때문에 사우디 아라비아는 호란 대사를 거부한 것으로 보인다.

사우디 아라비아 수도 리야드에 아랍어를 구사하지 못하는 대사를 파견한 이래 대통령 측근들은 백악관에 입성하는 방법은 정확히 알고 있었지만 사우디 아라비아에 어떤 정책을 펼지에 대해서는 속수무책이었다. 중요한 점은 바로 여기에 있다. 사우디에서 석유가 생산되는 한 그들이 학교나 이슬람 사원에서 무엇을 배우고 있는지는 관심밖의 문제였다.

우리가 사우디 아라비아의 현실을 제대로 파악하지 못하더라도 그것이 우리에게 해가 되지는 않을 거라는 판단 때문에 관심을 기울이지 않은 것이다.

9월 11일, 우리 모두는 이러한 시각이 얼마나 잘못된 것인지 깨달았다. 우리가 알지 못하는 사실이 우리에게 아주 심한 상처를 남긴 것이다. 그날 우리는 그 동안 모르고 있던 사실들을 알게 됐다. 사우디 아라비아가 탈레반의 핵심 자금원이며, 사우디 정권을 공격하지 않는다는 전제 아래 빈 라덴을 위한 자금 모금이 허용됐다는 걸 말이다.

그리고 무엇보다 사우디 아라비아의 학교 교육에 대해 파악할 수 있었다. 리야드의 한 신문 보도에 따르면 사우디 공립학교에서 가르치는 다섯 권의 종교 교과서 가운데 한 교과서가 "이슬람교도는 서로에게 충성해야 하며, 침략자를 적으로 간주할 의무를 갖는다."고 기술하고 있다. 이교도에 대한 적대감은 특히 엄격하기로 유명한 이슬람의 사우디 와하비 종파에서 아주 극단적으로 표현되고 있다. 설교나 텔레비전 쇼, 또는 인터넷을 통해서도 이교도에 대한 적대감이 강요된다.

9·11 테러 이후 미국 대통령은 이슬람이 매우 관대한 종교이고 서방 세계에 적대감을 갖고 있는 것으로 보이지는 않는다며 연설에서 여러 차례 강조했다. 그러나 사우디 아라비아의 지도자는 이슬람 성지의 수호자로서 어떠한 연설도 하지 않았다. 뭔가 잘못된 것 같지 않은가?

실상은 두 얼굴을 가진 사우디 아라비아지만 우리는 오직 한 면만을 바라보고 있다. 부유한 사우디의 지배계급과 중·상류층은 자식을 미국으로 보내 가정의 보호 아래 서구화된 스타일로 살아가도록 하고 있다. 그런가 하면 반 사우디 세력이나 실업 청년 가운데는 미국과 서구에 대한 종교적 적개심을 키워 가는 이슬람 세력도 있다.

전쟁의 최대 희생양은 진리라고 한다. 그러나 이 전쟁에는 해당되는 말이 아니다. 나 자신, 혹은 다른 사람에 대한 진실을 말할 능력을 상실한 우리가 바로 9·11 사태의 최대 희생양이다. 이제 진실을 말할 시간이다. 손쉽게 활용할 수 있는 대량 살상의 무기를 가지고 정부가 젊은이의 자각과 정신력, 상상력을 조작하는 것은 이제 더 이상 사적인 문제가 아니다.

이제 우리에게는 두 가지 선택이 있다. 먼저 사우디 왕족이 정말로 관대하고 강건하며 문제 해결을 위해 노력하고 있다고 믿는 것이다. 그리고 이들로 하여금 자식을 다른 방식으로 교육시키고 서방 세계를 전복시키려는 사람들에게 자금을 지원하지 않도록 촉구하는 것이다. 그러나 이 경우에도 사우디인들이 자녀들에게 미국을 사랑하거나 이슬람 이외의 종교를 포용하도록 교육하기를 기대하기는 어렵다.

만일 이 국가들이 우리와 좋은 관계를 유지하고 싶다면 공립학교에서 어떤 종교적인 비전을 가르치든지, 그것을 '평화적으로' 실현하도록 교육하기를 바란다. 미국 대사들은 이것을 그들 신념의 일부분으로 만들어야 한다. 관대함이 보편적인 가치로 자리잡지 못한다면 공존은 불가능하다. 그러나 다른 믿음에 대한 아주 단순한 관대함조차도 사우디 아라비아가 가르쳐 오지 않은 가치임은 분명하다.

만일 사우디 아라비아인이 이를 가르치지 않는다면 사우디 왕족이 진정 우리 편에 있지 않다는 것을 깨닫고 그들에 대한 의존을 줄이는 방향으로 신속하게 움직여야 한다. 급진적인 에너지 보존론자인 나는 9·11 이전에도 가스 낭비 요인을 없애고 석유 수입을 줄이기 위해 노력했다. 그 어느 때보다 바로 지금 에너지 절약이 절실하다.

존스 홉킨스 대학의 외국정책 전문가인 마이클 만델바움은 "우리가 소형 승합차를 없애든가 사우디 아라비아가 교과서를 없애야 한다."고 처방을 내렸다. "장담하건대, 그 두 가지가 공존할 수 있다는 가정은 분명 위험하다."

하나의 전쟁, 두 개의 전선

2001년 11월 2일

아프가니스탄 전쟁 발발 한달 후 이 전쟁이 얼마나 오래 지속될 것인지를 보여 주는 조짐이 나타나기 시작했다. 심호흡을 하고 한번 따라해 보자. 전쟁에 기회를 주자. 우리가 말하는 대상은 아프가니스탄이다. 지도를 보면 정말 먼 곳에 있다.

부시 팀이 장기전에서 이길 수 있는 군사 전략을 갖고 있다고 나는 확신한다. 그러나 오랫동안 전쟁을 유지할 만한 홍보 전략을 갖고 있는지는 의문이다. 미국과 무샤라프 대통령의 새로운 동맹은 전략적으로 미국에 중요하다. 그런데 지금 이를 지지하고 있는 대다수 침묵하는 파키스탄인은 아랍-이슬람 대중의 여론에서 많은 영향을 받는다. 파키스탄의 젊은 세대 역시 마찬가지다. 젊은이들이 빈 라덴을 이상형의 인물이 아니라 악한 인물로 인식한다는 점은 매우 중요하다. 그렇다면 우리가 홍보전에서 이길 수 있는 방법은 무엇인가?

홍보전에서 이기는 가장 좋은 방법은 탈레반 정권과 빈 라덴의 동맹 관계를 전복시켜 5천 명의 무고한 미국인을 살해한 사람의 운명이 어떠한지 확실하게 알려주는 것이다. 매우 단순한 논리지만 우리가 전쟁에서 이기거나 이길 조짐이 보이면 아랍 및 이슬람 세계와 동맹 관계를 유지하게 될 것이다. 만일 우리가 전쟁에서 지거나 머뭇거리는 것처럼 보이게 되면 동맹 관계는 순식간에 사라질 게 분명하다.

아랍의 신문 사설을 읽어보면 아직까지도 빈 라덴과 사담 후세인이 대중적인 지지를 얻고 있는 게 사실이다. 그러나 두 명의 대량 학살자를 역습해 홍보전에서 이기기는 그리 어렵지 않아 보인다. 단지 우리가 조금 늦게 시작했을 뿐이다. 백악관이 살인자들을 악당이라고 부르는 것만으로는 충분하지 않다. 실제 전쟁과 마찬가지로 홍보전 역시 그들을 직접 겨냥해야 한다.

아프가니스탄을 폭격하면서 발생한 민간인의 재앙에 대해 대통령과 대변인들은 이렇게 답변해야 한다. "대량 학살자인 오사마 빈 라덴은 30일간 아프간 민간인의 인간 담요에 둘러 싸여 있었다. 불행하게도 이 때문에 민간인의 죽음이 이어졌다." 또는 "4주 동안 다른 이슬람교도들을 죽음으로 몰고 갔지만 자신의 생명은 절대 위험에 빠뜨리지 않고 있는 오사마 빈 라덴은 지금도 자신을 위해 아프가니스탄 사람들을 죽음으로 내몰고 있다."

빈 라덴은 사담 후세인의 복사판인 것이다. 미국 관료들은 사담에 대해 언급할 때마다 "20세기의 인물 가운데 가장 많은 이슬람교도를 죽음으로 몰아간 사람은 사담 후세인이다. (그는 십만여 명의 이란, 이라크 쿠르드족, 쿠웨이트인을 죽였다.)"라고 표현한다. 미 관료들은 사담과 빈 라덴에 대해 다음과 같이 묘사하기도 한다. "세계적인 두 명의 하이재커가 각각 한 나라를 공중납치하고 민간인을 볼모로 잡고 있다. 우리는 이 볼모들을 해방하기 위해 노력하고 있다."

보다 강한 수비와 함께 좀 더 강한 공격이 필요하다. 부시 행정부는 팔레스타인과 이스라엘 간의 파괴적인 전쟁이 더 이상 텔레비전에 등장하지 않도록 해야 한다. 문제를 당장 해결할 수는 없겠지만 미국은 진정한 휴전이나 일시적 합의를 위해서라도 더욱 비중 있는 고위급 인사를 파견해야 한다. 이스라엘인과 팔레스타인인 스스로는 막다른 골목에서 빠져나올 길을 찾아내려 하지 않을 것이다. 협상이 폭력을 종식시킬 수는 없겠지만 최소한 문제의 쟁점을 부각시켜 줄 수는 있을 것이다.

그러나 우리 혼자서 이러한 공격을 가할 수는 없다. 이집트와 사우디 아라비아, 쿠웨이트 연합세력이 미국을 지지하는 공식 성명을 발표하고는 책임을 슬그머니 회피하는 것으로는 충분하지 않다. 전 세계가 함께 청취한 빈 라덴의 녹음테이프에 담긴 메시지에 대해 아직 아랍-이슬람권의 지도자 누구도 답하지 않았다. 아랍-이슬람 동맹국들은 미국에게 공군기지를 극비리에 활용하도록 지원하지만 반면 그들의 언론은 반미 감정을 부추기는 이중적인 태도를 보이고 있다. 이제 이들은 미국과 동맹하게 된 이유를 국민들에게 명백하게 알려야 한다.

빈 라덴은 아랍권의 현대화 전략이 실패했고 이슬람교도에게 남겨진 것은 분노와 이슬람권의 퇴보라고 밝히고 있다. 아랍권 국가를 이끄는 이집트는 빈 라덴의 메시지를 받아쳐 아랍 문화와 전통에 대한 존중과 현대주의를 혼합하는 아랍의 비전이 있다고 주장해야 한다. 그리고 사우디 아라비아 역시 빈 라덴의 메시지를 반박하여 신의, 관용, 현대성의 결합이야말로 이슬람의 이상임을 선언해야 할 것이다.

그러나 이러한 비전을 설득하기 위해서는 먼저 비전을 수립해야 한다. 가장 중요한 부분은 점잖은 주장이나 소극적인 외교, 과거 속에 미래를 묻어 버리려 하는 사람 때문에 미래로 나아가기를 두려워하는 동맹국들과 함께 홍보전에서 이길 수는 없다는 사실이다.

빈 라덴주의와의 싸움

카타르 도하에서

2001년 11월 6일

아랍 국가가 미국을 증오하는 이유를 알고 싶다면 『알 아람』이라는 이집트의 준 공영신문에 게재된 최근 사설을 읽어 보면 된다. 편집장 이바라힘 나픽은 사설에서 미국이 의도적으로 아프가니스탄의 광산 지역에 구호물자를 떨어뜨리고 있다고 말하면서 덧붙인다. "아프간 사람들의 건강에 영향을 줄 목적으로 미국이 유전자 처리된 구호물자를 제공하고 있다는 여러 보고서가 있다. 이것이 사실이라면 미국은 위험스런 구호물자를 아프간 사람들에게 제공함으로써 휴머니티에 반하는 범죄를 행하고 있다."

이 기사는 호스니 무바라크 대통령이 개인적으로 임명한 이집트의 대표적인 언론인이 썼다. 확인되지 않은 보도를 인용하면서 아프간에 유해한 식량을 미국이 의도적으로 지원하고 있다며 고발하고 있다. 사정이 이렇다면 이집트 거리의 인파가 우리를 증오하는 것은 너무도 당연하다.

이것은 일종의 빈 라덴주의를 생산하는 게임이다. 아랍 정권은 국민을 위해 진정한 미래상을 구축하는 데 실패했다. 이것이 엄청난 분노를 야기하고 있다. 비자를 받을 수 있는 젊은이들은 해외로 도피하고 있다. 이슬람 사원과 이슬람교로 전향하지 못하는 사람들은 항거하기 시작했다. 정권은 폭력적인 이슬람 반정부 시위대를 진압하고 있다. 그러나 반 이슬람으로 비난받는 것을 피하기 위해 비폭력적인 이슬람 강경론자들에게는 자금 지원과 자유로운 활동을 보장하고 있다. 동시에 언론을 통해 대중의 분노가 미국으로 방향을 바꾸도록 만들고 있다.

그 결과 반미 감정은 거세지고 이슬람은 극단적인 반 현대화 세력에 넘어가고 있다. 기가 막힐 노릇이다.

아랍 정권은 9·11 사태가 그들의 게임을 노출시키고 있다는 사실을 아직까지 파악하지 못하고 있다. 그들은 지금 미국이 시험받고 있다고 생각하고 있지만, 사실상 시험대에 오른 것은 비행기 납치범들을 양산하고 있는 이집트나 사우디 아라비아 같은 부패한 정권들이다. 그들은 반현대화 세력에 의해 이슬람 문화가 침해되도록 방치할 것인가? 반현대화 세력은 아랍 세계가 다른 문명에 비해 한참 뒤쳐지게 만들 게 분명한데도 말이다. 그들은 계속 다른 세계에 비난을 퍼부을 것인가? 아니면 거울을 보며 편협함과 싸우면서 좀 더 다른 미래를 위해 사회를 개방할 것인가?

좋은 소식은 아랍-이슬람권의 목소리가 터져 나와, 정권에 의해 유포된 쓰레기 같은 기사들을 거부하고 있다는 사실이다. 런던에서 발행되는 신문 『알 하야트』는 이집트 영화 평론가 사미르 파리드의 편지를 실었다. "9·11에 대한 대부분의 논평, 특히 이집트 언론에 게재된 기사를 읽으며 수치심을 느꼈다. 전부는 아니지만, 내가 읽은 대부분의 기사는 비민주적인 아랍 군사정권의 폐허가 지적인 엘리트 집단의 혈류에도 퍼져 들어갔음을 보여주고 있다. 이들은 더 이상 자신들을 위한다는 명분의 파괴 행위를 수치스럽게 여기지 않는다. 얼마나 우울한 미래가 이곳을 기다리고 있단 말인가?"

여기 페르시아만의 카타르에 위치한 아랍권에서 가장 자유롭고 인기 있는 알 자지라 텔레비전은 최근 급진적인 쿠웨이트 정치학자인 샤피크 가브라를 상대로 한 급진적 아랍 민족주의자 및 한 이슬람교도의 토론을 방송했다. 뒤의 두 명은 오사마 빈 라덴을 변호하려 한 반면 가브라는 이에 맹렬한 공격을 가했다. "레바논의 내란은 미국의 작품이 아니다. 이란 이라크의 전쟁과 오사마 빈 라덴의 테러 역시 마찬가지다. 이 모든 것은 우리가 만들어냈다. 우리 스스로를 보자. 언제까지나 모든 것을 남의 탓으로 돌릴 수는 없다."

카타르 대학 법학과의 압델하미드 알 안사리 박사는 『알 라야』지에 다음과 같이 기고했다. "어떻게 빈 라덴과 같은 테러리스트가 영웅이 될 수 있는가? 아랍권 전체의 미래에 무슨 일이 벌어진 것인가? 우리의 유명한 이슬람 학자들은 어디로 간 것인가? ……우리는 이 문제를 근본적으로 해결해야 하며 그 열쇠는 교육에 있다."

아랍의 지도자들은 이스라엘과의 교착 상태를 야기한 팔레스타인의 책임을 인정하지 않았다. 이에 반해 몇 주 전 예루살렘 기반의 팔레스타인 지도자 사리 누세이베스는 팔레스타인의 전략을 비판할 용기를 갖고 있었다. "우리는 이스라엘인들에게 이렇게 이야기하고 있다. '우린 너희를 내쫓고 싶어. 우리는 요르단강 서안 지구 혹은 가자 지구 안에서의 해방, 자유, 독립 따위에 아무 관심이 없어. 우리가 원하는 건 지금 너희가 살고 있는 데서 쫓아내는 것 뿐이라구.' 그리고 이런 메시지를 이스라엘인들에게 확실히 전달하기 위해 [팔레스타인] 사람들이 디스코 텍이나 레스토랑으로 몰려가 자폭하는 것이다. 이 모두가 미친 짓이고, 추악하며, 전혀 비생산적이다. 중요한 것은 이스라엘인들이 그런 사람들을 부추긴다는 점이다. 그 결과 우리는 동맹국들을 잃었다."

부시 팀은 아랍 동맹국에게 말해야 한다. 이제 아랍의 군사 기지와 군인은 필요 없다고. 서방 세계가 진정으로 원하는 것은 아랍 사회를 개방함으로써 새로운 아랍의 미래를 설계하는 것이라고.

우리[미국]는 빈 라덴에 대해 주의를 기울일 것이다. 그러나 여러분[아랍]은 빈 라덴주의에 대해 주의를 기울여야 할 것이다.

빙산 주의보

파키스탄 페샤와르에서

2001년 11월 9일

두바이에서 파키스탄으로 향하는 에미레이트 항공을 탔을 때 내 앞 좌석에 앉은 젊은 파키스탄인이 입고 있는 옷을 유심히 보았다. 그는 흰색 글자로 '타이타닉'이라고 쓰여진 갈색 골덴 자켓을 입고 있었다.

좋은 징조는 아니란 생각이 들면서 걱정되기 시작했다. 미국은 타이타닉호이고 파키스탄은 우리가 아프가니스탄의 안개 속에서 오사마 빈 라덴을 찾아 헤매는 동안 충돌하게 될 빙산이 아닐까? 아니면 파키스탄은 타이타닉호, 무샤라프 대통령은 선장이며 미국은 단지 승객에 불과하고 아프가니스탄은 우리가 충돌할 빙산이 아닐까?

누가 알겠는가? 파키스탄을 좀 더 면밀히 파악할수록 빙산의 이미지가 굉장히 유용하다는 것을 말이다. 종종 물 위에 떠있어서 우리 눈에 보이는 부분은 수면 밑에 잠겨 있는 부분과는 관계가 적다. 내가 말하고자 하는 바는 다음과 같다. 겉으로 볼 때 무샤라프 대통령은 탈레반 정권을 지지하는 입장에서 180도 선회해서 미국 연합에 합류하여 탈레반 정권과 빈 라덴의 전복을 위해 노력하는 용기를 보여줬다. 그러나 파키스탄 대통령의 의도는 그다지 명확하지 않다. 파키스탄에는 오직 하나의 단체인 군대가 존재할 뿐이다. 지금으로서는 군대 역시 대통령과 보조를 맞춰 180도 입장을 바꾼 듯 보이지만 침묵을 지키고 있는 파키스탄 군대 대부분은 그렇지 않다. 파키스탄 군대 지도부는 아직까지 서구 지향적이지만 점차 이슬람의 영향력이 확대되고 있어 군대는 침묵하는 다수, 특히 종교 당파의 영향을 받게 될 것이다.

파키스탄 사람들은 '알라, 미국, 그리고 군대'라는 세 가지 요소로 인해 모든 일이 결정된다고 말한다. 지금 미국과 군대는 한편에 서 있다. 미국과의 연합이 파키스탄인에게 혜택을 가져다 준다면 정권 역시 환영하겠지만 혜택이 없다면 파키스탄인은 알라에게 의탁할 것이다.

수면 위에서 보면 우리는 파키스탄과 동일한 전쟁을 치르고 있다. 그러나 수면 밑에서 보면 서로 다른 두 개의 전쟁이 벌어지고 있다. 파키스탄의 분석가 후세인 하카니는 "미국은 아프가니스탄에서 빈 라덴과 싸우고 있다. 그리고 파키스탄은 아프가니스탄을 통해 인도와 싸우고 있다."고 분석했다. "파키스탄이 아프가니스탄 탈레반 정권을 지지하게 된 이유는 인도에 대해 전략적 깊이를 확보하기 위한 것이었다. 지금 미국과 연계하게 된 것은 포스트 탈레반-아프가니스탄 구도에서 인도보다 큰 영향력을 확보하기 위해서이며, 인도에 대한 파키스탄의 힘을 강화하기 위해 여러 각도에서 미국의 지원을 받으려고 하는 것이다."

표면적으로 사우디 아라비아와 이란은 미국의 편에 있는 듯이 보인다. 그러나 속을 들여다 보면 이 곳의 모든 사람들은 그것은 이슬람 세계에서 주도권을 확보하기 위한 이란과 사우디 아라비아 사이의 '전쟁'에 불과하며, 아프가니스탄과 파키스탄이 이슬람 원리주의의 성장에 기름을 붓는 역할을 해 왔음을 잘 알고 있다. 20년에 걸친 이란과 사우디의 주도권 경쟁은 학교나 이슬람 사원, 은행, 사회복지재단 등에 기금을 주고 주도권을 사는 것에서 나타났다. 이슬람 기관은 실패한 정부가 남긴 공백을 메웠지만, 이 곳 전역에 걸쳐 미국보다는 빈 라덴에 더욱 동정적인 세대를 창출했다. 페샤와르에서 나와 대화를 나눈 대부분 젊은이들에게 빈 라덴의 체포에 관해 물어 보면 하나같이 이렇게 대답한다. "증거를 보여 주세요."

겉으로 보기에 아프가니스탄 전쟁은 단지 테러리즘을 종식하기 위한 듯 보인다. 그러나 더 깊이 보면 파키스탄인과 아프간인 모두 탈레반과 북부 동맹 사이의 전쟁으로 이해한다. 탈레반은 아프가니스탄 동쪽 지역에서 파키스탄 국경 지역 페샤와르까지 세력을 확장한 파슈툰 소수민족 집단이다. 북부 동맹은 타지크족과 우즈벡인으로 구성되어 있다. 우리에게 이것은 선과 악의 대결이지만 그들에게 이것은 해트필드 대 맥코이 사건의 제50라운드 째 법정싸움과도 같다. 파슈툰이 이끄는 탈레반은 쉽게 파괴되지 않을 것이다. 왜냐하면 그들은 빈 라덴이 아니라 아프가니스탄 내에서 종족의 생존을 걸고 싸우기 때문이다. 그러나 빈 라덴은 이러한 상황을 자신에게 유리하게 활용할 수 있다.

이슬라마바드 대학의 전략 연구 전문가 리파트 후세인은 "빈 라덴과 탈레반 지도자 오마르의 축출에 전력해야겠지만, 탈레반 전사 중 어느 누구든 기꺼이 그 역할을 대신할 수 있다는 점도 알아야 한다. 그렇지 않으면 미국은 아프카니스탄에 거대한 민족적인 불균형을 초래하게 될 것이다. 만일 파슈툰 탈레반 모두에게 떠나라고 압력을 행사하면 그들은 전략적 퇴각지인 파키스탄으로 잠복할 것이다."라고 조언한다.

이런 모든 사실이 아프가니스탄에서 미국이 승리할 수 없다는 것을 의미하지는 않는다. 이길 수는 있다. 그러나 좀 더 현명할 필요가 있다. 아프카니스탄은 캔자스가 아니다. 승리를 위해서는 동맹과의 공동 항해가 필요하다. 이 동맹 관계에서는 그 누구도 본명을 사용하지 않으며, 모든 이가 가면을 쓰고 행동하고 있다. 겉으로 드러나는 것만으로 상황판단을 할 수 없는 매우 복잡한 구도임을 명심할 필요가 있다.

지하드의 기본

파키스탄 페샤와르에서

2001년 11월 13일

미국이 오사마 빈 라덴과 그의 탈레반 옹호자를 가급적 빨리 제거하고 이곳에서 축출해야 하는 이유를 이해하려면 아프간 접경 지역에서 조금 떨어진 페샤와르의 스토리텔러즈 바자 거리를 걸어 다니며 오후 반나절만 보내면 된다. 이 곳은 우리가 머무를 이웃이 아니다. 이 곳은 로저씨의 이웃이 아니다.

내가 이렇게 말하도록 만든 게 무엇인지는 알 수 없다. 아마도 어떤 종류의 오사마 빈 라덴 티셔츠를 원하는지 내게 물어본 거리상인 때문일지도 모른다. 그는 오사마 빈 라덴의 사진이 인쇄된 노란 티셔츠와 흰색 티셔츠 중 어떤 것을 원하는지 물었다. 흰색 티셔츠에는 빈 라덴을 영웅으로 찬양하고 우리의 의무는 지하드에 충성을 맹세하는 것이라고 적혀 있었다. 사실 티셔츠 상인은 이 지역에서 재미를 톡톡히 보고 있었다. 아니면 "미국에 대항하는 지하드에 자원하고 싶다면 이 곳으로 전화하세요."라고 적힌 거리 포스터일지도 모른다. 또는 "지하드에 영광을! 인도나 유대인과의 연합은 인정할 수 없다."는 우르드 거리 벽화에서 영향 받았을지도 모른다. 외국인을 대하는 차가운 눈초리 때문일 수도 있다. 그 눈초리는 "아메리칸 익스프레스 카드 받습니다."라고 말하지 않고 "카드를 처분하시오."라고 말하고 있었다.

페샤와르에 온 것을 환영한다고 내가 이미 말했던가? 여기는 파키스탄이고 이 곳 사람들은 우리편이다. 기회는 충분하다. 북서 파키스탄 지역 전체는 탈레반을 배출한 파슈툰 종족이 지배하는 아프가니스탄이 확대된 지역에 불과하다. 여기는 빈 라덴의 땅이다. 이 곳은 미국이 우호적인 뿌리를 내릴 수 있는 그런 지역이 아니다. 그 이유 중 하나는 파슈툰 대부분이 아프가니스탄에 형제가 있기 때문이다. 납득할 수 있는 이유다. 또 다른 이유는 소련이 아프가니스탄을 버렸을 때 파키스탄 역시 미국에게 쓰다 만 손수건처럼 버려진 전력이 있기 때문이다. 그러나 가장 중요한 사실은 교육 제도 때문이다.

페샤와르에 오는 길에 나는 다룰 울룸 하카니아라는 파키스탄에서 가장 큰 이슬람 학교를 방문했다. 2천8백 명의 학생이 기숙하고 있는 이 학교에서 모든 학생은 정신적인 지도자, 즉 성직자가 되고 싶다는 희망을 갖고 코란과 예지자 모하메드에 대해 공부하고 있었다. 여기서 나는 어린 학생들의 수업을 경청하도록 허락 받았는데 그 곳에서 학생들은 바닥에 앉아 나무로 만들어진 선단 위에 놓여진 신성한 판본으로부터 코란의 기계적인 암송을 연습하고 있었다. 바로 이것이 그들 공부의 핵심이다. 그들 대부분은 비판적인 사고나 현대적인 주제를 접할 기회가 없었음이 분명하다.

한때는 이슬람 학교들이 방과 칠판, 교육은 물론 옷까지 제공하며 수천 명의 파키스탄 소년을 교육한다는 점에 깊은 인상을 받았었다. 그렇지 않았다면 파키스탄의 비종교적인 공공 교육제도의 점진적인 붕괴로 소년들 대부분이 길거리를 헤매고 다녔을 것이 분명하기 때문이다. 1978년에 파키스탄에는 3천 개의 이슬람 학교들이 있었는데 오늘날에는 3만 9천 개에 이른다. 그 대부분의 종교 교과과정을 1707년에 사망한 무굴 제국의 오랑젭 알람지드 황제가 고안했다는 점이 매우 염려스러운 부분이었다. 과학책은 도서관 서가의 선반 하나 분량만 있을 뿐이며 그것도 대부분 1920년대에 출판되어 시대에 뒤떨어진 책밖에는 없었다.

코란을 가르치는 수업 분위기는 너무 무겁고 딱딱해서 한 덩어리씩 잘라 얼음처럼 팔 수 있을 정도였다. 벽에는 '사우디 아라비아 왕국의 선물'이라는 서명이 붙어 있었다. 선생님이 여덟 살 소년에게 우리를 위해 코란 시를 암송하도록 지시하자 그는 아주 숙련된 기도 시보원처럼 아름다움과 우아함을 곁들여 암송을 끝마쳤다. 이것이 무엇을 의미하는가? "믿음이 강한 사람은 낙원으로 가고 믿지 않는 자는 영원한 지옥불의 판결을 받는다."는 유명한 시였다.

나는 12살짜리 아프간 난민 학생 라힘 쿤두즈에게 9월 11일의 공격에 대해 어떻게 생각하는지 물었다. 그는 "대부분의 공격은 미국 내에 있는 미국인이 자행한다. 미국 외의 다른 세계가 고통을 맛보아 왔기 때문에 미국이 고통받게 된 것이 기쁘다."고 대답했다. 그리고 미국인에 대해서 "그들은 믿음이 없는 사람들이고 이슬람교도의 친구가 되려고 하지 않으며 힘으로 전 세계를 지배하기를 원한다."는 시각을 갖고 있었다.

다룰 울룸 하카니아 이슬람 학교는 탈레반 수반인 율법학자 무하마드 오마르가 다른 탈레반 거물들처럼 이 곳에서 교육을 받았기 때문에 유명해졌다. 안내원의 설명에 따르면 율법학자 오마르가 여기를 졸업하지는 않았지만 "그가 지하드에 합류해 순수한 이슬람 정부를 세우기 위해 이 곳을 떠났기 때문에 명예 학위를 수여했다."고 설명했다.

떠나면서 파키스탄 친구가 언젠가 나에게 물었지만 대답할 수 없었던 질문을 주임 교수에게 던졌다. "미국은 어떻게 콜라와 맥도날드를 전 세계 사람들에게 파는 건 잘 하면서 정책은 팔지 못하나?"라는 질문이었다. 이에 대해 몰라나 사미울 하크는 "그들의 정책은 유독성분이 있지만 콜라는 달콤하기 때문이다."라고 답한다.

　나는 단지 우리의 정책을 검토할 뿐이지만 파키스탄인이 현대성과 이슬람, 다원주의를 융합시키기 위해 할 수 있는 유일한 방법은 학교를 재건하는 일이다. 이 지역에서 평화를 위한 진정한 전쟁은 학교에 있다. 이것이 바로 빈 라덴에 대한 군사적인 조치를 신속하게 수행하고 이 곳에서 축출해야 하는 이유이다. 우리가 되돌아 올 때 우리는 탱크가 아니라 현대적인 책과 학교로 무장해야 한다. 그럴 때만 우리는 새로운 세대가 우리의 햄버거에 열광하듯이 우리 정책에 대해 호의적인 토양을 다질 수 있다.

　그 때까지는 친미적인 어떤 성향도 이 곳에서 성장할 수 없다.

고리의 파괴

파키스탄 이슬라마바드에서

2001년 11월 16일

비록 의도한 바는 아니지만 오사마 빈 라덴은 이슬람교도들 사이에서 이슬람이 현대화를 수용할 능력이 있는지에 대해 최근 몇 년 간 유례 없는 심각한 논쟁을 불러 일으켰다. 아랍 국가 내에서 이 논쟁은 아직까지 침묵 속에 갇혀 있다. 그러나 상대적으로 자유로운 언론을 갖고 있는 파키스탄과 다른 이슬람 국가에서는 많은 사람들이 이 주제를 공개적이고 노골적으로 다루고 있다. 가장 중요한 주제다.

이유는 이렇다. 오늘날 많은 아랍-이슬람 국가들이 엄격한 동일 정치 구조를 공유하고 있다. 이것을 두 개의 섬이라고 생각해 보자. 섬 하나는 세속적인 독재 정권과 이를 둘러싸고 있는 경제 집단이 점유하고 있다. 또 다른 섬은 율법학자와 성직자, 종교 단체의 영향권에 있다. 이들은 현대화, 다원화된 문화의 공존, 여성의 평등권을 거부하는 코란의 전통적인 해석에 기반을 두고 이슬람교도의 실천과 교육을 좌지우지하는 세력이다. 여기서 이 양 세력간의 합의는 세속화된 세력이 계속해서 정권을 유지할 것이며 율법학자는 종교의 실천과 교육을 영원히 독점한다는 권력 나눠먹기였다.

아랍-이슬람 국가들은 지난 수십 년간 석유를 통해 벌어들인 돈과 미국, 소련의 지원금 때문에 정권이 유지되어 왔다. 또한 아랍과 이슬람 국가들이 경제 개방을 하지 않고 교육 시스템을 독점하면서도 존속할 수 있는 기반을 만들었다. 그러나 석유 판매 수익이 줄어들고, 직장을 찾아 헤매는 젊은 인구가 증가하면서 이 합의는 오랜 시간 존속되기 힘든 상황이다. 아랍과 이슬람 국가들은 이제 국제 투자, 인터넷, 근대 교육을 위해 사회를 개방하고, 사회의 절반을 차지하는 여성이 나머지 절반과 맞서지 않도록 여성 해방을 위해 사회를 개방하지 않는다면 더 이상 존속하기 힘든 상황인 것이다. 그러나 문제는 사회를 더 많이 개방할수록 종교 당국은 더 많은 위협을 느낀다는 점이다.

빈 라덴의 도전이란 다름아닌 이슬람 극단주의자들이 자신들의 섬을 탈출하여 세속적 국가라는 섬의 통치권을 획득하고자 시도한다는 점이었다. 아랍 각국은 '마드라사스' 라 불리는 이슬람 학교를 개혁하라는 노력이나 성난 이슬람교도들을 양산하는 정치 체제를 개혁하려는 노력은 배제한 채, 이슬람 극단주의자들을 분쇄, 추방하는 것에만 골몰했다. 그 결과 빈 라덴주의를 만든 빈곤, 독재, 종교적 반(反) 근대주의와 같은 치명적인 고리가 서로 상승작용을 하면서 영속의 힘을 얻었다. 이제 그 고리를 끊어 버리라고 요구하는 세력이 등장했다. 파키스탄의 작가이자 사업가인 이자트 마지드가 지난 금요일 파키스탄의 저명 일간지인 『더 네이션』에 공개적으로 쓴 빈 라덴에게 보내는 편지에 대해 한 번 생각해 보자.

우리 이슬람교도들이 불행의 책임을 서방 세계에만 돌릴 수는 없다. …… 이 불행을 해결할 수 있는 실마리를 찾을 수 없다는 것이 참으로 난감하다. 단지 빈곤이나 문맹 또는 불행을 인정하는 사회적인 합의가 없기 때문만은 아니다. 우리가 역사적, 사회적, 정치적인 불의에 맞서지 않음으로써 시민 사회로 성립하지 못했기 때문이다. 이 상황을 악화시킬 뿐인 이슬람의 실천 방식을 개혁하지 않는다면 우리 이슬람에게 희망은 없다. 국가 지원 아래 율법주의의 조직적인 위선에 이슬람을 빠뜨린 사람은 바로 우리다. 율법학자들이 진정한 학자라기보다는 사실상 성직자 역할을 해오면서 이슬람은 천 년이 넘는 세월 동안 굳건히 서 있었다. 율법학자들은 이슬람을 현대적인 시각으로 재해석하는 ‘잇지하드’에 문을 닫아걸고 신성한 코란이 전하는 진보적인 메시지를 어느 누구도 실천하지 않음으로써 이 체제를 계속 유지해 왔다. 율법학자가 오늘날 여러분에게 하는 말은 어떻게 천 년 전으로 돌아갈까 하는 것이다. 우리는 시대 상황에 적합한 언어로 교리를 전파하는 이슬람으로 진화시키지 못했다. 옥스포드와 캠브리지는 13세기 기독교도들의 ‘마드라사스’였다. 오늘날 이들 학교는 전 세계적인 교육기관으로 명성을 날리고 있다. 우리의 교육 기관들은 어떠한가?

기독교를 근대성으로 용해시킨 신교의 개혁은 부유한 왕자들이 혁신적인 개혁가들을 재정적으로 지원하고 외부로부터 보호할 준비가 되었을 때 전파 되었다. 그러나 오늘날 이슬람 세계에서는 예컨대 사우디 아라비아 같은 가장 부유한 왕자들이 파키스탄에서 보스니아에 이르기까지 반 현대적인 학교에 돈을 쏟아넣고 있다. 아울러 독재자들 또한 반 현대적 율법학자들에게 개혁은 커녕 지원을 아끼지 않고 있는데, 때로는 이들을 자유주의자들을 때려잡는 데 이용하기도 한다. 바로 이런 것들이 빈 라덴주의가 번성하는 토양을 제공한다.

빈 라덴을 향해 마지드는 다음과 같이 결론짓는다. “이슬람교도는 둥굴 속의 어둠을 증대시키는 것과 같은 우를 범해서는 안 된다. 한 전투에서 돌아온 신성한 예언자 무하마드는 ‘우리는 작은 지하드에서 보다 큰 지하드로 나아간다’고 말했다. 오늘날 진정한 지하드는 비행기를 납치하는 데 있지 않고 비행기를 만드는 데 있다.”

오늘의 뉴스 퀴즈

뉴 델리에서

2001년 11월 20일

　뉴스 퀴즈 시간. 세상에서 두 번째로 큰 이슬람 국가는 어디일까. 이란? 틀렸다. 파키스탄? 역시 정답이 아니다. 사우디 아라비아? 아니다. 정답은 바로 인도다. 1억 5천만 명 이상의 이슬람교도가 있는 인도는 파키스탄이나 방글라데시보다 더 많은 이슬람교도가 있다. 이슬람 수는 인도네시아에 이어 두 번째다. 이 사실은 새로운 질문을 떠올리게 한다. 왜 힌두교가 지배하는 이 광활한 땅에서 소수민족으로 존재하는 인도의 이슬람은 그들이 갖는 모든 문제를 미국 탓으로 돌리거나 인도를 향해 자살 비행기를 띄우지 않는 것일까?

　정답은 다민족 다원주의 자유시장 민주주의. 확실히 인도의 이슬람교도는 좌절을 경험했고 인도의 다른 소수민족들과 마찬가지로 오랜 세월 동안 힌두교도와 폭력적으로 충돌해 왔다. 그러나 인도 이슬람교도는 기회와 정치적인 목소리가 개방되어 있는 소란스럽고 산만한 민주주의 사회 속에서 살고 있다. 바로 이 점이 엄청난 차이를 가져 온다.

　"퀴즈를 하나 낸다면, 지난 50년 동안 지속적인 민주주의를 향유해 온 유일한 이슬람 사회는 어디일까? 바로 인도 이슬람이다." 비이슬람 인도인에 의해 자금을 지원 받는 인도 전역에 배포되는 영자 신문 『아시안 에이지』의 이슬람계 편집자 M. J. 아크바르의 의견이다. "인도에서 이슬람의 좋은 점만을 과장할 생각은 없다. 아요드히아의 이슬람 사원이 파괴된 데서 볼 수 있듯이 긴장과 경제적인 차별, 분노가 이 곳에도 분명히 남아 있다. 그러나 인도 헌법은 비종교적인 입장을 취하고 있고 재능을 갖는 집단이라면 누구에게나 경제적으로 개선 가능한 참된 기회를 제공한다. 이것이 점차 증가하고 있는 이슬람 중산층의 지위가 향상되고 있고, 많은 비민주적 이슬람 국가에서 발견되는 깊은 분노가 점차 사라지고 있는 이유이다.”

다시 말해 이슬람과 이슬람교도들의 분노에 대해 말할 때 어떤 맥락의 이슬람에 대해 말하는지가 중요하다. 독재 국가에 자리잡으면, 종교와 사원은 군중이 독재자에 대항 조직화할 수 있는 유일한 장소가 되기 때문에 성난 저항의 수단이 되는 경향이 있다. 그리고 미국이 이 독재자들을 지지하는 것으로 비춰지면 미국 역시 분노의 대상이 된다.

그러나 이슬람이 다양한 가치를 인정하는 민주 사회에 퍼지면 다른 종교와 마찬가지로 번성하게 된다. 인도 대통령 가운데 두 명은 이슬람교도였고, 이슬람교도 여성 한 명은 인도 대법원에서 일하고 있다. 인도 미사일의 설계자인 압둘 카람 역시 이슬람교도이다. 여성을 포함하는 인도 이슬람교도는 인도의 많은 주에서 주지사로 활동했다. 인도 최고의 갑부로 알려진 IT 전문가 아짐 프렘지 역시 이슬람교도이다. 일전에는 인도의 이슬람 영화 스타이자 국회의원인 샤바나 아즈미가 뉴델리에서 가장 큰 이슬람 사원 성직자에게 맹공을 퍼부었다. 그녀는 이 성직자가 칸다하르의 탈레반에 가담하도록 제안함으로써 이슬람에 좋지 않은 영향을 미쳤다고 비난했다. 민주사회의 자유주의 이슬람교도, 특히 여성은 완고한 성직자들을 공격하기를 주저하지 않는다.

최근에는 방글라데시가 이러한 움직임을 보이기 시작했다. 방글라데시는 파키스탄과 비슷한 수의 이슬람교도가 있는 나라다. 다른 세계는 눈치채지 못했지만 방글라데시는 지난 10년간 세 가지 측면에서 권력의 민주적 이전을 보여 왔다. 그 대표적인 예가 여성이 두 번이나 수상으로 선출된 것이다. 그 결과 방글라데시의 최근 경제, 사회 지표들이 상승 국면에 들어섰고, 방글라데시인은 반미 감정에 휩쓸리지 않았다. 반면 파키스탄은 군사 독재, 빈곤, 반 현대주의적 이슬람 학교 등이 서로 상승작용을 일으키는 빈 라덴주의의 영향권에 사로잡혀 모든 지표들이 곤두박질치고 미국에 대한 적개심은 극에 달하고 있다.

여보세요? 여보세요? 중요한 메시지는 바로 여기에 있다. 정답은 "바로 민주주의야, 이 멍청아!"* 아랍-이슬람 국가에 민주주의를 강요할 필요 없이 억압적인 정권에 의존하자고 주장하는 사람들은 옳지 못하다. 설령 우리가 비혁명적인 사회 변화로 나아가는 모든 수단을 제거한다 해도, 변화를 요구하는 압력은 어떻게든 터져나올 것이다. 즉 이슬람교도의 분노와 반미주의로 말이다.

아랍과 이슬람 세계를 가로지르는 빈 라덴의 고리를 미국이 끊고 싶다면 "인도처럼 다원주의적이고 민주적인 현대 사회를 본보기로 설정해야 한다. 그리고 모든 종류의 종교적 극단주의자의 지속적인 공격이 있을지라도 본보기를 지원해야 한다."고 일간지 『힌두』의 전략문제 담당 기자 라자 모한은 주장한다. 사실이다. 이슬람 국가들이 모든 잠재력을 성취하기 위해 민주주의만으로는 충분하지 않지만 최소한 필요 조건이다. 그리고 우리 모두 다른 각도에서 생각할 필요가 있다.

---

* 92년 미국 대선 캠페인에서 클린턴 민주당 후보는 걸프전 승전감에 도취된 채 경기 하강을 도외시한 부시 대통령을 겨냥, "정답은 바로 경제야, 이 멍청아. It's the economy, stupid!"라고 일갈함으로써 부시 대통령의 재선을 좌절시켰다.

테러리스트의 사고 방식

아랍에미레이트 연합 두바이에서

2001년 11월 23일

이 곳 걸프 지역에서 사려 깊고 자유분방한 아랍 친구와 커피를 마시던 중 그 친구가 심각한 문제를 털어 놓았다. "11살짜리 아들이 빈 라덴을 훌륭한 사람으로 여기고 있네."

미국인에게 오사마 빈 라덴은 대량 학살자다. 비록 패배했지만 아랍의 많은 젊은이에게 그는 로빈 훗 같은 존재로 여겨지고 있다. 빈 라덴에 열광하게 만드는 요인은 아주 소수만이 살고 싶어하는 이상적인 이슬람 사회에 대한 그의 비전이 아니다. 오히려 젊은 아랍인과 이슬람 교도가 증오하는 모든 것에 대한 완벽한 저항이 사람들을 끌어들이고 있다. 위선적인 통치자와 이스라엘, 미국의 지배, 경제의 퇴보 등에 대한 저항 말이다. 빈 라덴이 지금 전 세계의 비난을 받고 있기 때문에 오히려 이 곳의 좌절하고 힘없는 사람들로부터 사랑을 받고 있다.

정의 실현 이외에 빈 라덴 제거가 중요한 까닭은 탈레반 축출이 중요한 이유와 마찬가지다. 즉 우리가 그를 찾아 헤매는 한 이슬람과 아랍이 자신들의 미래에 대해 진지하게 토론할 기회는 없을 것이다. '민간인의 희생'에 대해 언론에 보도된 상식 밖의 모든 기사를 생각해 보자. 이런 기사는 특히 유럽과 아랍권의 언론에 많이 실렸다. 많은 아프간 '민간인'이 그들을 탈레반으로부터 해방시켜 주려는 B−52 때문에 희생된 것으로 판명됐다. 탈레반이 사라진 지금 아프간은 그들이 어떤 종류의 사회를 만들고 싶은지에 대해 자신들끼리 자유롭게 싸울 수 있게 되었다.

빈 라덴이 제거되면 아랍과 이슬람이 같은 일을 하고 싶을 것이라는 것이 나의 희망이다. 다시 말해 빈 라덴을 축출하고 나서, 억압적이고 부패한 지배자나 미국 정책에 대해 분노를 표출하는 대신 스스로의 목소리를 내는 것이다. 아프간이 탈레반의 베일을 벗겼듯이 아랍과 이슬람 국가가 빈 라덴의 가면을 벗기고, 9·11 사태가 그들 사회의 내부 문제와 분노 때문에 발생했다는 사실을 인지할 때. 테러리즘을 일으킨 사회 제도뿐 아니라 이를 옹호하는 사상까지 뿌리뽑을 수 있다.

"우리 서방 세계가 그들을 위한 토론을 할 수는 없겠지만 토론이 일어날 수 있는 여건을 만들도록 도와 줄 수는 있다. 미국의 역할은 점진적인 변화의 방법을 보여 주는 것이다. 급진적인 민주주의나 환상주의는 우리의 이익에 반한다. 마치 내부에서 어떤 일이 벌어지는지 무관심한 큰 주유소처럼 아랍 세계를 바라볼 수만은 없다. 가스는 이미 흘러넘치고 있고 주변 사람들은 성냥을 그어 던질 태세다." 중동 분석가 스티븐 코헨의 말이다.

나는 이러한 이념 전쟁의 조짐을 매일 본다. 아랍의 언론인 한 명이 성난 어투로 "우리는 두통을 치료할 아스피린조차 만들 수 없다."며 오늘날 아랍 세계에 대해 말한 것도 하나의 조짐으로 이해할 수 있다. 쿠웨이트의 『알 안바』와 이집트의 『아크바 알요움』 지면에 '샤론은 테러리스트다. 그러면 당신은?' 이라는 유명한 글을 발표한 쿠웨이트의 교수도 이러한 움직임을 보여준다.

"[아리엘] 샤론은 시오니즘 사회의 아주 초기부터 테러리스트였다."고 바프다디는 말한다. 그렇다면 아랍-이슬람 통치자는 어떤가?

아랍 국가의 법정에서 지식인을 박해하면서 이단으로 모는 재판. ……이런 일은 오직 이슬람 세계에만 존재한다. 이것은 테러리즘이 아닌가?……. 우리 대화 속에 시민과 이웃을 살상하는 국가 테러의 장본인은 늘 이라크 뿐이다. 이것은 테러리즘 아닌가? ……비행기 납치와 승객에 대해 공포를 조성한 것은 팔레스타인계 아랍인이 처음이었다. 이것은 테러리즘 아닌가? 아랍-이슬람은 이 점에서 타의 추종을 불허한다. 그들은 그들 시민을 향한 테러리즘을 자행하고 성직자의 지원 아래 전 세계의 무고한 사람들에게 테러를 가했다. 반면 우리의 무지함은 세계의 비웃음을 사기도 했다! 이슬람과 아랍 세계는 지식인들이 단지 글을 썼다는 이유로 감옥에 가두는 유일한 나라다. 아랍인과 이슬람인은 그들 종교가 인내의 종교라고 주장하지만 그들 의견에 반대하는 사람에게는 전혀 참을성을 보이지 않는다. 이제 대가를 지불할 시간이 왔다. 지불 명세표는 매우 길다. 아마 탈레반 무리 전체의 턱수염을 이은 것보다 더 길 것이다. 아랍과 이슬람 세계에 대한 서방의 메시지는 분명하다. 노선을 수정하는 것이 유일한 방법이다.

우리는 빈 라덴과 그의 하드웨어를 바꾸기 위해 지상전을 펼쳐야 한다. 그러나 아랍과 이슬람은 빈 라덴의 소프트웨어를 바꾸기 위해 이념 전쟁을 치러야 할 것이다. 그 전쟁을 시작하도록 우리가 빨리 도와줄수록 더 좋다. 카불에 있는 사람들에게 물어 보라.

진정한 전쟁

2001년 11월 27일

9·11 테러가 정말로 제3차 세계대전의 서막이라면, 우리는 이번 전쟁이 어떤 의미를 가지는지 이해할 필요가 있다. 우리는 '테러리즘'을 뿌리뽑기 위해서 싸우는 것이 아니다. 테러리즘은 단지 도구일 뿐이다. 우리가 싸우는 진정한 이유는 종교적인 전체주의를 타파하기 위해서다. 제2차 세계대전이나 냉전 시대에는 나치즘이나 공산주의 같은 세속적인 전체주의에 대항하기 위해 싸웠다. 하지만 앞으로 닥칠지도 모를 3차 대전은 종교적 전체주의에 대항하기 위한 전쟁이 될 것이다. 자신의 종교만이 옳으며, 다른 모든 종교는 무의미하다고 생각해야 자신의 신념을 지킬 수 있다는 시각의 종교적 전체주의 말이다. 빈 라덴의 사상이 바로 종교적 전체주의의 전형적인 예다. 그렇지만 나치즘 같은 세속적 전체주의와 달리 종교적 전체주의는 무력만으로 해결할 수는 없다. 학교나 사원, 교회, 유대교 예배당에서 먼저 종교적 전체주의를 버려야 한다. 그리고 이슬람, 성직자나 유대교, 기독교 성직자들이 힘을 합해야 근절할 수 있다.

이 전쟁에 필요한 장군은 예루살렘 샬롬 하트만 재단의 데이비드 하트만 목사 같은 사람이다. 나는 예루살렘 주재원으로 있을 때 처음 하트만을 알게 되었다. 하트만은 유대인들이 현대적인 사고를 포용해야 한다고 했다. 물론 종교적인 열정을 약화시켜서는 안 되겠지만, 신은 여러 가지 언어로 말할 수 있기 때문에, 유대교만이 유일한 종교는 아니라는 점을 인정해야 한다는 것이다. 하트만은 유대교가 자신들의 종교적 신념을 재해석하지 않는 한, 더 이상 이스라엘의 미래는 없다고 주장했다. 나는 이내 그의 주장에 매력을 느끼게 되었다. 그리고 그 전쟁터가 어디인지도 알고 있었다는 점 역시 인상적이었다. 하트만은 유대인, 이슬람교도, 기독교 근본주의자들이 학교를 자신들의 배타적인 종교관을 심는 수단으로 삼는다는 점에 주목했다. 그는 이에 맞서기 위해 이스라엘에 손수 학교를 설립했다. 최근 파키스탄에 있는 이슬람 학교를 방문했을 때, 나는 수많은 탈레반의 지도자들과 어린이들이 원리주의 종교관을 배우는 현장을 목격하게 되었다. 나는 목사 하트만에게 전화를 걸어 물어 보았다. "종교적인 전체주의를 타파하게 위해서 어떻게 해야 합니까?"

그는 "유대교나 기독교, 이슬람교처럼 각각의 성서적 전통에 기반을 둔 신앙들은 자신만의 종교만이 진실이라고 믿는 경향이 있다. 탈레반 정권이 아프가니스탄 내의 불상을 파괴한 행동 역시 신앙적인 이유 때문이었다. 물론 탈레반 외에도 종교적 배타성을 주창한 경우는 있다. 하지만 종교적 전체주의와 달리 종교적 다원주의는 종교의 다양성을 인정하면서도, 자신의 신앙심을 키울 수 있다는 시각을 가지고 있다. 그러나 미국이 종교적 다원주의의 중심지 역할을 하고 있는 반면, 빈 라덴은 종교적 전체주의의 시각을 가지고 있다. 우리는 이 점을 주목해야 한다. 바로 미국이 다원주의의 중심지이기 때문에 빈 라덴은 미국을 파멸시켜야 한다고 생각한 것이다."고 이야기했다.

세계의 미래는 우리가 지금 행하고 있는 전쟁을 어떻게 치르는가에 따라 달라질 것이 분명하다. 이슬람교나 기독교, 유대교가 각각의 입장에서 신이 금요일에는 아랍어로도 말할 수 있고, 토요일에는 히브리어로도 말할 수 있으며, 일요일에는 라틴어로도 말할 수 있다는 사실을 인정할 수 있을까? 신은 각각 다른 언어와 문화적 유산, 역사를 가진 모든 이들을 포용한다는 사실을 받아들일 수 있을까? 하트만 목사는 "자신의 종교에 대한 열정을 지키는데 오직 한 종교에만 치우친 맹신적 행위가 필요한가? 그렇지 않으면 한 가지 종교만이 절대적으로 우월하지 않다고 여기는 다원주의적 시각을 갖는 것도 가능한가?"라고 물었다.

이 질문에 대해 많은 유대인과 기독교인들은 이미 종교적 다원주의가 가능하다는 긍정적인 의견을 가지고 있다. 일각에서는 현대적 사고와 다원주의를 포용하고, 세속주의나 여타의 다른 종교를 인정할 여지를 갖기 위해 그들의 성전을 재해석하고 있다. 하지만 기독교와 유대교 근본주의자들은 다원주의를 받아들이려 하지 않는다. 이 때문에 같은 종교 안에서도 갈등이 발생한다.

유대교나 기독교와 다른 점이 있다면 이슬람교는 종교적 쇄신 노력이 부족했고, 이슬람 국가는 아직 한 번도 다원주의를 지지하거나 활발하게 논의한 적이 없다는 사실이다. 우리는 이슬람교가 세속적인 서양 사회나, 현대적 사고, 종교적 다원주의를 수용하더라도 전혀 문제될 것이 없다고 생각해 왔다. 이슬람 사회에게도 항상 빈 라덴과 같은 극소수만이 문제일 뿐이라고 달래면서, 우리 자신을 잘못된 방향으로 이끌어 왔다. 이슬람교 내부에서도 정의와 인간애, 연민 등에 대해 도덕적으로 많은 자극을 받고 있는 것은 사실이다. 하지만 아직 다른 종교 사회를 동등하게 인식할 수 있게 할 만한 유력한 종교사상을 발전시키지 못했다. 빈 라덴의 9·11 테러는 종교적 다원주의에 맞서 종교적 배타주의를 가장 극단적인 형태로 표출한 경우다. 기독교나 유대교에서는 이미 수백 년 동안 종교적 다원주의나 현대화 등에 대한 문제로 고심해 왔다. 하지만, 이슬람 사회에서는 열렬하고 독실한 이슬람교도로 남아 있는 동시에 종교적 다원주의와 현대화를 받아들일 방법이나 경전의 재해석 같은 문제가 아직까지 한 번도 심각하게 거론된 적이 없었다. 이제 세계의 이목은 종교 문제에 집중되어 있다. 이 기회에 주류 이슬람 사회도 통합되고 세계화된 사회 속에서 이슬람의 미래는 이슬람이 그들의 과거를 어떻게 재해석하는가에 달려 있다는 점을 깨닫게 되기를 바란다.

정말로 중요한 것

2001년 11월 30일

나는 며칠 전 크로포드에 있는 부시 대통령의 목장에서 그와 러시아 푸틴 대통령이 다정한 모습으로 바비큐를 굽는 사진들을 보게 되어 정말 기뻤다. 이런 모습은 마음을 따뜻하게 한다. 자주 볼 수 없는 광경이다. 하지만 자주 볼 수 없는 광경이 더 있다. 그처럼 좋은 분위기 속에 시작된 중요한 정상회담은 대개의 경우 타결된 적이 거의 없다. 지금 열리고 있는 정상회담은 매우 특이한 경우라고 볼 수 있다. 그렇지만, 이미 탈레반 정권이 붕괴하고 있었기 때문에 아무도 이 정상회담에는 주의를 기울이지 않았다. 사실은 매우 중대한 문제를 다루고 있는 회담임에도 말이다.

여기서 한 가지 문제를 지적하려 한다. 그 문제는 부시 대통령이 9·11 테러 이후의 대책을 강구하기 위해 테러 이전의 외교 정책들을 얼마나 많이 포기할 수 있는가 하는 점이다.

부시의 각료진은 탄도미사일 방어망에 대한 생각에 사로잡힌 채 백악관에 입성했다. 따라서 부시 측은 방어망을 실제로 시험해 보기를 희망한다. 그래서 1972년 러시아와 체결한 ABM 협정*을 파기해야 한다고 주장한다. 많은 전문가들이 ABM 협정의 한도 내에서도 현재 필요한 시험들은 모두 가능하다고 이야기하지만, 부시의 강경 노선 지지자들은 꿈쩍도 하지 않고 있다. ABM 협정을 폐기하고 모든 핵무기를 통제해야만, 로널드 레이건이 꿈꾸어 왔고 부시 진영이 바라는 스타워즈 미사일 방어 계획을 자유롭게 추진할 수 있기 때문이다.

러시아 측은 애초부터 ABM 협정의 개정을 반대했다. 왜냐하면 ABM 협정은 러시아가 초강대국의 지위를 유지하고, 핵에 대한 예측을 가능하게 하는 데 매우 중요하기 때문이다. 러시아 측은 ABM 협정이 있어야만 부시 진영의 '제한된' 수준을 넘어선 방어기지 구축 계획을 막기 위한 법적인 방책을 확보한다고 판단하고 있다. 러시아 측은 미국이 스타워즈 방어망 아래 어떠한 미사일 공격도 무력화시킬 수 있는 상태가 되면 아무런 보복도 두려워하지 않고 러시아를 공격할 수 있게 된다는 사실을 두려워하고 있다. 스타워즈 방어망이 실현된다면, 제2차 세계대전 이래로 평화를 유지할 수 있게 만들어 준 핵의 균형 상태는 깨질 수밖에 없다.

이제 잠깐 뒤로 물러나 생각해 보자. 9·11 테러 이전에 부시 행정부가 미사일 방어 체제에 혈안이 되어 있는 동안, 우리 중 일부에서는 반대 의견을 내세웠던 적이 있다. 우리는 무엇이 미국의 안전에 진정한 위협이 될 것인가라는 아주 단순한 질문부터 시작했다. 여기에 대한 대답은 핵무기 확산, 미사일 증강, 테러리즘, 마피아, 부패한 정권, 그리고 재정적 부패 등이었다. 그렇다면 미국이 이러한 위협들에 대해 러시아의 협력 없이 효과적으로 대처할 방안을 마련할 수 있는가라는

---

*Anti-Ballistic Missile: 전략방위미사일조약. 미국과 구소련이 1972년 체결한 군비통제 조약으로서 보다 확실한 전략적 상호억지를 위해 탄도미사일을 방어할 수 있는 방어 시스템을 구축하지 않기로 약속하였다. 부시 행정부는 테러리스트나 테러 지원국들에게서 과거 소련이 보여주었던 전략적 합리성을 기대할 수 없기 때문에 이제는 '억지전략'으로부터 '방어전략'으로 전략 개념을 변경해야 하며, 이를 위해 ABM 협정 탈퇴가 불가피하다고 보았다.

반문을 해보았다. 하지만, 러시아 외에는 다른 방도가 없다는 결론에 도달했다. 그렇기 때문에 우리는 NATO의 확장이나 미사일 방어 체제보다는 모스크바와 전략적인 관계를 맺는 일이 더 우선되어야 한다고 주장했다. 9·11 테러 이후 탈레반 정권을 붕괴시키기 위해서 러시아 측의 협조는 꼭 필요했다. 이라크 공습의 경우는 더 했다. 우리의 판단이 옳았음을 이보다 더 잘 입증하는 예는 아마 없을 것으로 본다.

한 가지 좋은 소식은 9·11 테러 이후 부시 대통령이 미국 외교정책에서 러시아의 중요성을 올바로 평가하기 시작했다는 것이다. 그래서 크로포드 목장에서 부시는 푸틴에게 두 가지 대안을 제시했다. 하나는 미국이 ABM 협정을 당분간 지키는 대신, 향후에는 전폭적인 미사일 시험과 미사일 배치를 보장해 달라는 내용이었고, 다른 한 가지는 미국이 ABM 협정을 당장 파기할 수 있게 해 주면 핵무기 감축안과 핵 실험 자제에 대한 합의를 보장하겠다는 것이었다. 그렇지만, 푸틴 대통령은 두 가지 모두에 대해 거부의사를 밝혔다. 푸틴 대통령 입장에서 미국의 핵실험에 대해 본국 각료들을 설득하기는 어려울 뿐만 아니라, 기본적으로 러시아 입장에서는 합의에 의한 무기 통제가 터무니없는 생각이기 때문이었다.

존스 홉킨스 대학의 외교정책 전문가인 마이클 만델바움은 이렇게 말했다. "ABM 협정을 폐지하는 대신에 부시와 푸틴 간의 합의로 조약을 대체하자는 건 터무니없는 생각입니다. 부시 각료진이라면 그저 악수나 하고 계약서도 없이 집을 사려고 하겠습니까? 레이건 대통령이 강조했듯이 '신뢰하라, 그러나 검증하라'(Trust but verify)는 말을 잊었습니까."

부시 진영은 지금 큰 실수를 하고 있는 것이다. 푸틴은 '서방 정책'을 펴려 하지만, 그의 앞에는 각료들과 대중들이 가로막고 있다. 그들이 서방 정책을 지지하도록 하려면 푸틴 대통령 입장에서는 ABM 협정을 고수할 필요가 있다. ABM 협정 하에서라면 푸틴도 제한된 핵실험은 기꺼이 양보할 용의를 가지고 있다. 푸틴에게 그가 원하는 것을 주자. 우리가 푸틴을 더 수용하고, 미사일 실험은 축소하도록 하자.

우리가 핵실험을 더 한다고 더 이득이 되지는 않지만, 푸틴에게 양보하지 않으면 우리에게 큰 손실이기 때문이다. 만일 9·11 테러 때 미국에 스타워즈 미사일 방어 체제가 있었다 해도, 그것이 단 한 명의 미국인도 구하지는 못했을 것이다. 그렇지만 우리가 어떤 조치가 더 우선되어야 하는지 올바르게 판단해서 러시아와 전략적인 우호관계를 가진다면, 미사일 방어 체제 실험을 지속하는 한편, 이보다 더욱 중요한 대 테러 정책을 위해 러시아의 진정한 협력을 이끌 수 있다.

현실 세계에서의 권리

2001년 12월 2일

　며칠 전 나는 한 아랍의 위성 텔레비전 방송국과 인터뷰를 하게 되었다. 인터뷰 호스트는 요즘 아랍의 이슬람교도 세계에서 자주 거론되는 이슈들에 대해 이것 저것 캐묻기 시작했다. "빈 라덴이 유죄라는 증거가 어디 있죠? 당신은 아랍인 승객이 비행기 납치범이었다고 확신할 수 있습니까? 만일 몇 년 후에 비행기 납치범들이 실제로는 콜롬비아 출신으로 밝혀지면 당혹스러우시지 않겠습니까?"

　이 아랍 저널리스트가 짓궂은 면도 있었지만, 위의 질문들은 확실히 아랍의 의견을 진지하게 반영한 내용이었다. 그 질문을 들으면서, 나는 잘 알려진 하나의 광경을 떠올릴 수 있었다. 그 광경은 O.J. 심슨이 무죄임이 선고되었을 때, 분노하여 불쾌한 표정을 감추지 못한 백인 대학생의 반응과 환호하는 흑인 대학생들의 표정을 대비해서 담은 한 장의 스냅 사진이었다.

　잘 기억날지 모르겠지만, 그 사진은 그 때의 우리와 현재 아랍에 있는 이슬람교도들의 현실을 잘 대변한 듯하다. 그 당시 수십 년 동안 미국의 재판 결과에 피해의식을 가지고 있던 많은 흑인들은 명백해 보이는 O.J. 심슨의 유죄를 인정하려 하지 않았다. 오히려 그를 통해 그들의 분노를 표출했다. 미국의 사례와 마찬가지로 현재 많은 아랍인들과 이슬람교도들은 이스라엘과 억압적인 아랍 정권을 지지하는 미국에 자신들의 분노를 표출하기 위하여 수동적으로나마 빈 라덴을 지지하고 있다. L.A. 경찰이 많은 미국의 흑인들에게 불평등한 힘을 행사하는 권력구조로 비춰졌던 것처럼, 미국에 대해 많은 아랍인들과 이슬람교도들 역시 반감을 느끼는 것이다.

많은 지식층 아랍인들과 이슬람교도들이 빈 라덴의 유죄를 인정하지 않으려는 이유도 바로 이 때문이다. 물론 이들이 빈 라덴의 살인 행위마저 지지하는 것은 아니지만, 빈 라덴이 체제에 대항하려 했던 점은 은근히 좋아했다. 만일 지금 빈 라덴이 그의 동족들에게 재판받게 된다면, 미국인들이 '마샤 클락' *을 미처 떠올리기도 전에 빈 라덴은 석방될 것이다.

내가 이런 이야기를 꺼낸 이유는 한 가지 간단한 이야기를 하기 위해서다. 법무장관 존 애쉬크로프트는 테러 용의자들에 대한 전례 없이 엄격한 법안과 군사재판 같은 사안을 충동적으로 추진할 정도로 무분별하지는 않다고 본다. 그렇다고 나를 오해하지는 말았으면 한다. 나도 현재 애쉬크로프트의 행동거지를 비난하는 데 찬성한다. 그가 주장하는 엄격한 법안은 근본적으로 인간의 기본권리를 침해하고 있다. 범죄를 범했다는 어떤 증거도 없을 경우, 정부가 개인에 대해 개입할 어떠한 권리도 가질 수 없다. 혹여 증거가 있더라도, 기소와 재판은 사법권의 감독 아래 공개적으로 진행되어야 하며 조금이라도 의심스런 과정이 용납되어서는 안 된다. 만일 우리 정부가 이 규범을 벗어난다면 마땅히 호된 비난을 받아야 한다.

그렇지만, 이런 말을 하는 와중에도 나는 애쉬크로프트의 조치 가운

---

*O.J. 심슨 사건을 담당했던 여자 검사

데 일부는 공감한다. 의회의 토론을 듣고 있노라면, 우리가 직면하고 있는 특수한 형태의 적에 대해서는 괘념치 않고, 마치 이제는 우리가 안전하다고 생각하는 듯한 느낌을 받는다. 탈레반 정권도 붕괴되었고, 우리는 승리했기 때문에, 이제는 테러가 일어나기 전처럼 행동할 수 있다는 식으로 말이다.

우리의 법 체계도 기소자와 피고인 사이에 공유된 가치와 가정들에 따라 어느 정도 조정될 수 있다. 그렇지만 그런 사실은 이번 사태에 적용되지 않는다. 옛 소련과 냉전 상태에 있을 때에도 우리가 소련을 경계하기는 했지만, 최소한 양 체제가 서로 공유하는 기본적인 인간적 토대가 있었다. 그러나 빈 라덴과 알 카에다 조직은 경우가 다르다. 그들은 우리를 파멸시키려 할 뿐만 아니라 자신들마저도 완전히 파멸시킬 준비가 되어 있는 근본적으로 사악한 존재들이다. 그들은 단지 미국의 적이 아니라, 문명 세계 전체의 적이다.

우리는 애쉬크로프트의 조치들을 완강히 거부만 하기 전에, 한 가지 기본적으로 기억해야 될 사실이 있다. 대부분의 비행기 납치범들에게는 가족이 있었다. 그들은 부모와 형제를 저버리고, 약혼녀마저 저버렸다. 이것이 무엇을 의미하는가? 납치범들은 가족에 대한 사랑보다 우리에 대한 증오가 더 컸음을 뜻한다.

이스라엘의 작가 아리 샤빗의 이야기처럼, 그들은 자신들의 소중한 삶 이상으로 우리를 증오했던 것이다. 냉전 중에는 항상, 궁극적으로 소련도 우리처럼 생명을 소중히 한다는 믿음이 있었다. 소련이 쿠바의 미사일 위기에서 결국 한발 물러났던 이유도 바로 이 때문이다. 소련은 우리가 지금 직면하고 있는 적과는 전혀 다르다.

자, 이제 애쉬크로프트와 부시가 우리의 법 체계를 벗어나는 일련의 조치들에 대해 사정없이 다그치자. 그리고 각각의 조치들이 법적인 감시망을 벗어나지 못하도록 확실히 요구하자. 그러나 이 모든 논쟁이 공허해지지는 않도록 하자. 세계무역센터에서 가능한 한 많은 미국인을 살해하기 위해, 여객기 엔진에 총을 겨누었던 그 비행기 납치범들이 지었을 만면의 미소를 잊지 말자. 그들에게 더 큰 무기가 있었다면 어떤 짓을 했을지 잊지 말자. 그리고 우리와 함께 살면서도 얼마나 그들이 우리를 수용하지 않았다는 점도 잊지 말자. 그들에게 미국 법망은 회피의 대상에 불과했고, 미국인들은 죽여야 할 대상이었을 뿐이다. 또한 미국 사회는 파멸시켜야 할 대상이었을 뿐임을 절대 잊어서는 안 된다.

인티파다는 끝났다

2001년 12월 5일

팔레스타인의 두 번째 인티파다는 끝났다.

팔레스타인의 두 번째 인티파다는 지난 주말 이스라엘의 어린이들을 대상으로 한 자살 테러로 끝을 맺었다. 이것은 팔레스타인 민족 운동이 빈 라덴에 의해 접수되고 있음을 증명해 주는 사례이다. 즉 어떠한 정치적인 계획이나 배경도 없이 민간인에 대한 끔찍한 폭력이 허망하게 자행되고 있다는 신호인 것이다. 만일 팔레스타인 민족 운동이 독립을 위한 것이라면, 이러한 목적 달성을 위해 좀 더 전념해야 한다. 그렇지 않다면, 오사마 빈 라덴과 전혀 다를 바 없다.

어쩌다 이 지경이 되었을까? 실제로, 나는 두 번째 인티파다가 출발부터 비상식적이었다고 생각했다. 인티파다의 정치적 배경 때문이다. 미국과 이스라엘은 팔레스타인 자치구에게 여태까지 제안 중 가장 넓은 영토권을 제안했다. 하지만, 가자 지구와 요르단 강 서안의 90퍼센트 이상과 동(東) 예루살렘의 일부를 팔레스타인에게 넘겨주려는 제안이 팔레스타인들에게는 충분하지 않았던 것 같다. 하지만, 팔레스타인 측은 그 제안을 협상의 시작점으로 진지하게 인식했어야 했다. 팔레스타인 측은 살인적인 폭력을 자행하는 대신에, 처음부터 이스라엘이 100퍼센트 단념하도록 설득했어야 옳았다. 이것은 아직도 유효한 사실이다. 2주 전에 갤럽 조사는 거의 60퍼센트의 이스라엘 사람들이 팔레스타인 독립국가를 긍정적으로 생각하는 것으로 나타났다. 1년 전의 폭력 사태에 비하면 놀라운 진전이다. 또한 부시 대통령은 팔레스타인 독립국가안을 공개적으로 인정하기도 했다.

바꾸어 말하면, 팔레스타인 사람들의 열망이 무시되고 있지도 않았고, 폭력만이 팔레스타인의 유일한 대안은 아니었다는 말이다. 이스라엘과 침묵하고 있는 다수의 전 세계인이 이미 팔레스타인과 진지하게 협상에 임할 자세가 되어 있었다. 만일에 아리엘 샤론 이스라엘 총리가 팔레스타인과의 평화 협상을 거부했다면, 그는 총리 자리에서 축출당했을 것이다. 하지만 팔레스타인 사람들은 평화 협상 대신에 자살 테러 쪽을 택했다. 이렇게 되면 팔레스타인 사람들이 가장 중요하게 생각하는 것이 독립이라고 보기 힘들어진다. 오히려 팔레스타인 측은 유대인을 살해하고, 자살 테러를 주도한 하마스 지도자 암살에 대한 복수를 더 중요시한다고 생각할 수밖에 없다.

이처럼 팔레스타인이 이스라엘에게 서안, 가자 지구와 동 예루살렘의 100퍼센트를 돌려받기 위한 폭동 정도였던 두 번째 인티파다는 이스라엘 사람 전체를 제거하려고 하는 '제2의 빈 라덴식 테러'로 변했다. 아랍과 이슬람 사회 일부에서도 팔레스타인의 테러 행위가 얼마나 자멸적인지에 대해 지적하고 있다. 〈요르단 타임스〉는 월요일자 사설에서 다음과 같이 말했다. "독립과 자유를 위한 팔레스타인 사람들의 합법적인 투쟁에 대해 전 세계는 깊이 공감하고 있고, 강렬한 지지를 표명하고 있다. 하지만 주로 민간인 목표의 자살 공격을 통해 호소하는 방법은 테러를 감행한 팔레스타인의 합리적 명분에 큰 손상을 입히고 있다."

아랍의 지도자들도 이 사실을 알고 있다. 하지만 그들은 팔레스타인 사람에게 진실을 이야기하지 않는다. 슬픈 일이다. 아랍의 이슬람 지도자들이 군사적 표적이나 평화적 제안에만 주목하는 팔레스타인 저항 세력들과 어떠한 평화적 계획이나 정치적 대안도 없이 어린 아이들을 죽이는 테러리즘과를 분별하기가 불가능하다면, 아랍권과 미국 사이에 더 이상의 도덕적 대화는 어려워진다. 이스라엘의 보복 조치를 백악관이 부적절하게 옹호하고 있는 것만 봐도 아랍권과의 분열은 벌써 목격할 수 있다.

샤론 총리는 이스라엘 자체 방어를 위해서라면 어떠한 조치도 불사하겠다는 메시지를 아랍인과 전 세계에 즉각 표명했다. 하지만 샤론 총리가 만일 야세르 아라파트를 제거한다면, 돌이킬 수 없는 큰 실수가 될 것이다. 아라파트는 팔레스타인의 몫이다. 이스라엘은 팔레스타인인들의 불행을 선택할 권리가 없다. 아라파트와 그의 리더십이 이스라엘에게는 불행일지 몰라도, 그것을 감당해야 할 필요가 있다. 샤론 총리가 해야 할 일은 팔레스타인 측이 이스라엘 제거를 꿈꾸지 못하도록 만드는 일이다. 만일 팔레스타인이 지금과는 다른 방법으로 자치구를 이끈다면, 이스라엘은 팔레스타인 사람들에게 공정하고 확실한 평화를 보장할 거라고 분명히 밝힐 필요가 있다.

이집트와 사우디 아라비아는 이스라엘이 문제라고 계속 미국에 이야기만 할 게 아니라, 공정한 타협을 위해 팔레스타인을 지원하고 옹호해야 한다. 미국은 이스라엘이 분쟁과 점거를 끝내고, 팔레스타인 독립국가를 인정해 갈등을 해소해야 한다고 공개적으로 이야기했다. 이집트와 사우디 아라비아는 팔레스타인에게 게임이 거의 끝나고 있으니, 팔레스타인도 유대인들의 독립국가를 인정해서 분쟁을 끝내야 한다고 언제쯤 이야기할 수 있을까? (과연 언제쯤 이집트나 사우디 아라비아가 이 문제를 자문해 볼 수 있을까?)

두 나라가 어떤 역할도 하지 않은 채, 그저 이스라엘을 비방하기만 하고, 팔레스타인 해방운동의 주도권이 하마스나 이슬람의 지하드 같은 과격한 반 유대인 세력들에게 강탈 당하는 사태를 방관하기만 한다면, 미국 역시 후퇴하여 이스라엘의 점령 행위는 자기 방어의 차원이며, 강자만이 최후의 승리를 차지할 거라는 입장으로 수정하는 수밖에 없다.

우리가 해야 할 일

2001년 12월 9일

뉴스 앵커 톰 브로코우는 9·11 테러 일주일 후에 만난 한 젊은 뉴욕 시 소방수 이야기를 해 주었다. 그 소방수는 테러로 죽어간 자신의 동료들에 대한 추도회에 막 참석하려는 중이었고, 두 사람은 그날의 비극에 대해 이야기를 나누게 되었다. 브로코우 씨는 "내가 막 작별 인사를 나누려고 하자, 그가 내 팔목을 꽉 잡더니 '브로코우 씨, 지금 우리 세대를 지켜봐 주세요, 꼭 지켜봐 주십시오.' 하고 결의에 찬 모습을 보였다."며 그 만남을 회상했다. 제2차 세계대전시 나치로부터 미국을 구한 세대에 대한 이야기를 다룬 『위대한 세대』의 저자이기도 한 브로코우 씨는 내게 그 소방수의 말이 '이번엔 우리가 위대한 세대가 될 것'이라는 뜻임을 금방 알아들었다고 했다.

여기에는 많은 의미가 함축되어 있다. 나는 부시 대통령의 전쟁 수행 능력을 높이 평가한다. 그러나 이 순간이 단지 군대를 배치하고, 테러리스트를 추적하는 일에 그쳐서는 안 된다. 9·11 테러 이후 많은 미국인들은 그들의 안마당에서 전쟁이 일어난 데 대해 깊은 상실감을 느끼고 있으며, 그들도 무언가 동참하기를 바라고 있다. 희생자들에 대한 즉각적인 모금운동의 성과만 보더라도 미국의 부활과 변화를 바라는 에너지가 얼마나 많이 축적되어 있는가를 쉽게 목격할 수 있다. 그리고 이 에너지는 아직 다 표출되지 못했다. 누구라도 부시 대통령이 테러 이전의 정책 과제들은 뒤로 하고 테러에 대응하기 위해 노력하고 있음을 알 수 있다. 이것은 대통령에게나 우리 모두에게 손해다.

중동의 석유에 볼모가 되지 않기 위해, 만일 부시 대통령이 내일 당장이라도 모든 미국인들에게 실내 온도를 15도로 낮추라고 요구한다면 어떻게 될까? 내가 보증하건대, 모든 미국인들이 15도로 실내 온도를 낮출 것이다. 우리를 석유수출국기구인 OPEC의 압력으로부터 벗어날 수 있으면 우리는 승리한다.

만일 대통령이 석유 자급 자족, 새로운 주행거리 표준 제정, 자원 재활용 등을 기초로 해서 10년 안에 에너지 자급화를 실현하는 맨해튼 프로젝트를 공표한다면, 전 세계 인구의 5퍼센트인 우리 미국인들이 세계 에너지의 25퍼센트를 쓰는 지금의 현실을 개혁할 수 있을까? 부시가 육군, 해군, 해병, 공군, 연안 경비대나 평화 봉사단, 교육 봉사단 '티치 포 아메리카',* FBI, CIA 등에 모든 젊은이들이 참여하기를 호소한다면 어떻게 될까? 아마 구름같이 많은 이들이 참가할 것이다. 만일 부시가 종업원 해고를 감소시키기 위해 모든 기업에게 10퍼센트의 임금 감봉을 요구한다면 어떻게 될까? 대다수가 여기에 동참할 것이다.

나는 단순히 애국심의 고취를 위해 이러한 생각을 한 게 아니다. 여기에는 중대한 전략적 주안점이 있다. 만일 우리가 세계를 휘젓고 다니며 카불부터 마닐라까지 이르는 테러리스트를 모두 쓸어 버린다면, 우리가 최강국과 세계 최고의 시민이라는 자부심을 지킬 수 있다. 그렇게 하지 않으면, 우리는 나머지 지역마저 잃게 될지도 모른다.

하지만 우리가 단지 나쁜 녀석들을 날려 버리는 것만을 생각해서는

---

* Teach for America: 대학원 졸업생들이 도시나 지방의 공립학교에 2년간 복무하도록 하는 단체.

안 된다. 좋은 사람들에게 도움의 손길을 주어야 한다. 우리는 해외 원조를 두 배로 늘이고, 민주주의 촉진 프로그램을 강화하고, 가난한 여성들에게 돈을 빌려 주는 세계 구호 은행의 보조를 강화해야 한다. 가난한 나라에서 수입하는 직물과 농작물에 대해 무역 장벽을 낮출 필요가 있다. 부시 대통령이 전기가 들어오지 않는 모든 아프리카 지역에 태양열 전구를 사주기 위해 전 미국의 학교가 모금하도록 한다면 어떻게 될까? 그리고 전구에는 미국 국기가 그려져 그 어린이가 성장했을 때 누가 그들의 밤을 밝혀 주었는지 기억하고 있게 한다면 어떨까?

세계가 우리와 우리의 가치를 어떻게 평가하는가에는 오히려 지금이 더 중요한 시점인지도 모른다. 광고 캠페인이나 아프카니스탄의 승리가 세상의 인식을 바꾸어 놓으리라고 생각해서는 안 된다. 세상의 시각은 나라 안팎에서 우리가 무엇을 하는가에 따라 좌우될 것이다. 이 전쟁이 워싱턴이나, 시카고, 로스앤젤레스는 뒷전에 둔 채, 단지 카불의 중심가를 점령한다고만 호전될 수는 없다. 9·11 테러의 희생자들은 미국 도처에 있음을 기억하자. 흑인이든, 백인이든, 히스팩닉인이든, 부자이든 가난한 사람이었든 중산층이었든 간에 모두가 똑같이 치유과정이 필요하다. 우리가 9·11 테러에서 배운 게 있다면 우리가 좋아하지 않는 이웃이라고 해서 우리가 찾아가지 않는다면, 그들이 대신 우리를 덮칠 거라는 사실이다.

제2차 세계대전 당시의 미국인들은 미국과 그 동맹국을 방어함으로써 '위대한 세대'라는 명예를 얻었다. 이번 경우에는 위험한 테러리스트에 대항하는 전쟁에서 미국이 충분히 리더십을 발휘할 만한 가치가 있다는 점을 전 세계에 확신시킬 수 있을 때 그 명예를 얻을 수 있다.

부시 대통령, 우리가 어떤 일을 해야 좋을까요?

친애하는 사우디 아라비아에게

2001년 12월 12일

발신: 조지 W. 부시 대통령
수신: 사우디 아라비아 이슬람 담당 장관, 세이크 살레 알—세이크

친애하는 장관.

아마 이런 편지를 받는 것이 이상하다고 생각할지도 모르겠소. 예전에는 미국이 사우디 아라비아를 그저 주요한 석유생산국 정도로만 생각하고, 심각하게 국제 사회의 일원으로 생각하지 않았던 것이 사실이잖소. 그래서 만일 미국 대통령들이 사우디 아라비아의 장관에게 편지를 보낸 적이 있다면, 사우디 석유 장관 정도가 아니었을까 하는 생각이오. 하지만 9·11 테러 때 슬프게도 귀하의 나라에서 학교를 졸업하거나 종교 수업을 받았던 15명의 젊은 사우디의 학생들도 테러에 연루되어 있음을 알았을 때, 우리는 당신과 이야기를 나누어야 한다는 필요성을 느끼게 되었소.

우선, 한 가지 분명히 짚고 넘어갈 점은 미국이 갑자기 반 사우디 체제로 돌아서지는 않을 거라는 거요. 우리의 관계를 악화시킬 만한 시오니즘의 음모는 절대로 없소. 나는 사우디가 터무니없는 음모론에 현혹되지 않기를 부탁하오. 실제로 여기 미국에서는 사우디 아라비아가 좋

은 동맹국이고, 많은 사우디인들이 미국에서 공부하고 있으며, 미국에 우호적이라는 사실을 잘 알고 있잖소. 더 중요하게는, 사우디의 도움 없이는 급진적인 이슬람 부흥운동과 맞설 수 없음을 너무도 잘 알고 있소. 사우디 아라비아는 이슬람 성지의 수호자이자 이슬람 세계의 지도자로서 전 세계에 수천 개의 이슬람 학교와 이슬람 사원을 지원하고 있소. 우리는 사우디의 도움 없이는 효과적으로 사태에 대처할 수 없소.

하지만, 그렇다고 해서 우리 사이에 아무런 문제도 없다고 생각하거나, 귀하의 나라에서 할 일이 홍보에만 신경쓰거나, 사건을 은폐하기 위해 워싱턴의 정치 엘리트들과 몇 번 만나는 게 전부라고 생각한다면 큰 오산이오.

9.11 테러 이후 미국 사람들은 사우디 학교들, 즉 사우디 정부나 자선단체가 전 세계에 걸쳐 자금을 지원하는 수많은 이슬람 학교들에서 학생들에게 이교도들은 이슬람교도들보다 열등하며, 개종이나 대결의 대상으로만 생각하도록 가르치고 있다는 사실을 두려워하고 있소.

이쯤에서 조금은 민감한 문제를 이야기하고자 하오. 우리는 귀하의 나라가 아이들을 어떻게 교육시키는지에 대해서는 물론 언급할 수 없소. 하지만, 귀하의 나라에서 교육되었고, 이슬람의 이름으로 대량 살상을 정당화하는 급진적인 이슬람주의자들로 인해 수천 명의 미국 어린아이들이 부모를 잃게 되었다는 사실은 말할 수 있소. 우리가 사우디 교육에 직접적으로 개입할 수는 없소. 하지만, 개인들이 대량 살상에 필요한 도구들을 점점 더 손쉽게 이용할 수 있게 된 사회에서, 사우디 아라비아가 좀 더 종교적 관용과 평화적인 포교를 존중하면서도 알라를 섬길 수 있기를 바란다고 이야기하고 싶소. 귀하의 나라가 우리의 바람대로 할 수 없다면, 미국은 문제가 생기고, 결국 옛 소련과 공산주의 체제로 인해 교전상태였을 때처럼, 사우디 아라비아도 테러리즘에 대한 자금 공급원이나 반 체제 혹은 미국을 위협하는 사람들로 인식되어 교전상태가 될지도 모르잖소.

한 가지 고무적인 사실은 귀하의 나라가 이러한 상황을 이해하고, 이슬람 사원이나 미디어에서 흘러나오는 선동을 규제하기 시작했다는 점이오. 최근 압둘라 왕자가 이슬람 지도자들을 불러 "알라도 코란에서 '우리는 너희가 정도를 지나치지 않기를 원하노라' 고 했다. 따라서 우리가 하는 말들이 정도에 지나치지 않는지 신중히 검토할 것"이라고 이야기한 사실을 알고 있소. 또한 장관이 사우디의 종교 지도자들에게 "지금 우리는 이슬람교가 온건주의적인 경향을 점차 확대할 필요가 있다. 온건주의적인 경향을 합리적으로 키워나가면 다른 경향들은 약화될 것이다."라고 한 이야기도 들었소. 그리고 메카에 있는 이슬람 성직자, 세이크 알-사빌이 민간인에 대한 자살 테러는 이슬람 교리를 어기는 행위라고 비난한 것에서도 힘을 얻고 있소.

이런 이야기들은 중요한 의미가 있다고 생각되오. 우리는 이런 이야기들이 학교의 수업시간에나 교과서를 통해서도 알려지기를 바라오. 그리고 사우디도 미국의 학교를 둘러보고, 이슬람에게 무례한 부분이 있으면 지적해도 무방하오. 자, 세계화 시대에는 어린이들을 어떻게 교육시키느냐가 전략적인 이슈 아니겠소. 1990년대에 우리는 다른 나라 재무 소프트웨어의 결함이 월 스트리트의 포트폴리오에 큰 피해를 줄 수 있음을 목격했소. 9월 11일에 우리는 다른 나라의 잘못된 교육이 월 스트리트 전체를 파괴할 수 있다는 사실을 깨달았던 것이오.

우리는 팔레스타인 문제가 귀하의 나라에도 매우 중요함을 이해하오. 하지만, 사우디 아라비아 출신의 테러리스트 15명이 4천 명의 미국인들의 생명을 앗아간 사태를 보고도, 미국은 이스라엘에 개입해도 사우디 아라비아에는 개입하지 말라고 이야기하기는 어렵소. 우리는 사우디 아라비아와 적이 되는 것도, 이슬람 세력을 상대로 전쟁을 벌이는 것도 원하지 않소. 우리는 이슬람 세계가 편협과 극단주의에 맞설 수 있기를 바라오. 그리고 사우디 아라비아가 미국과 이슬람교도들 사이에서 조정자 역할을 해주기를 바라오. 하지만, 사우디 아라비아가 솔직해져야만, 우리도 사우디 아라비아의 목소리에 귀를 기울일 수 있소. 행운을 비오.

단지 거래상대가 아니라, 사우디의 친구가 되기를 바라는 미국 최초의 대통령, 부시 드림.

영적인 미사일 방어 계획

2001년 12월 16일

나를 비롯한 몇몇 친구들은 최근 메릴랜드에서 새로 유대교 집회를 시작했다. 시간이 부족해서 아직 만날 장소도 변변히 구하지 못했고, 하누카 축제*를 위한 공간도 마련하지 못했다. 마침내 만든 안내문에는 "금요집회 및 안식일 성찬과 하누카 축제가 12월14일 트리니티 장로교회에서 열릴 예정입니다."라는 문구가 적혀 있었다. 이 글귀를 보면서 그 글귀를 쓴 사람이나 읽는 사람 모두 그 안내문의 내용을 아주 자연스럽게 받아들이고 있다는 인상을 받았다. 모두들 그저 하누카 축제가 있는데, 근처에 교회가 있으니까 거기서 보자는 식으로 받아들인다.

나는 미국에서 벌어지는 종교적인 관용들을 볼 때마다, 거의 기적같은 일이라는 생각이 들곤 한다. 물론 이 나라에도 여전히 종교적인 편협이 남아 있다는 건 잘 알지만, 흔한 일은 아니라는 사실도 알고 있다. 내가 속한 집회처럼 여기저기 옮겨다니는 유대교 집회에서 하누카 축제를 교회에서 벌이는데도 그걸 아무도 이상하다고 생각하지는 않

---

* 이방인들에게 예루살렘 성전이 약탈되어 이방신을 섬기게 되어 더럽혀진 성전을 마카베오 유다 장군이 이방인들과의 싸움에서 승리하여 성전을 되찾아 이를 재건하고, 깨끗이 한 다음 성전 재봉헌식을 드렸다. 그들은 이 날을 하누카(Hanukkah)라고 해서 축제를 벌인다.

는다. 내 딸이 소속되어 있는 카운티의 오케스트라는 주로 아시아계 미국인들로 구성되어 있다. 그렇지만, 휴일 콘서트의 피날레가 하누카 메들리이더라도, 히스패닉계 미국인 악장의 너무도 아름다워 비탄에 잠기게 만드는 연주가 「지붕 위의 바이올린」 솔로가 포함된 메들리이 더라도, 아무도 그것을 「징글벨」 이상의 의미로 생각하지 않는다.

이런 생각을 하고 있는데, 갑자기 최근 유포된 오사마 빈 라덴의 비디오테이프 내용이 머릿속에 떠올랐다. 이 비디오에서 제일 무섭게 느꼈던 점은 빈 라덴이 그의 대량 학살을 뽐내고 있는 모습이 아니었다. 빈 라덴의 옆에서 그의 한마디 한마디마다 동감을 표시하기 위해 열심히 고개를 끄덕이고 있던 이름 모를 사우디의 이슬람 교주들이었다. 그들은 사우디의 이슬람 사원들에서 테러 행위에 대한 반응이 "매우 바람직하다."고 떠들고 다녔던 장본인들이기도 하다.

이제 빈 라덴의 테러는 끝난 듯 보이지만, 그를 추종하는 수천 명의 이슬람 교주들은 여전히 빈 라덴의 종교적 전체주의에 공감하고 있고, 우리는 아직 그 교주들의 마음을 바꿀 만한 대처 방안이 없는 상태다. (그들이 어떤 이야기를 하는지 파악하려는 것은 중세 시대에 도청을 하는 것처럼 매우 어려운 일이다.) 모두가 미국의 다음 공격 대상이 어디인지 궁금해 하고 있다. 이라크일까? 소말리아일까? 하지만 이 문제보다 더 심각하게 생각해 봐야 할 일이 남아있다. 이슬람 교주들과 빈 라덴처럼 알라를 거들먹거리며 대량 학살을 옹호하는 사상들을 어떻게 근절할 것인가 하는 문제다.

이 문제를 해결하기 위해서는 먼저 대량 학살을 반대하는 이슬람교도들 스스로의 노력이 선행되어야 한다. 이슬람교도들 중에도 현대 교육과 종교 다원주의, 그리고 종교적 관용을 더 더욱 허용하는 방향으로 이슬람이 개혁될 수 있다는 언어와 리더십을 갈망하는 사람들이 많이 있다. 며칠 전 파키스탄계의 한 젊은 미국 여성이 내가 쓴 글을 읽고 이메일을 한 통 보냈다. 그녀는 이런 메시지를 보냈다. "기본적으로 나와 내가 알고 있는 많은 미국 내 이슬람교도들도 당신 의견에 동의한다. 한 가지 슬픈 현실은, 이슬람교의 '계몽운동'(나는 당신이 말한 '개혁'이라는 말보다 '계몽운동'이라는 말을 더 선호한다.)이 늦어지고 있는 사실도, 다원주의나 근대화를 포용하는 진보적이고 역동적인 이슬람 사상을 성숙시키는 방향으로 '계몽운동'이 전개되어야 한다는 사실도 알고 있지만, 아직 대다수 이슬람교도들은 스스로 나서서 공개적으로 진리를 똑똑히 설파하려 하지 않는다는 점이다. 이런 생각들은 이슬람교도들이 스스로 전파할 때 가장 설득력을 가진다."

며칠 전 밤에 알 아지라 방송*의 토론 프로그램에서도 이 주제를 다루었다. 아랍의 저널리스트 아흐마드 알-사라는 이렇게 물었다. "왜 우리는 종교적인 관용을 베풀지 못하는가? 모든 설교, 모든 교과서에는 증오의 수사가 편재해 있다. 우리는 미국 사람들이 우리 종교에 끼어 들어 이래라 저래라 하는 것을 원치 않는다. 하지만 분명히 우리 스스로 극단주의를 요청하지 않도록 우리 환경을 바꿀 수 있는 어떤 요소를 필요로 한다."

문제는 아랍과 이슬람의 지도자들이 이 문제에 공감하고 나서는가, 아니면 개혁을 바라는 이러한 열망이 누그러들기만을 기다리는가에 달려 있다. 또한 미국이 이슬람 동맹국들에게 종교적 다원주의나 관용이라는 쟁점들을 거론할지, 아니면 석유가 나오는 한 얌전히 고개를 숙이고 있을지에 따라 결과가 달라질 것이다.

---

* 중동의 소국 카타르에 자립잡고 있는 이 위성방송국은 정보의 공백지대인 탈레반 치하의 아프가니스탄에 특파원을 파견했던 유일한 외국방송으로 주로 아랍과 이슬람 세계의 입장을 세계에 전파하는 역할을 하고 있다.

나는 빈 라덴의 비디오테이프를 언론에 공개하기 바로 전에, 부시 대통령이 미사일 방어 계획을 위해 ABM 협정 폐지를 발표한다는 사실이 참으로 아이러니처럼 느껴졌다. 미사일 방어 계획을 강조하는 부시의 모습은 마치 이웃집 꼬마 때문에 집이 다 타버리자 기억나는 연락처라고는 배관공 것밖에 없어, 할 수 없이 그에게 전화하는 어떤 남자의 상황과 크게 다르지 않다.

미사일 방어 계획? 좋은 얘기다. 하지만 종교적 관용과 다원주의를 실현하기 위해 우리가 우리 해야 할 일을 하지 않고, 이슬람 친구들도 해야 할 일을 하지 않는다면, 어떠한 방어망이나 미사일 방어 계획도 우리 앞에 발사될 인간 미사일들을 막지 못할 것이다. 빈 라덴이 아니어도 신원불명의 그 이슬람 교주들과 그들의 학생들이 남아 있음을 우리는 기억해야 한다.

결국 미국 혼자서 해야 한다

모스크바에서

2001년 12월 19일

오사마 빈 라덴이 제거된 이후 대 테러 전쟁의 다음 표적을 이라크라고 생각하는 워싱턴의 각료들은 누구라도 러시아의 협조를 기대해서는 안 된다. 적어도 지금은 말이다. 바그다드로 진격하는 일에 협력을 요청하면 러시아는 분명히 '거부 의사' 를 밝힐 것이다.

내 말이 믿기지 않는다면, 월요일자 『파이낸셜 타임스』 지에서 러시아의 푸틴 대통령이 직접 이야기했던 내용을 상기시키고 싶다. "테러리즘에 대항한 전쟁에서 이제 가장 중요한 것은 테러 행위에 대한 재정 지원을 막는 일이다. 하지만 우리가 맞서고 있는 테러리스트들에 대해 이라크가 자금을 지원하고 있다는 어떠한 증거도 아직 확보하지 못했다."

푸틴 대통령만이 이런 생각을 하는 것은 아니다. 빈 라덴에 대항하는 미국의 주요 동맹국들을 보더라도 모두가 미국에서의 테러 행위를 규탄하고, 빈 라덴과 탈레반 정권이 격퇴되기를 바라기는 마찬가지이다. 하지만, 이라크에 대해서는 다르다. 대부분의 동맹국들은 이라크의 불법행위에 대한 규탄 여론의 호기를 놓치고 있으며, 더 중요한 것은 그들의 국가 이익이 반 후세인 십자군에 반대하는 쪽에 놓여 있다는 것이다.

이라크 석유를 밀매해서 큰 수익을 올리고 있는 터키의 경우, 이라크에서 전쟁이 일어나면 이라크 북부의 쿠르드 반군들이 자치국을 형성해서 터키의 쿠르드 반군 세력과 연합할 가능성을 우려하고 있다. 사우디 아라비아는 이란의 수니파 아랍인들에게 대응하기 위해 이라크 남부의 시아파가 자치국을 선언해서 사우디 동쪽의 시아파 세력을 선동하게 된다면 사태를 진정시키기 어렵다고 판단하고 있다.

요르단의 경우는 이라크의 첩보원들이 곳곳에 침투해 있고, 경제 역시 이라크에 너무 많이 의존하고 있기 때문에 바그다드가 전쟁으로 인해 혼란스러워지기를 바라지 않는다. 이집트도 전쟁이 일어나 새로운 이라크 지도자가 나타나 아랍 세계를 결집시킬 경우, 또 다시 아랍 세계의 주도권을 놓고 이라크와 라이벌 관계에 놓이므로 이를 반길 리 없다. 시리아 역시 이라크와의 전쟁이 끝나면 곧바로 다마스커스가 목표물이 될지 모르는 판국에 이라크와의 전쟁을 지지할 리 만무하다. 이런 예들을 계속 거론할 수도 있다.

러시아는 이라크 공격에 결코 민감하지 않았지만, 부시 측은 일방적으로 ABM 협정을 폐기해서 푸틴 대통령을 곤경에 몰았다. 이제 푸틴 대통령과 러시아인들은 사담 후세인이 테러를 지원했다는 고백을 하기 전에는 미국이 바그다드를 공격하는 데 덜 협조적으로 나올 것으로 보인다. 그리고 러시아가 나서지 않으면, 많은 유럽 국가들과 미국의 아랍 동맹국들도 한발 물러설 수밖에 없다.

전 이스라엘 주재 러시아 대사였던 알렉산드르 보빈은 다음과 같이 말했다. "미국의 아프카니스탄에 대한 조치는 우리의 상황과 이해가 잘 맞아떨어진다. 그렇지만 이라크의 경우는 다르다. 이라크와는 이미 경제 관계가 잘 형성되어 있다. 우리는 이라크를 잃고 싶지 않다. 우리가 보기엔 현재 이라크에는 어떠한 위험의 기미도 보이지 않는다. 이라크의 미사일은 미국이나 러시아를 공격하지 않을 것이다. 개인적으로 나는 ABM 협정은 별로 중요하게 생각하지 않지만, 부시는 불필요하게 푸틴을 곤경에 몰아넣고 있다고 생각한다. 푸틴이 국민에게 '보세요, 이제 우리는 미국과 우방입니다.' 라고 말하려는 순간 부시는 ABM 협정을 폐기했고, 나를 비롯한 많은 러시아 사람들을 실망시켰다. 부시는 마치 고의로 사람을 곯려 주려고 작정한 것 같았다. 만약 다음 번에 미국을 도울 기회가 있어도 푸틴은 도우려 하지 않을 것이다."

부시가 푸틴의 의중은 읽었는지 모르지만, 푸틴의 심중에서 세계 정세를 읽지는 못했다. 미국이 가진 근시안의 단면이다.

내 이야기를 오해 없이 들어주기 바란다. 러시아는 아직 사담 후세인에 대한 애정이 식지 않았다. 이라크에 대립적인 미국에 대해 러시아는 외교 분석가 알렉세이 푸쉬코프가 말하는 '부정적 중립주의' 입장을 취하는 정도밖에 할 수 없다. 그렇지만 금전 문제는 미리 해결했어야 옳았다. 이라크는 러시아가 돌려 받기 원하는 옛 소련에 대해 진 빚 80억불을 이미 모두 써 버린 상태다. 러시아인들은 워싱턴 정계가 이라크에 대한 러시아의 입장을 지지해 주길 바라고 있다. 이라크는 빚을 졌고, 그 빚은 사담 후세인 한 사람이 진 것이 아니기 때문에 후세인이 제거되더라도 새로운 이라크 정부가 그 빚에 책임이 있음을 미국이 확실히 지지해 줄 것으로 기대한다. 러시아 측은 만일 바그다드에 새로운 정권이 들어서더라도, 러시아 석유회사들이 고수익의 석유 시추 사업에서 제외되지 않기를 바란다. 빈 라덴의 경우에는 미국의 동맹국들도 "테러가 빈 라덴의 소행임을 나타내는 증거만 제시하면 참여하겠다."고 했다. 그러나 사담 후세인의 경우는 다르다, 미국의 동맹국들은 아마도 "이라크와 전쟁을 해야 할 근거를 제시하고, 돈을 얼마나 줄지 결정해라. 그러면 한 번쯤 고려해 보겠다.”라는 식으로 말했을 것이다.

아직 테러에 반대하는 전쟁은 가장 해결하기 쉬운 부분만 끝낸 셈이다. 탈레반 정권과 달리 후세인은 적을 매수할 수 있을 만큼의 현금을 보유하고 있다. 아프카니스탄과 달리 이라크 지역은 주변국 모두에게 전략적으로 중요하며, 대다수 주변국들은 현 상태에 대한 어떠한 변화도 두려워한다. 빈 라덴과 달리 사담 후세인은 자기 자신이 확실한 표적이 되도록 가만두지 않을 것이다. 우리가 사담 후세인을 축출할 수 없다거나 축출해서는 안 된다는 이야기가 아니다. 하지만 후세인 제거 계획에 착수하려면 독자적으로 추진할 수밖에 없다는 점을 이야기하고 싶다.

러시아의 마지막 희망

모스크바에서

2001년 12월 23일

모스크바에 중산층이 폭발적으로 늘어나면서, 점점 유럽풍으로 변모해 가는 이 도시에서는 두 가지 크게 눈에 띄는 점을 발견할 수 있다. 한 가지는 일식집이 굉장히 많다는 사실이이다. (러시아식 수프인 보르시치에서 빅맥을 거쳐 크레믈린식 캘리포니아 롤까지 변모하는 데 겨우 10년밖에 걸리지 않았다.) 다른 한 가지는 자가용을 가진 사람이 너무 많아서 길에만 나가면 만성적인 교통체증에 시달려야 한다는 점이다. (눈과 얼음으로 뒤덮인 자카르타라고 생각하면 현재의 모스크바를 상상할 수 있다.) 며칠 전 푸쉬킨 광장 쪽으로 가던 중 차가 많이 막혔을 때였다. 마침 옆에 있던 러시아 친구 빅토르에게 공산주의 체제에 있을 때보다 사는 게 어려운가 수월한가 질문을 던졌다.

그는 "둘 다."라고 했다. "매일 식료품을 구하려고 이리저리 돌아다니거나 모든 일에 줄을 서야 할 필요가 없어진 점은 편해졌다. 가게마다 물건이 가득 차 있고, 줄서는 일도 없다. 하지만 물건값이 너무 비싸다. 모스크바 사람들 사이에서는 지금 러시아에 줄서기 문화가 남아 있다면 그것은 돈벌이에 대한 줄서기만 남은 게 아닐까라는 말이 돌 정도이다."

결국엔 칼 마르크스의 이론이 지금의 러시아에서 최종적으로 승리를 거두었다. 화폐로 모든 것이 귀착된다. 이런 관점은 블라디미르 푸틴 대통령을 이해하는 데도 중요하다. 푸틴은 터프한 고르바초프나 수수했던 보리스 옐친과는 스타일이 다르다. 예전에 중국에서는 덩샤오핑이 마오쩌둥의 실용주의 노선을 계승하여 중국인들에게 "부자가 되는 것은 영광스러운 일이다."라고 처음 이야기하고, 근대화 개혁을 정비한 바 있다. 푸틴은 러시아에서 처음으로 등장한 덩샤오핑 스타일의 지도자다.

아바 에반 전 이스라엘 외무장관은 예전에 "사람이나 국가나 모든 가능성을 시도하다 보면 결국 제대로 굴러갈 수 있다."고 말했다. 이것은 러시아인들에게 보내는 푸틴의 메시지이기도 하다. 푸틴은 "10년 동안 우리는 가능한 모든 방법을 시도했다. 방치해 보기도 하고, 평가 절하도 해 보았으며, 충격 요법도 써 보았지만 효과를 거두지 못했다. 이제 한 가지 남은 방법은 진정한 개혁 법안을 통과시켜서 실제로 근대화 경제를 건설할 만한 참다운 투자를 유치하는 일이다. 지금 세계는 진정한 경제적 토대 없이는 아무것도 할 수 없기 때문이다. 그러므로 우리는 돈을 버는 일 한 가지에만 관심을 두게 될 것이다."라고 했다. 이것이 칼 마르크스의 『자본론』에서 진화한 푸틴식 자본론이다.

푸틴이 부시의 미사일 제한에 대한 ABM 협정을 철폐하기로 한 정책에 온건하게 대응하는 이유도 이와 무관하지 않다고 생각한다. 1972년 ABM 협정이 체결되었을 때 러시아의 외교 정책은 이데올로기 측면에서 세계적 경쟁을 하여 미국에 영향력을 행사할 만한 지정학적 요인들에만 관심을 두었다. 즉 국제 사회에서 정치적 입지를 러시아 경제를 포함한 모든 사항들보다 우선했다. 식료품을 구하기 위해 줄을 서야 하는 현상이 발생한 건 이러한 정책 때문이었다. 하지만 지금의 러시아 외교정책은 지정학과 지역경제 두가지 다를 중시하여 두가지 사이에 진정한 경쟁이 있다. 만일 러시아가 ABM 협정에 대해 한발 물러남으로써 서방사회의 지원이나 경제적 실리를 얻을 수 있다면 러시아는 양보할 것이다.

그럼에도 불구하고, 우롱당하지는 말자. 하지만 러시아의 여론조사 전문가 이고르 부닌은 러시아의 군사 외교 엘리트들이 부시의 ABM 협정에 대한 조치 때문에 "한방 먹었다."고 생각한다고 말한다. 만일 핵무기 감축에 대한 새로운 합의, 러시아와 NATO 간의 진정한 우호 관계, 여기에다 부채 탕감, WTO 가입, 서방사회의 투자 유치 등과 같은, 푸틴이 보장받았다고 여기는 문제들을 미국이 제대로 이행하지 않을 경우, 푸틴 대통령은 항상 주기만 하고 손해만 보는 또 한 명의 고르바초프 같은 인물로밖에 평가되지 못할 것이다. "이렇게 되면 러시아의 엘리트들은 더 이상 푸틴을 지지하지 않고 새로운 세력을 결집하게 될 것"이라고 부닌은 덧붙였다. 하지만 푸틴은 여전히 이러한 우려의 목소리를 무시하고 있다. 왜냐하면 우선 지역경제를 살리지 않는 한, 다시는 지정학적인 강대국이 되기 어렵다고 판단하고 있기 때문이다.

현재 모스크바에는 젊은 자본가들이 새롭게 등장하기 시작했다. 그들은 착취와 자원에 의존하는 구태의연한 러시아식 방법이 아니라, 새로운 것을 만드는 중국의 방식을 따라야 부자가 될 수 있다는 신념을 가지고 있다. 그리고 아무도 모르는 사이, 러시아 의회는 미국이 10년에 걸쳐 겨우 통과시켰을 사법 및 조세 개혁을 2001년 한해에 조용히 통과시켰다.

며칠 전 나는 미술관 형식의 레스토랑인 울릿사 OGI라는 곳에서 식사를 했다. 이곳은 드미트리 제코비치라는 사람이 기획한 새로운 방식의 체인점이다. 드미트리는 "과거 올리가르키와 우리가 다른 점은 전에 있던 자원을 사유화하는 데 그치지 않고, 새롭게 무엇인가 창조하는 것을 지향한다는 점입니다."라고 설명했다.

자본주의 방식으로 무엇이든 할 수 있다고 생각하는 러시아의 새로운 세대들의 자신감은 지정학적으로도 매우 중요한 의미를 지니고 있다. 러시아가 미국의 핵무기 보유에 열을 내고 미국에 반사적으로 반대하는 이유 중의 하나는 미국이 유일한 초강대국이라고 생각되기 때문이다. 만일 러시아가 지역경제를 바탕으로 강력해진다면, 러시아의 핵무기나 서방 사회에 대한 영향력을 포기하지 않고서도, 서방 사회의 진정한 파트너가 될 수 있을 것이다.

그래서 나는 푸틴을 주목한다. 그리고 그가 러시아의 마지막 희망을 실현시킬 수 있게 되기를 희망한다.

네이키드 에어

2001년 12월 26일

지난 주 한 테러리스트가 구두 밑에 폭발물을 숨긴 채 파리 발 아메리칸 항공 편에서 폭발 테러를 감행하려 했던 사건을 보면서, 혹시 내가 네이키드 에어라는 이름의 새로운 항공사를 차리면 어떨까 하는 생각을 해보았다. "모든 사람들이 옷을 벗고 탑승하기 때문에 아무도 걱정할 필요가 없습니다." 혹은 "네이키드 에어, 당신이 입을 수 있는 유일한 옷은 안전벨트뿐입니다."라는 슬로건이라도 내걸고서 말이다.

생각해 보자. 누구나 옷을 입지 않고 탑승한다면, 우리는 옆에 있는 탑승객이 종이상자를 자르는 칼*이나 폭발물을 숨긴 구두를 신었는지 걱정하지 않아도 된다. 게다가, 종교적 근본주의자라면 어느 누구라도 발가벗은 여자들 앞에서 누드로 죽기를 바라지는 않을 것이다. 그것만으로도 잠재적인 공중 납치범들의 숫자를 줄일 수 있지 않을까. 나는 이 방법이 인종분석에 따른 테러범 색출보다는 더 고상한 방법이라고

---

*9·11 사건이 일어나기 하루 전에 테러리스트 모하메드 아타는 보스턴에서 승용차로 2시간 거리인 사우스 포틀랜드까지 가서 마지막 밤을 보내고, 그 곳의 상점에서 종이상자 자르는 칼을 샀다. 연방수사국은 아타의 행동이 테러 이후 예상되는 수사망에서 벗어나기 위한 행동이라고 밝혔다. 아타는 보스턴에서 가능하면 자신을 노출시키지 않기 위해 멀리 떨어진 곳까지 가서 마지막 밤을 보내는 주도면밀함을 보였다는 것이다.

생각한다. 아마 머지않아 항공사들은 비행시간 동안 탑승객의 옷을 무료로 세탁하는 서비스를 실시할 지도 모른다.

이 정도면 내가 말하려는 바가 무엇인지 이미 알 것이다. 만약에 테러리스트들이 점점 더 첨단 기술들을 잘 활용하게 된다면, 모두가 옷을 벗고 다니지 않고서야 어떻게 개방 사회를 유지하면서 테러를 방지할 수 있겠는가? 내 말은 누군가 구두 밑에 폭탄을 숨기고 손쉽게 파리발 비행기에 탑승하고, 칸다하르의 한 동굴에서 자살 테러 계획을 세우고 실현시키는 마당에 미국이 자유와 개방을 유지할 만한 가치가 있겠냐는 말이다.

이것이 미국이 겪고 있는 오늘날의 핵심 현안이다. 개방 사회는 개방성과 확실한 윤리적 토대 그리고 치안을 유지해야 할 자율적인 책임을 근간으로 한다. 그렇지만 우리는 치안을 유지할 정부가 없는 수많은 사회 집단들과 친밀한 관계를 유지하고 있으며, 우리의 윤리관이나 책임의식에는 전혀 관심이 없는 수많은 사람들과 밀접하게 관련되어 있다.

이미 경험하신 분도 있으시겠지만, 보스턴과 뉴욕, 워싱턴을 잇는 왕복 항공노선에는 자동 탑승권 판매기가 설치되어 있다. 스크린 터치만으로도 신용카드로 티켓을 살 수 있을 뿐만 아니라 "짐은 스스로 꾸렸습니까?" 혹은 "낯선 사람이 당신께 준 물건이라도 있습니까?"와 같은 안전에 관한 질문들을 터치스크린을 통해 대답하도록 고안해 놓기까지 했다. 이 기계의 기능에 기본적으로 내재되어 있는 고지식한 신뢰와 책임의식에 대한 가정들을 생각해 보자.

내 마음대로 할 수 있다면, 그 기계들은 전부 코드를 뽑아서 스미스소니언 박물관에 옮겨서 '2001년 9월11일 이전의 미국 가공품들' 코너에 전시해 두고 싶다.

우리는 다른 나라와 동떨어져 혼자 살지 않는다. 내가 막 다녀 온 모스크바에서도 이제는 세관신고를 해야 한다. 질문이야 외국에서 가져 온 과일이나 식물이 있는지, 외국환을 얼마나 보유하고 있는지와 같이 평이한 질문이 대부분이다. 하지만 한가지 당황스러운 질문이 있었다. "방사능 물질을 가지고 있는가?"라니. 글쎄, 얼마나 많은 사람들이(예를 들어 밀수꾼들 같은) 그 항목에 체크를 할까? 모스크바 세관을 통과하는데 앞에 서 있는 커플이 서로 "당신, 내 가방이나 당신 가방에 혹시 핵폐기물 같은 것 싼 적 있어?" 혹은 "여보, 지갑 속이나 옷가지에 플루토늄 들어 있소?" 같은 이야기를 한다니 상상이나 되는가? 전혀 현실성이 없는 이야기다.

이제 우리는 수많은 문제를 내포하고 있는 현 시점에서 무언가 마음의 결정을 내릴 필요가 있다. 우리는 자유와 질서가 얼마나 밀접하게 연관된 문제인지 깊이 깨닫게 되었다. 미국이 미국으로 남아 있으려면, 미국이 세계와 긴밀히 연결된 자유와 개방의 사회로 남아 있으려면, 세계는 좀 더 질서를 유지하고 통제될 필요가 있다. 질서 유지는 두 가지 방식 가운데 한 가지를 통해 이루어진다. 한 가지는 밑에서부터 서서히 바람직한 방향의 민주 정부를 구성해 나가고 공통의 가치관이나 윤리관을 발전시켜 나가는 방식이다. 다른 한 가지는 비민주적이고 권위적인 정권에 의해 엄격하게 통제되는 하향식 방식이다.

탈냉전 시대를 맞이한 오늘날은 미국과 연관된 수많은 국가들이 엄격한 권위주의적 통제 아래 있다가 자생적 자치정부로 넘어가는 과도기에 있다. 그래서 때로는 매우 큰 혼란에 빠지기도 한다. 특히 아프카니스탄과 같은 경우는 이 과도기를 극복하지 못한 극단적인 예다.

이스라엘의 정치이론가 야론 에즈라히는 "하향식 통제가 문제가 되는 이유는 점점 더 많은 정권들이 서로 힘을 합하려 하기보다는 서로 분열하는 방향으로 나아가고 있기 때문이다. 미국의 기술들은 세계적으로 확산되고 있다. 비행기는 점점 더 빨라지고 전자제품은 더욱 작아진다. 하지만 미국의 가치관이나 신용체계는 이에 걸맞게 보급되지 못했다. 부적절한 사람들 손에 들어가 미국의 첨단 기술들은 대량 살상의 무기가 될 수 있다."라고 말했다.

여기에 우리의 딜레마가 있다. 우리가 좀 덜 개방하고, 우리와 연결된 세계에 대해서는 좀 더 많은 통제를 가하도록 만들 것인가? 아니면 단순하게 이전보다 훨씬 더 높은 위험을 감수하면서 살아가는 법을 배울 것인가?

둘 다 싫다면 옷을 벗고 다니는 수밖에 없다.

한번 멋지게 해 봅시다

2002년 1월 2일

모두가 부시 대통령의 빈 라덴에 대한 전쟁 수행 능력에 찬사를 보낸다. 부시는 예상을 뛰어넘을 정도로 최고사령관 역할을 잘 했다. 테러리즘에 대항한 전쟁에서 그는 단호한 모습을 보였고, 뛰어난 상상력을 발휘하였으며, 리더십과 창조적인 면모를 유감 없이 발휘했다. 이 점에 대해 부시에게 고마움을 표하고 싶다.

그렇지만 솔직히 지금은 차라리 앨 고어가 대통령이었다면 좋겠다고 생각한다.

이유는 간단하다. 부시는 그의 뛰어난 능력을 나라 밖에서보다 나라 안에서 발휘했어야 했다. 부시는 9·11 테러로 고조된 애국심이나 초당파주의, 자발적인 분위기를, 편협하고, 우익에 가까운 테러 이전의 정책을 9월 12일의 세계에서 추진하는 데에만 활용했다. 그의 판단은 잘못되었을 뿐 아니라, 효과를 거두기도 힘들다. 단기적으로는 국가에 도움을 주겠지만, 결국엔 부시 정권을 단명하게 만들지도 모른다.

아프카니스탄 국가 재건 정책에는 반대하지 않는다. 하지만 새롭게 미국을 재건하는 일이 더 중요하다고 생각한다. 9·11 테러에서 얻은 국가적 결집력을 활용해서 미국을 더 강력하고 안전하게 만들고, 9월 12일의 세계에서 에너지 활용법에서부터 시작하여, 더 나은 세계 시민을 양성하는 일이 무엇보다 중요하다.

하지만 지금까지 벌어진 일들을 보면 미국이 한 일이라고는 고작 사우디 아라비아의 안전을 지켜 주고, OPEC이 석유 가격을 다시 올리도록 만든 결과밖에 없다. 잘 이해가 안 되신다면, 지난 금요일 사우디가 주도하여 석유 생산을 65퍼센트 감소시키기로 했다는 OPEC의 발표 내용을 상기시켜 드리고 싶다. 세계가 모두 오사마 빈 라덴과 15명의 테러범들의 테러 영향으로 발생한 불경기에 악전고투하는 동안에 말이다.

이제까지 미국의 납세자들은 9·11 테러와 석유가격 인상으로 황폐화된 항공 산업을 회생시키고, 한달에 10억 달러나 들어가는 빈 라덴에 대한 전쟁을 지원해야 했다. 그런데 정작 미국의 보호를 받고 있는 중동국가들은 석유 가격을 대폭 인상해서 우리가 더욱 더 많은 납세의 부담을 지게 된다는 생각을 하면 솔직히 분통이 터질 노릇이다.

혹시 여러분은 사우디 측에서 "우리는 당신네 미국과 마찬가지로 오사마 빈 라덴과 15명의 사우디 젊은이들이 미국 본토에 테러를 가한 사실에 분개한다. 그래서 우리도 세계경제의 구심점인 미국의 회복과 세계경제의 회복을 돕고 싶다. 이에 따라 사우디는 앞으로 6개월 동안 석유가격을 대폭 인하하겠으며 앞으로도 석유 가격을 24달러에서 28달러대로 안정화시킬 방침이다. 우리에게는 손해일지 몰라도, 일종의 세금감면 혜택이라고 생각해 달라."는 식의 반응을 보여 주기를 기대할는지도 모르겠다.

너무 과도한 요구일까? 아마도, 현실적으로 중동 입장에서는 과도한 요구인 듯싶다. 그래서 나는 다시 부시 대통령을 떠올릴 수밖에 없었다.

부시가 취할 수 있는 가장 극명하고 대담한 프로젝트는 에너지 자급화 계획이다. 부시 입장에서 자원 재활용이나 국내 석유 생산, 에너지 효율화를 통한 에너지 자급화는 마치 최초의 달 착륙처럼 획기적인 계획이 될 것이다. 모든 미국 학급의 아이들은 이 계획에 흥분하고, "텍사스의 석유사업가, 중동 석유에서 미국을 해방시키다."라는 식으로 리차드 닉슨이 중국을 방문했을 때와 같은 반향을 일으킬 수도 있다. 그러면 중동에는 커다란 정치적 타격이 있을지도 모른다.

지구온난화 방지를 위한 교토 조약에 가입하기를 거부했던 미국이 전 세계의 빈축을 일소시키려면 에너지 자급화 정책이 가장 좋은 방법일 수도 있다. 부시는 석유 과다 소비를 종식시켜 교토 조약으로 할 수 있는 이상의 성과를 낼 수 있다고 말할 수 있으며, 이러면 미국의 위상도 크게 향상시킬 수 있다.

실행 가능한 방안은 많이 있다. 유능한 석유 문제 전문가 필립 베를레거는 "현재 생산되는 전 세계 석유의 7분의 1은 미국의 고속도로에서 소비되고 있다. 정부가 보다 에너지 효율이 높은 자동차의 제조자와 소비자 모두에 대해 세금 감면 혜택만 줄 수 있어도, 5년 안에 도로 교통에 쓰이는 석유 소비량의 3분의 1은 줄일 수 있다."고 지적한다. 세금 감면에 따른 세수 감소는 석유에 대해 더 높은 세금을 부과하는 정책을 단계적으로 도입함으로써 보상할 수 있다. 이쯤 되면 자동차 범퍼에 붙이는 두었던 미국 국기 스티커가 "나는 휘발유 소비량을 3분의 1로 줄였습니다. 당신은 어떤가요?"라는 스티커로 바뀔지도 모르겠다.

나는 더 이상 중동의 석유에 의존하지 말았으면 좋겠다. 중동 지역의 국가들은 700년 동안이나 침체해 있었고, 갑자기 좋아지기도 어려운 실정이다. 석유는 그들에게뿐만 아니라 우리에게도 불행의 원인이 되어 왔다. 석유로 인해, 중동의 통치권은 부패했고, 여성의 지위는 퇴보한 채 사회로부터 격리되었으며, 생산성 있는 경제 혁신보다는 천연 자원에만 의존하게 되었다. 흔들리지 않는 동맹을 유지하려면 중동은 아직 해야 할 일이 많이 남아 있다.

중동이 체질개선에 성공한다면 우리도 많은 혜택을 얻을 수 있다. 하지만, 지금으로서는 우리 스스로 문제를 해결하는 수밖에 없다. 그러니 부시 대통령, "한번 멋지게 해 봅시다." 궁극적으로 통치자의 위대함은 밖에서보다 안에서 그가 무슨 업적을 남겼는가에 따라 평가된다. 이번 테러리즘에 대항한 전쟁이 미국이 아니라 아프카니스탄의 재건으로만 끝난다면, 미국은 결코 승리했다고 말할 수 없다.

누군가는 중동에 알려야 한다

2002년 1월 6일

부시 대통령은 테러리즘에 대항한 전쟁은 장기전이 될 거라고 경고한 바 있다. 그렇지만 언제쯤 1회전이라도 끝났다고 판단할 수 있을까? 대답은 간단하다. 우리가 오사마 빈 라덴과 그의 추종자들을 제거하고, 아랍-이슬람 사회 지도자들이 그들의 구태의연한 생각을 버리면 1회전은 승리로 마무리된다. 이 전쟁에서 이기려면 아랍 세계와의 분업이 필요하다. 우리가 테러리스트들을 제거하는 동안 아랍-이슬람 세계는 그들의 사고 방식을 바꾸어야만 한다. 그렇지만, 우리가 우리 임무를 수행하는 동안 과연 아랍-이슬람 사회도 그들의 역할을 충실히 해 낼지 의문을 가지지 않을 수 없다. 만일 1회전의 끝이 이슬람 사회에 달려 있다면, 다음 비행기까지 옆 사람 신발만 쳐다보고 있는 격이 되지는 않을까?

빈 라덴과 그의 주요한 동조세력들인 아이머 알-자와히리, 무하마드 아테프, 그리고 탈레반 지도자 물라 무하메드 오마르는 모두 제거되어야 한다. 정의의 심판이 아니더라도, 제거되어야만 될 중요한 이유가 있다. 그들 네 명은 지금까지 비디오로 자신들의 행적을 과시하면서, 뒷전에 앉아 젊은 이슬람교도들을 자살 테러 하도록 배후 조종해 왔다.

우리는 미국에 대한 자살 테러를 지시하거나 옹호하는 이들은 누구라도 스스로 자결하라는 메시지를 보내야 한다. 그리고 이 원칙을 고수하려면 미 해병대로 하여금 아프카니스탄의 모든 동굴을 샅샅이 뒤지도록 해야 한다. 우리는 자살 테러를 지시한 장본인은 누구라도 반드시 제거된다는 원칙을 단호히 알리고 실행해야 한다.

알 카에다의 지도자들이 제거되더라도 그들의 사상이 온전히 남아 있는 한 아직 전쟁의 1회전도 끝났다고 볼 수 없다. 어떤 사람은 알 카에다 무리의 사상을 근절시키는 것이 어렵지 않다고 생각할지도 모르겠다. 빈 라덴의 비디오테이프에서 가장 충격적인 부분은 그가 몇 마디 말하지도 않는다는 사실이다. 아랍-이슬람 사회의 발전에 대한 이야기는 한마디도 없이, 그저 원한에 찬 음성으로 ‘지하드’, ‘이교도들’, 혹은 ‘알라여’ 같은 힌두교식 주문만을 외칠 뿐이다.

지금껏 오사마 빈 라덴과 이슬람 사회에 대한 그의 비뚤어진 시각에 맞바로 대응하고 있는 지도자들은 조지 부시 대통령과 토니 블레어 총리뿐인 것 같다. 왜 그런가? 한 가지 이유는 즉 중동의 지도자들은 전통적으로 특히나 종교 문제에 대해서는 국민들에게 솔직하게 말하지 않는다는 것이다. 문제가 생기면 그들은 본능적으로 텐트를 꼭 잠그고, 모래폭풍이 지나가기만 기다린다. 어떤 지도자는 빈 라덴의 보복이 두려워 빈 라덴에 맞서기를 꺼린다. 하지만, 결국 빈 라덴은 미국과 영국 두 나라를 흥분시키는 데 성공했다.

우리가 빈 라덴을 응징해야 하는 가장 큰 이유는 사우디의 부유한 삶을 포기하고 미국과 소련에 맞서기 위해 동굴의 삶을 선택할 정도로 빈 라덴이 진정으로 분노에 가득 차 있기 때문이다. 그의 증오의 메시지에 맞서기 위해서라도, 우리는 진보와 종교적 관용, 현대화에 대한 우리의 진실한 메시지를 전달할 필요가 있다.

그러나 현재 아랍-이슬람 사회에는 이 같은 메시지를 낼 움직임이 없다고 보아도 좋다. 우선 권위주의적인 사회에서 진실된 목소리를 낼 만한 종교계, 학계, 정치계, 언론계의 정신적인 지도자들은 정권의 통제 아래 있거나, 감옥에 수감된 상태이다. 비록 빈 라덴과 똑같은 이슬람의 전통과 가치에 뿌리를 두고 있다 하더라도 빈 라덴의 종교적 전체주의에 대응하기 위해서는 이슬람 사회도 반드시 진보적이고 미래 지향적으로 변모할 필요가 있다. 그러나 아직까지 이슬람 사회의 비전을 제시하는 아랍-이슬람의 지도자는 나타나지 않고 있다. 빈 라덴이 매우 극단적인 방식을 취하고 있다는 건 사실이지만, 많은 아랍-이슬람 정권들이 자신들을 합법화하기 위해 사용하는 엄숙하고 종교적인 이데올로기를 이슬람 사회와 공유하고 있는 현실과는 좋은 대조가 된다.

나치의 지도자 아돌프 아이히만을 제거한 쪽은 이스라엘이었지만, 나치즘을 사라지게 만든 쪽은 현대 독일 사회였다. 독일인들은 세계에서 가장 민주적인 헌법을 제정하고 그 법을 준수함으로써, 스스로에 대해서나, 유럽 사회 혹은 세계 전체에 대해 파괴적인 존재로부터 건설적인 존재로 탈바꿈했다.

빈 라덴도 똑 같은 방식으로 대응해야 한다. 희미하지만 약간의 희망적인 소식이 있기는 하다. 아랍 세계는 9·11 테러 이후 세번의 전환기를 거쳤다. 처음엔 아랍인들 스스로도 이 같은 테러를 자행할 수 있다는 사실에 놀랐다. 그 다음엔 즉각 이스라엘과 CIA를 비난하며 부인하기 시작했다. 그러나 이제는 아랍 세계에서도 처음으로 내사에 착수하려는 움직임이 나타나고 있다. 지난주 걸프 지역 지도자 회의에서 사우디의 압둘라 왕자는 "재앙은 오히려 의무적으로 우리가 자아 성찰을 수행하고, 우리 태도를 점검하게 하며, 단점을 고치게 만드는 좋은 기회이다. ……정말로 치명적인 위기는 어려움에 맞서고 우리의 역할에 책임을 느끼는 대신에 위기를 방관하고, 남들만 비난하는 것이다."

라고 말했다.

아랍 세계에서도 압둘라 왕자의 말과 같은 건전한 대화가 계속될 필요가 있다. 지금까지 부시 각료진은 주요한 아랍-이슬람 동맹국들이 미국을 단지 비밀리에 돕도록 했다. 그러나 부시 측이 동맹국들에게 빈 라덴에 직접 대응하거나 자국민의 미국에 대한 왜곡된 시각을 바로잡아 줄 것을 요구한 적은 한 번도 없었다. 실제로 우리는 동맹국의 지도자들이 자국민들에게는 아무런 이야기도 하지 않고 미국과 불법적인 관계를 수행하도록 방치해 온 셈이다. 이제 우리도 더 이상 방치할 수는 없다. 누군가 나서서 중동의 국민들에게 이야기할 필요가 있다.

딕 체니와 빈 라덴

2002년 1월 9일

9월 11일 이래로 '은신처'에 기거하면서 도피중인 두 명의 유명인사가 있다. 둘 다 가끔은 볼 수 있지만 이내 사라지곤 한다. 한 사람의 이름은 오사마 빈 라덴이고 다른 한 사람의 이름은 딕 체니다.

나는 9·11 테러 직후 미국의 명령체계가 일격에 무너지지 않도록 딕 체니 부통령을 은신토록 한 조치를 충분히 이해할 수 있다. 오히려 신중한 조처였다고 본다. 더군다나 훌륭한 군인으로서의 면모를 지닌 딕 체니가 은신해야 하는 상황을 참기란 참으로 쉽지 않았으리라고 확신한다. 신중해 보이는 것과 불안하고 나약해 보이는 것은 분명히 구분된다. 하지만 딕 체니의 계속된 칩거는 부시의 노력에도 불구하고 점점 불안하고 나약하게 비춰지기 시작했다. 도망가야 할 사람들은 빈 라덴과 그의 일당들이지 미국의 부통령이 아니다.

나는 빈 라덴이 잡혀서 처형되기 전이라도 딕 체니가 안전한 거주지에서 정상적이고 일상적인 삶을 영위하는 모습을 보이는 일이 상징적으로도 매우 중요하다고 본다. 빈 라덴이 제거된 후에야 딕 체니가 명확히 모습을 드러내는 모습은 별로 바람직하지 않다. 조만간 또 다른 빈 라덴이나 제2의 알 카에다가 등장하게 될 상황이라면, 지금과 같은 상황에 더 빨리 적응할수록 좋다고 본다.

어떤 면에서는 부통령과의 숨바꼭질이 정말로 미국을 보호해 준다고 볼 수도 없다. 이제는 미국을 보호한다는 의미가 모든 국민과 아이들이 더 높은 위험상황 속에서도 개방적인 사회를 유지하도록 대비해야 함을 뜻하게 되었다.

이 새로운 현실은 모두에게 충격적이었고, 느슨한 국경과 피상적인 공항 입국 심사처럼 편하게 생각해 온 부분이 문제점으로 제기되기도 했다. 하지만 미국 사회는 자유와 신뢰를 바탕으로 유지되어 왔다. 9월 11일 이후 이제는 단순하게 생각할 수만은 없게 되었다. 이제 우리는 선택을 해야 한다. 한 가지 대안은 자유와 신뢰 대신 근심과 불신에 바탕을 둔 폐쇄적 사회를 택하는 것이다. 이렇게 되면 테러리즘은 방지할 수 있을지 몰라도 생활은 매우 불편해진다. 또 다른 대안은 약간의 자유와 신뢰만 제한하고, 그 대신 근본적으로는 개방된 사회를 유지하는 길이다. 하지만 이 방법은 테러리즘의 틈새로부터 완전히 벗어날 수는 없다.

이 대안이 바로 현재의 이스라엘과 영국에서 시행하고 있는 방법이며, 내 생각에 그들은 옳은 방법을 택했다고 판단된다. 자유와 개방성을 즐기는 문화는 나약한 사람들의 문화가 아니다. 나는 새장 속에 갇혀 살기보다는 위험을 감수하더라도 개방된 사회에 살기를 바란다.

물론 부시 대통령은 테러리즘과의 전쟁이 승리로 끝나면 다시 정상 상태로 되돌아가게 될 것이라고 약속하고 있다. 그렇지만 다시 예전으로 돌아갈 수는 없다. 미국이 한 나라를 이길 수는 있겠지만, 테러리즘은 매우 다양한 개개인의 불만을 기반으로 하고 있으며, 집단이 아니어도 언제든지 실행이 가능하다는 특징이 있다. 따라서 개방 사회에서는 결코 테러리즘을 완전히 제거할 수 없다.

그렇기 때문에 부시가 미국을 다시 예전과 같은 정상 상태로 되돌릴 수는 없다. 그가 할 수 있는 일은 정상 상태를 새롭게 정의하는 것이다. 불가피하게 조금 덜 개방하고, 조금 덜 신뢰하게 될 수도 있다. 하지만, 조금 더 경계하고, 약간의 위험을 감수하게 되더라도 개방 사회와 자유를 유지하는 방법을 강구해야 한다.

9·11 사태 이후, 내 딸이 소속된 카운티 오케스트라가 이번 여름 계획했던 이탈리아 연주 여행을 급작스럽게 취소한 결정에 아직도 불만인 이유도 이 때문이다. 나도 딸의 안전이 걱정되기는 마찬가지다. 하지만 내 딸이 새로운 경험을 할 기회가 상실되기보다는 차라리 내가 딸에 대해 걱정하며 사는 편이 낫다고 생각한다.

최근 이스라엘의 정치이론가 야론 에즈라히는 "예루살렘 시내를 걷고 있을 때마다 차 한 대가 갑자기 내 옆에서 폭발할지도 모른다는 사실을 나도 알고 있다. 하지만 나는 여전히 외출을 한다. 왜냐하면 긍정적인 면이 없는 인생은 전혀 무의미하기 때문이다. 내 딸조차도 제발 예루살렘 시내의 레스토랑에는 가지 말라고 부탁하면 그 때마다 딸은 '아빠가 항상 나를 보호해주실 수도 없고, 내가 안전한지 걱정만 하며 살 수는 없어요.' 라고 얘기한다."는 경험담을 들려 주었다.

맞는 말이다. 부모들이나 정치가들 모두 이제는 위험이 없어진 낙원이 창조될 때까지 기다리기만 하기보다는 더 위험한 사회에서 사는 방법을 배워야 한다. 딕 체니도 새로운 환경에 대처해야 한다. 자, 딕 체니의 집에서 열리는, 그가 이끄는 카운티 회의에 관해 대화를 시작해 보자.

부통령의 집은 방도 많으며, 〈아키텍처럴 다이제스트〉지 12월 호에 등장할 정도로 근사하다. 그의 부인 린 체니는 잡지를 통해, '우아한 실내 환경과 푸른 숲을 볼 수 있는 베란다, 그리고 위엄 있고 매력적인 천장 높은 방들'로 꾸며진 19세기 풍의 하얀 집이라고 자신의 집을 멋지게 소개하기도 했다.

듣기만 해도 근사하다. 여기가 딕 체니의 가족이 있어야 할 곳이다. 춥고 보잘것없는 곳에 있어야 할 사람은 빈 라덴이지 딕 체니가 아니다.

카불의 현실

아프카니스탄 카불에서

2002년 1월 13일

이 곳 아프카니스탄에 좋은 소식과 나쁜 소식이 있다. 좋은 소식은 이 멀리 떨어진 나라의 기본적인 안전 욕구를 채워 주기 위해 미국이 할 일은 생각보다 적다는 사실이다. 아프카니스탄이 다시 혼란스러워져 오사마 빈 라덴과 같은 악성종양이 세력을 확장하고 세계를 위협하는 사태가 발생하지 않도록 하기 위해서 해야 할 일은 정말로 그다지 많지 않다. 기초적인 연립정부와 최소한의 경찰 및 군부대의 배치, 경제 활동의 재개, 그리고 몇 개의 정부 부서 정도만 있으면 충분히 가능하다.

나쁜 소식은 이 간단한 것조차 이루어지기가 쉽지 않다는 사실이다.

이 곳이 얼마나 황폐해 있는가는 아무리 과장해도 지나치지 않다. 세계무역센터가 있던 자리에 어떻게 그라운드제로가 생겼는지 안다면, 아마 카불의 도시 모습도 상상이 갈 것이다. 22년간의 내전으로 인해 도시 전체의 반 이상이 그라운드제로와 똑같다고 보면 된다. 그리고 그나마 '양호한' 나머지 지역에도 전기는 부족하고, 전화나 편지가 불가능하다. 밤 10시면 통행금지가 실시되며, 겨우 먹을 만한 최소의 양식만 있을 뿐이다. 쉽게 말해 유령도시와 크게 다르지 않다고 보면 된다. 차라리 달에다 도시를 짓는 편이 나을 정도다.

이 곳의 비참하고 기괴한 광경을 상상할 수 있겠는가. 흰 당나귀가 중심도로에서 우리 차 뒤를 전속력으로 쫓아오기도 하고, 외발로 자전거를 타는 사람도 보인다. 변기에서 나오는 물로 세차를 하는 모습도 볼 수 있었다. 수천 명의 피난민이 악취가 풍기는 옛 소련 대사관에서 영하의 날씨에 플라스틱 랩으로 창문을 대신하며 떼지어 살고 있기도 하다. 중앙 정부는 너무 산산조각이 났기 때문에 이 곳에 있는 방송국 직원들보다도 돈이 없다. 그래서 정부는 월급도 제대로 주지 못한다. UN의 고위 외교관 라크흐다르 브라히미는 "아프카니스탄의 장관은 나를 만나기 위해 올 때도 택시를 타야 하는 실정이다."라고 말한다.

우스꽝스러운 현실이다. 지금 아프카니스탄은 신속한 자금 지원이 필요하다. (이슬람 세계도 미국이 이 곳에 폭격을 했을 때 아프카니스탄의 민간인들을 매우 걱정했다. 이제 폭격도 끝나고 이 곳 사람들은 먹을 것을 필요로 하니 이슬람 세계도 아프카니스탄에 약간의 현금을 지원해 줄 수도 있지 않을까?) 또한, 아프카니스탄은 주요 도시의 안전을 위해 다국적군을 필요로 한다. 치안이 유지되면, 피난민들도 고향으로 돌아오고, 상업이 재개되고, 투자를 고려하는 사람도 나타날 것이다. 다국적군은 나약한 아프카니스탄 정부가 자신들의 군사력과 경찰 치안 능력을 배양할 수 있도록 시간을 벌어 줄 수 있다. 하지만 벌써부터 아프카니스탄의 주위에 있는 국가들 가운데 일부는 아프카니스탄 내부에 힘의 공백 상태가 전개되고 있음을 감지하고 있다. 물론 실효는 거두기 힘들겠지만 이란 같은 나라는 영향력을 행사하기 위해 뻔뻔스럽게 아프카니스탄 국경지대로 사람들을 보내기도 한다.

지금도 부시 대통령의 행정부에서는 아프카니스탄에 다국적군을 상주시킬 것인지, 미국이 다국적군에 참가할지 등에 관해 의견이 분분하다. 솔직히 말해 만일 미국이 다국적군에 참가하지 않거나, 다국적군에서 주도적인 역할을 하지 않더라도 미국의 동맹국들은 언제든지 평화유지군을 파견할 거라고 생각한다면 오산이다. 또한 부시 측이 중동 동맹국들의 도움 없이도 돈만 쏟아 부으면 아프카니스탄 스스로 잘 해결해 나가리라고 생각한다면 그 역시도 잘못된 생각이다.

미국은 막강한 공군력과 미사일, 지역 군벌과 소수의 특수부대 등을 통해 원격 조정으로 아프카니스탄을 점령할 수 있었다. 그러나 부시 측은 아프카니스탄의 평화도 원격 조정을 통해 달성할 수 있다고 생각하는 실수를 해서는 안 된다. 아프칸의 평화는 절대로 원격 조정으로 해결될 수 없다. 미 국방성이 동굴별 수색을 주저한 결과, 빈 라덴과 그의 동료들은 도망칠 수 있었다. 다국적군을 만드는 일에 주저하다간 돈만 낭비하는 꼴이 되기 십상이다.

아프카니스탄의 내무 장관 유누스 카누니는 현재 아프카니스탄을 방문중인 조 바이든 상원의원에게 "우리는 미국이 아프카니스탄을 떠나지 않기를 바란다."라는 말을 전했다. 임시정부의 대통령 하미드 카르자이는 인터뷰를 통해 "나는 선출된 이후 각 지역의 사절단을 맞이했다. 250명 정도의 사절단은 모두 다국적군이 주둔하기를 희망했다. 사람들은 안정을 절실히 원하고 있다. 다국적군 주둔에 대해 반대하는 사람은 율법학자 한 사람뿐이었다."라고 얘기했다.

나는 부시가 이 곳 아프카니스탄에 연루되는 데에 신중한 자세를 취하는 점에 감사하고 있다. 우리는 아프카니스탄의 누가 누군지 거의 알지 못하며, 이 땅의 역사는 희망을 갖기 힘들 정도로 상황이 나빴다. 카불 시내의 미국 책방을 돌아다니다가 '아프카니스탄의 전쟁'이라는 말이 들어간 제목의 책들이 무척 많이 있음을 알게 되었다. 『아프카니스탄 전쟁사』라는 책은 1800년에서 1842년 사이의 전쟁을 다루는 두꺼운 책 상·하권 가운데 한 권이었다.

근본적으로 부시 측은 내전 문제를 '영원히' 떠안게 되는 상황은 원하지 않는다. 그렇지만 적어도 미국이 아프간의 내전 문제에 '당분간만이라도' 개입하려고 하지 않거나, 최소한 아프카니스탄의 치안 유지를 위한 제한된 노력이라도 경주하지 않는다면 아프카니스탄은 이내 예전의 내전 상태로 돌아가 제2의 빈 라덴을 키우게 될지도 모른다.

폐허 속에서 들려 오는 소식

2002년 1월 16일

카불에서 좋은 소식과 나쁜 소식이 함께 들려 왔다. 좋은 소식은 전력이나 법질서가 완전히 회복되기 전인데도 카불에서 다시 스포츠 행사가 열리게 되었다는 것이다.

그리고 나쁜 소식은 다시 열린 그 스포츠 행사가 투계라는 사실이다.

지난 주 투계 경기가 열린 바부르 공원은 한때 아름다운 식물원이었지만 지금은 폐허가 되었다. 『타임스』지 창 리 기자가 찍은 기막히게 멋진 사진에 포착된 광경을 보니 백 명 가량의 아프가니스탄 사람들이 몰려 있었다. 경기는 큰 싸움닭 두 마리가 4회전을 겨룬 끝에 결국 무승부로 끝났다.

불행하게도 아프가니스탄의 폐허 주변을 어슬렁거리는 것은 싸움닭들만이 아니다. 다양한 인간 싸움닭들, 그러니까 아프가니스탄 군벌들과 20년 동안 아프가니스탄 전쟁에서 그들을 지지해 온 주변 강국의 군인들도 있다.

미국이 아프가니스탄 전쟁을 그토록 순조롭게 진행할 수 있었던 까닭은 이란, 파키스탄, 우즈베키스탄, 러시아라는 지정학적 싸움닭들이 각각 그들의 이해관계 때문에 노골적으로, 또는 암암리에 미국과 협력하여 탈레반 정권과 빈 라덴을 붕괴시켰기 때문이다. 아프가니스탄의 싸움닭들인 타지크, 파슈툰, 하자라, 우즈벡 군벌들도 똑같은 역할을 했다.

이제 전쟁이 마무리돼 가자 아프가니스탄을 두고 서로 지배하기 위해 투쟁이 재개되고 있다. 그 가운데 미국이 선두에 나서서 중대한 결정권을 행사 중이다. 미국은 아프가니스탄 전쟁에서처럼 평화를 쟁취하는 일에도 똑같은 결의를 보일 것인가? 또 신생 정권이 자립할 때까지 계속 주둔하고, 아프카니스탄을 안정시키며, 법과 질서를 회복시키는 일에 다국적군으로 하여금 지지하고 참여케 할 것인가? 이것이 바로 당면문제다. 미국이 주저한다면, 당장 서로 아프가니스탄을 먹으려는 싸움닭들이 발톱 날을 세우는 모습을 보게 될 것이다.

나는 방금 전 신임 내무장관인 유누스 카누니를 그의 사무실에서 만났다. 미국 각료라면 부시 대통령의 사진을 걸어 두었을 테지만, 그의 책상 위에는 아메드 샤 마수드의 사진이 걸려 있었다. 샤 마수드는 타지크족의 영토인 북부 동맹의 지도자로, 9·11일 직전에 탈레반군에게 피살됐다. 같은 타지크족인 외무장관과 국방장관 역시 샤 마수드의 사진을 걸어 두고 있다. 하지만 파슈툰족인 재무장관은 샤 마수드의 사진을 걸어두지 않았다. 내게는 한 가지 규칙이 생겼다. 그것은 장관이 파슈툰족인 신임 대통령의 사진이 아닌 자신이 좋아하는 군벌의 사진을 걸어 두면 좋지 않은 징조라는 것이다.

한편, 아프가니스탄 교육부 관리들은 이란으로부터 긴급 요청을 받고 난처해 하고 있었다. 그것은 이란이 재정을 지원하여 운영되는 학교들을 위해서 토지 수용을 요청하는 것이었다. 이란 역시 그들이 지지하는 페르시아 군벌들에게 자금을 쏟아 부어 왔다. 그 목적은 이란의 강경파들이 달가워하지 않는 중앙 정부의 명령을 아프가니스탄 동맹군들이 마음대로 거부할 수 있게 하려는 데 있다. 예를 들어, 이란의 입장에서는 아프가니스탄이 미국의 절친한 동맹국이 되는 게 달갑지 않은 것이다.

그러나 여기에는 흥미로운 이야기도 있다. 만나는 아프가니스탄 사람마다, 이 나라는 너무 전쟁에 지치고 안전에 대한 갈망이 심한 만큼 어떤 부족 민병대나 지역 군인보다 다국적군이 전 지역의 치안을 담당하기를 간절히 바란다고 말한다. 다국적군의 한 특수 부대 장교가 전해준 말에 따르면, 그는 독일인과 캐나다인, 터키인 가운데 어떤 나라 사람이 평화유지군이 되기를 바라는지, 지역 지도자들에게 여론 조사를 실시하라는 명령을 받았다고 한다. 그런데 그들은 한결같이 "우리는 다국적군 당신들을 원한다."고 대답했다고 한다.

분명히 미국을 무턱대고 비난하는 사람들도 있지만, 미국이 이끄는 평화유지군에 대한 도전을 노리는 군벌들조차도 미국이 보여준 가공할 힘에 경탄한다. 자랑스러운 아프가니스탄 전사들에 관한 온갖 소문이 있지만 이것은 제트기와 부싯돌의 전쟁이었다. 제트기가 승리를 거두었고, 부싯돌도 그 점을 알고 있다. (바그람 근처에 미군 헌병들의 감시를 받는 알 카에다 포로들이 있는데, 헌병들 가운데 일부가 여자라고 한다. 여자의 얼굴조차 볼 수 없는 사회에서 M16으로 무장한 여자 헌병에게 감시 받는다고 상상해 보라. 한 여자 헌병은, "처음에는 얼굴을 찌푸리는 사람도 있지만, 곧 어쩔 도리가 없다는 걸 깨닫는다."고 내게 말했다.)

탈레반 정권과 오사마 빈 라덴이 패배한 이유는 미국을 러시아로 착각하고 쉽게 물리칠 수 있을 거라 잘못 생각한 탓이다. 미국인들도 자신들을 러시아인으로 착각함으로써 평화를 이룩하지 못할 수도 있다. 철수하지 않고 계속 주둔한다면 자동적으로 저항을 받게 되는 또 하나의 초강대국이 될 것이다. 미군의 잔류는 꿈도 꾸지 않는 편이 좋다.

아프가니스탄 재건 기간 동안의 안전 보장을 목적으로 시한을 두고

미군이 주둔하더라도, 아프가니스탄 사람들이 재건에 성공하리라는
보장은 전혀 없다. 그들은 22년 동안의 내전을 치른 후여서 안정을 찾
기엔 분열이 너무 심한지도 모른다. 그러나 미군이 노력하지 않는다
면, 아프가니스탄 전체가 또다시 큰 투계장이 될 게 불을 보듯 뻔하다.

파키스탄의 헌법

파키스탄 자코바바드에서

2002년 1월 20일

무샤라프 파키스탄 대통령은 1월 12일 대 국민 담화를 발표했다. 이 담화는 1977년 안와르 엘 사다트의 이스라엘 방문 이후 처음 있는 이슬람 세계를 위한 획기적인 타개책이 될 수 있다.

그 이유는 무엇일까? 9·11 사태 이후 최초로 이슬람 지도자가 공개적으로 실질적인 문제점을 인정했기 때문이다. 그가 인정한 문제점이란, 이슬람 극단주의가 많은 이슬람 사회의 교육 제도와 지배 장치 속에 뿌리를 내리고 있으며, 그 때문에 이슬람 세계가 후진 상태에서 벗어나지 못하고 있다는 점이다. 한편 문제 해결을 위한 방안도 제시했다. 단순히 극단주의자들을 투옥하는 방법을 쓰지 않고, 현대식 학교와 진보적 이슬람으로 극단주의 이념에 맞선다는 것이다.

9·11 사태 이후 분명해진 사실은, 미국에 필요한 것은 이슬람과의 전쟁이 아니라 이슬람 내의 전쟁이라는 점이며, 적어도 한 명의 지도자가 마침내 그러한 사실을 공표했다는 사실이다. 이제 일부라도 다른 아랍-이슬람 지도자들이 같은 선언을 한다면 얼마나 좋겠는가.

무샤라프 대통령은 국민들에게 다음과 같이 말했다. "심판의 날이 왔습니다. 우리는 파키스탄이 신정 국가가 되기를 원합니까? 통치를 위해서 종교 교육만으로 충분하다고 믿습니까? 아니면 파키스탄이 역동적인 이슬람 국가로 등장하기를 바랍니까? 대중들은 진보적인 이슬람 국가를 지지합니다." 파키스탄 대통령은 코란만 가르치고 과학과 수학, 문학을 가르치지 않는 이슬람 학교인 마드라사스의 개혁을 약속했다. 시장에서 이발소에 이르기까지, 파키스탄의 침묵하는 다수의 반응은 "때가 되었다."였다.

학자들은 오랫동안 한 나라의 국내 정책이 변화하면 그에 따라 외교 정책 역시 변한다고 주장해 왔다. 그러나 파키스탄에서 일어난 상황은 그와 정반대다. 9·11 사태와 그 뒤에 일어난 카시미르의 친 파키스탄 테러리스트들의 인도 의사당 공격 때문에, 미국과 인도는 파키스탄의 외교 정책이 변해야 한다는 점을 분명히 했다. 그렇지 않을 경우 미국은 경제적으로, 인도는 군사적으로 파키스탄을 응징하겠다고 했다. 그렇다고 아침에 교수형을 집행할 가망성 따위는 전혀 없지만 말이다. 그래서 무샤라프 대통령은 갑자기 카시미르 해방을 추구하는 탈레반 정권과 호전주의자들에 대한 지원을 모두 끊었다.

새로운 외교 정책을 수립한 무샤라프가 이제 도전할 일은 광범한 국내 지지를 확립하는 것이다. 파키스탄의 이전 외교 정책은 1980년대에 독재자 지아 울 하크 장군 시대에 수립되었다. 파키스탄의 정치 분석가 후세인 하카니가 지적한 것처럼 지아 장군은 자신이 비합법적인 통치자임을 알고 있었다. 그래서 "자신의 통치 기반을 군대와 종교 동맹에 두었다." 그는 이슬람 성직자들과 호전주의자들을 이용하여 자신의 독재 정치를 축복하게 했다.

그러나 무샤라프 대통령은, 카슈미르와 아프가니스탄의 호전주의자들을 이용하면 외부로부터 파키스탄을 파괴하게 되며, 그들이 군사 정권을 합법화해 주리라 믿으면 내부로부터 파괴하게 된다는 점을 깨달았다. 그래서 그는 세속화되거나 종교적으로 온건한 파키스탄의 폭넓은 주류들의 열망을 채워 줄 비전을 제시했다. 그러나 이들의 지지를 획득하려면 권한을 위임해야 하며, 그러기 위해서는 점진적으로 민주주의로 돌아가야 한다.

하카니 씨는 다음과 같이 말했다. "권력 유지를 위해 군대와 호전주의자들에게 의존할 때, 여러분이 해야 할 일은 명령을 내리는 것이 전부다. 그러나 광범위하고 온건한 대중들에게 의존하려면 그들을 이끌어야 하고 설득해야 하며, 스스로 생각하고 말할 수 있도록 권한을 위임해야 한다."

달리 말해서, 이제 파키스탄의 외교 정책을 바꾼 만큼, 무샤라프 대통령은 파키스탄의 감옥을 모두 개조해서 호전적인 이슬람주의자들을 많이 잡아들일 수 있게 되었다. 파키스탄 정치를 개조하여 군대와 종교 동맹으로부터 벗어나 군대와 헌법 동맹으로 전환할 수도 있다. 하지만 그러기 위해서는 권력을 나누고, 훌륭한 인물들을 정치에 끌어들이며, 과감하게 선거를 해야 할 것이다. 이렇게 되면 급진적인 이슬람주의자들에 대한 지지가 실제로 얼마나 보잘것없는지도 드러난다. 군대의 지원을 받지 못하면 5퍼센트 이상의 지지를 넘지 못하리라는 예상이다.

나는 자동차를 타고 파키스탄의 수도 이슬라마바드로 향하노라면 항상 의회, 대통령궁, 대법원이 어떻게 모두 헌법 대로라는 큰길 위에 위치하고 있는지 놀라게 된다. 헌법 대로 위에서 보이지 않는 것은 현재 효력이 정지된 파키스탄 헌법뿐이다. 이는 무샤라프 대통령이 다시 열어야 하는 길이다. 종교와의 동맹에서 벗어나 헌법과의 동맹으로 인도할 유일한 길이기 때문이다. 그가 성공한다면, 다른 지도자들도 그 뒤를 따르게 될지 누가 알겠는가?

도망가, 오사마, 도망가

2002년 1월 23일

필자는 카불에서 귀국하는 길에 파키스탄, 페르시아만, 런던, 벨기에를 거치면서 아랍과 이슬람 언론인들과 사업가들, 그리고 유럽 이슬람 사회의 지도자들과 다양한 대화를 나누었다. 그들은 모두 교육을 받았고, 지적이며, 사려 깊은 사람들이었다. 그런데 그들 가운데 오사마 빈 라덴을 죄인으로 믿는 사람은 아무도 없었다.

어떤 사람들과 어떤 대화를 나누었는지 한번 보자. 바레인에 사는 어느 진지한 아랍 언론인은 9·11 테러처럼 복잡한 일을 절대 아랍인이 저지를 수 없다고 말했다. 그리고 유럽계 이슬람 여성은 내가 세계무역센터 공격을 자랑하는 라덴의 육성 테이프가 진짜며, 미국 국방성에서 절대로 변조한 적이 없다고 말하자, 나를 바보 취급하며 빤히 쳐다보기도 했다. 또 미국에서 교육받은 아랍인 학생은 CIA나 모사드는 틀림없이 9·11 테러를 미리 알고 있었다고 주장하기도 했다. 그 학생의 말이 옳다면 정부 기관들은 왜 테러를 막지 못했을까? 그리고 한 사우디 사업가는 아무런 근거 없이, 사우디 아라비아의 명예를 더럽히려는 미국 언론 매체의 음모가 있다고 주장하기도 했으며, 한 파키스탄 사람은 자기 자녀들이 다니는 초등학교 학급 전체가 유언비어를 믿고 있다고 고백하기도 했다. 그 유언비어란 무역센터에 근무하는 4천 명의 유대인들에게만 9월 11일에 출근하지 말라는 경고가 미리 있었다는 내용이다.

솔직히 말하면, 9·11 테러 이후 아랍-이슬람 세계에는 이런 견해들이 널리 퍼져 있었다. 그러나 나는 탈레반 정권이 몰락하고 빈 라덴의 고백 테이프가 나오면 자연히 그런 유언비어들은 사라지리라 기대했다. 그러나 사정은 달라지지 않았다. 실제로 그 유언비어들은 미국과 아랍-이슬람 세계를 분열시키는 철벽같은 오해의 장막이 되었으며, 이제는 9·11 테러에 대한 소문과 마찬가지로 사람들 사이에 깊이 파고들고 있다. 사람들이 소문을 퍼뜨리는 데 조금 신중해지기는 했지만 말이다.

이런 소문들이 의미하는 바는 아주 간단하다. 즉, 미국이 아프가니스탄 전쟁에서 승리했지만, 아랍-이슬람 세계의 마음과 정신을 얻지는 못했다는 것이다. 그들과 미국 사이의 문화적, 정치적, 심리적 균열은 그 어느 때보다 심하다. 그리고 그러한 사실을 믿기 어렵다면, 모로코부터 이슬라마바드에 이르는 현지 미국 대사 가운데 아무나 붙들고 물어 보라. 그들은 칵테일파티에서 떠들어대는 이슬람 세계에 대한 '미국의 음모'와 관련된 이야기들로 여러분의 귀를 쫑긋하게 해줄 것이다.

그렇다. 어느 나라나 예외는 있는 법이다. 지난 주에 마나마에 있는 바레인 친구들과 자리를 함께 했을 때, 필자는 그들 가운데 내면을 깊이 성찰하고 현실을 직시하려는 사람들이 많음을 발견했다. 하지만 이것은 일반적인 예가 아니다. 왜 그럴까? 무엇이 이처럼 불신과 오해라는 철의 장막을 만들었을까?

여기에는 어쩔 수 없는 원인들이 많다. 그 하나는 지난 20년 동안 아랍 말로 미국의 입장을 설명하거나, 엄연한 사실을 근거로 미국 정책에 관한 유언비어들을 분쇄하지 못한 점이다. 부시 외교진은 이제라도 아랍 말로 빈 라덴에 관한 모든 증거를 상세히 설명하는 문건을 제시해야 한다. 사실만으로는 충분하지 않겠지만, 아직 증거 제시가 너무 늦은 건 아니다.

미국의 좋은 점을 믿지 못하게 하는 엄청난 문화적 저항이 있다. 저항 가운데 일부는 어떤 아랍 국가들의 경우 정부의 비판을 모면하기 위해서 관영 언론들이 의도적으로 부추기는 부분도 있다. 또 일부는 미국의 이스라엘 지원에 대한 보복이다. 특히 이스라엘과 팔레스타인의 갈등이 아랍 텔레비전에 매일 밤 방영되는 살육전으로 변할 때 더욱 그렇다. 아랍인들과 이슬람교도들이 미국의 이스라엘 지원에 대해 보복하는 방법은, 미국의 현실 인식을 인정하지 않거나, 아프가니스탄에 대한 미국의 승리감을 훼손하는 것이다. 그들은 무력감이 너무 심한 나머지 미국의 이스라엘 지원에 영향을 미치기는 어렵다.

그와 동시에 현재 아랍-이슬람 세계의 일부 지역들에는 자기혐오로 인한 긴장이 작용하고 있는 것 같다. 누군가가 아랍인이나 이슬람교도들은 9·11 테러와 같은 일을 해낼 만큼 영리하지 못하다고 말할 때 모사드나 CIA 외에 달리 무엇을 생각할 수 있겠는가? 슬픈 일은, 아랍의 정치 체제의 지체 상태와 경제 침체 때문에 요즘 아랍의 자존심이 대단히 낮으며, 그로 인해 막연한 분노가 만연하여 빈 라덴 활동의 온상이 되어 왔다는 사실이다.

끝으로, 우리는 빈 라덴이 아랍-이슬람 영혼의 심층을 울리고 있음은 인정해야 한다. 그러한 사실은 그의 살인 행위를 비난하는 사람들의 경우에도 마찬가지다. 그들이 빈 라덴을 여전히 지지하는 까닭은, 그가 미국의 오만한 힘을 두려워하지 않을 뿐 아니라, 아랍의 지배자들에게 시민들이 헐벗고 있음을 과감히 말하기 때문이다. 그들이 보기에 빈 라덴은 어려운 상황에서 무엇인가를 해내는 유일한 사람이다.

지금은 아랍-이슬람 세계의 많은 사람들이 조용하게 빈 라덴의 도주를 성원하고 있다. 그들은 마음속으로 이렇게 속삭이고 있다. "도망가, 오사마, 도망가!" 이것이 아랍-이슬람 세계의 실상이다. 나는 미국이 그런 상황을 변화시킬 수 있는 방법을 알고 있기를 바랄 뿐이다.

벨기에의 두 가지 돔

브뤼셀에서

2002년 1월 27일

9·11 테러에 관한 모든 글들을 보면, 그 사건에 관한 우리들의 지식에는 아직 커다란 공백이 있다. 우리는 빈 라덴이 누구인지 안다. 그는 숭배 대상이 될 만한 독특한 인물이다. 잭 웰치*의 조직 기술을 갖춘 이슬람의 찰스 맨슨**이라 할 수 있다. 우리는 또한 빈 라덴의 소극적 지지자들이 누구인지도 안다. 자신들의 지도자나 미국, 이스라엘에 대한 분노 때문에 빈 라덴에게 동조하는 모든 이슬람교도들이 바로 그 지지자들이다. 그런데 중간에 있는 친구들, 다시 말하면 소극적 지지를 넘어서 자살 공격으로 많은 사람을 살상한 살인 조종사는 누구인가?

그러한 의문에 대한 해답을 찾으려고 필자는 유럽으로 왔다. 무엇 때문이냐고? 주요 항공기 납치범이나 알 카에다 요원들, 즉 모하메드 아타, 지아드 알 자라, 마르완 알 세히 등의 전기를 보라. 이야기가 한결같다. 그들은 아랍 세계의 중산층 가정에서 자라서 교육을 받고, 유럽으로 유학 가서 유럽 사회의 주변에서 생활한다.(벨기에에서 거주하는

---

* 미국 제너럴 일렉트릭사의 CEO.
* 미국의 희대의 사이코 살인마 찰스 맨슨(1939~)은 기독교의 변종인 〈더 패밀리〉를 만들어 조만간 도래할 흑백간의 인종전쟁으로 지구 위의 인종들은 멸망하고 조만간 자신들이 그 세계를 지배할 것이라고 주장, 고위급 인사들을 8명 이상 살해했다.

학생들이 많다). 지역의 예배 모임이나 이슬람 사원에 이끌리게 되며, 이슬람주의 단체에 의해 극단주의자가 되어 아프가니스탄으로 훈련을 받으러 떠난다. 이렇게 해서 테러리스트가 탄생한다. 이 젊은이들과 유럽의 개인적 만남이 이 이야기의 핵심이다.

젊은 이슬람 남성들과 해외에서 공부한 바 있는 한 아랍인 여성 친구는 그들을 다음과 같이 묘사했다. "그들은 대개 규칙이 아주 분명한 환경에서 성장한 사람들이다. 이들은 자라면서 삶의 핵심이 뒤흔들릴 만한 일을 한 번도 경험한 적이 없다. 그러다가 갑자기 유럽에 내던져지고, 전혀 다른 일련의 사회 규칙으로 인해 그 핵심이 뒤흔들리게 된다. 그들은 처음 접하는 환경에 어떻게 적응해야 할지 갈피를 잡지 못한다. 그래서 결국 그들은 더욱 편협해지고 이슬람적 핵심을 더욱 고집하게 된다."

유럽의 이슬람 이민자들이 그 사회에 흡수되지 못하고 영원한 국외자가 되는 경우가 많다는 사실 때문에 이러한 흐름은 더욱 강화된다. 미국에서는 이슬람교도들이 신속하게 시민으로서의 위치를 누릴 수 있지만, 유럽에는 인종과 문화를 융합하는 장치가 없다. 벨기에의 이슬람 집행위원회 회장인 노르딘 말루자뭄은 다음과 같이 말했다. "벨기에 사람들이 이슬람 혐오증을 가지고 있는 게 문제다. 벨기에 국민 가운데 54퍼센트의 사람들은 원래 벨기에 태생이 아닌 다른 민족 사람들은 진정한 벨기에인이 될 수 없다고 이야기한다. 그리고 베일을 쓴 여성은 일자리조차 얻을 수가 없다."

벨기에 의회의 유일한 이슬람교 여성인 파우자야 탈라우이는 내게 말하기를, 그녀의 부모 세대는 북아프리카에서 이주해 와서 동화되기를 원했지만, 그녀의 세대 중에는 냉대를 받은 후 이슬람교도가 된 사람들이 많다고 했다. 그녀는 또 이렇게 말했다. "그들은 당신들이 우리를 차별하려 한다면, 우리도 당신들과 달리 행동하겠다고 생각하게 된다.”

진실은 이렇다. 9·11 테러리스트들을 급진화시킨 원인은 식량 부족 때문이 아니라, 존엄성의 부족 때문이었다는 것이다. 그들은 유럽이나 미국에 비해서 이슬람 국가들의 지위가 낮기 때문에, 그들 자신의 사회적 지위가 낮기 때문에 좌절했다. 그들은 분노를 조종할 줄 아는 호전적인 성직자들에게 쉽게 포섭되었다.

프리덤 하우스 회장인 애드리언 카라트니키는 『내셔널 리뷰』에 실린 대단히 독창적인 에세이에서 이렇게 쓰고 있다. “우리가 지금 대결하고 있는 많은 테러리스트들은 미국과 유럽의 이슬람 디아스포라*내에 존재하는 서구적 현상이다.” 그에 따르면, 이 테러리스트들은 빈 라덴이 유럽에 몇 년 전에 미리 심어놓은 ‘정보 요원’이 아니다. 이들은 서구를 접하면 즉각 만들어지게 된다.

카라트니키 씨는 또 다음과 같이 주장한다. “미국의 지하 기상대, 독일의 바더 마인호프, 이탈리아의 붉은 여단, 그리고 일본의 적군파 등의 지도자들처럼 이슬람 테러리스트들은 대학 교육을 받고서 포괄적인 신(新) 전체주의 이데올로기로 개종했다. ……그들에게 있어 이슬람이라는 신앙은 새로운 세계적 혁명강령이며, 빈 라덴은 시크 게바라(Sheik Guevara)이다.”

카라트니키 씨의 주장은 옳다. 서구 입장에서 실제로 중요한 일은 이라크나 사우디 아라비아에서 일어나는 일만이 아니다. 자신의 뒷마당, 다시 말해 서구 사회와 이슬람 사원, 이슬람 디아스포라 사이의 화학 반응을 통해서 일어나는 일도 이해해야 한다. 여기서 바로 자살 테

＊뿔뿔이 세계 도처에 흩어진 유대인들을 디아스포라(Diaspora)라고 하듯이, 여기서는 미국과 유럽 각지에 흩어진 아랍인을 지칭.

러 조종사들이 잉태되며, 그들을 추적하러 갈 곳도 여기다. 그러나 유럽이나 미국의 이슬람교도들 가운데 99.9퍼센트가 호전적인 사람들이 아니라 선한 시민이라는 사실이 존중되어야 한다.

벨기에는 전체 이야기의 축도라 할 수 있다. 현재 벨기에에는 돔이 하나씩 있는 3백 개의 이슬람 사원이 있다. 그런데 여기에 유명한 돔이 또 하나 있다. 몽 지역의 나토 본부에 있는 거대한 레이다 돔이 그것이다. 벨기에의 두 가지 돔, 즉 나토의 돔과 사원의 돔 사이의 문화적 만남이 있는 그 어딘가에 9·11 테러, 그리고 그 이후의 테러를 이해하는 열쇠가 있을 것이다.

데드맨 워킹

2002년 1월 30일

야세르 아라파트는 이제 산송장이나 다름없다. 팔레스타인 사람들은 말할 것도 없고, 미국이나 이스라엘, 아랍의 지도자들 가운데 그가 정말로 팔레스타인 사람들을 이스라엘과의 평화 협상 자리로 끌어들일 수 있으리라 믿는 사람은 거의 없다. 아라파트가 아직 몰락하지 않고 있는 이유는 단 한 가지, 아무도 그의 정치적 사망을 인정하려 들지 않기 때문이다. 이스라엘이나 미국도, 또 아랍인들과 그의 보좌관까지 아라파트의 말로를 책임지고 싶어하지 않는다. 바로 그것이 팔레스타인 분쟁이 외교 문제를 벗어나 생물학적인 문제가 된 연유다. 그래서 모두 아라파트가 죽기를 바라고 있다. 그가 요구르트를 먹으며 규칙적으로 낮잠이나 자고 있다는 사실이 정말 안타깝다.

아라파트가 산송장이 된 것은 세 차례나 죽음을 자청했기 때문이다. 첫째, 그는 빌 클린턴 대통령의 평화 제의를 단번에 거절했다. 클린턴 제안은 요르단 강 서안과 가자 지구, 동 예루살렘에 팔레스타인 국가를 세우도록 허용한다는 내용이었다. 그의 제안을 거부한 이유는 일차적으로 아라파트가 가자와 서안 지구에 팔레스타인 국가를 세우려 했을 뿐 아니라, 수십만 명의 팔레스타인 난민들이 1967년 이전처럼 이스라엘로 귀환할 수 있는 권리를 원했기 때문이었다.

중동 문제 전문가인 스티븐 코헨은 다음과 같이 지적한다. "아라파트가 두 개의 팔레스타인 국가를 원했다는 사실이 밝혀지고 있다. 그는 서안과 가자 지구에 팔레스타인 국가를 세우기 위해 이스라엘과의 협상을 원했으며, 또한 장래에 팔레스타인 난민들의 귀환과 그들의 급속한 인구 증가로 이스라엘 내에 팔레스타인 국가가 또 하나 생기기를 바랐다. 이스라엘은 한 개의 국가는 기꺼이 허용하려 했으나 두 나라까지 허용할 수 없었다. 그리고 아라파트는 그런 사실을 팔레스타인 사람들에게 말할 용기가 없었다."

둘째, 아라파트는 캠프 데이비드 협상에서 두 개의 국가안을 관철시킬 수 없게 되자, 팔레스타인 지역 내 군사력 독점을 포기하기로 결정했다. 군사력을 독점한다 함은 한 국가, 또는 '팔레스타인 정권' 의 역할을 한다는 뜻이다. 그런데 아라파트가 군사력 독점을 포기함에 따라서, 하마스나 이슬람 지하드가 이스라엘에 자살 공격을 감행하여 아라파트의 조건을 받아들이도록 압력을 가할 수 있게 되었다. 하지만 아라파트는 그러한 행동에 책임질 필요가 없었다. 이 과정에서 아라파트는 그가 팔레스타인 국가의 책임 있는 수반이 될 수 있으리라는 사람들의 기대를 완전히 무산시키고 말았다. 기회 있을 때마다 자신의 권한을 포기하는 지도자를 누가 신뢰하겠는가?

그리고 마지막으로, 아라파트는 휴전 협정을 준수하고 있다고 주장하면서 다른 한편으로 이라크산 고성능 무기를 실은 '위장 선박' 을 들여옴으로써 이스라엘 온건파의 핵심 주장을 무너뜨렸다. 온건파에 따르면, 서안과 가자 지구가 '비무장 지대' 가 되므로 이스라엘이나 요르단을 위협하지 못한다는 것이 팔레스타인 국가 허용의 근거였다. 중동의 작가 데이비드 마코프스키는 이렇게 말한다. "모든 이들이 아라파트에게 넬슨 만델라가 되기를 기대했지만, 그는 로버트 무가베*임이 드러나고 있다."

이로써 우리에게는 다섯 가지 선택이 남게 되었다.

첫 번째는 아랍 지도자들이 단결하여 아라파트 대신 이스라엘과 협상할 수 있는 적절한 파트너를 내세우고, 이스라엘의 완전 철수에 대한 대가로 범 아랍권 전체의 평화를 보장하는 것이다. 두 번째는, 팔레스타인이 요르단이 되는 것이다. 즉, 이스라엘이 아라파트 대신 요르단을 내세워서 신뢰할 수 있는 유일한 아랍국으로서 서안 지구의 주권을 되찾게 하는 것이다. 세 번째는, 요르단이 팔레스타인이 되는 것이다. 샤론이 서안 지구를 다시 점령하여 팔레스타인 사람들을 요르단으로 몰아내는 방법이다. 네 번째는, 팔레스타인 사람들이 아라파트를 내쫓고, 대신 새로운 지도자를 세워서 책임 있는 평화 협상 파트너이자 당국자로서 팔레스타인의 신뢰를 회복하는 일이다. 그리고 다섯 번째는, NATO가 서안과 가자 지구를 통치하는 것이다.

한편, 이스라엘과 미국의 유대인들에게 충고하고 싶은 말은 너무 점잖은 체하지 말라는 것이다. 그렇다. 아라파트는 지금 신뢰를 잃어 고립되어 있다. 그러나 한 개 이상의 국가를 원하는 사람이 아라파트 한 사람만은 아니란 사실을 숨겨서는 안 된다. 샤론과 유대인들이 서안과 가자 지구에 수많은 정착촌을 건설하고 있음은 바로 아랍인들에게 "우리도 두 개의 국가를 원하고 있소."라고 말하는 것과 다를 바 없기 때문이다. 이스라엘에 하나, 서안과 가자 지구에 하나 이렇게 두 개의 국가다.

지금 이런 숨은 의도를 밝히라고 요구하는 팔레스타인 파트너는 없

＊짐바브웨 대통령인 무가베는 2000년 초 흑인들의 백인농장 불법 점거를 묵인함으로써 토지 분쟁을 둘러싼 흑백갈등을 배후 조종하였다.

다. 그러나 충고하고 싶은 점은, 이러한 정착촌들이 유대인들에게 암적인 요소가 된다는 사실이다. 정착촌은 시오니즘의 구상 전체를 위협하게 된다. 이스라엘이 정착촌을 유지하려 들면, 결국 비유대인 국가나 비민주적인 인종 차별 국가가 생겨날 것이다. 그 국가에는 수많은 팔레스타인 사람들이 거주하게 되며, 또한 옛날의 남아공을 본보기 삼아 수많은 팔레스타인 사람들을 통치할 수밖에 없기 때문이다. 그러므로 진정한 팔레스타인의 평화 협상 파트너가 빨리 나타나도록 성원하자. 여기에 팔레스타인의 장래뿐 아니라 이스라엘의 장래도 달려 있다.

나토의 종말?

2002년 2월 3일

비행기로 아프가니스탄을 드나드는 일은 정말 끔찍하다. 몇 주 전 필자가 카불을 떠나려 했을 때, 악천후로 바그람 공군 기지가 폐쇄되었다. 게다가 유엔군이 비행을 취소하는 바람에 미군 수송기를 얻어 타고 출국할 수밖에 없었다. 그 여행은 내게 진정한 통찰을 얻는 기회가 되었다.

보안상의 이유로 미군 수송기는 야간에만 이착륙이 가능하다. 이착륙 때는, 활주로의 유도등이 전부 꺼지며, C-130기가 적외선 감지기와 레이더의 안내만으로 낮은 구름 아래로 진입하여 착륙하기 직전에 비로소 유도등이 켜진다.

비행기 엔진이 꺼지자마자, 미군들은 눈이 튀어나온 화성인처럼 특수 암시(暗視) 안경을 쓰고 캄캄한 어둠 속에서 화물을 내리고, 싣는 작업을 했다. 작업을 마친 수송기는 활주로를 벗어나는 몇 초 동안만 유도등의 안내를 받을 뿐 완전한 어둠 속에서 이륙했다. 캄캄한 어둠 속에서 암시 장비를 이용하여 이처럼 효율적으로 작전을 전개할 수 있는 공군은 단 하나, 미국 공군밖에 없을 것이다.

미 공군의 작전은 정말 대단하다. 그런데 그 때문에 나토의 동맹 관계가 파괴되고 있다.

그렇다. 사람들의 판단이 옳았다. 나는 카불 이후 브뤼셀 방문 때 나토 본부에서 사람들의 대화가 주로 한 가지 문제에 집중되어 있음을 알게 되었다. 그 한 가지 문제란, 미국이 나토 동맹국들보다 기술적으로 훨씬 앞서 있다는 점이었다. 그 결과, 독자적인 힘만으로 승리를 거둔 아프가니스탄에서 드러난 것처럼, 원거리 전쟁에서 나토 동맹국들의 지원이 점점 필요 없게 되었다. 영국이나 캐나다, 오스트레일리아로부터 조금이나마 지원을 받은 것은 예외적인 경우였다. 여기에 부시 외교진의 일방주의 성향을 더한다면, 나토 국가들이 또 다시 단결하여 싸울 수 있을지에 대해 의문을 제기할 사람들이 훨씬 더 많아질 것이다. 부시 외교진은 본래 미국 작전에 방해가 되거나 활동의 여지를 제한할 수 있는 동맹국들의 지원을 받아 전쟁을 치르고 싶어하지 않는다.

프랑스의 국제 관계 전문가인 도미니크 모아시는 다음과 같이 주장했다.

"1960년대에는 드골 정권이 지배하는 프랑스가 나토의 단결을 위협했고, 2001년에는 럼스펠드가 국방부 장관을 맡고 있는 미국이 똑같은 행동을 하고 있다. 근본적으로 우리 앞에 제기되는 의문은 이런 것이다. 즉, 창설자가 자신이 만든 기구를 신뢰하지 않을 때 그 기구는 어떻게 되는가? 지도국이 '우리가 당신을 부를 테니까 우리를 부르지 말라고. 우리는 근본적으로 당신들을 신뢰하지 않아.' 라고 노골적인 반응을 보인다면 동맹의 의미가 어디 있겠는가? 나토를 전적으로 지지하는 나라가 있다 해도, 미국이 지지하지 않는다면 그 나라인들 어쩌겠는가?"

아프가니스탄과 코소보의 경우에서 알 수 있듯이, 오늘날 현대전을 치르려면 네 가지 중요한 자산이 필요하다. 광범위한 전투 지역에 병력을 배치할 수 있는 여러 대의 대형 수송기. 적지의 표적을 정확하게 명중시킴으로써 전쟁을 단축하고 민간인 사상자를 줄일 수 있는 정밀 유도탄과 미사일. 암시 장비를 이용해 야간 작전을 전개할 수많은 특수 작전 팀, 안전하게 암호화되어 적의 도청이 불가능한 지상 통신 장비와 항공 통신 장비의 그물망.

나토 동맹국 가운데 이 네 가지를 모두 갖춘 나라는 미국밖에 없다. 영국이 미국에 가장 근접해 있고, 독일과 프랑스, 이탈리아는 간신히 경쟁할 만하다. 그밖에 다른 나라들은 형편없는 수준이다. 부분적으로 이것은 유럽의 방위 산업들이 오늘날의 미국만큼 앞서지 못한 탓이다. 또한 부분적으로는 내심 미국의 적들, 특히 부시가 열거한 '악의 축' (이란, 이라크, 북한)에 대해 유럽인이 위협을 느끼지 못하기 때문이다. 따라서 그들은 국방비로 많은 지출을 하고 싶지 않게 된다. 만일 부시 대통령이 연두교서에서 요구한 대로 국방 예산이 증가한다면, 미국 다음으로 국방비 지출이 많은 15개 국가의 국방 예산을 전부 합친 액수와 마찬가지가 된다.

결국, 미국은 나토 동맹국들 사이에서 점차 군사적인 차별주의로 나아가고 있다. 다시 말해, 미국은 메뉴를 정하고 모든 귀한 음식을 요리하는 주방장이 되고, 나토 동맹국들은 주변에서 서성대며 끊임없이 뒷정리나 하면서 평화를 지키는 조수의 역할을 하게 된다는 것이다.

한 프랑스 외교관이 내게 퉁명스럽게 말한 것처럼, "이런 상황이 언제까지 지속되지는 않는다."

그의 말이 옳다. 나토의 문제점은 미국에게 있다.

그러나 유럽이 군사 작전의 비약적인 발전을 진실로 바란다면, 야간 작전을 비롯하여 미국을 능가할 수 있는 항공기와 장비 개발에 투자해야 한다. 그렇지 않으면 일방적인 미국의 태도에 불평을 늘어놓는다 해도 신뢰를 받기 어렵다. 그러나 동시에, 부시 외교진은 나토에서 교토에 이르기까지 일방적인 태도를 조금 자제해야 하며, 어느 곳에서든 독자 행동을 할 의도가 없으며 문제 해결도 다른 나라들과 함께 하고 싶다는 점을 분명히 해야 한다.

솔직히 말해서, 나는 미국이 세계 어느 곳에서든 야간 전투를 벌일 수 있는 능력이 있다는 사실이 기쁘지만, 어디서든 홀로 전투를 벌여야 하는 상황이 오지 않기를 바란다.

친애하는 아랍 연맹 벗들에게

2002년 2월 6일

수신: 호스니 무바라크 대통령, 압둘라 왕세자,
　　　압둘라 왕, 바샤르 알 아사드 대통령,
　　　그밖의 아랍 연맹국
발신: 부시 대통령

친애하는 벗들에게.

여러분들은 내게 현재 아랍 지역을 휩쓸고 있는 반미주의라는 더러운 풍조에 대해서 경고한 바 있소. 그런데 이 반미주의는 내가 중동 외교에서 물러나 이스라엘 샤론 수상에게 백지 수표를 주었다는 추측에서 비롯된 것이오. 그러므로 정확하게 내 입장을 밝히고 싶소. 나는 우리와 관련된 아랍의 문제가 아랍과 이스라엘 역사에 대한 그릇된 이해에서 생겨난다고 믿고 있소. 여러분들은 우리가 이스라엘 사람들을 쥐어짜기만 하면 그들이 당장 굴복하여 무슨 일이든 팔레스타인 사람들이 시키는 대로 할 거라고 생각하고 있을 것이오. 하지만 여러분들은 잘못 생각하고 있소.

우리와 이스라엘 사이에는 힘의 균형이 적절히 이루어져 있지 않지만, 아랍 연맹과 이스라엘은 이루고 있소. 평화에 관한 모든 타결이 이루어진 것은 미국이 이스라엘을 위협했을 때가 아니라, 여러분들이 이스라엘을 구슬렸을 때였소. 다시 말해서, 아랍 지도자들이 이스라엘의 말없는 다수에게 실질적인 철수가 이루어지면 그 대가로 진정한 평화를 보장할 용의가 있음을 분명히 했을 때, 그들은 바로 이스라엘로부터 원하는 것을 얻을 수 있었소. 오슬로 평화회담 때의 이집트의 안와르 사다트와 요르단의 후세인 왕, 아라파트도 다 마찬가지였소.

상기해 보시오. 이스라엘 우파 가운데 일부가 시나이를 전부 사다트에게 반환하는 데 반대했고, 또 일부는 요르단과의 영토 교환에 반대했소. 그리고 여러분들도 알다시피, 많은 이스라엘 사람들이 1, 2차 오슬로 평화회담을 반대했소. 그러나 아랍의 지도자인 여러분들이 실질적인 철수가 이루어지면 그에 대한 보답으로 진정한 평화를 제공하겠다고 이스라엘 주류를 설득했소. 이로써 협상 테이블에서 그들을 당신들 편으로 만들었으며 이스라엘의 거부파도 물리치게 되었소. 실질적인 힘의 균형이란 바로 이런 것이요.

우리는 구경꾼에 지나지 않소. 내가 아니라, 바로 여러분들이 실제로 외교를 재형성할 수 있는 힘을 지닌 사람들이오. 그리고 그 일을 어떻게 해야 하는지에 대해 충고하겠소. 여러분들은 3월에 레바논에서 아랍 연맹 정상 회담을 열게 될 것이오. 나는 여러분들에게 정상 회담에서 다음과 같은 간단한 해결책 하나를 발표하라고 권하는 바이오. "아랍 연맹의 22개 회원국은 이스라엘이(서안, 가자 지구, 예루살렘, 골란 고원에서) 1967년 6월 4일 당시의 국경선으로 완전히 철수하는 대신 이스라엘에 대한 완전한 승인, 외교 관계, 교역 정상화, 안전 보장이 이루어질 것임을 선언한다. 완전 철수에 대한 보답으로 22개 모든 아랍 국가들과의 완전한 평화를 보장한다."

이것이 아랍연맹국들의 입장임을 여러분들 모두가 내게 은밀하게 고백한 바 있는 만큼, 그 입장을 공개적으로 밝히고 이익을 얻는 게 어떠한지? 이것이 바로 오사마 빈 라덴을 매장하고 아랍인들이 진정 누구인가를 세계에 알리는 길일 것이오. 여러분들이 이만한 위험도 감수할 수 없다면, 나 역시 그 일을 해야 할 이유가 없지 않소?

여러분들은 과감하게 나설 필요가 있소. 에후드 바라크는 비록 거칠기는 하지만 이스라엘 평화안을 미국에 제시했으며, 빌 클린턴이 미국의 평화안을 제시해 그 뒤를 이었소. 이제는 아랍의 평화안이 나올 때요. 여러분들이 편안히 앉아서 다른 사람들의 평화안이 나올 적마다 불평이나 늘어놓는 것을 때려치울 때란 말이오. 여러분들이 이스라엘에게서 원하는 것, 점령의 종식뿐 아니라, 여러분들이 함께 그 대가로 주려는 것을 협상 테이블에 내놓을 때요. 아라파트는 혼자서 그 일을 할 수가 없소.

친구들, 나를 괴롭히는 게 무엇인지 알고 있지 않소? 여러분들은 샤론이 마치 외계에서 다시 나타난 듯 여기면서 모든 문제가 그로부터 시작된 것처럼 가장하려 하오. 하지만, 내가 아무런 이유 없이 그를 지지하는 것은 아니오. 그것은 우연히 일어난 일이 아니오. 샤론은 이스라엘 정치에서 수상으로 선출될 만한 인물이 아니었소. 그가 다시 등장할 수 있게 된 것은 바라크와 클린턴의 평화안을 아라파트가 거부하고, 이스라엘 피자 가게에 대한 자살 폭탄 테러와 함께 '인티파타'(봉기)을 시작한 때문이었소. 샤론이 예루살렘의 성전산(Temple Mount)에 감으로써 팔레스타인 사람들에게 도발을 했다고? 그렇게 말할 줄 알았소. 하지만 그 때는 그가 수상이 아니었소. 바라크가 수상이었지. 어떻게 여러분들은 샤론으로 하여금 여러분들에게 도발하게 만들어 팔레스타인 국가 수립을 위한 최고의 기회를 놓칠 수 있었단 말이오?

여러분들 가운데 어떤 사람은 내게 은밀하게 이렇게 묻기도 했소. "우리가 당신 말대로 한다면, 당신은 이스라엘이 긍정적으로 반응하리라는 보장을 할 수 있소?"라고 말이오. 아니, 나는 보장할 수가 없소.

그러나 역사를 통해서 우리가 알 수 있는 사실이 있소. 이스라엘의 말 없는 다수는 지도자에게 아랍 연맹에 동조하도록 강요하며, 지도자가 거부하면 그를 낙선시키고 만다는 거요. 나도 그런 이스라엘 사람들을 지지하겠소.

하지만 내가 보장할 수 있는 것이 한 가지 있소. 여러분들이 평화 보장에 관한 선언을 하지 않는다면, 아무런 변화도 오지 않을 테고, 이스라엘의 침묵하는 다수는 막다른 골목까지 계속 샤론을 따라가리라는 점이오. 그리고 아랍 연맹은 세계의 다른 나라들보다 점점 뒤지게 될 것이오. 친구들, 여러분들은 평화 과정이 단순히 이스라엘과 팔레스타인만의 문제가 아니라는 점을 알고 있을 것이오. 그것은 통합과 교역, 현대화를 원하는 아랍 세계의 모든 진보 세력들을 위한 은폐물이자 동력이었소. 평화 과정이 없었더라면, 진보 세력은 지금쯤 하나도 남지 않고 모조리 자취를 감췄을 거요. 바로 그 때문에 이스라엘 사람들이나 팔레스타인 사람들만큼 아랍 연맹국 모두가 이러한 과정이 필요한 거요. 미래는 내 손이 아니라 여러분 손안에 있소. 그럼 행운을 비오.

퉁명스런 질문에 퉁명스런 대답

런던에서

2002년 2월 10일

미국의 한 외교관이 주최한 런던 주재 아랍인 편집인들을 위한 오찬이 막 끝날 무렵 편집인 한 사람이 나를 돌아보며 말했다. "결례가 되지 않기를 바랍니다만, 떠도는 이야기가 있기에 묻지 않을 수가 없군요. 사우디 아라비아와 이슬람의 명예를 훼손하려는 움직임의 배후에 유대인 언론인들이 있는 겁니까?"

이것은 커피를 마시다가 흔히 듣게 되는 질문이 아니었다. 진지한 아랍인 언론인이 진지한 대답을 들으려고 진지하게 질문한 내용이었다. 나는 전혀 결례가 아니며, 오늘날 아랍-이슬람 세계 어디를 가든 쉽게 듣게 되는 질문이므로 답변하겠다고 말했다.

나는 우선 본능적으로 같은 질문을 되묻고 싶었다. 베이루트와 이스라엘의 유대인 기자들이 앞장서서 샤브라와 샤틸라의 팔레스타인 주민 학살 등을 보도할 때, 왜 아랍 세계에서는 아무도 그 기사에 대해 유대인 음모설을 제기하지 않았는가? 유대인 의원들과 시사 해설가들이 보스니아와 코소보의 이슬람교도들을 구출하기 위해서, 그리고 걸프전에서 이라크의 쿠웨이트 침공을 격퇴하고 사우디 아라비아를 보호하기 위해서 미국 개입을 위한 운동을 전개할 때, 왜 이슬람 세계에서는 아무도 유대인 음모라고 시비를 걸지 않았는가?

실은, 유대인 시사 해설가들과 의원들은 지난 15년 동안 미국의 이슬람교도들을 포함하여 다른 어떤 집단보다 더 노골적으로 이슬람교도 구출을 위한 미국의 군사력 이용을 지지해 왔다.

그러므로 우선, 이슬람교도들이나 사우디 아라비아에 대한 유대인의 음모가 언론에 개입된 일은 전혀 없을 것이다. 오히려 미국인들이 당혹해하는 점은, 15명의 사우디인들이 9·11 공격에 참여했고, 사우디 민간 자선 단체들이 오사마 빈 라덴에게 재정 지원을 했으며, 수백 명의 사우디인들이 아프가니스탄에서 알 카에다와 함께 미국에 대항하여 싸웠다는 사실이다. 그리고 이러한 엄연한 사실들 때문에 그들에 대한 미국의 여론이 악화돼 왔다.

"오늘날 미국인이 느끼는 당혹감에는 타당한 이유가 없고, 미국 언론 매체의 이슬람 비판은 전적으로 유대인의 중상모략전의 결과다." 이러한 입장들을 아랍인과 이슬람교도들이 취한다면 비극이 아닐 수 없다.

어째서 비극인가? 우선, 그것은 아랍-이슬람 세계가 경제 개발, 교육, 과학, 민주화에서 뒤떨어지게 된 모든 원인이 더 심화된다는 얘기이기 때문이다. 한 국민이 자신의 모든 문제를 다른 누군가의 음모로 환원할 때마다, 현재의 상태에 대한 자신과 지도자들의 책임을, 그리고 자기 반성의 필요성을 모두 면제하게 된다. 지금까지 그러한 접근 방법을 가지고 어떤 문명도 번영을 누린 적이 없다. (그리고 여러 명의 용기 있는 아랍 언론인들이 그러한 사실을 지적하기 시작했다.)

다른 누군가를 비난하는 것으로 분석이나 대처 방안을 대신할 수는 없다. (이는 또한 아라파트가 모든 문제의 근원이라고 말하는 이스라엘 사람들에게도 적용된다.) 자기 비판을 포용하는 사회에서만 정치 과정을 통해서 실제적인 문제에 대처할 수 있는 진정한 사실들이 생산된다. 미국이 베트남 전쟁 후에 겪은 자기 분석과 자기 비판, 책임 추궁의 고통스러운 과정을 상기해 보라. 9 · 11 이후는 제외하고, 아랍과 이슬람 국가들 가운데 전쟁 후 그와 비슷한 과정을 거친 나라는 거의 없었다. 자기 비판과 책임 추궁의 과정을 거치지 않고 모든 문제의 배후에 미국이나 유대인이 있다고 결론을 내리는 것은 분석이 아니라 도피주의이다.

둘째, 음모설을 고집하는 것은 미국과 이슬람 세계 사이의 골을 더 깊게 할 뿐이다. 이런 음모설은 미국에 대한 완전한 오해에 근거하고 있기 때문이다. 미국에 대한 이슬람 세계의 일반적인 견해는, 미국이 부유하고 강력한 까닭은 천박하고 물질주의적인 나라라는 것이다. 그리고 미국은 가치에는 관심이 없고 온통 물질에만 관심이 있으므로, 그 물질적 관심이 이스라엘에 있지 않고 아랍에 있는 것은 당연하지 않은가? 유대인들이 틀림없이 모든 것을 조종하고 있다. 이런 식이다.

진실은 그와 정반대다. 미국이 성공하고 부유한 이유는 이 나라가 지닌 여러 가지 가치 때문이다. 미국이 번영하고 있는 까닭은 자유와 개인주의, 여성의 권리를 존중하는 방식 때문이며, 창조성과 실험을 소중히 여기기 때문이다. 그러한 가치들은 결코 마르지 않는 우리의 유전(油田)이다. 미국인들은 그러한 가치들을 함께 하는 사회에 자연히 이끌리게 되며, 그렇지 않은 사회는 멀리하게 된다.

비난에는 두 가지 종류가 있다. 자기 분석과 자기 비판의 결과로서의 비난, 그리고 자기 분석과 자기 비판을 회피하기 위한 시도로서의 비난이다. 우리는 자신들의 모든 결점에 대해 끊임없이 부모 탓만 하는 사람들이 있다는 사실을 알고 있다. 일부는 거기서 벗어나 번영을 누리게 되고, 일부는 결코 벗어나지 못한다. 그들은 분노와 비참함에 젖어 자신의 잠재력을 온전히 성취하지 못하고 일생을 마치게 된다.

당신들보다 더 미친 사람

런던에서

2002년 2월 13일

유럽 신문을 읽노라면, '악의 축'이 세계 평화를 위협하고 있다는 부시 대통령의 공식(公式)을 그 동안 유럽인들이 얼마나 우호적으로 포용해왔는가를 알게 되어 정말 안심이다. 그런데 작은 문제가 하나 있다. 부시 대통령은 악의 축을 이란과 이라크, 북한으로 생각하는 반면, 유럽인들은 그것을 도날드 럼스펠드와 딕 체니, 콘돌리자 라이스로 생각하고 있다는 사실이다.

농담을 하는 게 아니다. 유럽 연합의 외교 정책의 우두머리인 크리스 패튼은 『가디언』지와의 대담에서, 부시의 '악의 축' 개념은 위험할 정도로 "전체주의적이며 단순하고, 사려 깊지 못할 뿐 아니라 전혀 유익하지 못하다. 그리고 미국이 '일방적으로 과도한 공세'를 가하기 전에 유럽인들이 워싱턴 당국을 저지할 필요가 있다."고 말했다.

그렇다면 필자의 생각은 어떠한가? 필자의 생각으로는, 부시 대통령이 악의 축으로 지적한 나라들은 실제로 '축'이 아니라는 비판은 옳으며, 따라서 이 나라들을 싸잡아 몰아붙여서는 안 된다. 또한 이 나라들이 제기하는 위협은 저마다 종류가 다르고, 서로 다른 대응이 필요하다는 비판도 옳다. 미국이 어디서나 독자적으로 전쟁을 벌일 수는 없다는 비판도 옳으며, 미국이 이스라엘과 팔레스타인 사이의 폭력을 끝장내기 위해서 진지한 노력을 개시할 필요가 있다는 비판도 옳다. 폭력은 미국과 아랍의 협력에 대한 희망을 완전히 무산시키기 때문이다.

위에서 말한 비판 내용은 모든 점에서 옳다. 그러나 필자는 부시 대통령이 마땅히 할 말을 했다는 점에서 여전히 기쁘다.

그 이유는 비판자들이 더 중요한 점을 놓치고 있기 때문이다. 그 점을 얘기해 보자. 9·11 테러가 일어난 것은 미국이 억지 능력을 상실한 탓이었다. 미국이 억지력을 상실한 이유는 20년 동안 미국인을 살해한 자들을 응징하거나 처단한 적이 없는 데 있었다. 1983년 4월 베이루트 주재 미국 대사관에 대한 첫 번째 자살 폭탄 테러에서 시작하여, 몇 달 후 베이루트 공항에 있는 해군 막사에 대한 폭탄 공격, TWA 항공기의 공중 납치, 사우디 아라비아 코바르 타워에 주둔한 미군에 대한 공격, 동아프리카에 있는 두 개의 미국 대사관에 대한 자살 폭탄 테러, 예멘의 'USS 콜호'에 대한 공격에 이르기까지, 무고한 미국인들이 살해되었는데도 미국은 아무런 조치도 취하지 않았다.

그래서 미국의 적들은 미국을 점점 더 우습게 보고 더욱 더 대담해졌다. 실로 그들은 너무도 대담해진 나머지 개인들로 이루어진 집단이, 국가가 아니라 개인들로 이루어진 집단이 바로 뒷마당에서 미국을 공격했다. 당연하지 않은가? 테러리스트들과 그들을 보호하는 국가들은 미국을 만만하게 보았으며, 그들이 옳았다. 그들은 자기들이 항상 미국보다 '더 광분할' 수 있다고 생각했으며, 그들이 옳았다. 그들은 미국이 항상 유럽인의 말에 귀를 기울임으로써, 불량국가들을 주먹으로 때려눕히는 대신 '건설적 포용'(constructive engagement)을 선택할 것이라고 생각했다. 그들이 옳았다.

미국의 적들은 미국의 약점을 낱낱이 탐지했으며, 미국은 그 때문에 엄청난 대가를 치렀다.

다음과 같은 베두인족의 옛 전설이 있다. 어느 연로한 베두인족 장로가 칠면조를 잡아먹으면 회춘할 수 있다고 생각했다. 그래서 칠면조를 사다가 천막 곁에 두고 매일 먹이를 잔뜩 주었다. 그런데 어느 날 누군가가 그 칠면조를 훔쳐갔다. 베두인 장로는 아들들을 불러서 이렇게 말했다. "얘들아, 우리가 큰 위험에 처했구나. 누군가가 내 칠면조를 훔쳐갔단다." 아들들이 대답했다. "아버지, 칠면조가 뭐 때문에 필요하세요?"

장로가 말했다. "상관말고, 내 칠면조나 찾아오렴." 그러나 아들들은 아버지의 말을 듣지 않았으며, 그러자 한 달 후 다시 누군가가 장로의 낙타를 훔쳐갔다. 아들이, "어떻게 하죠?" 하고 묻자, 아버지는 대답했다. "내 칠면조나 찾아오너라." 그래도 아들들은 아무런 조치를 취하지 않았다. 몇 주 후 장로의 딸이 강간을 당했다. 아버지가 아들들에게 말했다. "그것은 모두 칠면조 때문이다. 그들이 내 칠면조를 훔쳐갈 수 있다고 생각했을 때, 우리는 모든 걸 잃은 것이다."

미국이 바로 그 베두인 장로이며, 20년 동안 사람들은 미국의 칠면조를 훔쳐 왔다. 유럽인들은 이라크나 이란, 또는 북한에 대한 어떠한 군사적 조치도 찬성하지 않는다. 나도 마찬가지다. 그러나 그들의 대안은 무엇인가? 후세인보다 더 심각한 정신병자인 그의 아들 우다이가 파리를 공격할 생물 무기와 미사일을 갖출 때까지 기다리라는 말인가?

그렇다. '악의 축'이란 개념은 깊은 생각에서 나오지 않았다. 그러나 그 때문에 필자는 그 말을 좋아한다. 악의 축이라는 용어는 거기에 속한 나라들과 그 테러리스트 동료들에게 다음과 같은 말한다. "우리는 당신들이 욕조에서 무슨 수작을 하고 있는지 알고 있다. 우리는 그 수작에 대해 어떻게 대응해야 할지 정확히 알지 못하지만, 우리가 가만히 앉아서 당신들에게 또 다시 봉변을 당하리라고 생각한다면 그건 오산이다. 돈 럼스펠드를 만나 보라. 그는 당신들보다 훨씬 더 미친 사람이다."

부시 외교진의 외교 정책에는 필자가 마땅치 않게 여기는 부분이 많다. 그러나 미국의 억지력을 회복하려는 그들의 의지와, 미국의 적들만큼 광분하는 것은 옳다고 본다. 그것만이 미국이 칠면조를 되찾을 수 있는 유일한 길이다.

사우디 왕세자에게서 온 흥미 있는 신호

사우디 아라비아 리야드에서

2002년 2월 17일

나는 이 달 초 쓴 칼럼에서 아랍 연맹의 22개 회원국들에게 한 가지 제안을 한 바 있다. 3월 27~28일에 열리는 베이루트 정상 회담에서, 난관에 부딪친 이스라엘과 팔레스타인 관계를 타개할 간단명료한 방안을 이스라엘에 제시하자는 내용이다. 1967년 6월 4일 현재의 국경으로 이스라엘이 완전 철수하고 팔레스타인 국가를 수립하는 대가로, 아랍 연맹의 22개 회원국이 이스라엘에 완전한 외교 관계, 교역의 정상화, 안전 보장을 제공하는 것이 그 내용이다. 완전 철수는 이스라엘과 전체 아랍 세계의 완전한 평화를 위해서 유엔 결의안 242호에 따라 이루어진다. 그렇게 하지 못할 이유가 어디 있는가?

나는 지금 방문 목적으로 사우디에 머물고 있다. 이 방문은 15명의 사우디인들이 9·11 공격에 연루된 사실에 비추어 사우디가 전 세계에 스스로를 더욱 확실하게 해명하려는 시도의 일환이다. 그래서 나는 아랍 연맹의 제안이라는 아이디어를 시험해 보기 위해서 사우디 아라비아의 왕세자이자 실질적인 통치자인 압둘라 빈 압둘라지즈 알 사우드와 오찬을 가졌다. 내가 전해들은 바로는, 요르단과 모로코를 비롯하여 주요 아랍 연맹의 관리들 가운데 일부가 은밀하게 이 아이디어를 논의했지만, 큰 나라들 중 하나인 사우디 아라비아나 이집트가 앞장서기 이전이어서 감히 공개적인 발의를 하지 못했다고 한다.

내가 이 방안을 제시하자, 왕세자는 짐짓 경악한 표정으로 나를 바라보며 말했다. "내 책상을 뒤져본 적 있소?"

"그런 적 없습니다." 나는 그가 왜 그런 것을 묻는지 의아해 하며 대답했다.

왕세자가 말했다. "내가 그런 질문을 하는 이유는 내가 염두에 두었던 생각과 정확하게 일치하기 때문이오. 완전한 관계 정상화를 위해서, 유엔 결의안에 따라, 예루살렘 지역을 포함한 모든 점령 지역으로부터 완전 철수, 이러한 입장을 바탕으로 연설 초안을 잡은 바 있어요. 내 본래 생각은 아랍 정상들 앞에서 연설을 하고 그런 계획에 따라 전체 아랍 세계를 동원하려는 것이오. 연설문은 모두 완성되어 내 책상 속에 있어요. 그런데 샤론이 전례 없는 폭력과 억압을 자행하는 바람에 마음을 바꾸게 되었소."

왕세자가 계속 말했다. "그러나 당신에게 말해 줄 것은, 만약 지금 내가 전화로 사람을 불러서 당신에게 연설문을 읽어 주면, 연설 내용이 당신의 제안과 동일하다는 걸 알게 될 거요. 난 아랍인들이 이스라엘 사람들을 거부하거나 경멸하지 않는다는 사실을 이스라엘 사람들에게 명확히 전할 방법을 찾아내고 싶었소. 그러나 아랍인들은 이스라엘 지도자들이 현재 팔레스타인들에게 하고 있는 짓을 혐오하고 있소. 그것은 비인간적이고 억압적인 짓이오. 그리고 난 이런 연설 내용이 이스라엘인들에 대한 그럴 듯한 신호가 될 수 있다고 생각하오."

그렇다. 나는 사우디 아라비아의 왕세자가 이런 노선을 따라 생각하고 있음을 알게 되어 기쁘다. 그러나 우리는 과거에 아랍 지도자들로부터 이런 저런 일을 하려고 했지만 샤론이나 다른 이스라엘 지도자 때문에 하지 못했다는 말을 수없이 들어 왔다. 조금만 생각해도 진지하게 받아들이기가 어렵다. 그래서 나는, 샤론과 팔레스타인들이 아랍 정상 회담 전에 휴전에 합의한다면 어떻게 하겠냐고 물었다.

왕세자가 말했다. "연설문은 완성되어 있고, 아직도 내 책상 속에 있다는 말을 해주고 싶소."

나는 과장하거나 비현실적인 희망을 곁들이지 않고 가능한 모든 대화 내용을 솔직하게 전하고 있다. 왕세자의 말 가운데 흥미를 끄는 것은 단지 그의 생각만이 아니라 비공개 대화 중에 그런 생각이 많이 나왔다는 사실이었다. 실제로 연설이 이루어진다면, 이전에 아랍 연맹에서 제시한 그 어떤 제안보다 훨씬 진보적인 내용이 될 것이다. 나는 왕세자에게 비록 초안 형태지만, 이 안에 그토록 강한 의욕을 가지고 있다면 공개적으로 밝히는 게 어떻겠느냐고 제안했다. 그래야만 누구든지 그 안을 진지하게 받아들일 게 아닌가. 그는 고려해 보겠다고 말했다. 다음 날 그의 사무실에서 전화를 걸어 왔고, 왕세자의 말을 인용한 내용을 검토하였으며, 그의 안을 공개하라는 허락이 떨어졌다. 그래서 여기에 대화 내용을 싣게 되었다.

압둘라 왕세자는 사우디 지도자들 가운데 가장 완강한 아랍 민족주의자이자 가장 청렴한 인물로 알려져 있다. 그는 사우디 왕국 안팎에 강력한 추종 세력이 있으며, 만약 그가 그런 연설을 한다면, 이스라엘은 물론 아랍의 여론에 실질적인 영향을 미치게 될 것이다. 압둘라 왕세자는, 부시 대통령이 중동 평화를 위해 새로운 주도권을 행사한다면, 그와 다른 아랍 지도자들도 같은 조치를 취할 준비가 되어 있다는 신호를 보낸 듯하다.

나는 또한 왕세자와의 인터뷰 중에 15명의 사우디 사람들이 9·11 사태에 연루된 사실에 대해서 미국에 사과하지 않는 이유를 물어보았다.

그는 다음과 같이 답변했다. "우리는 오랫동안 절친한 친구 사이로 지내왔으며, 미국이 우리를 의심하리라는 생각은 해본 적이 없소. 빈 라덴과 그 부하들의 이 공격이 우리에 대한 공격이기도 하며, 미국과 사우디 관계에 타격을 가하려는 시도라고 생각했소. 우리는 그 사건으로 깊은 슬픔을 느꼈으며, 양국 사이에 긴장으로 이어지지 않기를 기대했소. 그러나 이제 사건에 대한 우리의 반응이 적절치 않다는 걸 알게 되었소. ……우리의 유감 표명이 그다지 늦은 건 아니오."

왕세자는 '악의 축'과 이라크에 대한 미국의 군사 공격의 가능성에 대해 다음과 같이 말했다. "이란이나 이라크에 대한 어떠한 공격도 사려 깊지 못한 행동이오. 미국이나 그 지역, 또는 전 세계에 이익을 가져다주지 못하기 때문이오. 위험이 현존한다는 확실한 증거도 없잖소. 이라크는 현재 조사단의 방문을 신중히 고려하고 있으며, 미국도 방문을 추진해야 할 것이오. 조사단은 이라크가 과연 유엔 결의안을 따르고 있는지를 판단할 수 있을 거요."

사우디의 도전

사우디 아라비아 지다에서

2002년 2월 20일

나는 지난 번 방문 이후 사우디 아라비아가 큰 변화를 겪었다는 사실을 알 수 있었다. 그런 사실을 알게 된 것은 쉐라톤 호텔에 투숙해 접수계원이 사우디 사람임을 발견했을 때였다. 5년 전만 해도, 호텔 소유주는 사우디 사람이었지만, 접수계원들과 주요 직원들은 모두 필리핀이나 파키스탄, 또는 레바논에서 수입한 노동력이었다. 그러나 이제는 상황이 달라졌다.

현재 오일 붐이 끝난 가운데, 사우디 경제는 이제 한때 전 국민에게 정부의 일자리 보장했던 사회복지 망을 제공할 여유가 없게 되었다. 1980년 이후 세계에서 가장 높은 출생률과 더불어 가족 계획이 전무한 탓에, 사우디 아라비아 인구가 7백만 명에서 1천9백만 명으로 폭발적으로 증가했다.

한편 1인당 석유 소득은 오일 붐의 절정기였던 1981년에 1만 9천 달러였던 것이 현재 7천3백 달러로 떨어졌다. 확대 가족 또는 비대해진 정부 기관들을 유지하기 위한 재정 지출이 줄어든 가운데, 수백만 명의 사우디 국민들이 현재 실업이나 불완전 고용 상태에 있거나, 이전에 거들떠보지도 않았던 직종에 종사하고 있다.

국내 실업자를 모두 흡수하려면, 사우디 아라비아는 인간 유전을 개발하는 법부터 배워야 한다. 다시 말하면, 유전 개발을 위해 상당한 사회 간접 자본을 건설했지만, 그것으로 미래를 보장할 수는 없다. 유전을 통해서가 아니라, 학교를 개혁하여 두뇌를 통해서 부를 혁신하고 창조할 수 있는 젊은이들을 육성할 수 있을 때만이 사우디 아라비아는 번영을 누리게 된다.

개혁은 학생 정원이 너무 많은 대학들을 개조하는 것을 의미한다. 대학들은 현재 이슬람학이나 교양 학문의 졸업생들은 무수히 배출하는 반면, 현대 경제에 필요한 공업 기술을 갖춘 인력은 거의 배출하지 못하고 있다. 또한 개혁은 일자리 창출을 위해 외국 투자자들을 끌어들이기 위해서 법적인 제도를 혁신하는 것을 뜻한다. 법적 제도의 혁신은 실질적인 투명성, 법의 지배, 사법부의 독립, 부패 방지 조치 등을 뜻한다.

이런 변화가 없으면 이 나라는 점점 가난해지게 되어 있다. 인구의 40퍼센트가 14세 이하며, 이는 인구의 가장 많은 부분이 아직 노동 시장에 진출하지 못했음을 의미한다. 이러한 상황은 시한 폭탄이 될 수 있다. 지난 12월 라마단 마지막 날 지다 해안 도로에서 젊은이들 사이에 싸움이 벌어졌다. 싸움 중에 군중들이 경찰에 맞서 반정부 구호와 반미 구호를 외쳤다. 이로 인해 3백 명이 체포되었다.

좋은 소식이 있다. 지금까지와 달리 영어 교육을 7학년이 아닌 4학년부터 시작하는 새로운 제도에 관한 조치가 9·11 이전에 이미 취해졌다. 또한 이슬람 지역을 넘어 전 세계에 관해 더 많은 지식을 가르치기 위한 조치도 취해졌다. 새로운 교육 제도는 내년부터 실시될 예정이다. 그러나 기계적인 이슬람 교육을 위한 강의 시각이 더 확대된 지금의 상태로는, 학생들에게 다른 여러 분야에서 독자적인 사고를 하도록 만들기는 쉽지 않다. 벌써부터 보수파들은 불평을 늘어놓고 있다.

교과 과정 담당 교육부 차관인 칼리드 알 아와드는 이렇게 말했다. "우리의 교육제도는 중대한 변화 과정에 있습니다. 새로운 제도는 '세계적으로 생각하고 지역적으로 행동하라' 는 이념에 바탕을 두게 됩니다."

나쁜 소식도 있다. 알 사우드 왕족 가운데 개혁주의적인 정신을 지니고 부패에 물들지 않은 유일한 최고 지도자가 연로한 압둘라 왕세자라는 사실이다. 그는 형제들이나 전통주의자들 때문에 곤경에 처하는 경우가 많다. 왕세자가 여성의 운전을 허용하자는 제안을 했을 때도 보수주의자들의 저항에 부딪쳤다. 여성의 운전을 허용하면 여성을 수송하기 위해서 50만 명의 외국인 운전사를 고용할 필요가 없게 되는데도 말이다.

이것은 운전사를 고용할 여유가 없는 중산 계급 사람에게도 문제가 된다. 한 사우디인 사업가는 이렇게 말했다. "우리 운전사는 딸을 셋 두고 있어서, 딸들을 통학시키는 일을 비롯하여 이런저런 일 때문에 끊임없이 자리를 비웁니다. 생산성에 지장이 많아요." 운전사도 없이 딸만 셋 둔 사우디 남자가 된다고 한번 상상해 보라. 스테로이드를 복용한 축구선수처럼 미친 듯이 뛰어다녀야 할 것이다.

이 곳의 지도자들은 평화를 유지하기 위해서 점진적인 '사우디 식으로' 변화시키려 하지만, 그런 변화는 더 이상 가능할 것 같지 않다. 알리 알 나이미 석유 장관은 이렇게 반문했다. "미국이라면 시간을 가지고 사람들을 변화시킬 수 있겠지만, 우리에게 시간이 어디 있습니까? 세계화로 인해 우리에게는 시간이 없다고 생각합니다. 우리는 지금 수정 구슬 속에 살고 있어요. 사람들은 저마다 텔레비전 화면을 통해서 전 세계에서 일어나는 일을 보고 있습니다."

미국은 사우디의 성공에 이해관계가 있다. 9·11 테러에 가담한 15

명의 항공기 납치범들 중에 거의 모두가 빈곤 지역의 하나인 아시르 출신이었으며, 아시르는 최근에 급속한 현대화를 겪었지만 사회적으로는 분열된 도시다. 중산 계급의 한 사우디인은 내게 이렇게 말했다. "이 곳의 문제는 이슬람이 아닙니다. 문제는 일자리도 없고, 대학도 갈 수 없으며, 이슬람 사원 외에는 아무데도 갈 곳이 없는 젊은이가 너무 많다는 겁니다. 그런데 사원에서는 일부 급진적인 성직자들이 그들의 머리 속에 미국에 대한 분노만 잔뜩 불어넣고 있죠. 지금 가정마다 실업자가 두서너 명씩 있습니다. 이것이 진짜 문제죠."

사우디 아라비아 여행

2002년 2월 24일

얼마 전 호텔에서 승강기를 타고 내려가는데 바로 다음 층에서 사우디 신사 한 명이 들어왔다. 그는 사우디 전통 의상에 붉은 머리 장식을 하고 있었으며, 나는 양복에 넥타이를 매고 있었다. 그가 잠시 나를 아래위로 훑어보다가, "미국인이십니까?" 하고 물었다. 나는 그렇다고 대답했다. 그러자 그는 커다란 손을 내게 내밀더니 온화한 미소를 지으며 말했다. "사우디인입니다." 그것은 친절한 몸짓이었으며, "우리는 여전히 당신들을 좋아합니다. 당신들도 변함없이 우리를 좋아하기를 바랍니다."라는 뜻이었다.

8일 동안 대담을 가지면서 기억할 만한 만남이 많았지만, 모두가 친절하지는 않았다. 내가 배운 건, 이 곳이 믿을 수 없을 만큼 고립된 지역이라는 사실이다. 여러 세기 동안 사막 때문에 외부인이 접근할 수 없었고, 그러다가 오일 달러가 들어오면서 사우디 사람들은 자기들 입맛에 따라 세계를 받아들이는 사치를 누렸으며, 사우디 사회에 받아들여진 사람들은 사우디인에게 듣기 좋은 말만 전하는 경우가 많았다.

하지만 9·11 이후, 그리고 비행기 납치범 가운데 15명이 사우디인이었다는 사실이 밝혀지자, 전 세계 사람들이 비자 없이 사우디 아라비아의 문을 박차고 들이닥쳤다. 갑자기 사우디 사람들은 그들에게 공손할 필요가 없는 많은 외국인들이 사우디를 어떻게 생각하는지를 생생하게 알게 되었다. 사우디는 돈과 이슬람 이념의 원천이자, 현재 미국을 위협하는 사람들의 고향이었다.

이로 인해 많은 사우디인들이 충격을 받았다. 이들은 나를 환대했지만, 자신들의 고통 때문에 나를 괴롭게 했다. 한 여의사도 내게 자신의 고통을 호소했다. 그녀는 한때 사람들의 부러움을 샀던 그녀의 사우디 여권을 외국 국경 경찰이 두 번씩이나 살펴보았을 때 느꼈던 수치심을 토로했다. 그리고 사우디 사람들이 '온순한 사람들'이라는 사실을 내가 이해해 주기를 얼마나 간절히 바랐는지 모른다. 또한 한 고위 관리는 인터뷰 끝에 이렇게 물었다. "우리는 어떻게 될까요?" 여기서 우리는 미국식 교육을 받은 수천 명의 사우디인들을 가리킨다. 그들은, 미국의 혜택을 누리고, 미국으로 자녀들을 유학 보내고, 미국에서 휴가를 즐기며 살다가, 이제는 심각한 정체성 분열의 위기를 느끼게 된 사람들이다.

가장 열정적인 고백을 들은 것은 사우디의 한 여자 교수로부터였다. (베일에 속지 말라. 사우디에서 나를 가장 감동시킨 것은 여자들이었다.) 그녀가 『오카즈』 신문 사무실에서 이슬람이 자신의 정체성에 얼마나 중요하며, 외국인이 자신의 신앙을 모독하고 오해하는 모습을 보고 얼마나 깊은 상처를 받았는지를 얘기했을 때 나는 거의 눈물을 흘릴 뻔했다.

그러나 그들도 역시 내 고통을 들어주었다. 15명의 사우디인이 미국에 와서 3천 명의 미국인을 살해하도록 도왔으며, 오늘날까지 사우디 아라비아는 비행기 납치범들이 누구며 그들의 동기가 무엇이었는지에 대해서 한 번도 설명한 적이 없다는 사실 때문에 생긴 내 고통 말이다. 내가 들은 것은 기껏해야 납치범들이 '성격 이상자들'이라는 답변뿐이었다. 그런데 성격 이상자에는 두 부류가 있다. 주변의 모든 사람들이 믿는 것을 똑같이 믿으면서, 그 믿음에 따라 행동한다는 사실 외에는 아무 이상이 없는 성격 이상자가 있는가 하면, 아무도 믿지 않는 것을 믿는 성격 이상자가 있다. 내가 만난 이 곳의 미국 병원 직원은, 주변에 있는 사우디인 의사들과 간호사들이 9·11을 축하하는 모습을 보고 전율을 느꼈다고 말했다. 나는 사우디 사람들에게 물었다. 비행기 납치범이 성격 이상자라면, 그 병원 직원이 사우디 의사들과 간호사들의 축하 장면을 보고 전율을 느낀 것은 무엇 때문인가?

나는 이것이 사우디 사람들의 진정한 감정이 아니었다는 답변을 들었다. 납치범들이 실제로 미국에서 교육을 받았다는 답변도 있었으며, 그들이 모사드나 CIA에서 보낸 사람들이었다는 답변도 있었다. 어떤 회의에서는 유대인들이 미국을 지배하고 있으며, 그것이 진정한 문제라는 답변을 듣기도 했다. 나는 그런 주장을 듣고 자리를 박차고 나와 버렸다. 또한 비행기 납치범들은 팔레스타인 사람들을 억압하는 이스라엘의 야만 행위에 대한 미국의 맹목적인 지지에 분노하는 아랍의 정서를 반영하고 있다는 답변을 듣기도 했다. 정말 그렇다면, 무엇 때문에 오사마 빈 라덴은 미국을 아라비아에서 몰아내고 부패한 사우디 왕족을 무너뜨리려는 열망이 자신의 동기라고 공언하고 있는가? 이 질문에 대해서는 그럴듯한 답변을 듣지 못했다.

만약 내가 미국에서 교육을 받은 몇몇 사우디인을 만나지 못했더라면, 미국과 사우디 사이의 문화적 차이는 결코 극복할 수 없다는 결론을 내렸을 것이다. 그런데 이 사우디인은 나와 단둘이 있을 때 내 생각이 진실이라고 고백했다. 한 사람은 다음과 같이 말했다. "사우디에서는 부족 의식이 아주 강합니다. 사막에서는 부족이 공격받을 때 하나로 뭉치지요. 그렇지 않으면 죽거든요. 사람들은 우리의 이슬람 교육 제도에 문제가 있다는 사실을 알고 있습니다. 그들 중 일부는 당신이 문제를 제기해서 반가워합니다. 그렇지만 그들은 피해의식을 느끼고 있기 때문에 당신을 솔직하게 대하지 않거나, 당신의 요구 때문에 개혁을 하는 체할 겁니다. 교과서는 문제가 없어요. 금요일 예배를 이용하여 젊은이들에게 미국이 이슬람을 파괴하려 한다고 설교하는 성직자들이 문제죠."

"9·11 이전에는 정부가 이 성직자들이 설교 차원을 벗어나지 않는다고 생각했기 때문에 그대로 방치해 두었죠. 이제는 성직자들이 정부를 다루려고 합니다. 이들을 통제할 필요가 있어요. 그러나 그런 일은 은밀하게 이루어져야 합니다. 국외자에게 '당신은 어떤 문제에 봉착해 있소.'라고 절대 말해서는 안 됩니다. 아니, 우리가 문제점을 고쳐야 한다, 우리가 문제를 바로잡아야 한다고 말합니다. 자신의 문제는 자신이 고쳐야 하니까요. 부족주의적인 사고를 극복할 때까지, 우리는 절대로 발전하지 못할 것입니다."

하나의 국가, 두 개의 미래

사우디 아라비아 리야드에서

2002년 2월 27일

사우디 아라비아의 한 친지가 내게 들려 준 이야기다. 친지가 자동차로 시골을 여행하다가 길이 조금 헛갈렸다. 그는 자동차 한 대가 지나가서 방향을 물어보려고 가까이 접근했다. 그런데 가까이 다가갈 때마다 차가 쏜살같이 달아났다. 마침내 차를 따라잡자 차가 정지했다. 그런데 겁을 먹은 운전자가 차에서 뛰쳐나와 도망을 쳐버렸다. 그 운전자는 남자 옷을 입은 사우디 여자였던 것이다. 여성 운전이 불법인 나라에서 숙녀가 운전을 할 수 있는 유일한 방법은 남장뿐이다.

이 얘기는, 사우디에서는 모든 게 이론과 실제가 다르다는 사실을 일깨워주는 좋은 사례다. 그러므로 사우디 아라비아의 미래를 예측하는 일은 대단히 부정확한 학문이 된다. 따라서 나는 사우디 아라비아의 미래에 대해서는 두 가지 모델이 가능하다는 결론을 내렸다. 나는 그 둘을 '소비에트 학파'와 '중국 학파'로 명명했다.

소비에트 학파의 주장에 따르면, 사우디 아라비아는 이슬람판 소련이다. 소련처럼 개혁이 절대 불가능한 절대 군주제다. 이 정권의 핵심은 알 사우드 왕족이 이끄는 현대적이지만 부패한 신정(神政)과, 알 사우드 왕족에 합법성을 부여하는 극보수파인 와하비 종교 체제의 동맹이다. 이 정권을 개혁하려는 순간, 체제 전체가 와해되고 말 것이다.

소비에트 학파의 견해는 다음과 같다. 지배층인 알 사우드 형제들은 옛 소련 정치국에 해당하며, 1만 5천 명의 알 사우드 왕자들과 그 친척들은 공산당과 같다. 청교도적인 사우디 아라비아판 이슬람인 와하비즘을 알 사우드 왕족이 아라비아 반도의 40개 종족 분파를 통일하는 데 이용하고 있다. 마치 레닌이 공산주의를 이용하여 1백 개의 민족 분파와 그 이웃 공화국들을 통일한 것과 마찬가지다. 오사마 빈 라덴은, 임금님이 벌거벗었다고 외치며 체제 밖으로 뛰쳐나간 안드레이 사하로프를 닮은 악당일 뿐이다. 사하로프는 고르키로 추방당했고, 빈 라덴은 카불로 추방당했다. 그리고 결국 두 체제는 모두 불행한 전쟁 끝에 몰락했다. 어디서냐고? 바로 아프가니스탄에서다.

이슬람 세계 지배를 둘러싼 사우디와 이란의 치열한 경쟁은 공산주의 세계 지배를 위한 소련과 중국의 경쟁과 흡사하다. 두 나라는, 파키스탄에서 인도네시아까지, 서로 경쟁하는 보수적인 이슬람학파들과 사원들에 대해 경쟁적으로 재정을 지원하고 있다.

소비에트 학파의 결론이다. 사우디 아라비아는 5년만 있으면 인구 폭발, 1인당 소득 저하, 숙련 노동자 창출과 외국 투자자 유인을 위한 교육 개혁의 필요성, 과도한 국방비 지출, 위성 텔레비전과 인터넷 등이 결합하여 사우디 왕족 체제를 붕괴시킬 것이다. 이 또한 소련의 경우와 흡사하다.

이와 달리, 중국 학파는 다음과 같은 가정으로 출발한다. 사우디 아라비아는, 이론상으로는 납득할 수 없지만 실제로는 완충장치와 안전장치가 많아서, 중국처럼 모순돼 보이는 두 가지 정책을 동시에 추구할 수 있는 나라다. 중국에서는 공산주의와 자본주의가 그것이고, 사우디 아라비아에서는 와하비즘과 급속한 현대화가 그것이다. 중국의 경우 막대한 외국인 직접 투자에 해당하는 것이 사우디 아라비아의 경우는 석유다. 자연 자원 덕분에 체제는 많은 불만을 돈으로 해결할 수 있고, 국민들은 체제를 속일 수 있으며, 그럼으로써 폐쇄된 상태에서 갈등을 완화하게 된다. 중국 학파에서 사우디 아라비아의 압둘라 왕세자는 중국의 개혁주의 수상인 주룽지에 해당한다. 특히 주 수상과 마찬가지로 압둘라 왕세자는 법의 지배와 투명성에 대한 외부 압력을 창출하기 위해서 사우디 아라비아를 WTO에 가입시키려고 노력하고 있다. 그러나 이러한 움직임은 현상 유지로 이득을 얻는 부패한 엘리트 집단의 저항을 받고 있다.

끝으로, 중국 지배층과 마찬가지로, 사우디 지배 엘리트는 권력을 유지하는 법을 알고 있으며, 권력 유지를 위해 필요한 조치를 모두 취할 것이다. 중국의 경우 그것은 자본가들의 공산당 가입과 천안문 학생 시위에 대한 탄압을 의미했으며, 사우디 아라비아는 급진적인 이슬람주의자들과의 대결을 의미했다. 마치 얼마 전 알 사우드 왕족이 라디오, 텔레비전, 여성 교육의 도입을 원했을 때 그랬던 것처럼 말이다.

사우디 군주제는 중국의 지도자들처럼 중산층 사람들의 지지를 얻을 수 있다. 지지를 얻는 방법은 중산층 매수 외에도, 다른 대안은 혼란이나 극단주의자들을 불러올 것이라고 국민들을 위협하는 방법이 있다.

중국 학파는 사우디 아라비아가 5년 후 붕괴한다는 견해를 받아들이지 않는다. 대신, 지난 50년 동안 누군가가 5년마다 한 번씩 사우디 아라비아의 수명이 5년밖에 남지 않았다는 연구를 제시해 왔다는 점을 지적한다. 나는 어느 학파에 걸겠느냐고? 5년 후에 물어 보라.

이념의 벽

2002년 3월 3일

나는 지난 6주 동안 아랍-이슬람 세계를 두루 여행하면서 9·11 사태와, 미국과 이슬람 세계의 관계에 관해서 사람들과 대화를 나누었다. 그래서 귀국한 뒤 국방성에서 미국의 반 테러 운동을 촉진할 수 있는 헛소문 유포를 고려하고 있다는 기사를 읽고 웃어야 할지 울어야 할지 갈피를 잡을 수 없었다. 내가 갈피를 잡지 못한 이유는, 요즘 아랍-이슬람 세계에서 5분만 지내 봐도, 그 곳 사람들은 우리가 진실을 말해도 믿지 않는다는 사실을 당장 알게 되기 때문이다. 그들이 우리의 거짓말을 믿어줄지 모른다는 생각은 어이없는 착각이다. (다행히, 국방성에서 이 아이디어를 포기했다.)

신사 숙녀 여러분, 1989년에 베를린 장벽이 무너졌으며, 장벽 반대편에서 우리는 우리의 이상과 인식을 받아들이는 수백만 명의 사람들이 있음을 발견했다. 그런데, 오늘날 세계에는 또 다른 장벽이 있다. 그것은 땅위에 있지 않고 사람들 머릿속에 있다. 그리고 그 장벽이 미국과 아랍-이슬람 세계를 갈라놓고 있다. 하지만 베를린 장벽과 달리, 이 장벽은 미국과 아랍-이슬람 양측에 의해서 세워졌고, 양측에 의해서만 무너질 수 있다.

이집트, 사우디 아라비아, 파키스탄, 어디든 가보라. 여러분은 이 장벽에 머리를 부딪치게 될 것이다. 여러분은 이슬람 테러리즘이 문제라고 말한다. 반면 그들은 팔레스타인 사람들에 대한 이스라엘의 야만 행위가 문제라고 말할 것이다. 여러분이 미국이 아프가니스탄 사람들을 탈레반 정권으로부터 해방시켰다고 말한다. 반면 그들은 미국이 무고한 아프가니스탄 민간인들을 폭격했다고 말할 것이다. 여러분이 사담 후세인은 악마라고 하면, 그들은 아리엘 샤론이 더 악마라고 할 것이다. 여러분이 미국은 민주주의 국가라고 말한다. 반면 그들은 유대인들이 언론 매체와 정치를 지배하는 나라라고 말할 것이다. 여러분이 클린턴 대통령은 임기 말기를 팔레스타인 국가 창설에 바쳤다고 말한다. 그러면 그들은 미국이 그런 계획을 보여준 적이 없다고 말할 것이다. 여러분이 그들의 민주주의 결핍이 문제라고 말한다. 반면 그들은 미국이 그런 종류의 정권을 지지하는 것을 감안할 때 미국이 선호하는 체제임이 틀림없다고 말할 것이다.

지난 주에 있었던 9개 이슬람 국가에 대한 갤럽 조사가 있었다. 이에 따르면 이슬람교도의 61퍼센트가 9·11 사건에 아랍인이 연루되지 않았다고 믿고 있으며, 53퍼센트는 미국을 비우호적으로 보았다. 내 경험으로 미루어 볼 때 조사 결과 가운데 단 한 가지 놀랄 만한 사실은, 수치가 예상보다 낮다는 점이다.

이러한 이념의 철벽은 어떻게 만들어졌을까? 많은 나라들에 의해 만들어졌다. 우선 미국부터 시작해 보자. 미국인은 지금까지 아랍인들과 이슬람교도들에게 미국인이 누구인가를 설명하는 데 대단히 서툴렀다. 미국의 외교관들은 지난 10년 동안 미국이 보스니아, 코소보, 소말리아, 쿠웨이트의 이슬람교도들을 구하기 위해서 어떻게 싸워 왔는가를 끈기 있게 지적한 적이 있는가?

미국은 다음과 같은 내용을 전 세계에 정확하게 설명한 적이 있는가? 아라파트가 거부한 클린턴 평화안이 받아들여졌더라면, 팔레스타인 사람들의 요구가 거의 100퍼센트 반영된 팔레스타인 국가가 세워질 수 있었다는 사실 말이다.

이스라엘이 미국의 친구인 것은 민주주의 국가이기 때문이라는 미국 관리들의 말은 옳다. 그러나 30년 동안 이 관리들은 점령 지역의 이스라엘 정착촌에 대해 공개적으로 반대하지 못했다. 유대인 정착촌을 제한하지 않을 경우 유대인 민주주의 국가로서의 이스라엘을 파탄시키고, 팔레스타인 사람들에게서 국가 건설의 가능성마저 빼앗으리라는 점을 잘 알고 있으면서도 말이다. 미국은 우리의 가치들, 즉 민주주의와 자유, 여성의 권리를 아랍–이슬람 세계에 강요한 적이 있는가? 없다. 미국은 중국이나 북한에만 그런 요구를 했을 뿐, 미국이 필요한 석유나 기지를 보유한 나라들에는 한 번도 요구한 적이 없다. 아랍–이슬람 세계의 일부 사람들이 우리를 위선자로 여기는 것은 너무나 당연하지 않은가?

그러나 아랍–이슬람 국가들도 이 장벽을 세우는 일을 거들었다. 그 지도자들은 자신들을 향한 국민들의 분노를 딴 곳으로 돌리는 방법을 구사했다. 언론으로 하여금 야비한 반 유대인 기사와 제2차 세계대전 시 유대인 학살에 대한 부인 기사는 물론, 미국에 관한 터무니없는 거짓말을 퍼트리도록 조장해 왔다. 그것이 바로 이 정권들이 이제 미국과 공개적으로 협력할 수 없는 이유다. 그리고 그들은 미국과 이스라엘에 관한 음모론을 자신들의 반성을 회피하기 위한 편리한 구실로 삼아 왔다. 또한 음모론을 구실로 다음과 같은 질문도 회피해 왔다. 오일달러라는 기막힌 횡재를 하고도 국민들의 광범한 잠재력을 개발할 수 있는 사회를 건설하지 못한 것은 어찌된 까닭인가?

다음 주 아랍–이슬람의 주요 지도자인 이집트의 호스니 무바라크 대통령이 여기서 부시 대통령을 만날 예정이다. 틀림없이 그는 이집트가 대 테러 전쟁에서 미국을 지원하기 위해 은밀하게 전개하고 있는 온갖 대단한 일들을 속삭여댈 것이다. 그리고 미국도 여기에 맞장구를 칠 것이다. 그러나 미국에게 필요한 건 그런 것이 아니다.

무바라크 대통령은 빈 라덴주의에 반격할 수 있는 진보적이고 현대적인 아랍-이슬람 비전을 분명하게 공표해야 한다. 또한 이집트로 하여금 미국과 함께 나아가게 하되, 과거에 대한 집착을 끊고 아랍 세계를 미래로 이끌어 가게 해야 한다. 부시 대통령 또한 이집트 국민들은 물론 아랍 사회(지배층만이 아닌)에 대해 어떻게 하면 미래가 아랍인들의 것이 될 수 있는지에 대해 설명해야 한다.

호스니 무바라크여, 조지 부시여, 이 장벽을 무너뜨려라.

이슬람 세계 분노의 핵심

2002년 3월 6일

최근에 인도의 힌두교도들과 이슬람교도들 사이에 일어난 폭력 사태로 죽은 사람이 544명에 이르며, 그 가운데 많은 사람이 이슬람교도다. 힌두교도가 수백 명의 이슬람교도를 죽여도 아랍의 언론 매체에서는 감정적으로 별다른 반응이 없다. 그러나 이슬람교도들에 의해 유대인도 죽임을 당한 전쟁에서 이스라엘이 이슬람교도를 열 명쯤 죽이면 이슬람 세계가 온통 분노에 휩싸이는 건 왜일까?

내가 이런 점을 지적하는 이유는 일부 얼빠진 언론을 비판하거나 천박한 아랍 공격에 가담하려는 게 아니다. 최근 몇 주 동안, 아랍의 이슬람교도들이 매일 밤 텔레비전 화면을 통해서 팔레스타인 사람들에 대한 이스라엘 사람들의 만행을 보고 느낀 고통을 내게 토로할 때마다, 나는 다음과 같이 되물어 보았다. 왜 당신들은 팔레스타인 사람들에 대한 이스라엘 사람들의 만행에 대해서는 그토록 고통을 느끼면서, 사담 후세인이 살인과 공포, 독가스를 이용하여 두 세대 이상 이라크 사람들을 탄압해 온 만행에 대해서는 한 마디도 하지 않는가? 나는 답을 얻지 못했다.

그 이유는, 진정한 해답이 아주 깊숙한 곳에 뿌리박고 있기 때문이다. 진정한 해답은 이슬람의 자기 인식과 현실 상황의 괴리에 놓여 있다. 이슬람은 세 개의 위대한 일신교(유대교, 기독교, 이슬람교) 가운데 가장 이상적이고 완전한 종교라고 인식하고 있는 반면, 오늘날 대부분의 이슬람교도들은 가난과 억압, 저개발 상태에서 살고 있다.

중동에 주재하는 한 미국 외교관이 내게 말한 것처럼, 이라크나 인도 같은 큰 나라가 아니라, 바로 이스라엘이 "이슬람교도들에게 그들의 무력감을 끊임없이 일깨워주고 있다." 기독교나 유대교보다 이슬람이 가장 이상적인 하나님의 종교라면, 어떻게 조그만 유대인 국가가 그처럼 대단한 군사력과 경제력을 축적할 수 있었는가?

힌두교도가 이슬람교도를 살해해도 얘깃거리가 되지 않는 까닭은, 힌두교도가 10억에 달할 뿐 아니라 그들은 이슬람 세계에 속하지 않기 때문이다. 또 후세인이 자기 국민을 살해해도 얘깃거리가 되지 않는 건 아랍-이슬람 세계의 내부 사건이기 때문이다. 그러나 이스라엘의 보잘것없는 유대인 집단이 이슬람교도를 살해하면 당장 분노를 불러일으킨다. 이 분노는 이슬람교도로서의 자기 인식과 이슬람 세계의 현실 사이에서 괴리를 느끼는 이슬람교도들에게서 생겨나는 게 분명하다.

나는 오래 전부터 오늘날 많은 이슬람교도들의 분노의 배경에는 금전적인 빈곤이 아니라 존엄성의 빈곤이 있으며, 교육을 받고도 좌절할 수밖에 없는 이슬람 젊은이들의 분노가 가장 극심한 이유도 그 때문이라고 믿어 왔다. 9·11 사태를 저지르고, 『월 스트리트 저널』의 대니펄 기자의 목을 벤 사람들이 바로 이들이다. 보도에 따르면, 그들은 펄 기자에게 "나는 유대인이고 어머니도 유대인이다."라고 강제로 선언하게 한 후 그 장면을 필름에 담은 뒤 처단했다고 한다.

그렇다고 미국의 정책에 결함이 없다는 말이 아니다. 미국도 가끔 그릇된 행동을 한다. 그러나 멕시코인이나 중국인들은 그렇지 않은데,

유독 이슬람교도들만 미국의 그릇된 행동에 자살 테러로 반응하는 이유는 무엇일까? 아랍-이슬람의 음모론 때문일까? 음모론에 따르면, 유대인들은 독자적인 힘만으로는 그토록 강할 수 없으며, 따라서 이스라엘이 강하고 이슬람이 약한 이유는 미국이 이스라엘을 창설하고 지원하기 때문이다.

이슬람교도들은 이런 분노를 정직하게 바라볼 필요가 있다. 분노가 팔레스타인 사회에 어떻게 작용해 왔는지 보라. 유대인에 대한 자살 공격을 자존심의 원천으로 보고 꽃다발을 바치는 팔레스타인의 젊은 이들을 보라. 너무 안타까운 일이다. 그렇다. 이스라엘이 팔레스타인 지역을 점령하고 있으며, 그 때문에 팔레스타인의 생활이 크게 왜곡되어 왔다. 그러나 사실은 이렇다. 만약 팔레스타인 사람들이, "우리는 다른 방법은 생각지 않고 오직 비폭력적인 저항으로만 이스라엘의 점령에 반대할 것이며, 점령 여부를 떠나, 팔레스타인 사회와 학교, 경제를 건설할 것이다."라고 선언했더라면, 그들은 벌써 오래 전에 훌륭한 국가를 세웠을 것이다. 그러나 이스라엘의 점령 상태를 벗어나는 것이 팔레스타인 운동 전체를 규정하게 함으로써, 아라파트에게 일자리와 민주주의를 창출하지 못한 데 대한 변명의 구실을 주게 되었다.

이슬람교도들의 분노를 치유할 수 있는 것을 그들 자신뿐이다. 그러나 서구에서, 특히 유대인 세계에서 지원해야 한다. 이 분노가 이스라엘의 생존을 위협하기 때문이다. 현재 다음과 같은 세 가지 폭넓은 흐름이 형성되고 있다. 첫 번째는 이스라엘 사람들과 팔레스타인 사람들 사이의 최악의 살육전이다. 두 번째는 20세 이하가 인구의 절반을 이루게 된 아랍-이슬람 세계의 베이비 붐이다. 세 번째는 아랍의 위성 텔레비전과 인터넷의 폭발이 그것이다. 그런데 위성 텔레비전과 인터넷은 팔레스타인 반 이스라엘 시위 사태의 끔찍한 영상들을 받아서 새로운 아랍-이슬람 세대에게 전파하고 있다. 1억 명의 아랍-이슬람 사람들이 이러한 영상들을 보고 자란다면, 이스라엘은 살아남지 못한다.

이스라엘이 어떻게 행동을 하든 이러한 증오가 완전히 사라지지는 않을 것이다. 그러나 이스라엘이 점령지에서 철수하고, 몰지각한 정착지 강탈 행위를 포기하더라도 증오의 문제는 줄어들지 않으리라는 생각은 터무니없다.

이스라엘 혼자 이 일을 할 수는 없다. 그러나 이스라엘은 방송에서 이스라엘의 만행 장면이 등장하지 않도록 최대한의 자제력을 발휘해야 한다. 그래야만 최악의 이슬람 반 유대주의자들로부터 중요한 카드를 빼앗아올 수 있게 되고, 진실을 아는 이슬람교도들의 힘을 강화시키는 데 도움이 될 것이다. 많은 이슬람교도들은 광신자들의 자살 공격이 이슬람 문명 전체를 타락시키고 있다는 사실을 잘알고 있다.

역풍

2002년 3월 10일

새롭게 치열한 폭력의 단계로 접어든 팔레스타인과 이스라엘의 분쟁을 보면 대규모 문명 전쟁의 도화선이 될 것 같은 예감이 든다. 여러분도 요즘 아랍-이슬람 세계를 휩쓸고 있는 역풍에서 그런 느낌을 받을 수 있을 것이다. 이런 바람을 부추기는 원인은 여럿이다. 팔레스타인 사람들에 대한 이스라엘의 만행 장면을 담은 아랍의 일방적인 텔레비전 영상, 이스라엘을 지지하고 이라크를 위협하는 미국에 대한 아랍의 분노, 자유와 일자리가 없는 아랍 젊은이들의 좌절 등이 그것이다. 그러나 이런 원인들이 한데 결합되면, 그 어느 때보다 치열한 반 이스라엘 감정, 반미 감정으로 표출된다.

이런 상황은 위험하다. 베이비 붐 세대와 테러리즘이 결합되면 아랍인들이 이스라엘을 파괴할 수 있다는 생각이 현재 지배적이다. 이는 오사마 빈 라덴에서 시작되어, 팔레스타인의 자살 특공대에 의해 심화되고, 헤즈볼라와 이란, 그밖에 다른 급진파들에게 환영을 받은 사고방식이다. 일부 급진주의자들은 심지어 자신들이 미국의 운명도 결정할 수 있다는 공상에 빠져 있다.

절친한 한 이집트 관리가 내게 전해준 말에 따르면, 그가 최근에 아랍의 학생들과 중동 평화에 관해 대화를 나누던 중 한 학생이 불쑥,

'서류 가방 크기만한 작은 원자탄 여덟 개'만 있으면 이스라엘에 관한 모든 문제를 제거할 수 있다고 말했다고 한다.

중동 문제 전문가인 스티븐 코헨은 다음과 같이 말했다. "문제는 빈 라덴이 할 수 없었던 문명 전쟁을 팔레스타인 극단주의자들이 촉발하게 될 것인가에 있다. 자신들의 목숨과 많은 국민들의 목숨을 기꺼이 포기하려 한다면, 미국과 이스라엘의 압도적인 힘으로도 그들을 더 이상 저지하지 못할 것이다. 우리는 지금, 아랍인들 다수가 대안을 가지고 움직이기에 앞서, 극단주의자들의 파괴력 행사의 절정을 목격하고 있다. 이 때문에 이스라엘과 팔레스타인의 전쟁은 우리가 간과할 수 있는 단순한 지역적 민족 분쟁으로 그칠 수 없다. 너무나 많은 사람들이, 너무나 많은 위성 TV와 너무나 많은 위험한 무기가 연관된 전쟁이기 때문이다."

나는 아직도 이스라엘인들과 팔레스타인들, 미국인과 이슬람교도들의 대다수가 이 전쟁을 바라지 않는다고 믿는다. 그러나 소극적인 다수가 활동적인 소수파에 맞서 기꺼이 행동에 나설 때까지, 소수파는 지금의 길을 갈 것이다. 따라서 우리의 선택은 점점 더 분명해지고 있다. 첫 번째는, 이스라엘이 유대인 정착촌을 철거하고, 팔레스타인이 하마스를 근절하며, 아랍 정부들이 원리주의자들을 처리한 가운데 여러 국가 내에 내전이 벌어지는 것이다. 또 하나는, 미국도 가담한 가운데 여러 국가 간의 문명 전쟁으로 끝나는 것이다.

상황이 이런 식으로 끝나서는 안 된다. 1990년대 중반, 이츠하크 라빈 이스라엘 수상이 유대인 정착민들과 기꺼이 대결을 벌였으며, 자신의 목숨으로 그 대가를 치렀다. 그런데 같은 시기에 아라파트가 하마스와 대결을 벌이고 있는 동안, 8개 아랍 국가들이 이스라엘과 교역 또는 외교 관계를 수립했다. 잠시 동안 우리는 이스라엘과 아랍의 온건파들이 과격파들에 대항하는 모습을 보았다.

최근에 압둘라 왕세자가 제시한 평화안은 9·11 이후 몹시 훼손된 사우디 아라비아의 이미지를 개선하는 데 목적이 있었다. 그러나 그게 전부는 아니었다. 내 직감에 따르면, 압둘라는 아랍의 온건파가 자체적인 평화안으로 호소하지 않으면, 미국과 충돌하게 되리라는 사실을 알고 있었다. 압둘라의 선언은 9·11 이후 아랍 국가들 사이의 투쟁으로 발전할 수 있는 갈등의 신호탄이었다. 미국은 온건파가 앞장서서 싸우고 승리하는 투쟁에 중요한 이해관계를 가지고 있다. 온건파의 승리는 사우디와 다른 나라들이 얼마나 용기를 보여주느냐에 달려 있고, 또한 미국과 이스라엘이 어떻게 행동하느냐에 달려 있다. 아랍-이슬람 세계에서 빈 라덴에 대해 모두 소극적인 지지를 나타내는 가운데 누가 온건파고, 누가 과격파인가를 가려내기란 그다지 쉽지 않다. 그러나 미국은 물론 아랍의 온건파에게 그런 구분에 따라 행동하도록 강제하지 않는다면, 우리는 문명 충돌로 향하게 된다.

이스라엘과 미국 우파 중 일부는, 지금은 이미 문명간의 전쟁이므로 팔레스타인 사람들이 항복할 때까지 죽이는 길밖에 다른 도리가 없다고 주장한다. 사람들은 이것을 '현실주의'라 한다. 그런데, 다른 현실적인 얘기를 해 보겠다. 이런 비타협적인 견해가 이스라엘과 미국 유대인들을 지배하게 될 경우, 이스라엘 채권이 있는 사람은 당장 현금으로 바꾸기를 권한다. 이스라엘이 곧 망할 운명에 있으니 말이다. 왜냐하면, 유대인보다 이슬람교도가 죽여야 할 인구가 훨씬 많을 뿐만 아니라, 대량 파괴 무기가 소형화되고 값도 떨어지고 있어서, 오래지 않아 이집트 친구가 말한 그 학생이 소형 원자탄으로 이스라엘을 말살해 버릴 것이기 때문이다. 충분히 현실적인 얘기 아닌가?

다시 한 번 말해 보세요

2002년 3월 13일

지난 주 워싱턴을 방문한 호스니 무바라크 이집트 대통령은 백악관 기자회견을 이용하여 사우디 아라비아의 압둘라 왕세자의 평화안에 새로운 점이 있다고 강조했다. 무바라크 대통령은 이렇게 말했다. "평화가 정착될 경우, 이스라엘과 관계를 정상화할 준비가 되어 있다고 선언한 것은 사우디 역사상 처음입니다. 우리는 이 점을 강조해야 합니다."

무바라크 대통령이 강조한 내용은 다음과 같았다. 이슬람의 발상지인 사우디 아라비아의 지도자가 이스라엘의 완전 철수에 대한 대가로, 유대인 국가와 '완전한 관계 정상화'를 할 준비가 되어 있다고 말할 때, 그것은 주목할 가치가 있다. 하지만 동시에, 온갖 논란을 불러일으킬 만하다. 그는 교역과 관광, 대사관 설치 등을 뜻하는 관계 정상화 용의를 영어로 발표하기도 하고, 자기 국민들을 위해서 아랍어로 발표하기도 했다.

그러나 아랍 연맹이 압둘라의 안을 받아들일까? 지난 주말 아랍 외무장관들이 3월 27부터 28일까지 개최되었던 아랍 정상 회담을 준비하기 위해서 카이로에서 만났으므로, 아랍 정상 회담에서 압둘라의 주도권이 인준을 받게 될 것이다. 카이로에 온 사우드 알 파이잘 사우디 외무장관은 압둘라의 제안에 관한 질문을 받았다. 1967년 이전의 국경선으로 이스라엘이 완전 철수하고, 예루살렘을 수도로 하는 팔레스타인 국가가 세워지는 대가로, 아랍 연맹은 이스라엘에 '완전한 평화'(full peace)를 보장하게 될 거라고 밝혔다.

완전한 평화라는 말이 내 귀에 거슬렸다. 다시 한 번 말해 주겠는가? '완전한 평화'라고? 여기서 단어가 아주 중요하다. '완전한 평화'는 압둘라가 제안한 것이 아니다. 그는 '완전한 관계 정상화'(full normalization of relations)를 말했으며, 그 둘 사이에는 차이가 있다. 호스니 무바라크 대통령에게 물어 보라. 시리아는 이스라엘과 '완전한 평화' 속에 살 수 있었지만 아무런 관계도 맺지 않았다. 사우디가 후퇴하고 있는 걸까? 확실치 않다.

분명한 점은, 시리아가 압둘라의 주도권 약화를 노리는 아랍 연맹에서 투쟁이 시작되었다는 점이다. 동시에 압둘라가 어느 누구와도 상의 없이 인터뷰에서 '정상화' 제안을 한 사우디 아라비아에서 투쟁이 시작되었다는 사실이다. 압둘라가 정상화라는 말을 사용한 이유는, '정상화'라는 심리적 타개책이 될 언어를 사용해야 영향력 있는 제안이 될 수 있다는 점을 알고 있었기 때문이다. 하지만 이 때문에, 그는 지금 국내외 보수파들이 정상 회담의 표결 전에 그의 주도권을 약화시키려는 상황에 직면해 있다. 압둘라가 그들의 시도를 용인할 것인가?

지금의 투쟁은 세 가지 서로 다른 견해 사이에서 전개되고 있다. 첫째는 오사마 빈 라덴의 견해다. 이슬람 세계에는 유대인 국가나 다른 '이교도들', 특히 미국인들을 위한 장소가 없다는 것이다.

둘째는 시리아인들의 견해다. 이들은 안와르 사다트가 그랬던 것처럼 이스라엘에 적게 주고 많이 얻어낼 수 있음을 입증하려 한다. 따라서 이스라엘과의 관계 정상화나 교역, 관광 따위는 안중에 없다.

셋째는 이집트와 요르단이 받아들이고 압둘라가 언급한 견해로, 이스라엘의 실질적인 철수가 이루어지고 이스라엘을 그 지역에서 유대인 국가로 받아들이는 방법이 평화를 얻을 수 있는 유일한 방법이라는 생각이다. 이것이 '관계 정상화'라는 용어를 사용한 의미다.

지금의 투쟁이 중요한 이유는, 단순한 선전이나 평화안 이상의 문제를 다루고 있기 때문이다. 이는 누구의 비전이 아랍 정치를 지배할 것인가에 관한 싸움이다. 압둘라가 자신의 메시지의 약화를 허용한다면, 이것은 팔레스타인 사람들이 이스라엘과 평화를 이룰 수 없다는 신호일 것이다. 뿐만 아니라, 아랍 국가들도 평화로울 수 없다는 신호이기도 하다. 따라서 이스라엘이 아랍 전체의 요구를 전부 충족시킨다 해도, 중동에서 유대인 국가의 실질적인 허용은 불가능하다. 아랍 세계의 입장에서 보면, 이는 빈 라덴과 시리아가 운전석을 차지하고, 아랍의 과거가 아랍의 미래를 계속 무덤 속에 파묻게 된다는 뜻이다.

따라서 '아랍 국가들이 다른 비전으로 빈 라덴에게 응답할 수 있을 것인가?'가 아랍 정상 회담 앞에 놓인 진정한 질문이 될 것이다. 아랍-이슬람 세계는 다원주의, 즉 공정한 경계선 안에 있는 유대인 국가와 공존할 의지를 보여줄 수 있을 것인가? 아니면 이 지역에서 모든 '이교도들'이 없어져야 하는가? 민족의 다원주의와 공존할 수 없는 아랍 연맹은 이념의 다원주의와도 공존할 수 없을 것이다. 이념의 다원주의와 공존하지 못한다면, 발전이 불가능한 것은 물론, 일정한 수준에서 서구와 이스라엘로부터 계속 소외된 상태로 남아 있게 될 것이다.

이스라엘은 자신의 본분을 다해야 할 것이며, 1967년 경계선을 토대로 철수해야 한다. 그러나 아랍 연맹도 현실적으로 변화할 때다. 안와르 엘 사다트도 완전 철수를 요구했다. 하지만 그가 완전 철수를 얻을 수 있었던 이유는 그가 요구한 때문이 아니라, 그가 먼저 이스라엘에 심리적 타개책을 제시한 때문이었다. 압둘라의 말이 일부 이스라엘 사람들을 감질나게 한 까닭은 '완전한 정상화'를 제시한 때문이었다. 완전한 정상화란 말은 더 다듬을 필요가 있다. 그러나 이 제안이 아랍 연맹에 의해 폐기된다면, 모든 노력이 수포로 돌아갈 것이다. 채널을 고정시키고 결과를 지켜 보라.

늦었지만 괜찮다

2002년 3월 17일

미국이 오늘날처럼 압도적으로 세계를 지배했던 시점은 제2차 세계대전 직후였다. 그러면 그 때의 미국은 왜 오늘날처럼 전 세계의 분노를 불러일으키지 않았을까? 그 이유는 당시 다른 나라들이 기진맥진해 있었던 탓이다. 그러나 더욱 중요한 이유는, 2차 세계대전 후 미국에게는 세계를 더 안전하고, 더 훌륭한 곳으로 만들 책임이 있었기 때문이었다. 그래서 미국은 마샬 계획에 따라 자신의 책임을 완수하기 위해서 많은 자원을 소비했다.

9·11 사태 이후 부시 외교진은 세계를 더 안전한 곳으로 만드는 데 초점을 맞춰 왔으나, 더욱 건강하고 덜 가난하고 더욱 건전한 환경을 만드는 데는 별로 관심을 보이지 않았다. 그 결과 세계는 미국인들을 위해서 더욱 안전한 곳으로 바뀔 수 있는 기회가 별로 없었다.

따라서 가난한 나라들에 대한 대외 원조 50억 달러 증액을 발표하는 부시 대통령의 목요일 연설은, 행정부를 위한 실제적인 타개책으로서뿐만 아니라 심리적인 타개책으로서도 아주 중요하다. 9·11 사태 이후 부시 대통령은 세계가 근본적으로 변화해 왔다는 사실을 자주 지적해 왔다. 그러나 그는 9·11 사태 이전의 옛 정책들이 지금도 추진해야 할 유일한 방책 혹은 그 이상임을 주장하기 위해 여러 차례 9·11 사태의 충격을 들먹여 왔다. 그의 주장을 따르자면, 9·11 사태 때문에 부유층을 위해서는 더 많은 감세가, 9·11 사태에는 전혀 소용없었던 몽상적인 미사일 방어를 위해서는 더 많은 자금이, 더 많은 국방 예산이 그리고 심지어 더 많은 황무지 지역 석유 시추가 필요하다고 한다.

9·11 사태를 통해 얻은 가장 분명한 결론은 전 세계 테러리즘과의 싸움을 위해선 단순한 방위 전략이 아니라 다차원적인 새로운 전략이 필요하다는 사실이다. 부시는 이러한 결론을 가장 달가워하지 않았고, 그렇기 때문에 그의 목요일 연설은 환영할 만하다. 하지만 그것은 다음과 같은 사실들에 대한 부시 외교진의 이해를 나타내는 신호일 경우에만 적절한 연설이 될 것이다. 즉 우리는 더 이상 숨어 있을 벽이 없다는 것, 모든 사물은 다른 모든 사물과 서로 연결되어 있다는 것, 또한 미국은 동맹국들이 없으면 반 테러 전쟁에서 이길 수 없다는 것이다. 그리고 동맹국을 얻으려면, 마샬 계획의 입안자들처럼 단순한 이기주의가 아닌, '계몽된 이기주의'(enlightened self-interest)를 실천해야만 한다는 것이다. 전후에 미국의 현명한 이들이 다른 사람들에게 미국을 따르도록 설득할 수 있었던 까닭은 그들이 미국의 무력뿐만 아니라 미국의 지혜와 도덕적 행동을 존중했기 때문이다.

9·11 테러리스트들이 미국을 공격한 것은 가난 때문이 아니었다. 그러나 많은 가난한 사람들이 테러리스트들에게 소극적 지지를 보낸 까닭은 미국의 탐욕 혹은 부도덕한 자국 정부에 대한 미국의 지원을 증오했기 때문이었다. 따라서 부시 대통령이 통치 방식을 비롯하여 법의 지배, 사회 안전망, 투자 환경, 부패 방지 조치를 개선한 나라들에만 대외 원조를 늘리겠다고 조건을 붙인 사실은 중요하다.

미국이 선거를 강요할 수는 없다. 그러나 원조를 이용하여 개발도상국들에 그 국민들의 우선적인 관심사인 더 많은 표현의 자유, 더 철저한 법의 지배, 더 공정한 분배를 제공하도록 압력을 가할 수는 있다. 여기에 다음과 같은 내막이 있다. 오늘날 이슬람이 분노의 종교로 보이는 까닭은 수많은 이슬람교도들이 분노해 있기 때문이다. 수많은 이슬람교도들이 분노한 이유는 그들 대부분이 미국의 뒷받침을 받는 비민주적인 정부 아래서 살아가는 한편, 경제발전이 지체되고 젊은이들을 위한 기회는 줄어든 탓이다. 아울러 미국은 또한 단순한 원조를 넘어서야 한다. 미국의 철강 산업에 대한 비정상적인 보호주의 장벽을 철거해 버리고, 가능한 한 많은 이슬람 국가들과 자유 무역 협정을 맺어야 한다. '세계 경제 포럼'에서 한 전문가는 이슬람 국가들이 세계 인구의 20퍼센트를 차지하는 반면 세계 무역은 4퍼센트에 지나지 않는다는 사실을 지적했다. 상품의 교역에는 이념의 교역이 따르게 마련이다. 이슬람 세계에서 가장 개방되고 관용적인 지역들은 전부 교역 중심지다. 두바이, 이스탄불, 바레인, 암만, 베이루트, 자카르타, 인도 해안 지역이 그런 곳이다. 그러나 계몽된 이기주의는 단순히 관용성만이 아니라, 자제력에도 해당된다. 미국은 '교토 기후 변화 조약'을 비준할 방법을 찾아내야 한다. 그것은 마땅히 해야 할 일일 뿐만 아니라, 전 세계에 대단히 긍정적인 신호를 보내게 될 것이다. 즉 미국이 최고의 세계시민이라는 점을 보여 줘야 반 테러 전쟁을 위한 동맹국을 확보할 수 있다는 것을 미국이 잘 알고 있다는 신호 말이다. 미국이 전 세계 인구의 4퍼센트에 지나지 않지만, 세계 자원의 25퍼센트를 소비할 자격이 있다는 태도는 역겹다. 이기심과 오만이 결합하면 끔찍한 결과를 낳는다.

부시는 전 세계에 '미국과 함께 하지 않는 나라는 미국의 적'이라고 거듭 밝혀 왔다. 그는 이것을 명심할 필요가 있다. '다른 나라들도 우리에게 똑같은 말을 하고 있다.'는 사실 말이다.

의자를 끌어당겨라

2002년 3월 20일

우리 얘기 좀 합시다.

앉으십시오. 그러면 빙빙 돌려 얘기하지 않겠습니다. 솔직히 말하겠습니다.

미국이 아프가니스탄과 이스라엘 주변 지역에 미군을 영구 주둔할 준비가 되어 있지 않는 한, 이라크를 침공하든, 다른 어떤 일을 하든, 성공적인 중동 정책을 유지할 방법이 없습니다.

정신이 나갔다구요? 아뇨, 제 정신은 멀쩡합니다.

제 논리는 아주 간단합니다. 이스라엘-팔레스타인과 아프가니스탄을 모두 안정시키지 못하는 한, 이라크에서 사담 후세인을 몰아내기 위한 지속적인 지지를 모을 수 있는 방법이 없다는 사실입니다. 미국은 아프가니스탄을 스위스로 만들 필요는 없습니다. 새로운 아프가니스탄을 탈레반 정권 때보다 좀 더 안정되고, 좀 더 헐벗지 않고, 좀 더 번영하는 나라로 만들어야 할 필요가 꼭 있습니다. 그런 최소한의 책임도 지지 못한다면, 이라크 응징에 대해 어떠한 적법성이나 어떠한 신뢰도, 어떠한 지지도 얻지 못할 것입니다.

미국이 이러한 사명을 감당하지 못하고 위축된다면, 아프가니스탄은 9·11 사태 이전으로 곧바로 되돌아가게 되며 상황은 더 악화될 것입니다. 또한 아프가니스탄이 미해결의 상태로 남게 되면 미국의 반 테러 전쟁 내내 부담이 될 것입니다. 새로운 아프가니스탄을 이전보다 좀 더 나은 곳으로 만들 수 있는 유일한 방법은 미군 주둔에 있습니다. 미군은 지역 정부를 뒷받침하고, 동맹군으로 이루어진 광범한 평화유지 군을 위한 버팀목이 될 것입니다. 그러면 조금 서광이 비칠 것입니다.

이러한 사정은 이스라엘과 팔레스타인의 경우에도 동일합니다. 다음과 같은 진퇴양난이 이 지역에서 미국이 처한 상황입니다. 이스라엘은 점령 지역에 계속 머무를 수도 없고 유대 민주주의 국가를 유지할 수도 없는 상황입니다. 그러나 이스라엘이 철수한다고 해서 팔레스타인 사람들의 독자적인 통제 능력을 믿기도 어려운 상황입니다. 여러분이라면 아라파트에게 여러분 동네의 치안 유지를 맡길 수 있겠습니까?

그러므로 유일한 해결책은 이스라엘이 서안과 가자 지구에서 점진적으로 철수하고, 이를 미국-팔레스타인 합동 보안군으로 대체하는 것입니다. 팔레스타인군이 국내 치안을 맡게 됩니다. 그리고, 미국-팔레스타인 합동 보안군이 중무기 반입을 막고, 팔레스타인이 반 이스라엘 활동의 기지가 되지 않도록 모든 국경과 진입로를 통제해야 할 것입니다. 예루살렘의 가장 민감한 지역인 성전산은 미군의 보호를 받는 한편, 이슬람 사원들에 대한 주권과 작전상 통제권은 팔레스타인 사람들이, 유대교 성지는 유대인들이 맡아야 할 것입니다.

이스라엘과 팔레스타인은 오슬로 회담의 실패 이후, 독자적으로 문제 해결 방도를 찾을 수 있는 자원도 상호 신뢰도 지니지 못하게 되었습니다. 미국도 그들이 서로 살육전을 벌이도록 더 이상 방치할 여유가 없게 되었습니다. 방치하면 중동에서 미국의 위상 전체가 훼손될 뿐 아니라, 이스라엘의 자기 방어 활동에 대해 미국을 비난하는 이슬람교도들이 점점 많아질 것입니다. 게다가 미국 국내까지 자살 공격을 감행하는 사례가 점점 증가하는 부작용도 낳게 될 것입니다. 그렇게 되면 미국 또한 사담 후세인을 다루기가 점점 힘들어질 것입니다.

혹시, 이스라엘이 더 많은 군사 행동을 하여 팔레스타인 사람들을 완전히 꺾어버릴 필요가 있고 그러기만 하면 만사가 잘되리라 생각하는 사람들이 있다면, 지난 몇 달 동안 일어난 일을 주목할 필요가 있습니다. 팔레스타인 사람들이 한 전투에서 이스라엘산 메르카바 탱크 두 대를 파괴한 것입니다. 그들은 손으로 만든 고성능 지뢰를 이용하여 탱크 하단부에서 가장 취약한 부분을 폭파했습니다. 이스라엘 장군들은 이 일로 충격에 휩싸였습니다.

강경파가 이해 못하는 점은 이스라엘군과 팔레스타인군 사이의 전쟁 확대 덕분에 팔레스타인 사람들의 군사 기술이 꾸준한 개선되고 있다는 사실입니다. 이는 선진 군대와 후진 군대 사이에 오래 지속된 전쟁에서 볼 수 있는 자연스런 현상입니다. 레바논 헤즈볼라 민병대가 군사 기술을 개선할 수 있었던 것은 헤즈볼라와 이스라엘 사이에 오래 지속된 싸움 덕분이었습니다. 헤즈볼라는 대 이스라엘 전투에서의 사상자 비율을 10 대 1에서 1 대 1까지 떨어뜨림으로써 아무런 협정 없이 레바논에서 이스라엘의 완전 철수를 이끌어 냈습니다.

이스라엘이 영구히 팔레스타인 사람들을 죽일 수는 있지만, 그렇다고 핵심적인 딜레마가 달라지지는 않습니다. 이스라엘은 점령지에 계속 머물면서 유대 민주주의 국가를 유지할 수도 없으며, 그렇다고 대책 없이 점령지를 떠난다고 해서 유대 민주주의 국가로 남아 있는 것도 불가능한 상황입니다. 안전한 철수 방법은 미군이 이스라엘과 팔레스타인 간 국경을 지키는 것뿐입니다. 그것은 또한 팔레스타인 사람들이 나라를 얻을 수 있는 유일한 방법이기도 합니다. 미국 유대인들이 진정 이스라엘을 염려하고, 아랍 지도자들이 진심으로 팔레스타인을 염려한다면, 또한 이란 강경파가 진정 사담 후세인의 축출을 원한다면, 미군 주둔은 로비를 해서라도 부시 대통령에게 보장받아야 할 부분인 것입니다.

모두들 대화에 임하길 기다립니다.

빈 라덴은 단순한 테러리스트가 아니다

2002년 3월 24일

우리가 짚고 넘어가야 할 대단히 상징적인 일이 있다. 그것은, 미국 이민 귀화국이 9·11 학살 사건의 배후 조종자 모하메드 아타 그리고 마르완 알 세히에게 비자를 승인하는 서한을 보냈으며, 마침 그 서한이 그들이 속한 플로리다 비행 학교에 도착한 것이 9·11 사태 이후 6개월이 되는 날이었다는 사실이다.

이 사실이 상징적인 이유는 바로 우리가 9·11 사태에 관해 가장 중요한 진실의 일부를 망각하고 있다는 데 있다. 따라서 이민 귀화국의 망각도 어쩌면 당연한 일인지도 모른다. 9·11 사태는 전혀 새로운 종류의 위협이었다. 그것은 단순한 테러리즘이 아니었다.

진짜 테러리스트는 많은 사람을 죽이려 하지 않는다. 요란한 소동이나 공포를 불러일으키려고 무차별하지만 제한된 폭력이나 항공기 공중 납치를 단행한다. 그런 행동의 목적은 물론 그들의 대의에 관심을 끌어서, 결국 특정한 목적을 위해서 정치적 또는 외교적 압력을 행사하려는 데 있다.

그러므로 오사마 빈 라덴은 단순한 테러리스트가 아니다. 그는 훨씬 원대한 야망이 있다. 그는 민족 국가에 버금가는 지정학적 목표와 감각을 가지고 있는 성난 초강대개인(super individual)이다. 그가 폭력을 사용했던 이유는 언론의 표제 기사에 오르기 위해서가 아니었다. 가능한 한 미국인을 많이 죽여서 그들을 이슬람 세계에서 몰아내고, 미국 사회를 약화시키기 위해서였다. 이것이 9·11 항공기 납치범들이 일반 테러리스트의 경우와 달리 요구 사항을 남기지 않은 이유였다. 그들의 행동은 바로 그들의 요구였다. 그 요구는 미국에 대한 완전한 승리인 것이다.

성난 초강대개인 빈 라덴이 초강대국에 도전할 수 있었던 것은 미국에 대적할 수 있는 독자적인 미사일 운반 체계를 창안할 수 있는 능력 덕분이었다. 미국이 컴퓨터 유도탄을 보유하고 있다면 그는 인간 유도탄을 보유하고 있었다. 인간 유도탄은 교육을 받은 19명의 아랍 청년들로, 항공기를 공중 납치하여 주요 표적에 대해 자살 공격을 감행할 준비가 된 사람들이다. 그러나 9·11 사태는 더 끔찍한 사건이 될 수 있었다는 점을 항상 명심하라. 빈 라덴의 인간 유도탄이 핵폭탄을 지닐 수도 있었다. 그런 일이 일어나지 않은 유일한 이유는 납치범들이 핵폭탄을 구입하지 못했기 때문이다.

그러므로 9·11 사태에 대한 미국의 장기 전략적 대응은 두 가지 차원에서 행해져야 한다. 첫째, 미국은 이 19명의 자살 특공대가 어떤 사람들이며 어떻게 선발되었는지 정확히 이해해야 한다. 이 인간 유도탄들이 어떻게 만들어졌는지 이해할 필요가 있다. 둘째, 모든 핵전쟁 물질과 생물전쟁 물질이 철저하게 관리되고 있는지 확인하기 위해서 전 세계적으로 전면적인 노력을 전개해야 한다.

하버드 대학 전략 문제 전문가인 그레함 앨리슨은 다음과 같이 말했다. "역사적으로 사람들의 개인적 분노와 그 분노를 해소할 수 있는 행동 사이에는 항상 괴리가 있었다. 그러나 현대 기술과 자살을 감행하려는 사람들의 의지 덕분에, 분노한 개인들은 적절한 물질만 얻으면 이제 수백만 명의 사람을 죽일 수 있게 되었다. 우리는 그들의 의도를 하룻밤 사이에 바꿀 수 없다. 그러나 그들의 분노 여하에 따라 우리 모두의 생명을 위협할 수 있는 수단들로 바뀔 수도 있는 물질들을 연방 금괴 저장소처럼 안전한 장소에 보관하고 있는지 확인할 수는 있다.”

이는 러시아와 협력하여 지금까지 비축된 전쟁 물질을 안전하게 저장하려면 미국의 에너지와 자금을 더 많이 투자해야 한다는 뜻이다. 러시아와 미국이 전 세계의 핵전쟁 물질과 생물전쟁 물질의 99퍼센트를 보유하고 있기 때문이다. 그리고 러시아 다음으로 중국, 인도, 파키스탄, 이란, 이라크에 관심을 집중해야 한다. 불행히도 부시 외교진은 이라크에만 집중하고 있는 것 같다. 이라크에 문제가 없는 것은 아니나, 내가 보기에 가장 위험한 나라는 아니다.

우리 딸들의 장래를 생각할 때 내가 가장 염려스러운 것은 사담 후세인이 아니다. 그는 전통적인 방법으로 제지하거나 제거할 수 있는 살인 독재자다. 정말 염려되는 점은 19명의 항공기 납치범들이 누구인지 아직도 파악하지 못하고 있다는 사실이다. 지난 여섯 달 동안 거의 매일처럼 팔레스타인의 남성과 여성들이 허리춤에 다이너마이트를 묶고 이스라엘의 목표물을 향해 몸을 던져 왔다는 사실이 염려스럽다. 자살 공격을 감행하는 사람들 가운데 대부분이 종교인이 아니라 일반인이다. 자신의 가족이나 자신의 미래를 사랑하기보다 미국이나 이스라엘을 증오하는 젊은이들을 더 어떻게 저지하겠는가?

젊은이들의 이런 의지를 고치려면 오랜 시간과 많은 외교적 치유책이 필요하다. 그러나 지금 미국이 할 수 있는 일은 이런 사람들의 능력을 제한하는 것이다. 이 문제에 관심을 둔 사람들은 우리만이 아니다. 자살 공격이 ‘일상화’ 되면 아랍 정부들도 안전하지 못하다. 그 이유는 일단 사람들이 이런 일을 집행할 권한이 있다고 느끼게 되면, 이교도의 처단만으로 멈추지 않을 것이기 때문이다. 그들은 자기 나라의 독재자들을 공격 목표로 삼게 될 것이다. 또한 자살 공격의 일상화는 팔레스타인 사람들에게도 끔찍한 일이다. 한 나라가 어떻게 탄생하느냐는 중요한데, 팔레스타인 독립 국가가 자살 폭탄 공격으로 생겨났다고 하면 이 나라는 영원히 추한 흔적을 떨쳐 버리지 못할 것이기 때문이다.

그리고 오늘날처럼 하나로 통일된 세계에서 자살 공격이 '일상화' 되면, 여러분의 자녀나 나의 자녀나 모두 테러에 휩쓸리게 되어, 이라크 정도는 아주 평화로운 나라로 보일 것이다.

구속된 언론 자유

2002년 3월 27일

여기 흥미 있는 도덕적 딜레마가 있다. 지난 주 사우디와 이집트 친구들에게서 사우디의 한 시인에 관한 칼럼을 쓰라는 이메일을 받았다. 이 시인은 사우디 재판관들을 부패한 자들이라고 공격하는 분노에 불타는 시를 쓴 죄로 투옥된 사람이었다.

압둘 모센 무살람이라는 이 시인은 3월 10일 『알 메디나』 신문에 발표한 '지상의 부패한 자들'이라는 시에서 이렇게 썼다. "이슬람 세계에서 자신들의 은행 예금 구좌와 지배자 자리밖에는 아무런 관심이 없는 소수의 재판관들 때문에 정의가 고통받는다는 사실이 슬프다." 그리고 재판관들에 관해 놀라울 만큼 직선적인 어조로 덧붙였다. "당신들의 수염은 피로 더럽혀졌다. 당신들은 천 명의 압제자들을 즐겁게 하고 압제자들에게만 복종한다."

사우디 내무장관은 이 시 때문에 무살람 씨를 투옥했을 뿐 아니라, 편집자인 목타르 알팔을 해고시켰다. 그런 일로 내가 딜레마에 빠질 이유가 무엇이냐고? 나는 다른 지역은 몰라도 특히 사우디 아라비아에서는 언론 자유를 전적으로 지지해야 할 입장에 있다.

서두르지 마시라. 나는 아주 우연히 사우디 아라비아 여행 도중 이 시인을 만났으며, 그가 지닌 독특한 언론 자유관을 조금 맛보는 경험을 했다. 독자들은 얼마 전에 내가 쓴 칼럼을 기억하고 있을지도 모른다. 나는 그 글에서, 내가 사우디 아라비아의 한 신문사를 방문했을 때, 오늘날 모든 문제의 근원은 "유대인들이 미국을 지배하고 있다."는 사실에 있다는 주장을 듣고 자리를 박차고 나왔다는 얘기를 전한 바 있다. 그 때 방문한 신문이 『알 메디나』였으며, 대담을 하는 동안 그런 주장을 한 사람이 바로 무살람 씨였다. (그를 대신해서 사과한 그의 편집자는 훌륭한 사람이었으며, 나는 그가 복직되기를 바란다.)

그러면 어떻게 해야 할까?

당연히 해야 할 일은 사우디 정부에 무살람 씨의 석방을 요구하는 것이다. 이는 무살람 씨를 위해서가 아니다. 시인을 두려워하는 정부는 위태롭고 압제적임을 스스로 드러내기 때문이다. 정부는 시인이 비난한 내용에 대해서 해명해야 하며, 그를 투옥해서는 안 된다.

하지만 이 사건으로 인해 더 큰 딜레마가 부각되고 있다. 지금 베이루트에서 열리는 아랍 정상 회담에 참석한 22명의 아랍 지도자들 가운데 자유롭고 공정한 선거를 통해 선출된 사람이 한 명도 없다는 점이다. 그런데 어떤 전문가는 이렇게 묻기도 한다. 아랍 지도자들이 선거를 통해 선출되거나 언론의 자유를 누리게 되면 미국에 대단히 적대으로 될 사람들이 많다는 사실을 알고 있으면서, 왜 아랍 지역에 민주주의와 언론의 자유를 육성하려 하는가? 어쨌거나, 이집트의 무바라크나 사우디 아라비아의 알 사우드 왕족이 하는 일이 전부 마땅치 않지만, 이들은 그 나라의 많은 국민들보다는 자유주의적이고 친미적이지 않은가.

그것은 사실이다. 그러나 미국이 그런 사실에 기대를 거는 것이 얼마나 위험한지 9·11 사건이 보여 준다. 미국은 아랍인들을 분노하게 하고, 침묵시키며, 좌절하게 한 대가로 이 아랍 지도자들의 친미주의를 얻어내고 있다. 지도자들의 부패에 분노하고 좌절하게 된 아랍인들은 그들 정부와 미국에 그 분노를 모두 터뜨리고 있다. 이 나라들에서는 정부가 국민들에게 미국과 이스라엘을 공격할 때만 언론 자유를 허용함으로써 정권의 안정을 이루어 간다.

그런데, 『알 리야드』 신문이 최근에 유대인들이 젊은 기독교도나 이슬람교도의 '피를 마르게 하는' 과자를 만들고 있다고 주장하는 한 사우디 '교수'의 글을 실었다. 그런데도 신문 편집자는 쫓겨나지 않고 무사했다. 현재, 대부분의 아랍 언론에서 자유로운 목소리를 내는 유일한 방법은 이스라엘과 미국을 비난하거나 자국 정부를 찬양하는 것이다. 이런 상황이 정치적 논의 전체를 왜곡시킨다.

스탠포드 대학의 민주주의 전문가인 래리 다이아몬드는 다음과 같이 말한다. "어느 정도의 정치 개방이 없이는 아랍 세계의 딜레마에서 벗어날 길이 없다. 그러나 정치 개방이 당장 선거 실시로 시작될 일은 아니다."

"경제 개혁에 부합하는 잘 관리된 정치 개방이 필요하며, 그럴 때만 법의 지배와 제도를 존중하는 중산 계급이 생겨날 수 있다. 최고 통치자의 비전과 함께 정치 생활에 다원주의를 도입하는 점진적인 과정이 필요하다. 궁극적인 목적은, 정부에서 스스로를 위한 보장책으로서 일정 정도 권력을 유보하는 가운데 언젠가 책임 있게 권력 경쟁을 벌일 수 있는 집단을 창출하는 데 있다."

그렇다. 아랍처럼 닫힌 사회를 개방하면 지하 동굴의 박쥐 떼처럼 성급하게 나대는 족속들이 있게 마련이다. 폴란드와 러시아를 보라. 처음 박쥐처럼 날뛴 자들은 광적인 초국가주의 대통령 후보들인 스타니슬라브 티민스키와 블라디미르 지리노프스키였다. 그러나 몇 차례의 선거철이 지나자, 지금은 두 사람 모두 사라진 지 오래다. 진정한 선택이 주어질 때, 사람들은 일반적으로 성급한 자들의 지배를 받으려 하지 않는다.

확실히 이런 변화들은 까다로운 과제들이다. 실패하기도 한다. 세르비아를 보라. 그러나 변화는 위험을 감수할 만한 가치가 있다. 삶 그 자체보다는 삶의 맥락이 더 중요하기 때문이다. 사람들의 삶의 맥락이 변화하게 되면, 모든 것이 변화하게 된다. 그런데 현 아랍인들은 삶의 맥락은 미국에 불리하게 전개되고 있음이 분명하다.

자살과도 같은 거짓말

현재 이스라엘 사람들과 팔레스타인 사람들 사이에 진행되는 전쟁의 결과는 모든 미국인의 안전에 중요할 뿐 아니라, 필자의 생각으로는 문명 전체에 대해 극히 중요한 의미를 지닌다. 왜 그럴까? 간단히 말해, 팔레스타인 사람들이 현재 자신들의 정치적 목적을 이루기 위해서 다이너마이트를 허리춤에 매고 이스라엘 사람 옷을 입은 자살 특공대를 이용하여 전혀 새로운 형태의 전쟁을 시험하고 있는 까닭이다. 이 실험은 현재 잘 진행되고 있다.

이스라엘 사람들은 공포에 질려 있다. 그리고 이 전략이 팔레스타인 사회를 황폐화시켰지만, 팔레스타인 사람들은 점점 자신감을 얻고 있다. 마침내 이스라엘과 힘의 균형을 이룰 무기를 얻게 되었다는 생각에, 이스라엘을 물리칠 수 있을지도 모른다는 환상을 품고 있는 것이다. 하마스 지도자 이스마일 하니야가 『워싱턴 포스트』지에 말한 것처럼, 팔레스타인 사람들이 이스라엘의 약점을 찾아냈기 때문에 이스라엘 사람들은 전전긍긍하고 있다. 하니야는, 유대인은 "다른 어떤 민족보다 삶을 사랑하고, 죽음을 두려워한다."고 말했다. 그래서 팔레스타인의 자살 특공대가 이스라엘 사람들을 처리하는 데 아주 이상적이라는 것이다. 이건 정말 병적이라고 할 수밖에 없다.

전 세계 사람들이 알아야 할 점은, 팔레스타인 사람들이 자살 폭탄 테러를 선택한 이유가 이스라엘 점령에서 비롯된 절망적인 심정에서 비롯된 게 아니라는 사실이다. 절망적인 심정에서 자살 폭파를 감행한다는 것은 새빨간 거짓말이다. 왜 그런가? 우선, 전 세계에 절망할 정도로 힘들게 사는 사람들이 많지만, 그렇다고 자기 몸에 다이너마이트를 지니고 다니지는 않는다. 더 중요한 점은, 클린턴 대통령이 그들을 "절망하게" 한 점령 상태를 끝낼 평화안을 제시했지만, 아라파트가 줄행랑을 쳤다는 사실이다. 그보다 더 중요한 것은, 팔레스타인 사람들은 오래 전부터 자살을 대신한 전술적 대안, 즉 간디 식의 비폭력 저항을 선택할 수 있었다는 점이다. 팔레스타인의 비폭력적인 운동은 이스라엘의 말없는 다수의 양심에 호소하여 30년 전에 벌써 국가를 세울 수 있었을 것이다. 그러나 팔레스타인 사람들은 그런 전략도 거부했다.

팔레스타인 사람들이 이런 대안들을 택하지 않은 까닭은 피와 무력으로 독립을 성취하려 한 탓이다. 이들이 하나의 공동체로서 단 하나 의견이 일치하는 점은, 무엇을 건설하려는가가 아니라, 무엇을 파괴하려는가에 있다. 여러분은 아라파트가 자신이 원하는 교육 제도나 경제 체제, 헌법의 종류에 대해서 말하는 것을 들은 적이 있는가? 듣지 못했을 것이다. 아라파트는 팔레스타인 국가의 내용이 아니라 외형에만 관심이 있다.

분명히 해 두자. 팔레스타인 사람들은 절망했기 때문이 아니라, 전략적 선택으로 자살 폭탄 테러를 택했다. 자살 테러는 문명 전체에 위협이 된다. 만일 이스라엘 안에서 자살 폭탄 테러가 허용된다면, 그 다음엔 항공기 납치나 폭발처럼 모방 테러가 발생하게 되고, 결국 핵폭탄을 몸에 지닌 폭발범이 모든 나라들을 위협하기에 이를 것이다. 이것이 바로 전 세계가 팔레스타인의 자살 전략을 좌절시켜야 하는 이유다.

그러나 어떻게 좌절시킬 것인가? 이런 종류의 테러는 팔레스타인 지역 사회 자체의 자제와 거부를 통해서만 억제될 수 있다. 외국 군대가 주둔한다고 해서 소집단의 자살 테러를 막을 수는 없다. 미국은 어떻게 팔레스타인 사람들에게서 그런 억제력을 만들어낼 것인가? 첫째, 테러는 유익하지 않다는 점을 분명히 보여주는 군사적 타격을 이스라엘이 가해야 한다. 둘째, 자살 테러는 이스라엘의 문제만이 아니라는 점을 미국이 분명히 해야 한다.

이를 위해 미국은 팔레스타인 민족주의의 합법성을 존중하는 한편, 팔레스타인 지도층이 자살 폭파를 용인하는 한 어떠한 거래도 불가함을 분명히 선언해야 한다. 나아가, 언론 매체에서 자살 폭탄 테러범을 '순교자'로 부르는 아랍 국가의 지도자들은 미국에서 환영받지 못한다는 점을 분명히 해야 한다.

셋째, 이스라엘이 회담을 재개할 용의가 있음을 팔레스타인 사람들에게 알려야 한다. 회담 재개시 클린턴 행정부 시절에 논의되었던 방안들을 다시 검토해야 한다. 당시 양측은 이스라엘의 점령 종식과 팔레스타인 국가 창설에 관해 거의 90퍼센트까지 합의한 상태였다. 넷째, 미국이나 나토는 이스라엘과 팔레스타인 사이의 어떠한 국경도 보장해야 한다.

이스라엘의 정치 이론가 야론 에즈라히는 다음과 같이 말한다. "2차 세계대전 이전에 스페인 내전은 주요 강대국들 모두가 신무기를 실험해 보는 장소였다. 그런데 이스라엘과 팔레스타인의 갈등은 21세기의 스페인 내전이 되고 있다. 자살 테러가 해방을 위한 전략으로 성공할 수 있는가에 대한 대대적인 실험이 이루어지고 있다. 이 전략은 좌절되어야 한다. 그러나 이를 위해서는 군사 전략 이상의 것이 필요하다."

팔레스타인 사람들은 자기도취적인 분노에 눈먼 나머지 문명의 근거가 되는 기본적인 진리마저 보지 못하고 있다. 기본적인 진리란, 모든 인간의 생명은 신성하며, 그 신성함은 자신의 생명에서 시작된다는 사실이다. 미국이 유일한 현실적인 억제력으로서 있는 힘을 다해 팔레스타인의 광기를 억제하고 실체를 드러내지 못한다면, 이 광기는 널리 퍼져나가게 된다. 중동에서 악마가 춤을 추고 있으며, 점점 우리를 향해 다가오고 있다.

엄연한 진실

2002년 4월 3일

지금 중동에서 무서운 재난이 일어나고 있다. 9월 11일에 오사마 빈 라덴이 이루지 못한 일이 지금 서안 지구에서 이스라엘과 팔레스타인의 전쟁으로 되살아나고 있다. 이는 바로 문명의 충돌이다.

잇따른 자살 폭파의 여파로 이스라엘군이 서안 지구에서 공세를 취한 것은 당연한 일이다. 다른 어떤 나라도 똑같은 조치를 취했을 것이다. 그러나 샤론의 작전은 가능한 조속한 철수를 위해서 이스라엘 점령지의 안정 유지를 목적으로 할 때만이 성공하게 될 것이다. 이스라엘은 1967년 전쟁에서 점령한 지역으로부터 철수하는 데 목표를 두어야 한다. 그렇지 않으면 하루도 평화로운 날이 없게 되며, 전 세계의 테러리즘과 싸우려는 미국의 모든 합법적인 노력을 훼손하게 된다. 하지만 내가 염려하는 점은, 샤론이 철수를 위한 환경을 조성하지 않고, 서안 지구의 정착촌 유지를 위해 아라파트를 몰아내려 하는 경우다.

부시 대통령은 미국이 이 지역에서 대단히 위험한 일에 휩쓸리지 않도록 조심하지 않으면 안 된다. 부시가 팔레스타인의 자살 폭탄 테러를 비난한 것은 당연하다. 그러나 테러리즘에 대한 이스라엘의 전쟁에는 점령지 철수를 위한 실질적인 계획이 뒤따라야 한다는 점을 분명히 하지 않고 있다.

그 이유는 무엇일까? 부시 대통령은 다른 모든 주요 당사자들과 마찬가지로 이 전쟁의 핵심적인 딜레마에 맞서려 하지 않는 탓이다. 이스라엘이 서안 지구와 가자 지구에서 철수해야 하지만, 지금의 시점에서는 팔레스타인 사람들이 이 영토를 이스라엘에 대항하는 미래의 작전 기지로 삼지 않으면서 독자적으로 통치할 것이라고 믿기 어렵다는 점이 그 딜레마이다. 이는 국경을 안정시키려면 외부 세력이 들어와야 한다는 뜻이며, 믿을 만한 세력은 미국이나 나토밖에 없다.

팔레스타인 사람들 중에는, 유월절 음식을 먹고 있는 이스라엘 사람들을 자살 폭탄 테러범을 이용하여 폭파시켜 버리고는, "이스라엘의 점령만 끝내면 모든 것이 잘 될 것이다."라고 공언하는 자들이 있다. 이들은 믿을 수 없는 사람들이다. 정신이 멀쩡한 이스라엘 사람이라면 아라파트를 믿을 리가 없다. 목적에 필요할 때마다 자살 폭탄 테러범을 이용해 온 아라파트가 서안 지구를 돌려 받은 뒤 국민 중 일부가 이스라엘의 텔아비브를 요구할 때 똑같은 짓을 하지 않으리라고 누가 보장하겠는가? 중동 문제 전문가인 스티븐 코헨은 이렇게 말한다. "유일한 해결책은 유엔의 새로운 위임 통치 아래 미국과 나토 군대가 이스라엘의 단계적 철수 후 팔레스타인 국가의 점진적인 형성과정을 감시하고, 국경을 관리하는 방법이다."

사람들은 이 지역에서 미국 군대가 베이루트에서처럼 공격 대상이 될 거라고 말한다. 하지만 나는 이 말에 동의하지 않는다. 미군은 팔레스타인 국가의 산파이며, 예루살렘에 있는 이슬람 사원들에 대한 이슬람교도들의 주권 반환을 감시하게 될 것이다. 그러므로 미군은 새로운 표적이 아니라, 미국의 중동 정책에서 발견되는 모든 모순을 해결하는 열쇠가 된다. 아랍 지도자들도 이러한 엄연한 사실에 직면하려 하지 않는다. 대부분 선거를 통해 합법적으로 선출되지 않은 독재자들이므로, 팔레스타인에 대한 진실을 공개적으로 말하기 두려워한다. 아랍 지도자들은 샤론과 마찬가지로 정직하지 않다. 샤론은 '테러리즘'의 종식만이 점령지에 평화를 가져오리라고 말하는 반면 아랍 지도자들은 '점령'의 종식만이 모든 테러리즘을 끝장내리라고 말한다.

샤론과 아랍 지도자들 모두 사실을 직시해야 한다. 점령은 끝나야 하지만, 아랍 지도자들은 이슬람의 이름으로 자살 테러 같은 주제를 독자적으로 다뤄나가야 한다. 마하티르 말레이시아 수상이 자살 폭파에 관해 용감하게 선언한 것처럼, "비참하고 분노가 치밀지만, 우리 이슬람교도들은 우리의 권리를 위해 싸울 때 테러 행위에 의존하지 않는 합리적인 사람들이라는 사실을 전 세계에 과시해야 한다."

아랍 지도자들이 이스라엘의 행동을 제한하는 도덕적 용기만 있고, 팔레스타인 지도자들의 극심한 부패나 자살 폭탄 테러범들의 타락을 이슬람의 이름으로 비난할 용기가 없다면, 우리는 아무것도 이루지 못한다.

진실을 직시하려 하지 않는 또 다른 사람들은 무기력한 미국 유대인 지도자들과 기독교 근본주의자들, 그리고 신보수주의자들이다. 이들로 인해 미국 정부의 관리들이 이스라엘 정착촌 건설 저지에 관하여 진지하게 자신의 견해를 밝히려 하면 반드시 반 이스라엘적이라는 비난을 받게 된다. 이들이 이스라엘의 식민지적인 점령을 지속시키는 데 힘을 보태 온 결과 이제는 시오니즘 전체가 위협받게 되었다.

그러므로 방법은 하나다. 선의의 지도자들이 한결같이 인정하듯 미국과 나토군이 팔레스타인 사람들을 지원하여 그 지역을 감시하는 상태에서, 이스라엘이 철수해야 한다. 그렇지 않으면 오사마가 승리하게 되고, 문명간 전쟁이 여러분 주변에까지 이르게 된다.

미래로 가는 생명선

2002년 4월 7일

이츠하크 라빈의 암살 직후 나는 한 이스라엘 여성이 자신의 애도하는 마음을 친구들에게 전하는 이메일을 받았다. 그녀가 전한 내용은 다음과 같았다. 컴퓨터 앞에 앉아 자신의 생각을 기록하고 나서 '라빈'이라는 파일명을 붙였으며, 작업을 완료하고 파일을 저장하려(save) 하자, 컴퓨터 소프트웨어가 자동적으로 "라빈을 저장하겠습니까?"(Save Rabin?: '라빈을 구하겠습니까?') 하고 물어 왔다는 얘기였다. 그녀는 키만 누르면 라빈을 구할 수 있기를 얼마나 간절히 바랐는지 모른다고 했다.

나는 중동의 친구들에게서 온 분노에 찬 이메일들을 모두 읽으면서 그녀를 생각했다. 나는 이제까지 이 순간처럼 극단적인 분열을 겪은 적이 없었다. 양측의 화산 같은 분노는 서안 지구에서 보내오는 텔레비전 생방송과 사람들의 즉각적인 반응을 전달할 수 있는 인터넷으로 인해 더욱 강화되었다. 무시무시한 분노는 중동에서 용암처럼 분출하기 시작해 유럽과 그 너머로 흘러넘치고 있다. 이 모든 광란 이전으로 되돌아갈 수 있는 '리턴' 키가 있다면 얼마나 좋을까!

돌이켜 보면, 상황이 항상 이렇지는 않았다. 1970년대 이후, 이스라엘은 이집트와 요르단, 팔레스타인 사람들과도 오랫동안 평화를 누려

왔으며, 아니면 적어도 소강상태를 누려 왔다. 당시의 순간들은 한 가지 공통점이 있었다. 분명한 선을 긋고 그것을 지키려는 상호 의지에 바탕을 두었다는 점이다. 그 선들에는 국경선과 도덕적인 선, 미래로 가는 선이 포함돼 있었다.

오슬로 평화회담이 점차 실패로 돌아간 이유는 모두가 이 선을 짓밟기 시작한 탓이었다. 이스라엘은 한 손으로는 평화를 구축하고, 또 한 손으로는 서안 지구와 가자 지구에 유대인 정착촌을 계속 건설했다. 팔레스타인 사람들이 그들의 생활 공간이 줄어드는 반면, 이스라엘은 지속적으로 확대된다고 생각할 정도였다. 이 모두가 '평화' 라는 우산 아래서 이루어졌다.

이스라엘의 샤론 수상이 정착촌을 건설하고 선을 짓밟는 데 중요한 역할을 했다. 유대인의 권리라는 명분과 함께 항상 이러한 행동을 정당화한 것은 "유대인은 원하는 곳에 살아서는 안 되는 것인가?"라는 공허한 주문(呪文)이었다. 핵심은 유대인이 어느 곳에서나 살 수 있는 권리를 가져야 하느냐가 아니다. 어느 곳에서나 살 수 있는 권리가 팔레스타인 국가 건설의 기회를 위축시킬 때, 유대인들이 성서에 나타난 대로 이스라엘 지역 어느 곳이나 맘대로 사는 것이 과연 현명한 행동인가가 핵심이다.

또한 오슬로 평화회담이 실패한 이유는, 팔레스타인 사람들이 한편으로는 영어로 평화를 말하면서, 사원과 교과서에서는 아랍어로 이스라엘 사람들에 대한 증오를 계속 키워 온 탓이기도 했다. 그리고 그들은 계속 이스라엘이 사라진 미래의 팔레스타인 국가의 지도를 그렸다. 이 모든 일에는 아라파트가 중요한 역할을 했다. 최근 팔레스타인 사람들은 이스라엘에 대한 점점 깊어지는 분노로 인해 자기 기만적인 주장에 빠져들게 되었다. 그들은 이스라엘의 점령으로 인해 민간인에 대한 자살 테러를 포함하여 해방을 위한 팔레스타인의 어떤 전술도 모두 정당화된다고 주장한다. 그러나 자살 폭탄 테러범의 등에다 정상적인 국가를 세울 수는 없는 노릇이다.

부시 대통령의 지난 주 연설이 특별히 중요한 이유는 마땅히 수행해야 할 역할을 미국에 정확히 부여했기 때문이다. 미국의 역할은 명확한 선을 다시 회복시키는 일이다. 그는 이스라엘에 대해 명확한 선을 그었다. 이스라엘 사람들이 아무리 많은 정착촌을 세운다 해도 평화 협상은 1967년의 국경선에 바탕을 둬야 한다는 내용이었다. 또 팔레스타인 사람들에 대해서도 명확한 선을 그었다. 자살 폭탄 테러범은 "순교자가 아니라 살인자"임을 분명히 한 것이다.

그러나 부시 대통령은 양 세력의 중앙에는 선을 긋지 못했다. 그가 샤론보다 아라파트에게 더 비판적인 까닭은 아랍인들이 끈질기게 무시하려는 사실, 즉 샤론이 갑자기 외계에서 나타난 사람이 아니라는 사실을 알기 때문이다. 샤론이 수상으로 선출된 것은, 아라파트가 팔레스타인 국가를 세울 절호의 기회였던 클린턴 평화안을 거부하고 줄행랑을 친 이후였다. 아라파트는 이스라엘로부터 더 많은 것을 얻어내려고 외교나 비폭력 대신 일부러 군사적 압력을 이용하기로 했으며 이스라엘 사람들은 그에 대한 보복으로 샤론을 선택했다. 이런 전후 상황은 대단히 중요하며 부시 대통령은 이 점을 무시하지 않았다.

미국이 확고한 입장을 갖고 날조된 모든 선을 다시 그리는 것이 우리의 유일한 바람이다. 그렇지 않으면, 강경파들이 총공세를 취하는 가운데, 건전한 중도파와 과격파의 구별이 완전히 사라지게 된다.

앞서 말했듯이, 상황이 늘 이렇지는 않았다. 나는 1995년 암만에서 열린 아랍-이스라엘 경제 정상 회담에 참석한 적이 있다. 나는 이스라엘 대표단 바로 위에 있는 신문 기자석에 앉아 있었다. 한 쿠웨이트 대표가 우연히 이스라엘 석에 앉았고, 그 주변에 이스라엘 사람들이 자리를 메우고 있었다. 아래를 내려다보니, 쿠웨이트인의 아랍식 머리장식과 이스라엘 사람의 야물커*가 나란히 앉아 있는 모습밖에 아무것도 보이지 않았다. 결코 잊지 못할 장면이었다.

우리가 지워지기를 바라는 선은 이런 것이다. 그래서 이스라엘의 중도파와 아랍의 중도파가 중앙에 모이게 되기를 바랄 뿐이다. 그러나 그런 일은 다른 모든 선들, 즉 경계선과 도덕선을 회복시킬 때만 이루어진다. 내 컴퓨터에 '선 삽입'(Insert Lines) 키가 있다면 당장 누르고 싶다.

＊yarmulke: 남자 유대교도가 쓰는 작은 두건.

조지 사다트

2002년 4월 17일

콜린 파월이 중동으로 가서 학살을 저지하려는 동안 어떤 일이 벌어지고 있는가? 우선, 그는 모로코의 소년 왕을 보고 당황한다. 그리고 이스라엘에 도착해서 제정신이 아닌 『예루살렘 포스트』지 사설을 접하게 된다. 사설의 메시지는 파월이 샤론과 그 내각의 일부 우익 광신자들처럼 사태를 정확히 인식하지 못한 탓에, 그의 학살 저지 사명이 결국 '실패로 돌아갈 운명'에 있다고 단정한다. 예루살렘에 도착하기도 전에, 그는 아라파트의 아내인 수하가 자신에게 아들이 있어서 팔레스타인을 위해 '순교하는' 모습을 봤다면 기뻤을 거라고 (파리에 있는 호화 은신처에서) 말했다는 뉴스와 만난다. 그리고 최근 예루살렘의 한 슈퍼마켓을 폭파한 팔레스타인 자살 테러범은 십대였다는 뉴스를 접한다. 내게도 십대 딸이 있다. 그런데 자살 폭파를 감행하겠다고 스스로 정치적 결정을 내릴 수 있는 십대는 없다. 십대 소녀에게 이런 일을 시키고 몸에 다이너마이트를 감아 준 사람은 틀림없이 나이 많은 어른이었을 것이다. 이건 순교가 아니다. 제물이다.

그들은 이 모든 일들이 다른 세계에 얼마나 왜곡되게 비쳐지는지 알고 있을까?

이 시점에도 한 가지 긍정적인 측면은 있다. 문명화된 행동의 경계선이 전부 무너지고 나면 새로운 기회가 생겨날지도 모른다는 사실이다. 나는 부시 대통령이 그 기회를 잡길 바란다.

내 말의 뜻은 이렇다. 아라파트와 그 부하들은 서슴지 않고 자살 폭탄 테러범을 이용함으로써 이스라엘 사람들을 불안에 떨게 할 수 있다는 점을 입증했다. 더욱이 팔레스타인 소년들을 희생시킴으로써, 지난 50년 동안 있었던 아랍 군대의 어떤 행동보다 이스라엘 사람들을 공포로 몰아넣었다. 이런 행동을 통해서 이스라엘의 권리에 관한 마지막 신화를 무너뜨렸다. 어쨌든 팔레스타인 사람들이 이스라엘 정착촌을 묵인하리라는 또는 팔레스타인 사람들을 위협하여 이스라엘의 조건을 무조건 받아들이게 할 만큼 충분한 힘을 지니고 있다는 신화가 이스라엘 사람들에게는 있었다.

동시에, 샤론이 통치하는 이스라엘은 팔레스타인 사람들 사이에 널리 퍼진 환상을 깨뜨렸다. 팔레스타인 사람들은 자살 폭파를 통해서 마침내 유대인들을 중동에서 몰아낼 무기를 찾아 냈다는 환상을 지니고 있었다. 샤론은 자살 폭탄 테러범들이 팔레스타인 민간인들 사이에 숨어 있더라도 무자비하게 추적해야 한다. 그럼으로써, 자신들은 무사하면서 유대인들을 테러로 몰아낼 수 있으리라는 팔레스타인 사람들의 환상을 완전히 끝장내야 한다.

아랍 지도자들도 한 가지 교훈을 얻은 게 있다. 수십 년 동안 이들은 자신들의 합법성을 유지하기 위해, 또는 자신들이 행한 잘못된 정치에 대한 관심을 돌리기 위해 팔레스타인의 투쟁 명분을 이용해 왔다. 그런데 예전에는 관영 언론 매체를 통해서 자국 국민들이 전쟁을 바라보는 방식을 규제할 수 있었다. 그러나 이제는 그렇게 못한다. 이는 세계화 시대의 사이버 반란이다. 하루 24시간 팔레스타인에서 아랍 젊은이들에게 영상을 쏘아 보내는 아랍의 독립 위성 텔레비전 덕분에, 또한 그들이 이 방송을 보고 느낀 점을 서로 정확하게 전달할 수 있게 해준 인 터넷 덕분에, 아랍 정권들은 여론에 대한 통제력을 잃고 있다. 그렇다. 이 정권들이 내일 바로 무너지지는 않는다. 그러나 이들은 지금 흔들리 고 있으며, 투자자들의 도피로 인해 경제 역시 파탄에 이르렀다.

끝으로 이처럼 팔레스타인과 이스라엘 사이에 발생하는 무제한적 폭력으로 인해 부시 외교진도 얻은 게 있다. 그들은 이런 분쟁을 무시 하려 해도 무시할 수가 없으며, 만약 그렇게 되면 테러리즘에 대한 세 계적인 전쟁을 그르치게 된다는 점이다.

이 모든 상황은 결국 하나의 기회가 된다. 1973년 이집트가 수에즈 운하를 건넌 이후 생겨났던 기회와 마찬가지다. 이 때 이집트가 운하 를 건너면서 이스라엘이 자신하던 완전무결한 방어망에 구멍이 뚫렸 으며, 다시 샤론의 탱크가 이끄는 이스라엘군이 운하를 건너 이집트군 을 맹공함으로써 이집트의 취약점도 드러났다.

지금은 시시한 국제회의나 열 때가 아니다. 1973년 전쟁 후 미국과 소련이 그런 시도를 했으며, 국제회의가 시간 낭비임을 알아차린 안와 르 사다트 이집트 대통령은 예루살렘으로 가서 모든 것을 협상 대상으 로 삼기로 결정했다. 부시 대통령도 바로 지금 똑같은 행동을 해야 한 다. 그는 지금의 사다트가 되어야 한다. 다른 어느 누구도 이런 역할을 대신하지 못하기 때문이다. 사다트가 된다 함은 명확한 미국의 평화안 을 제시한다는 뜻이다. 이 평화안을 통해서 서안 지구와 가자 지구를 통치할 새로운 팔레스타인 정권을 세울 수 있도록 새로운 유엔 위임 통치를 요구하고, 과거 클린턴 대통령이 제안한 대로 이스라엘군이 단 계적으로 철수해야 하며, 협상을 보장할 미군 또는 나토군을 요구해야 한다.

워싱턴의 럼스펠드 국방장관이 찾고 있는 규칙 중의 하나는 이런 것

같다. 어떤 문제가 있는데도 해결할 방도가 없으면, 그것을 확대하라
는 것이다. 우리는 이제 평화를 이루는 데 전심전력하면서 팔레스타인
사람, 이스라엘 사람, 아랍 사람 등 모든 당사자에게 평화를 추구하도
록 요구해야 한다. 그렇지 않으면 이들이 계속 다른 길로 가면서, 폭력
을 저지하는 문명의 장애물을 하나하나 폭파해 가다가 결국 전쟁이 우
리에게까지 미칠 것이다.

채널 돌리기

2002년 4월 21일

이스라엘과 팔레스타인의 전쟁이 가열됨에 따라, 나는 텔레비전 뉴스를 보고 있기가 점점 힘들었다. 최근에는 CNN이나 MSNBC 방송에 중동 얘기가 나올 때마다 난 리모콘을 찾아 골프 채널로 돌린다. 이제 사람들에게는 중동 얘기와 관련된 고통에서 벗어나 휴식이 필요하다.

나는 우연히 전 양키즈 팀 투수이며 〈포 볼〉의 저자인 짐 부턴과 잡담을 하다 이 얘기를 하게 되었다. 부턴도 나와 똑같은 반응을 한다고 했다. 우리는 대화를 나누다가, 골프 채널이 왜 실제로 중동 뉴스에 대한 완벽한 해독제가 되는지에 대한 열 가지 이유를 찾았다. 그 이유는 다음과 같다.

❶ 골프 채널에 등장하는 모든 해설가, 특히 강사들은 실제로 자신이 무슨 말을 하는지 잘 알고 있으며, 골프 채널에서 나오는 어느 누구도 '테러리즘 전문가'라는 허황되고 무의미한 직함을 지닌 사람이 없다. 실제로 골프 채널에서 볼 수 있는 유일한 잔재주는 타이틀리스트 혹은 나이키사의 골프공에서 나온다. 골프 채널에서는 오로지 실력이 전부다. 홍보 회사를 통하거나, 대통령에 출마해서 낙선한다거나, O J 심슨 재판에 연루되었다고

성공하는 게 아니다.

❷ 골프 채널에는 종교도 없다. 하나님이나 예수를 찾는 것은 누군가 공을 잘 못 쳐서 화가 났을 때뿐이다.

❸ 골프 채널에는 역사도 없고, 역사에 관한 논쟁도 없다. 골프 채널에서는 어제의 행동은 중요하지 않다. 매일 새로운 기록으로 출발한다. 골프에서 성공하려면 어제의 역사를 지우고 오늘에만 집중해야 한다. 아랍과 이스라엘의 정치와는 달리 골프에서는 과거가 미래를 압도하는 게 아니라, 미래가 항상 과거를 압도한다.

❹ 골프 채널에는 길고 영광스러운 침묵의 순간들도 있다. 또한 경기를 맡은 해설자들도 분할 스크린을 보며 서로 소리를 지르기보다는 선수들을 방해하지 않으려고 많은 시간 작은 목소리로 방송한다. 골프 채널에서는 아무도 서로를 방해하지 않는다.

❺ 골프 채널에 유명 브랜드의 골프 셔츠만 있고 제복이 없는 까닭은, 도시나 국가, 종교 따위가 아닌 자기 자신과 자신의 실적만이 자신을 대표하기 때문이다. 또한 골프 채널에는 1번에서 18번까지 숫자가 적힌 녹색 깃발만 펄럭인다.(유럽-미주 라이더 컵 대회 기간에만 예외다.)

❻ 골프 채널에는 사사건건 미국만 비난하는 사람도 없다. 골프에서는 자신에게 일어나는 일에 대해 스스로 책임진다. 골프 채널에서는 징징 우는 소리도 용납되지 않는다. 공이 잔디 속에 들어가거나 불규칙 바운드를 쳤다고? 안됐지만, 그것이 골프다. 그것이 인생이다. 초대 손님들이 출연하여 무엇이 잘못될 때마다 미국의 음모 탓이라고 부르짖는 CNN이나 Fox, MSNBC와는 달리, 골프 채널에서는 자신이 극복하고 나가야 한다고 말한다.

❼ 골프 채널에서 '정착촌'은 '페어웨이 콘도' 밖에 없으며, '귀환권'은 마스터스 대회에 첫 출전한 선수에게만 지급된다. 골프 채널의 벙커에는 바주카포가 아닌, 샌드웨지 골프채가 필요하다. 또한 중동에서 골프 채널이 생

기는 때는 3월뿐이며, 그 때 페르시아 '골프'가 아니라 페르시아 '걸프'에서 두바이 데저트 클래식(Dubai Desert Classic)과 카타르 마스터스(Qatar Masters) 경기가 열린다.

❽ 골프 채널에서는 규칙을 존중하고, 인바운드와 아웃 오브 바운드를 확실하게 구분한다. 미국이 심판을 보는 가운데 경기자들이 기회만 있으면 속임수를 쓰는 중동과는 달리, 골프에서는 자진해서 벌점을 요청한다. 골프 채널에서는 속임수, 거짓말, 규칙 위반에 대한 실질적인 결과가 있다. 속임수를 쓴 사람은 아무도 함께 경기를 하려들지 않으며 방송에도 출연하지 못한다. 반면 중동에서는 난폭하게 행동할수록, 고위직에 선출되거나 '크로스파이어' 프로에 초대받을 가능성이 높다.

❾ 골프 채널에서는 코스를 공략하지, 서로를 공략하지 않는다. 골프는 인간과 자연의 대결이자 인간과 자신의 대결이지 결코 인간과 인간의 대결이 아니다.

❿ 골프 채널에서는 아무도 타협과 변화를 두려워하지 않는다. 그런가 하면 최고로 우수한 골프 선수들은 끊임없는 자기 비판과 자기 반성, 자기 교정에 몰두하면서, 코스나 컨디션, 나이의 변화에 항상 적응해 가는 경기다. 이것은 그 선수들이 골프 채널에 나와서 한결같이 하는 말이다. 우수한 선수는 자신의 스윙 폼을 점검하려고 거울을 보며 많은 시간을 보낸다. 이와 달리 중동에서는 자기 반성과 자기 비판을 하는 사람을 찾아보기 힘들다.

지금이 어느 때인가?

예루살렘에서

2002년 4월 24일

　　최근 부시 대통령은 중동에서 "미래가 죽어가고 있다."고 한탄했다. 나는 지금 예루살렘에 와서 그런 사실을 확인하게 되었다. 죽어가는 미래를 되찾는 방법은 단 한 가지다. 미국이 사우디의 압둘라 왕세자와 샤론, 아라파트에게 그들이 무시하려는 것을 직시하게 하는 것이다. 압둘라는 어제를, 샤론은 내일을, 아라파트는 오늘을 무시하려 한다.

　　압둘라 왕세자는 내일 부시 대통령을 만나면 틀림없이 아랍-이스라엘 분쟁과 사우디의 평화 공세라는 한 가지 문제를 집중적으로 논의하려 할 것이다. 나는 왕세자가 평화안을 제시하여 기쁘다. 이 안은 여러 가지 가능성을 만드는 데 도움이 될 수 있으며, 이를 선전일 뿐이라고 주장하는 사람들은 자신이 무슨 말을 하는지조차 알지 못하는 자들이다.

　　그러나 미국인인 우리는 그와 함께 정리해야 할 '어제의' 문제가 아직 남아 있다. 즉 9·11 사태에 연루된 15명의 사우디 출신 항공기 납치범들은 누구이며, 사우디 아라비아 내에서 이들을 키워 낸 것은 어떤 세력인가? FBI에서도 아직 모른다. 사우디 아라비아는 9·11 사태에 가담한 자기 국민에 대해 전혀 책임지려 하지 않는다. 책임을 인정할 줄 모르는 사회는, 젊은이들을 어떻게 교육할 것이며, 미래를 위해 어떤 기회를 제공할 것인가라는 측면에서 자기 교정에 전념할 가능성이 전혀 없는 것이다.

최근의 두 가지 얘기를 생각해 보자. 얼마 전 『타임스』지 교육 생활 부록에 실린 기사에 따르면, 지난 6개월 동안 중국의 베스트셀러는 십대 자녀를 하버드에 보내는 방법을 다룬 『하버드 여학생 이칭 류』라는 제목의 책이었다. 이 책에서 한 중국인 어머니는 딸을 하버드에 보내기 위한 '과학적으로 입증된 방법들'을 소개한다. 이 책은 지금까지 110만 부가 넘게 팔렸으며, 콜럼비아나 옥스퍼드, 캠브리지에 보내는 법을 다룬 유사 도서가 15가지나 출판되었다. 또한 같은 주에 가지 알고사이비라는 비교적 스마트한 런던 주재 사우디 대사가 『알 하야트』지에 시를 발표했다는 보도가 있었다. 이 시는 이스라엘 슈퍼마켓 앞에서 자폭한 18살 된 팔레스타인 소녀를 찬양하는 내용이다. 시인은 소녀에게, "너는 신의 말씀을 영화롭게 하려고 죽었다."고 말한다.

십대 자녀를 하버드에 보내는 법을 다룬 베스트셀러를 만들어내는 사회는 결국 자신의 하버드를 건설하게 된다. 그러나 슈퍼마켓 앞에서 자살한 십대 소녀를 찬양하는 지도자들은 석유가 아닌 다른 양식을 먹고사는 나라를 결코 세우지 못하며, 이들의 가치관은 뒤죽박죽 상태가 되기 마련이다. 이스라엘은 예닌(Jenin)의 하나님을 '영화롭게' 하지 못했으며, 자살 폭탄 테러범도 마찬가지다.

샤론은 현재 팔레스타인의 자살 테러를 근절하는 법에 대해서만 말하려 한다. 그러나 내일에 대한 명확한 계획이 없다. 나는 여기서 분열된 분위기를 발견한다. 몇 달 동안 이스라엘 사람들은 자살 폭탄 세례를 받으며, 과연 유대인들이 여기서 계속 살아갈 수 있을지 의구심을 가졌다. 그러다가 최근의 군사 작전을 통해 아직도 자신을 방어할 수 있다는 자신감을 지니게 되었다. 그러나 암담한 분위기도 있다. 그 이유는, 많은 이스라엘 사람들이 내게 말한 것처럼, 그들의 지도자는 강한 군사력 외에 아무런 계획도 없다는 인식이 퍼져 있기 때문이다.

많은 이스라엘 사람들이 보기에, 샤론은 아라파트 제거에 대한 강박증과 식민지 정착촌에 대한 집착 때문에, 또한 이스라엘이 양보하면 상대방의 승리로 보일지도 모른다는 두려움 때문에 심한 마비 상태에 빠져 있다. 그 결과 대부분의 이스라엘 사람들이 원하는 실제적이고 비이념적인 해결안을 만들지 못하고 있다. 말하자면 다음과 같은 해결안 말이다. "이 선까지 후퇴하고, 이 정착촌들을 포기하며, 이 해결안으로 팔레스타인 사람들을 끌어들입시다. 그래야 우리 유대 민주주의 국가를 보존하게 될 테니까요. 그리고 다른 것은 잊어 버립시다."

아라파트는 어제의 얘기, 즉 팔레스타인 사람들이 고통받아 온 얘기에만 집착한다. 아니면 내일에 관해서 말할 경우, 어떻게 하면 팔레스타인 깃발이 예루살렘 위에 휘날리게 될까에 대해서만 관심이 있다. 아라파트에게는 오늘을 위한 계획도 자기 민족에게 역사적 타협을 대비하게 하는 계획도 없다. 또 여러 가지 제도 건설을 위한 계획도 없고, 이스라엘과의 평화 협상을 위해 인티파타(봉기)는 어떻게 이용할 것인가에 대한 외교 전략도 없다. 누군가가 지금 성급하게 아라파트를 보호하려는 유럽의 바보들에게 일러줘야 한다. 인티파다가 시작되었을 때 원래는 부분적으로 부패한 지도자들을 겨냥한 측면도 있었다. 그러나 아라파트가 샤론의 도움을 받아 봉기가 전적으로 이스라엘을 겨냥하도록 다시 방향을 전환했다. 그 과정에서 팔레스타인 경제와 팔레스타인 국가를 세울 수 있는 유일한 세력인 이스라엘의 평화 진영 둘 다 파탄났다.

빌 클린턴은 캠프 데이비드에서 이렇게 말했다. "우리가 성공하지 못하면, 분명히 시련에 처하게 된다." 부시 대통령이 압둘라나 샤론, 아라파트를 개조하지는 못한다. 그러나 그들과 그 사회에 진실을 말함으로써 시련에 처하는 것은 괜찮다. 이들 사회에는 아직도 지금이 어느 때인지도 알아차리지 못하는 지도자들에게 필사적으로 미래를 구하려는 사람들이 많다.

위태하지만 준비는 됐다

2002년 4월 28일

　이스라엘의 전 장관인 율리 타미르가 내게 들려준 얘기다. 최근 예루살렘에서 자살 폭파로 이스라엘인 3명이 죽은 후 한 친구가 그녀에게 십대인 그녀 딸의 안부를 묻는 전화를 했다. 자살 폭탄이 폭발한 장소가 그녀의 딸이 자주 출입하는 청년 단체 사무실 옆이었기 때문이다. 율리는 이렇게 말했다. "친구에게 말했어요. '감사하게도, 그 애는 안전해. 지금 아우슈비츠에 있어.'"

　율리의 딸은 이 때 폴란드에 가서 청년 단체 회원들과 나치의 유대인 수용소를 방문중이었다. 그러나 안도의 말을 하는 율리의 어조에는 얄궂은 심사가 드러나 있었다. 이 시절이 이스라엘 사람들에게는 그런 심사를 갖게 할 만한 때였다. 지난 두 달 동안 거의 쉴새없이 일어난 자살 폭파 사건으로 이 나라는 완전 뒤집혀졌다. 그리고 그 사건들은 아랍 군대가 50년 동안 수행해 온 어떤 작전보다 더 철저하게 이스라엘의 안전 의식에 타격을 가했다. 그리고 이스라엘 사람들이 그 어느 때보다 점령지 포기 의사를 강하게 갖게 되었지만, 아라파트와 그 일당에 대한 불신도 그만큼 강해졌다.

　오늘날 이스라엘에서 진행된 여론 조사를 보면 현재 인구의 3분의 2 다수가 다음과 같은 선택을 지지한다는 사실을 알게 된다. 3분의 2가 아라파트의 제거를 원하며, 3분의 2가 실질적인 안전을 대가로 서안 지구에서 철수하기를 원한다. 3분의 2가 현재의 단호한 조처를 지지하며, 3분의 2가 이 조치가 장기적인 해결책을 제공하지 못하리라는 점을 우려한다. 이 곳에는 지금의 상황을 타개할 수 있는 실용적인 지혜를 갖춘 지도자에 대한 강한 갈망이 있다. 그리고 지난 주 가자 지구의 비상식적인 이스라엘 정착촌에 대한 영원한 헌신을 재확인한 데서 보여주었듯이, 샤론은 기대할 만한 지도자가 아니라는 우려도 있다.

베들레헴의 주요 인사가 한숨을 쉬며 다음과 같이 내게 말할 때 이 지역의 분위기를 잘 표현해 주었다. "난 어찌해야 할지 모르겠어요. 자살 테러범들 때문에 내 꿈은 산산조각이 났습니다. 우린 지금 집도 없어요." 그러면서 덧붙였다. "난 에프라트의 정착민이지만 아들에게 말했습니다. 정부에서 진정한 평화를 위해 떠나라고 하면 우리는 거기에 따라야 한다고 말이죠."

한편, 샤론이 자살 폭파범들과 팔레스타인 과격파가 사용하는 막사와 사무실들을 박살냄으로써 팔레스타인 사람들이 동요하고 있다. 레바논으로부터 이스라엘의 일방적 철수가 이루어진 이후 팔레스타인 사람들은 레바논에서 방송하는 헤즈볼라 텔레비전을 너무 많이 봐 왔다. 이 방송은 이스라엘이 거대한 실리콘 밸리가 되었으며 따라서 자살 폭탄만 충분하면 유대인들을 팔레스타인에서 쫓아낼 수 있다는 생각을 퍼뜨려 왔다. 마치 남 레바논에서 그랬던 것처럼 말이다. 최근 이스라엘군의 작전은 팔레스타인 사람들에게 이스라엘군의 진정한 힘을 과시하는 실력 행사로 그치지 않는다. 이 작전은 이스라엘 특공대와 예비군이 조국의 방위를 위해서 팔레스타인 난민 수용소에 있는 집들을 낱낱이 파괴할 준비가 되어 있다는 사실을 과시하는 행동이기도 하다.

이로써 팔레스타인 사람들은 혼란에 빠지게 되었다. 예루살렘의 팔레스타인 정부 장관인 사리 누스시베는 이렇게 말했다. "우리가 지금 어디에 있는가에 대해서도 사람들의 의견은 엇갈린다. 어떤 사람은 우리의 현재 상태를 보고 우리가 승리한다고 말하고 또 어떤 사람은 패배한다고 말한다."

나는 지금이 바로 외교적인 기회가 무르익은 때라고 믿는다. 마치 1973년 중동전쟁 막바지에 이집트와 이스라엘이 서로 피투성이가 되었을 때 헨리 키신저가 이용한 기회와 대단히 유사하다.

정치 이론가인 야론 에즈라히는 다음과 같이 말한다. "양측 모두 자신들이 득점을 했다고 생각한다. 팔레스타인 사람들은 자신들이 이스라엘 사람들이 생활하지 못하게 만들 수 있다는 점을 입증했으며, 이스라엘 사람들도 거꾸로 똑같은 사실을 입증했다고 믿는다. 어느 쪽도 지금의 이 마지막 회전에서 패배하리라고 생각지 않는다. 그러나 양쪽 모두 전쟁이 재개되면 무슨 일이 일어날지 심히 우려한다. 세계 외교가 이런 기회를 이용하지 못하고 놓친다면 범죄에 가까운 태만이라 할 수 있다."

부시 대통령이여, 주목하라. 완전히 혼란에 빠졌다는 이 곳 사람들의 말을 믿지 말라. 중요한 사실은 그들의 감정을 이해하는 것이다. 그 감정은 어느 때보다 현실주의적인 외교적 해결책에 대해 열려 있다. 이곳의 지도자들은 갈피를 못 잡고 있다. 그러므로 미국이 멋진 아이디어로 계획을 세워야 한다.

부시 대통령은 2주 전 연설에서 비전을 제시했다. 사우디 아라비아 왕세자도 같은 연설을 했다. 그러나 그들의 비전은 너무 막연하다. 이스라엘의 외무장관 시몬 페레스가 지적한 바와 같이, 부시의 비전과 사우디의 비전은 "막힌 터널 끝에 보이는 빛과 같다." 지금 필요한 것은 두 개의 국가를 위한 명확하고 단계적인 계획을 제시하는 미국의 안이다.

미국의 안이 없으면, 다음에 어떤 일이 벌어질지 뻔하다. 이 곳 지도자들은 'ㄱ 안' 밖에 없다. 그리고 사람들은 지난 세 달에 걸쳐 이 안의 비현실성을 목격했다. 이 지도자들에게는 'ㄴ 안'이 없다. 'ㄴ 안'은 'ㄱ 안'보다 더 비현실적이며, 그렇게 되면 정말 위험한 결과를 초래할 것이다. 바로 이 순간을 이용하는 창조적 외교가 없으면, 창조적 악행이 공백을 메우게 될 것이다.

숨은 희생자

요르단 암만에서

2002년 5월 1일

최근 몇 개월 간, 아랍의 위성 텔레비전 방송국들과 웹사이트들의 폭발적인 증가로 인해 서안 지구 팔레스타인들에 대한 이스라엘의 탄압 장면이 연속으로 방영됨으로써 아랍의 여론에 심각한 영향을 미쳤다. 이 텔레비전들과 이메일 이미지들로 인해 온 아랍 세계에 대규모 시위가 벌어지게 되었으며, 이집트와 바레인에서는 시위대에 사격이 가해졌다. 이처럼 아랍의 거리가 소란스러워짐으로 해서 정말 정권이 무너지게 될 것인가? 그렇지는 않다. 현재는 아랍의 어떤 정권도 위험 상태에 있지 않다. 그러나 아랍 정권들이 살아남느냐 살아남지 못하느냐는 올바른 질문이 아니다. 이들이 어떻게 살아남을 것인가가 올바른 질문이다.

현재 많은 정권들이 생존을 위해 취해야 할 조치는 지금 추구하거나 계획하는 모든 현대화, 세계화, 민주화 운동의 속도를 늦추고, 적어도 표면적으로라도 아랍-이스라엘 분쟁이라는 옛 의제에 집중하는 것이다. 서안 지구 전쟁의 최대 피해자는 아랍 지도자들이 아니라 아랍 자유주의자들이다. 갓 싹튼 민주주의 실험이 연기되었다. 외국인 투자가 감소되고, 사회보장 서비스를 위한 재정이 탄압 조치를 위해 돌려지며, 모든 대중적인 논의가 팔레스타인 문제에 지배되었다.

오늘날 아랍 세계의 가장 진보적인 지도자 가운데 하나인 요르단의 압둘라 왕이 내게 이렇게 말했다. "나는 요르단의 현대화 계획을 저지할 뜻이 없습니다. 우리는 앞으로 전진하고 있어요. 그러나 이 일을 나 혼자 하지는 못합니다. 나와 함께 할 대중이 필요합니다."

그러나 오늘날 대중과 정치인을 현대화에 집중하게 하는 일은 1년 전만큼 쉽지 않다. 요르단은 다른 모든 아랍 국가들과 마찬가지로 아랍의 독립 위성 텔레비전 방송들의 집중 공세를 받아 왔다. 그런데 이들 방송은 이스라엘이 팔레스타인 사람들을 잔인하게 다루는 모습을 담은, 아주 섬뜩하고 일방적인 영상들을 보여줌으로써 시청률 경쟁을 벌이고 있다.

내가 1982년에 있은 이스라엘의 레바논 침공을 취재할 때만 해도, 필름 1피트를 출력하는 데 몇 시간 또는 며칠씩 걸렸으며, 아랍 정부들은 보도 내용에 대한 철저한 통제가 가능했다. 이와 대조적으로, 몇 주 전 〈아랍 뉴스 네트워크〉(ANN)는 예닌 옆의 한 팔레스타인 마을로부터 한 팔레스타인 가족의 얘기를 생방송으로 보도했다. 이 가족은 그 지역 소탕 작전을 벌이는 이스라엘군에 의해 방안에 감금되어 있었다. 휴대폰을 지닌 어머니가 ANN에 전화를 걸어 자녀들을 구해 달라고 호소했고, 전 아랍 세계가 이를 '생방송'으로 듣고 있었다.

요르단의 한 편집인은 이렇게 말했다. "사람들은 비명 소리를 듣습니다. 비명 소리가 침실까지 직접 들려와요. 사람들은 팔레스타인 사람들이 살해당하는 장면을 보며 잠자리에 들고, 살해 장면을 보며 깨어나죠……. 신문 1면에 다른 기사를 싣는다면, 모두가 비웃을 겁니다."

1년 전만 해도 사정은 이렇지 않았다. 요르단의 뉴스는 주로 왕의 혁신적인 현대화 계획에 관한 내용들이었다. 그 계획에 따르면 올해는 요르단 교육 제도의 급진적 개혁, 요르단의 모든 학교에 인터넷을 연결하는 사업, 농촌 개발에 대한 새로운 투자로 출발할 예정이었다. 그리고 일단 현대화 운동이 가동되면, 이 진보적 의제를 뒷받침할 새로운 의회를 구성하기 위해 가을에 총선을 실시할 계획이었다.

이처럼 총체적인 계획의 일환으로, 마이크로소프트사가 요르단의 창조적인 소프트웨어 회사에 2백만 달러를 투자할 용의가 있음을 밝혔다. 그러나 마이크로소프트사가 내세운 투자 조건은, 지적 재산권과 노동법, 상법 등을 개정하여 국제 수준으로 끌어올리는 것이었다. 내각에서 정부 명령으로 법률들을 개정했으나, 새 의회의 비준이 필요했다.

그러나 현재 서안 지구 사태로 인해 요르단 국민들의 분노는 극에 달해 있다. 한 요르단 사업가는, "지금 여기서 가장 인기 있는 텔레비전 프로가 헤즈볼라 텔레비전이라는 사실이 믿어지십니까?"라고 말했다. 이런 상황에서 각료들은 언론의 관심이 없는 국내의 개혁 의제를 공개적으로, 그것도 자기들이 필요한 방식으로 다룰 수 없다. 왕역시 총선 실시를 재고 중이다. 왕은 현재 분위기에서 선거를 하면 진보파가 아닌 이슬람주의자들이 선거에서 압승을 거두게 될까봐 우려하고 있다.

이상이 실제 아랍 사회의 얘기다. 요르단과 모로코, 바레인과 같은 진보적인 나라들은 이스라엘과 어떻게 대결하느냐를 합법성의 근거로 삼지 않고, 자기 국민들에게 어떻게 미래를 잘 대비하게 하느냐를 근거로 삼으려 하지만 현재 저항에 직면에 있다. 그리고 시리아와 사우디 아라비아, 이라크와 같은 퇴행적인 아랍 정권들은 이제 개혁하지 않는 구실을 국민들에게 더욱 많이 제공하게 되었다.

팔레스타인들은 이제까지 아주 교묘하게 아랍 세계를 유인하여 팔레스타인의 감정적인 문제들이 모두 해결될 때까지 미래를 유보하도록 만들었다. 아랍의 앞선 세 세대는 "누가 팔레스타인을 지배할 것인가?"라는 한 가지 질문만 하도록 허용되는 상황 탓에 이미 값비싼 대가를 치렀다. 이들은 "우리의 젊은이들을 어떻게 교육할 것인가?", 또는 "우리는 어떤 종류의 민주주의, 어떤 경제 체제를 이루어야 하는가?"라는 질문은 제기해 본 적이 없다. 네 번째 세대마저 같은 운명을 겪는다면 비극이 아닐 수 없다.

미래에 귀 기울이고 있는가?

인도네시아 자카르타에서

2002년 5월 5일

　지난 목요일 나는 자카르타에서 가장 아름다운 이슬람 기숙 학교의 하나인 페산트렌 다루나야 정원에 앉아 있었다. 여기서 자리를 함께 한 20명의 사려 깊은 인도네시아 청년들에게 미국에 대한 견해를 물어보았다. 나는 세계 최대의 이슬람 국가가 9·11 사건과 중동 위기에 대해 어떻게 반응하는지 알고 싶었다. 나의 언어로 대화 내용을 전할 수도 있지만, 자기 의사를 가장 분명하게 밝힌 위삼 로찰리나라는 18살 난 여학생의 말을 그대로 전하려 한다.

　여학생의 말이다. "대부분의 이슬람교도들이 미국을 두려워하는 까닭은 미국이 이슬람에 적대적이라고 생각하기 때문입니다. 미국이 이스라엘을 지지하고, 이슬람이 이스라엘과 유대인, 유대교와 반목 상태에 있음은 당신도 아실 겁니다. 미국인들이 이슬람교도들을 두려워하는 게 아니라 이스람교도들이 미국인들을 두려워하고 있어요. 9·11 비극에 대해서는, 이슬람교도가 그 사건을 저질렀다고 입증할 수가 없습니다. 지금까지 빈 라덴이 사건을 일으킨 당사자임을 입증할 만한 증거를 찾지 못했어요. 또한 어느 신문에선가 그 비극을 저지른 장본인은 미국인들이라는 기사를 본 적도 있습니다. 미국 의회의 유대인 비율이 얼마나 되는지 저는 잘 모릅니다. 하지만 미국이 이스라엘을 지지하고 있고, 바로 거기에 미국에 대한 증오심의 소재가 있다고 봅니다."

당신은 어디서 그런 소식을 얻는가?

"대부분의 정보는 텔레비전에서 얻고, 인터넷에서도 얻습니다. 전 아랍의 온라인 잡지를 읽는 걸 정말 좋아합니다. 전혀 다른 관점을 보여 주거든요. 인도네시아 잡지를 통해서는 이슬람교도와 이슬람에 관해서 많은 정보를 얻지 못합니다."

왜 그렇게 많은 이슬람교도들이 지금 미국과 이스라엘에 대해 그토록 분노하는가?

"이스라엘이 한계를 넘어서는 바람에 이슬람교도들도 참다못해 이젠 무언가 대응하지 않으면 안 되겠다고 결심한 거겠죠. 이것은 자신들이 살인자로 불리고 미국에서 테러리스트로 취급받고 있다고 생각하는 이슬람교도들의 감정과 관계가 있을 겁니다. 이슬람교도들은 자신들이 저지르지도 않은 일 때문에 비난을 받고 있어요. 그리고 그것이 미국을 증오하는 이유겠죠. 이것은 증오가 아닙니다. 이런 감정은 미국의 언론 매체가 곳곳에 퍼뜨리고 있는 겁니다. 그래서 저는 이 감정이 이슬람 이미지의 확산이나 그 이미지의 왜곡과 관련이 있다고 생각해요."

부시 대통령을 어떻게 생각하는가?

"맨 처음 조지 부시가 대통령이 되었을 때, 어떤 사람들은 그가 자기 아버지를 닮아서 아무것도 달라질 게 없을 거라고 생각했죠. 또한 사람들이 앨 고어가 당선되지 않기를 바란 이유는 그가 유대인이었기 때문입니다, 그래서 사람들은 말했죠. '그래, 조지 부시가 나을 거야.' 그는 정말 훌륭한 약속을 많이 했지만 아직까지 실현되지 않고 있어요."

미국에 가서 공부하고 싶은가?

"물론이죠. 미국에 가면 그 곳에 사는 사람들이 정말 어떻게 생각하는지 알 수 있기 때문이죠. 지금까지 신문에서 읽거나 텔레비전에서만 보았거든요."

위삼의 견해는 수많은 이슬람 젊은이들이 널리 공유하는 생각이다. 이런 견해는 많은 원인들의 산물이다. 이런 견해가 생겨난 원인들을 보자. 우선 테러리즘에 대한 미국의 전쟁과 아라파트에 대한 샤론의 전쟁을 비롯해, 이슬람 국가들이 근대성을 터득하지 못한 것과, 9·11 사건으로 인한 비난에 대한 이슬람교도들의 분노가 있다. 또한 이스라엘에 대한 미 의회의 무조건적 지지와, 아랍과 유럽의 언론 매체와 웹 사이트를 통한 이스라엘과 유대인에 대한 노골적인 선동 등이 있다. 이 모든 것들이 한데 뒤섞이면, 많은 젊은 이슬람교도들의 정신 속에 하나의 거창한 견해가 생겨난다. 즉 미국과 이스라엘, 유대인들이 결탁해서 이슬람을 훼손하고 세계를 지배하려 한다는 생각이다.

이는 타당치 않은 견해다. 하지만 이런 생각을 어떻게 바꿔 놓겠는가? 이슬람 세계의 민주주의 확산이 크게 도움이 될 것이다. 그러나 그런 일이 곧 이루어지지는 않는다. 단기적으로 이스라엘이 어떻게든 서안 지구와 가자 지구에서 철수하고, 팔레스타인 사람들과의 전쟁 장면이 텔레비전에 방영되지 못하게 해야 한다. 그래도 유대인 국가에 대한 이슬람교도들의 적대감은 사라지지 않겠지만 말이다. 그러나 뉴스 소재 가운데 큰 부분을 제거하게 될 것이다.

동시에 미국은 이슬람 세계에 대한 민간 외교에 대대적인 투자를 해야 하며, 그 곳 언론을 통해 공표되는 내용들에 대해 적극적으로 이의를 제기해야 한다. 맹목적인 분노가 대량 파괴의 무기가 된 시대에 이는 미사일 방어 체계만큼 중요하다. 우리는 젊은이들을 변화시킬 수 있다. 그들의 견해는 쉽게 얻어지고, 쉽게 바뀐다. 위삼은 미국 유학에 대한 얘기를 할 때 두 눈이 반짝였다.

　자카르타에 주재하는 한 미국 외교관은, 얼마 전 동 자바의 말랑 마을을 방문했다가, 그 곳에서 오사마 빈 라덴 셔츠를 입고, 뉴욕 양키즈 팀 모자를 쓴 인도네시아 소년을 만났다고 한다. 이처럼 모든 희망이 사라지고 있지는 않았다. 그러나 우리는 반드시 그 소년이 테러리스트가 아닌 야구선수로 자라도록 해야 한다.

무엇에 대한 전쟁인가?

인도네시아 자카르타에서

2002년 5월 8일

인도네시아에서 며칠 지내다 보면, 많은 사람들에게서 대답하기가 곤란한 질문을 받게 된다. 테러리즘에 대한 미국의 전쟁이 민주주의에 대한 전쟁으로 변하지 않겠냐는 질문이다.

인도네시아 사람들의 견해처럼, 미국은 제2차 세계대전 후 수십 년 동안 수하르토 대통령과 같은 독재자들의 편을 들었다. 이유는 공산주의 대한 전쟁 때문이었다. 베를린 장벽이 무너지자 미국은 인도네시아와 같은 나라들의 민주주의와 인권을 위해 더욱 적극적으로 압력을 가하기 시작했다.

미국이 공산주의 봉쇄에서 민주주의 국가 진영의 확대로 입장을 전환함에 따른 조치였다. 인도네시아 사람들은 미국의 입장에 귀를 기울였으며, 1998년 수하르토 정권을 무너뜨리고 처음으로 선거 민주주의를 확립했다.

오늘날에도 인도네시아 사람들은 변함 없이 귀를 기울이고 있으며, 미국이 민주주의를 위한 전쟁에서 테러리즘에 대한 전쟁으로 또 다시 입장을 전환한다는 소식에 우려하고 있다. 이 전쟁에서 미국이 우방국과 적대국을 판단하는 기준은 온전한 선거나 공정한 재판이 아니라, 그 나라의 군대나 경찰이 얼마나 적극적으로 알 카에다와 싸우느냐가 될 것이다.

이제 겨우 민주주의가 꽃핀 인도네시아의 입장에서는 군대와 경찰의 복귀를 자극하는 어떤 일도 좋은 소식이 되기 어렵다. 수하르토의 억압 통치의 도구였던 군대와 경찰은 지금은 세력이 조금 약화되었지만 오래 전부터 과거로의 복귀가 우려되어 왔다.

인도네시아의 저명한 시사 해설가인 위마르 위토엘라는 이렇게 말한다. "인도네시아의 민주주의자들은 미국이 자신들을 지지해 주리라 믿으면서 그 나라를 판단 기준으로 삼고 의지해 왔다. 미국이 모호한 태도를 취한다면, 우리는 누구에게 의지한단 말인가? 마치 하늘에서 태양이 사라지는 듯하고, 모든 게 다시 얼어붙는 것 같다."

인도네시아의 엘리트들 사이에 널리 퍼진 생각은 다음과 같다. 말레이시아나 파키스탄과 같은 권위주의적인 이웃 나라들은 테러리즘에 대한 전쟁의 결과로 새롭게 미국의 우방국이 되었다. 반면 인도네시아는 혼란스러우면서도 참된 민주주의 탓에 외톨이가 되었다는 것이다.

인도네시아의 작가인 안드레아스 하르소노는 이렇게 말한다.

"우리는 가끔 미국의 민주화 의제도 세계무역센터와 함께 폭파된 것은 아닌지 우려할 때가 있다. 9·11 이후 미국의 반 테러리즘 운동에 무임승차한 나라들이 너무 많다. 이들은 자국의 언론을 억압하려고 반 테러 운동을 이용하고 역사를 거꾸로 돌리려는 나라들이다. 인도네시아는 민주주의가 발전도상에 있는 지원이 필요한 나라로 보이는 대신 테러리스트를 보호하는 취약한 나라로 비치며, 말레이시아는 우리보다 테러리스트를 더 많이 체포했다는 이유로 훌륭한 나라로 비친다."

실제로 이 곳의 많은 사람들은, 군대와 경찰의 퇴행적인 분자들이 최근에 일어난 아체와 말루쿠 제도의 부족 간 충돌을 선동했다고 믿는다. 선동의 목적은 예전의 일부 권력자들에게 사회 보장 서비스를 되돌려 주도록 의회에 압력을 가하려는 데 있다.

이 곳 자카르타의 전략 문제 연구소 소장인 유수프 와난디는 이렇게 말한다.

"얼마 전 대화를 나눈 군대의 고위 인사들에게 이런 말을 들었다. '정부는 왜 이런 인권 문제 따위를 모두 포기하지도 않고, 또 문제를 우리에게 위임하지도 않는 거요?' 이들은 미국이 인도네시아 군대와 다시 관계를 정상화해야 하며, '그렇게 되면 그들을 위해 우리가 봉사할 것'이라고 말했다. 이것은 올바른 접근 방법이 아니다. 이 곳의 군 개혁이 적절한지 아직 믿기 어렵기 때문이다."

공정하게 말하면, 부시 외교진은 인도네시아에 1억 3천만 달러를 지원했으며, 모든 외교 관계에서 공식적으로 한 가지 입장을 유지해 왔다. 이 공식적인 정책이란, 인도네시아는 테러리즘에 대한 전쟁에 적극 기여하는 한편 민주주의를 위한 전쟁을 계속 전개해야 한다는 것이다.(이 곳에 알 카에다 세포가 있는지는 확실치 않다.)

그럼에도 불구하고, 미 국방부의 일부 고위 관리들은 인도네시아 군의 복귀와 관계 회복을 추진하고 있음이 분명하다. 인도네시아 군과의 관계는 1999년 동 티모르에서 군대가 살육전을 벌인 이후 중단되어 왔다. 인도네시아에서는 지금 학살에 연루된 군 장교들에 대한 재판이 이제 막 시작되고 있다. 군 고위 장교들에 대한 유죄 판결 가능성이 있다 하더라도, 지금 미국의 관심이 인도네시아 의회에서 심의중인 반테러 법안을 통해 군에 전권을 부여하는 데만 있다는 신호가 올 경우, 장교들은 무죄가 될 게 뻔하다.

미국은 다른 나라들에서, 특히 전환기에 있는 나라들에서 테러에 대한 전쟁이 어떻게 이해되고 있는지를 알아야 한다. 인도네시아는 세계 최대의 이슬람 국가다. 인도네시아가 미국에 할 수 있는 최대한의 공헌은, 현대적 경제와 온건한 종교관을 가지고 성공적인 이슬람 민주주의를 발전시킬 수 있다는 점을 아랍-이슬람 국가들에 보여주는 것이다. 이런 본보기가 보르네오 정글에서 길을 잃고 헤매는 알 카에다 전사 몇 명을 붙잡는 것보다 장기적으로 볼 때 미국에 훨씬 유익하다.

지구촌의 어리석음

인도네시아 자카르타에서

2002년 5월 12일

자카르타에서 인도네시아 언론인들과 만찬을 나누던 중 『파 이스턴 이코노믹 리뷰』지 기자인 디니 드자랄이 느닷없이 〈폭스 뉴스 채널〉 방송과 빌 오릴리에게 비난을 퍼붓는 바람에 깜짝 놀랐다. "폭스 사람들은 '우리는 보도하고, 결정은 시청자가 한다.'고 하지만 이 방송은 편파적이에요. 그들은 시청자보다 먼저 결정합니다. 정보 조작이 전혀 없다고 하지만 보기만 해도 아찔해요. 또 그들이 이슬람교도들을 초대해서 모욕을 주는 걸 보면 속이 뒤집혀요."

나는 그녀에게 미국에 오면 폭스를 직접 시청해 보는 게 어떻겠느냐고 말했다. 드자랄은 결코 그럴 필요가 없다면서 이유를 설명했다. 현재 유선방송으로 폭스를 시청하며 보수주의자인 빌 오릴리를 매일 밤 보고 있다는 것이다.

나는 자카르타로 향하는 길에 잠시 두바이에 머물며 새벽 2시에 〈아랍 뉴스 네트워크〉(Arab News Network)를 보게 되었다. ANN은 아랍 정부의 통제가 미치지 않는 유럽에서 방송되지만 중동의 전 지역에서 시청이 가능하다. ANN에서는 내가 이스라엘-팔레스타인 분쟁의 '최대 히트작'이라고 부르는 프로그램을 방송하는 중이었다. 이 프로그램은 이스라엘군이 팔레스타인 사람들을 치고, 때리고, 질질 끌고, 곤봉으로 때리고, 총으로 쏘는 장면을 쉬지 않고 연속해서 방영한다. 나는 그 필름에는 정황이 빠져 있다고 말하고 싶지만, 어쨌든 여기에는 정황 자체가 없었다. 그리고 말도 없었다. 분노를 불러일으키기 위한 화면과 군가만 계속 이어질 뿐이었다.

자카르타 주재 미국 대사관에 근무하는 한 인도네시아 사람은 족자카르타에 있는 이슬람 근본주의의 근거지를 방문한 직후 내게 다음과 같은 얘기를 들려 주었다. "나는 처음으로 거리에서 '아랍–이스라엘 분쟁의 유일한 해결책은 지하드뿐이다. 당신이 진정한 이슬람교도라면 자원 입대하라.'고 적힌 표지판들을 보았어요. 사람들이 '우리는 무엇인가 하지 않으면 안 된다. 그렇지 않으면 기독교인들이나 유대인들이 우리를 죽일 것이다.' 하고 떠드는 소리가 들렸습니다. 이런 얘기가 어디서 나온 것인지 알아 보려고 사람들에게 물어 보니, 인터넷이 그 출처였습니다. 이들은 인터넷에서 알게 된 것을 전부 진리로 받아들였죠. 유대인 음모설을 믿었으며 4천 명의 유대인들이 9월 11일 날 세계 무역센터에 출근하지 말도록 미리 경고를 받았다는 얘기도 믿었습니다. 이 얘기도 인터넷에서 나왔다고 합니다."

이 인도네시아 사람에 따르면, 그를 놀라게 한 것은, 족자카르타에 교활한 디지털파가 있다는 사실이다. "인터넷 사용자는 인구의 5퍼센트에 지나지 않습니다. 그러나 이 5퍼센트가 모든 사람들에게 헛소문을 퍼뜨리는 겁니다. 사람들은 말합니다. '그가 인터넷에서 알아냈다는군.' 이들은 인터넷을 성경으로 여깁니다."

내가 이번에 이스라엘, 요르단, 두바이, 인도네시아를 여행하며 배운 게 한 가지 있다면, 다음과 같은 사실이다. 인터넷과 위성 텔레비전 덕분에 세계가 기술적으로는 하나로 연결되고 있지만, 사회적, 정치적, 문화적으로는 그렇지 못하다는 것이다. 우리는 지금 서로 보고 들는 일이 더욱 신속하고 수월해졌다. 그러나 이에 비해 서로에게서 배우고 이해하는 능력은 개선되지 않았다. 따라서 이 단계에서 세계 통합을 이루려다 보니 많은 분노를 낳게 된다. 작가 조지 패커가 최근 『뉴욕 타임스 매거진』에서 지적한 것처럼, "어떤 측면에서, 전 지구적인 위성 텔레비전과 인터넷 이용으로 세계는 이해와 관용이 더욱 어려운 곳이 되었다."

기껏해야, 인터넷은 우리가 지금까지 가지고 있던 그 어떤 매체보다 더욱 신속하게, 더욱 많은 사람들을 교육할 수 있다. 최악의 경우, 인터넷은 그 어떤 매체보다 사람들을 더욱 멍청하게 만들기도 한다. 4천 명의 유대인들이 9월 11일 날 세계무역센터에 출근하지 말라는 경고를 미리 받았다는 거짓말은 전적으로 인터넷을 통해 전파되었다. 그리고 이것을 이슬람 세계에서는 지금 철저하게 사실로 받아들이고 있다. 인터넷은 '기술 공학'이라는 미묘한 분위기를 지니기 때문에, 교육을 받지 않은 사람들은 여기서 나온 정보를 더 신뢰한다. 이들은 인터넷이 최악의 경우 공개적인 하수구, 즉 처리와 여과를 거치지 않은 정보를 유통하는 전자 수도관이라는 사실을 깨닫지 못한다.

더욱 우려되는 점은, 자신만이 극단적인 견해를 지니고 있다고 생각될 때, 인터넷이 세상만사를 증오하는 전 세계인들의 사이버 공동체와 연결시켜 준다는 점이다. 또한 BBC 기사를 스크랩하기도 하며, 이런 웹사이트에서 자신의 진부한 견해를 확고하게 해 주는 뉴스를 얻기도 한다.

2년 전 필리핀 대학생 두 명이 인터넷에 '아이 러브 유' 바이러스를 퍼뜨려서 컴퓨터와 소프트웨어에 수십억 달러에 달하는 손해를 입혔다. 적어도 이런 바이러스는 적절한 소프트웨어로 치유할 수 있다. 그런데 오늘날에는 훨씬 심각한 또 다른 바이러스가 전파되고 있다. 나는 이를 '증오'(I hate you) 바이러스라고 부른다. 이 바이러스는 인터넷과 위성 텔레비전을 통해 전파된다. 이 바이러스는 아주 사악한 이념으로 사람들의 정신을 감염시키며, 백신을 다운받아서 싸워 물리칠 수도 없다. 다만 교육과 교류, 외교, 인간의 상호 작용으로만 치유가 가능하다. 이런 치유 방법은 옛날식으로 하나하나 업로드 해야만 한다. 치료 시기가 너무 늦지 않기를 바라자.

아홉 번의 전쟁은 너무 많아

200년 5월 15일

　지금 내가 아랍-이스라엘 분쟁에 관한 영화를 만든다면, '열 번의 전쟁과 한 번의 장례식'이라는 제목을 붙이겠다. 그 이유는 분쟁 해결의 문제와 관련이 있기 때문이다. 이 분쟁 해결의 가장 큰 문제는 이스라엘과 팔레스타인 전역에 적어도 열 곳에서 전쟁이 벌어지고 있으므로, 평화를 이룩할 기회를 얻으려면 이 전쟁들을 하나로 축소해야 한다는 점이다.

　전쟁의 종류를 대략 살펴보자. 이스라엘 사람들 대다수가 1967년 이전의 국경선을 따라 중동에 유대인 국가가 존재할 권리를 얻으려고 전쟁을 벌인다. 그러나 현재 소수의 사람들이 1967년 이전의 국경선 내에 국가 하나를, 서안 지구와 가자 지구에 또 하나를 세우려 한다. 이런 입장은 최근 리쿠드당(이스라엘의 우익 연합 정당) 대회에서 네타냐후의 묘기를 통해 충분히 과시되었다. 당 대회에서 네타냐후는 리쿠드의 광적인 핵심 분자들에게 서안 지구의 어떤 팔레스타인 국가의 성립도 거부하게 함으로써 자신의 정치적 출세를 꾀하는 동시에 샤론을 궁지에 몰아넣으려 했다. 이스라엘의 이들 우파와 정착민들은 서안 지구 점령에 저항하는 팔레스타인 사람들의 어떠한 시도도 고의로 '테러리즘'이란 낙인을 찍어 저지했다. 그 목적은 미국을 꾀어서, 이스라엘의 점령지에 대한 계속 지배를 세계적인 대 테러 전쟁의 일부로서 지지하게 하려는 데 있다. 이런 의도를 조심하라.

부시 행정부에서도 사정은 동일하다. 국무부는 중동전을 이스라엘의 1967년 국경선에 대한 전쟁으로 본다. 또한 초점을 '분쟁 해결'에 둔다. 외교의 목적은 이스라엘에게 평화를 위해 점령지를 포기하게 하는 데 있다. 그러나 국방부 쪽에서는 아라파트는 오사마 빈 라덴과 다르지 않으며 다른 아랍 지도자들도 경멸받아 마땅하다는 견해를 가지고 있다. 국방부는 아라파트를 궤멸시키기 위한 이스라엘의 전쟁을 미국의 테러에 대한 전쟁의 확장으로 보며, 아랍과 이스라엘과 관련하여 할 수 있는 일은 분쟁 해결이 아닌 '분쟁 관리'가 최선이라고 믿는다.

이런 견해는 팔레스타인 사람들이 두 가지 전쟁을 벌인다는 사실에 의해 강화된다. 그렇다. 많은 팔레스타인 사람들은 단지 서안 지구와 가자 지구, 동 예루살렘에서 이스라엘을 몰아내고 거기에 국가를 세우기 위해서 전쟁을 벌이는 중이다. 그 이유는 유대인 국가의 합법성이 1967년 이전의 이스라엘에 있음을 인정해서가 아니라, 자신들에게 그 나라를 제거할 힘이 없음을 알기 때문이다. 그러나 아라파트를 포함하여 일부 팔레스타인 사람들은 현재는 외교와 무장 투쟁을 통해 서안 지구와 가자 지구에 팔레스타인 국가를 세우고, 후일에는 1967년 이전의 이스라엘에 팔레스타인 국가를 세운다는 희망을 버린 적이 없다. 나중에 세워질 국가는 베이비붐과 수백만 명의 팔레스타인 난민의 귀환권을 확보함으로써 생겨나게 된다. 아라파트의 지도에는 대부분 이스라엘이 아직까지 나와 있지 않다. 그러므로 모든 팔레스타인 사람들의 유일한 소망은 '이스라엘 점령의 종식'이라는 것은 헛소리다. 나는 그런 소망이 진심이기를 바란다.

아랍인도 마찬가지다. 이집트와 사우디 아라비아, 시리아는 이스라엘이 1967년 이전 국경으로 철수하기를 바랄 뿐이라고 한결같이 주장한다. 그러나 아랍의 관영 언론의 기사를 읽어 본 사람이면, 팔레스타인 사람들의 유일한 문제가 이스라엘 점령이라는 점을 거의 믿기 어렵다. 아랍의 관영 언론들은 이스라엘을 나치 독일과 비교하거나, 텔아비브의 이스라엘 민간인들 가운데서 자살을 한 팔레스타인 소녀의 미덕을 찬양하는 기사 따위를 정기적으로 토해 놓는다.

그리고 유럽인들도 마찬가지다. 그렇다. 많은 유럽인들은 이스라엘 점령의 종식을 진실로 바란다. 그러나 오늘날 유럽에서 생겨나는 반유대주의는 유럽인들이 마음 깊은 곳에서 더 많은 것을 원한다는 사실을 암시해 준다. 이들은 샤론이 팔레스타인 사람들에 대해 학살을 저지르기를 바라거나, 그가 예닌에서 행한 짓을 학살로 묘사하려 한다. 그래서 마침내 유대인 학살로 인한 죄책감을 벗어 던지고, "이 유대인들을 보라. 이들은 우리보다 더 나쁘지 않은가!"라고 외칠 수 있기를 바란다.

나는 방금 전 아랍의 한 언론 회의에 참석하여, 『르 몽드』지의 전임 중동 특파원인 에릭 루로와 토론을 벌였다. 그에 따르면, 최근에 프랑스 장군 몇 명과 대화를 나눈 적이 있는데, 이들이 이스라엘이 예닌에서 저지른 짓은 알제리 전쟁에서 프랑스가 저지른 짓보다 더 악랄하다고 주장했다고 한다. 알제리 전쟁에서 알제리인 1백만 명이 살해되고, 2백만 명이 집을 잃었다. 그런데 지금까지 예닌에서는 60구의 시신이 발굴되었으며 그 대부분이 전사들이다. 어느 쪽이 더 악랄한지 여러분이 따져보기 바란다.

솔직히 말해서, 나는 부시 대통령이 중동 평화 조성에 점점 더 깊이 관여하고 있어서 기쁘다. 그러나 그가 성과를 얻으려면, (자신의 보좌진을 포함하여) 전쟁 당사자들에게 현재 진행중인 다른 모든 전쟁을 포기

하게 해야 한다. 그리고 그 국민들에게 그리고 서로에게 단 한 가지 전
쟁만 남았다고 선언하게 해야 한다. 이는 곧 유대인 국가와 팔레스타
인 국가 사이에 국경을 결정하는 전쟁이다. 다른 전쟁을 벌이는 자는
모두 다 평화의 적이자 미국 국가 이익의 적이다.

상상력의 결핍

200년 5월 19일

내 생각으로는, 부시 대통령이 9·11 이전에 공격 가능성에 대한 경고를 받고도 우왕좌왕하다 그 정보를 공유하지 못하고 일을 당한 것은 아닌지에 대해서 언론이 그 전모를 파악하고 있는 듯하다.

9·11 사태를 막지 못한 원인은 정보의 실패에 있지 않고, 조정의 실패에 있다. 이는 상상력의 결핍이다. 비록 모든 기초 정보 신호들을 FBI와 CIA, 백악관 사이에 공유했다 해도, 그 정보들을 전부 종합하거나 오사마 빈 라덴이 저지른 악행의 규모를 상상해 낼 만한 사람이 분명히 없었을 것이다

오사마 빈 라덴은 독특한 인물이었다.(또는 인물이다) 그는 희대의 살인마 찰스 맨슨과 GE의 CEO 잭 웰치를 결합한 인물이다. 아주 사악하고 왜곡된 인격에다 최고 경영자의 조직 기술을 갖춘 빈 라덴은 자신의 사악함을 초강대국을 뒤흔든 전 지구적 운동으로 전환시켰다. 어떤 점에서 나는 미국이(할리우드를 제외하고) 빈 라덴과 같은 상상력을 갖춘 사람들로 가득 차 있지 않은 게 정말 다행스럽다. 그런 상상력을 갖춘 사람은 티모시 맥베이 하나로 충분하다.

미국인의 성품으로는 천성적으로 빈 라덴 정도의 사악한 행위에는 쉽게 상상력이 미치지 못한다. 바로 이 때문에 미국은 되풀이해서 만

행을 겪고 난 뒤에도 계속 안이하게 낙관주의적인 태도로 되돌아간다. 미국의 개방 사회는 신뢰에 바탕을 두고 있을 뿐 아니라 이런 신뢰가 미국인의 성품과 시민 정신에 깊이 자리잡고 있어서 마땅히 신뢰를 포기해야 할 때도 그렇게 하지 못한다.

그러므로 누군가가 트럭 폭탄을 몰고 와서 베이루트 주재 미국 대사관을 폭파시켜도, 몇 달 후 또 다시 같은 지역의 해군 막사가 훨씬 큰 규모로 공격을 당해도 우리는 속수무책이다. 누군가가 동 아프리카에 있는 두 개의 미국 대사관을 폭파해도 마찬가지다. 우리의 상상력으로는 여전히 몇 년 후 누군가가 구축함 'USS 콜' 호에 폭탄 보트를 띄워보내리라는 생각을 하지 못한다. 누군가가 1993년에 트럭 폭탄으로 세계무역센터를 폭파시키려 했다. 또한 그 폭파범이 우리에게 CIA 건물에 비행기를 충돌시키려 했다고 말했다. 그러나 우리는 누군가가 9월 11일 쌍둥이 빌딩에 똑같은 짓을 하리라고는 짐작도 하지 못했다.

그러므로 나는 9·11 사건처럼 악랄한 범죄를 상상하지 못한 데 대해 대통령을 비난할 생각이 없다. 그러나 테러리즘의 치명적인 성격이 점점 강화됨을 감안할 때, 우리는 적응이 필요하다. 우리는 '악마청'(Office of Evil)이 필요하다. 이 관청의 업무는 상시적으로 모든 정보 자료를 선별하고, 가장 왜곡된 인간이 꾀할지 모르는 범죄를 상상해 내는 일이다.

그렇다. 나는 부시 대통령이 악한 범죄를 상상하지 못한 데 대해서는 전혀 비난할 생각이 없다. 그러나 훨씬 잘못된 일 즉 선한 일을 상상해 내지 못한 것을 비판하려 한다.

비판의 이유는 부시 대통령이 9·11 이후 미국인, 특히 젊은이들 사이에 있던 긍정적인 감정을 전부 탕진한 데 있다. 미국 젊은이들은 지속적으로 미국을 강화하게 될 위대한 계획, 곧 에너지 자립을 위한 '맨해튼 프로젝트'를 위해 선발되기를 원했다. 미국 정부는 이 프로젝트를 통해서 광범한 에너지 보존을 위한 전국 운동에 젊은이들을 참여시킬 수 있었다. 또한 석유 수입 감축을 위해 충분한 재생 에너지를 생산하고, 효율성을 높이며, 국내 석유를 생산하기 위한 긴급한 노력에 과학과 산업의 지원을 얻을 수 있었다.

이 프로젝트를 통해서 미국이 더욱 안전한 나라가 될 수 있는 것은, 우리와 가치를 공유하지 않는 나라들로부터 자립할 수 있기 때문만은 아니다. 미국의 테러에 대한 전쟁을 지원해야 하는 강력한 이유를 전 세계에 제시해 주기 때문이기도 하다. 파트너가 없으면 미국은 이 전쟁에서 승리할 방법이 없으며, 최고의 지구 시민으로 인식되지 않으면 특히 유럽에서 영구적인 파트너를 얻지 못한다. 그리고 그런 인식을 줄 수 있는 최선의 방법은 우리의 탐욕스런 에너지 소비를 줄이고, 세계 온난화 방지를 위한 교토 조약을 비준하는 것이다.

부시 대통령만이 실패에 책임이 있는 것은 아니다. 대통령에게 전적으로 협력해 온 민주당 지도부도 상상력이 결여되어 있음은 마찬가지다. 이 때문에 부시와 그 석유 산업 후원자들이 실패를 하고도 무사할 수 있었다.

우리와 우리 자녀들은 상상력 결핍을 후회하게 될 것이다. 아프가니스탄에 군대를 파견하거나 국경 경비를 강화하는 방법만으로 싸우는 전쟁은 결국 불만을 가져오기 마련이기 때문이다. 이런 전쟁은 물론 중요하다. 그러나 확실한 승리는 결코 불가능하다. 누군가는 항상 이탈하기 마련이다. 그러나 어느 정도의 상상력을 가지고 미국을 보다 안전하게, 보다 바람직한 상태로 만들기 위해 감행되는 전쟁은 승리할 수 있는 전쟁이다. 이 전쟁은 공항 검색대에 기다란 줄을 양산하는 전쟁이라기보다는 9·11 테러로부터 뭔가 오랫동안 간직할 수 있는 것을 찾아내는 전쟁이다. 다른 나라들이 미국을 더욱 존경할 수 있도록 하고, 미국을 보다 깨끗하고 안전하게 만들어 가는 전쟁인 것이다.

우리에게 이런 일을 상상할 수 있는 대통령이 없는 게 정말 안타깝다.

진정해!

2002년 5월 22일

아, 미안합니다. 하지만 이런 상황에서 우리가 모두 진정하게 됐습니까?

부시 외교진이 9·11 이전에 미국에 대한 테러리스트의 공격 가능성에 관한 불특정 경고를 어떻게 다뤘는가가 세간에 알려진 후, 이제 그들은 무책임하다는 비난에 대해 변명하기에 더 급급하게 되었을 뿐 아니라, 중구난방으로 경고를 남발하기에 이르렀다. 테러 공격이 임박해 있거나 불가피하다면서, 금방이라도 일어날 듯이 떠들어대지만, 언제, 어디서, 어떻게 일어날지는 말할 수 없다고 발뺌을 한다.

9·11 이후 나는 어떤 형태의 공격 가능성도 배제하지 않게 되었다. 가능성을 배제하는 것은 어리석은 짓이다. 그러나 나는 테러 공격에 올바르게 대응하지 못한 부시 외교진을 고발하는 데는 별로 관심이 없다. 그보다 부통령과 FBI 국장으로 하여금 언젠가 미래에 있을 불특정 공격에 대해 확실하게 경고하게 하는 데 관심이 있다.

우리는 이런 일반적인 정보를 어떻게 다룰 것인가? 알 카에다 세포가 아파트를 빌려서 건물 전체를 폭파할지 모른다는 보고가 있다고 해서, 다른 아파트 건물에도 들어가지 말아야 하는가? 밖에 외출하지 말라고? 기념 건물 근처에 가지 말라고? 자살 폭탄 테러범인지 확인하기 위해서 임신한 여자의 배를 전부 두드려 보라고?

누가 이런 식으로 살려고 하겠는가? 타협을 해 보자. 정부가 구체적인 상황이 아닌 9·11 이후에 일어날 수 있는 온갖 악몽의 시나리오를 예상함으로써 온 나라를 공포로 몰아넣지 않는다면, 우리는 9·11 사태를 예측하지 못했다는 이유로 정부를 비판하지 않을 것이다. 정부의 무분별한 '경고'는 이제 겨우 진정된 사람들을 무력감에 빠지게 할 뿐 아니라 아주 중요한 것, 즉 우리가 이 전쟁에서 승리하고 있다는 사실을 가려 버린다.

그렇지 않다. 전쟁은 끝나지 않았다. 그리고 나 역시 공개적으로 언젠가, 어디선가 또 다른 공격이 있을 것이라고 말하겠다. 그러나 한편 우리는 실제로 많은 것을 이룩했다. 엄청난 가정이지만, 오사마 빈 라덴이 살아 있더라도 미국을 표적으로 하는 테러 행위를 조종할 능력은 파괴되었을 것이다. 그가 전화라도 감히 사용할 능력이 있는지 의심스럽다.

이런 사실은 중요하다. 빈 라덴과 그 부관들은 독특하고 아주 영리하며, 창조적이고 대담한 테러 집단이기 때문이다. 이들은 매일 나다니지 않는다. 그리고 그들이 모두 죽었든 깊이 잠적했든 간에 지금도 활동하고 있다는 징후가 없다. 그렇다. 아마 덜 전문적인 세포들이 아직 남아서 보복을 감행할 수 있다. 그러나 알 카에다 같은 조직의 우두머리를 죽이고 자금 유입을 막으면, 이미 많은 것을 이룬 셈이다. 그리고 아프가니스탄에서 탈레반 정권을 내쫓고 빈 라덴의 가장 안전한 은신처 하나를 빼앗으면 그것으로 이미 많은 소득을 거둔 것이다.

미국은 공항에 합리적인 예방 조치를 취했고, FBI와 CIA, 이민국 사이에 훌륭한 협조 체계를 구축했으며, 외국 학생들을 좀 더 면밀하게 추적하고 있다. 그리고 미국과 동맹국들은 수천 명의 혐의자들을 억류했다. 9·11 이후 또 다른 주요 사건이 없었다는 사실은 테러리스트들이 자기들의 의도를 포기한 덕분이 아니다. 미국이 그들의 능력을 억제한 덕분이다. 좋은 일이다.

그러나 테러에 몰두하는 소집단이나 개인들에 대한 이 전쟁의 본질은 확실한 승리가 불가능하다는 데 있다. 이 전쟁은 영원히 계속될 것이다. 그러나 이 전쟁을 책임진 관리들이 하루종일 백미러나 들여다보거나, 경솔하게 미래의 테러 공격에 대한 무차별한 경고로 대중을 공포로 몰아넣지 않는다면, 우리는 공격 숫자를 제한할 수 있다. 그리고 테러 단체의 세포들을 도주하게 하거나 교란시켜 그들의 능력을 위축시키는 일도 가능하다.

이는 분명히 부시 외교진에게 면죄부를 주자는 얘기가 아니다. 이미 드러난 정보 결핍에 관한 얘기들을 감안할 때, 우리는 정치인이 아닌, 전문가들이 이끄는 특별 위원회가 필요하다. 이 위원회에서 미국이 알 카에다를 다뤄 온 10여 년의 역사를 조사해야 한다. 그리고 왜 더 나은 정보를 얻지 못했는가, 왜 사소한 정보들을 하나로 연결하지 못했는가, 앞으로 어떻게 개선할 것인가를 연구해야 한다.

그러나 우리에게 필요한 또 한 가지는 성숙이다. 개방 사회를 유지하려면, 합리적인 모든 예방 조치를 취하고, 그것을 빨리 흡수해서, 높은 위험도를 감수하며 살아가는 법을 배우는 게 최선의 방법이다. 이것이 우리 운명이다. 그러므로 우리 스스로 광기에 빠지지는 말자.

여러분의 계획은 어떤지 모르지만 우리집 현충일 주말 계획은 이미 정해졌다. 토요일엔 골프, 일요일은 자전거 여행, 월요일은 바비큐 파티다. FBI 국장이 특별한 경고로 우리의 주말을 망치려 해도 나는 열심히 귀를 기울이거나 가만히 입을 다물고 냉정을 잃지 않을 것이다. 겁을 먹고 도주할 사람들은 알 카에다이지 우리가 아니라는 점을 명심하자.

깊어가는 우려

2002년 5월 26일

모하메드 아타가 9월 11일의 거사를 위해 그의 랩탑 컴퓨터와 '아메리칸 항공사' 웹사이트를 이용하여 예약을 했으며, 그의 동료 여러 명이 트래블로시티닷컴(Travelocity.com)을 이용했다고 한다. 그 사실을 알게 된 후, 나는 실리콘 밸리의 기업가들이 9·11 비극을 어떻게 보는지 궁금했다. 또한 이 사건 때문에 그들이 건설한 전산화된 세상과 그 토대가 된 가설에 대해 의문을 갖게 되지는 않았는지도 궁금했다.

나는 최근 스탠포드 대학과 실리콘 밸리를 방문했을 때 기술자들에게 이런 질문을 할 기회가 있었다. 나는 이들이 지닌 '기술이 모든 것을 해결하리라' 는 자유주의적인 교만이 적어도 어느 정도는 사라졌다는 사실을 발견했다. 또한 9·11 이전에 실리콘 밸리가 구축한 (인터넷에서 강력한 암호화 소프트웨어에 이르기까지) 독특한 기술 망이 선할 수도, 악할 수도 있는 개인과 소집단에게 대단히 강력한 전파 수단이 되기도 한다는 인식이 훨씬 깊어졌음을 알게 되었다. 또한 이 모든 기술들은 사용 방식에 대한 높은 신뢰도를 바탕으로 구축되어 왔다는 사실과, 이런 신뢰가 흔들리게 되었다는 사실을 인정하고 있음도 알았다. 그런 신뢰를 대신한 것이, 첨단 기술 회사는 경쟁 회사로부터 위협을 받지 않을 뿐 아니라 일부 사용자로부터도 위협을 받지 않는다는 깊은 인식이다.

트래블로시티닷컴 전 회장인 짐 혼탈은 이렇게 말한다. "과거와는 전혀 달리 '이 기술이 어떻게 하면 내게 적대적으로 이용될 수 있을까?'라는 질문이 이제 기업들에게 현실적인 연구 개발의 문제가 되어 있습니다. 이 곳 사람들은 항상 적은 모하메드 아타가 아니라 마이크로소프트라고 생각했죠."

실리콘 밸리의 교훈 하나가 있다. 바로 성공적인 혁신은 처음에는 초기 참여자들로 시작하여, 다음에는 대중을 이끄는 초기 사용자들, 끝으로 대중 시장에 이르기까지 잘 다져진 길을 따른다는 것이다. 그러나 이제 이 혁신의 길에는, 새 기술의 초기 변태 사용자들로부터 완전한 변태 사용자에 이르기까지, 범죄의 길이 병행한다는 점이 분명해졌다. 예를 들어 9·11 항공기 납치범들은 암호화 소프트웨어를 통해 세계 어느 곳과도 통신이 가능했을 것이다. 이 소프트웨어 사용자들은, 300페이지에 달하는 압축 문서나 음성 메시지를 암호화해서 아기 사진에 담아 전송할 수 있다.

스탠포드 대학 법과 교수인 조셉 그룬드페스트는 다음과 같이 말한다. "우리는 이제 더 이상 정확하지 않을지도 모르는 신뢰라는 가설을 바탕으로 체계의 대부분을 설계해 왔습니다. 신뢰는 컴퓨터에서 인터넷, 빌딩 암호에 이르기까지 모든 것 속에 영구적인 회로가 되어 있습니다. 당신이 어떤 종류의 빌딩 암호가 필요한가는, 당신이 보기에 그 건물에서 어떤 종류의 위험이 있을 것인가에 달려 있습니다. 누군가가 제트 여객기를 대형 빌딩에 충돌시킬 확률은 0 이하이었습니다. 그런데 이젠 더 이상 그렇지 않죠. 테러리스트들의 전체적인 목적은 우리가 일상 생활에서 사용하는 모든 정상적인 도구와 기술들에 대한 신뢰를 위축시키는 데 있습니다. 당신은 아침에 일어나면, 브루클린 다리를 건너서 출근할 수 있을 거라고 믿었지만, 이젠 그렇지 않죠. 이런 상황이 특히 위험한 이유는 신뢰도가 낮은 사회는 후진 사회이기 때문입니다."

클리퍼 칩사가 미국의 모든 암호화된 문서를 풀 수 있는 비밀 열쇠를 정부에 제공하려 했을 때, 실리콘 밸리에서 완강히 반대했다. 지금은 그런 문제에 의문을 제기하는 사람도 별로 없다. 벤처 투자가인 존 도어는 이렇게 말한다. "문화적으로 밸리는 9·11 이전에 벌써 성숙해 있었습니다. 그러나 그 이후 지도자들과 정부 제도에 대한 존경심이 훨씬 깊어진 게 확실해요."

짐 혼탈은 이렇게 지적했다. 트래블로시티에서는 고객이 모하메드 아타건 빌 게이츠건, "우리 책임은 재정적인 지불 능력을 확인하는 게 전부였습니다. 고객의 이름과 신용카드가 청구서 주소와 일치하는가만 확인했습니다. 티켓을 구입하는 의도를 확인하는 것은 우리 책임도 아니고, 그럴 능력도 없었죠. 고객의 의도를 파악하려면 훨씬 깊은 신원 확인 의식이 필요합니다. 그렇지만 이것이 기술이 가야 할 길인지도 모릅니다. 훨씬 깊은 신원 확인 의식을 허용하는 기술 말입니다."

마케팅 컨설턴트인 베사니 혼탈은 정체성을 얘기하면서, 실리콘 밸리는 항상 젊은이들이 자신들은 세계 어느 곳에 가든 조화를 이룰 수 있다고 생각하는 다문화적인 곳이었음을 지적했다. 이들은 세계인이었다. 베사니는 이렇게 말했다. "9·11 이후 갑자기, 그런 사고방식이 변했죠. 갑자기 이들은 미국인이 되었고, 그들의 정체성에 확실한 위기가 있었습니다. 결국 그들에게 세계는 좀 더 한정되고 제한적인 곳으로 변했죠. 이제, '미국인으로서 안전하게 갈 수 있는 곳이 어디냐?'

고 물어보세요." 그녀의 결론에 따르면, 기술과 세계화 덕분에, "세계는 훨씬 좁아졌는지 모르지만, 나는 이제 그 세계에 갈 수 없다."는 기분이 든다.

벤처 투자가인 내 친구 잭 머피는 많은 첨단 기술 투자의 저조한 상태에 대해 대화를 나누던 중 생각에 잠긴 표정으로 내게 말했다. "아마 난 울타리 만드는 사업에 진출했어야 했나봐."

자살 전쟁

2002년 5월 29일

2002년 봄에 일어난 이스라엘과 팔레스타인의 충돌은 이제 6차 아랍-이스라엘 전쟁으로 불릴 만하다. 역사적으로 살펴 보면 1948년, 1959년, 1967년, 1973년, 1982년 전쟁이 있다. 2002년 전쟁에는 아직 적당한 명칭이 없지만('자살 전쟁'은 어떨까?), 이전의 모든 아랍-이스라엘 전쟁과 마찬가지로 이 전쟁에도 여파가 있다. 다섯 차례의 앞선 전쟁만큼 아랍과 이스라엘, 팔레스타인의 정치를 뒤흔들고 있다.

우선 팔레스타인에서 시작해 보자. 이 전쟁 훨씬 이전에도 알 아크사에서의 인티파다는 명확히 규정된 목표가 없으며, 아라파트가 자기 민족의 분노에 편승하여 자신의 잘못된 정치로부터 투쟁의 방향을 돌리려 한다는 비난이 이미 끓어오르고 있었다. 그렇다. 아라파트는 아직 자신의 실책에서 살아남은 가장 영리한 생존자다. 그러나 이번에는 팔레스타인의 대의를 크게 훼손했으며, 팔레스타인 사람들도 이 점을 안다.

첫째, 아라파트는 계속되는 자살 폭파로 이스라엘에 도발함으로써 1970년 암만에서, 1982년 베이루트에서 그랬던 것처럼 아랍 도시들은 파괴하지 않는 수준의 이스라엘의 보복을 유발했다. 그런데 이번에는 팔레스타인 도시인 라말라, 나블루스, 예닌, 베들레헴의 파괴를 가져 왔다. 둘째, 미국의 명쾌한 팔레스타인 국가 건설안을 거부한 후 자살 전쟁을 조장하여 미국과의 관계를 심하게 훼손했다. 클린턴 대통령은 다른 어떤 외국 지도자보다 아라파트를 자주 만났다. 지금은 그가 백악관 관광 여행을 신청한다 해도 부시 대통령을 만나지 못할 것이다.

셋째, 자살 전쟁으로 인해, 팔레스타인 사람들에게 국가를 가져다줄 유일한 당사자인 이스라엘의 말없는 다수가 심하게 소외되었다. 평화 과정의 전 역사는 간단히 한 가지로 요약할 수 있다. 즉 팔레스타인 사람들이 평화롭게 살아갈 준비가 되어 있음을 이스라엘 중도파에게 납득시키면 국가를 얻게 되고, 납득시키지 못하면 얻지 못한다는 사실이다. 다른 모든 해석은 사족이다.

이스라엘 정치에 대한 자살 전쟁의 여파도 마찬가지로 심각해졌다. 히브리 대학 철학과 교수이며 하르트만 연구소 특별 연구원인 모셰 할베르탈은 이렇게 말했다. "이 전쟁으로 1967년 이후 이스라엘 정치를 지배해온 좌파와 우파 사이의 뿌리깊은 정치 논쟁이 끝장이 났다. 이스라엘 정치를 지배해온 두 가지 큰 이념이 모두 붕괴되었다."

실제로 이스라엘이 서안 지구의 식민지적인 점령을 유지하고, 더욱 많은 정착촌 건설을 위해 팔레스타인 영토를 계속 장악할 수 있을 것이라는, 그래서 팔레스타인 사람들이 포복절도할 유대인 우파의 사고방식은 이제 파탄이 났다. 그러나 아라파트가 서안 지구로 돌아가면 품위 있는 정부와 시민 사회를 건설하여 두 개의 국가안을 바탕으로 이스라엘과의 분쟁을 끝내리라는 이스라엘 좌파의 이념도 역시 훼손되고 말았다.

결국 이스라엘은 오늘날 두 개의 이념을 따라 분열되는 대신 두 개의 이념을 중심으로 단결해 있다. 이스라엘인의 대다수는 팔레스타인 사람들이 자살 폭파를 고집하는 한 그들을 분쇄할 준비가 되어 있다.

마찬가지로 팔레스타인 사람들이 폭력을 끝장낼 준비가 되어 있음을 납득시킨다면, 이스라엘인의 대다수는 이스라엘의 완전 철수를 대가로 정상적 관계 회복을 보장하는 사우디 평화안을 정착촌을 위한 토대로 고려할 태세가 되어 있다.

아랍 지도자들이 큰 충격을 받은 것은, 아랍 위성 텔레비전 방송국과 인터넷의 폭발로 인해 여론 통제가 불가능하게 되었다는 사실이다. 아랍의 타블로이드판 신문은 서안 지구 전투의 사진들로 아랍 거리를 분노에 불타게 했다. 하지만 이 분노로 불타는 거리로 인해 어떤 지도자도 쉽사리 무너지지는 않는다. 그러나 이스라엘이 주시하는 가운데서도, 아랍의 약점에 대한 대중의 불만이 아랍 경제와 독재 정권들의 약점에 대한 불만과 결합되고 있다. 바로 이런 사실이 아랍의 온건파 지도자들을 불안하게 하고, 위성 텔레비전에서 팔레스타인인의 학살 장면이 사라지기를 간절히 바라게 했다.

이제 더 이상 선택의 여지가 없다. 이 지역에서 미국이 주도권을 행사할 시기가 그 어느 때보다 무르익었다. 불행하게도 미국이나 이스라엘, 팔레스타인의 지도자들 중 아무도 필요한 조치를 취할 의사가 없는 것처럼 보인다. 다시 말해, 지금 필요한 것은 책임 있는 팔레스타인 정권의 점진적 수립과 점차적인 정착촌 철거를 감시할 과도기 체제이다. 즉 미국이나 나토의 감시를 받는 새로운 위임 통치 기구를 서안 지구와 가자 지구에 창설하는 것이다. 이런 과제를 회피한다면, 우리는 7차 아랍-이스라엘 전쟁을 준비를 하는 것과 마찬가지다.

이념 전쟁

2002년 6월 2일

어깨가 축 처진 FBI 요원들이 지금 9·11 사태를 암시했을지도 모르는, 미처 포착하지 못한 징후들이 있었는지 열심히 조사하고 있다니 다행이다. 그러나 우리가 기억할 것이 있다. 9·11에 대한 모든 징후들이 다 숨겨져 있지는 않았다는 점이다. 많은 징후들이 공개적으로 드러나 있었으며, 미국을 겨냥한 증오의 언어와 음모론의 형태로 전 아랍 세계의 사원과 학교를 통해 전파되었다. 또 다른 9·11 사건을 예방하려 한다면, 적들을 은밀하게 정탐하는 것 이상의 행동이 필요하다. 우리는 공개적으로 그들의 이념과 대결을 벌여야 한다.

솔직히 말해 나는 사담 후세인이 내일 사라지기를 바란다. 그러나 그가 사라진다 해도 우리의 문제가 해결되는 것은 아니다. 사담은 재래식 수단으로 제거가 가능한 재래적인 위험 인물이다. 그는 아무에게도 영감을 불어넣지 못한다. 항공기 납치범들에게 이념을 불어넣는 사람들은 주로 이집트와 사우디 아라비아의 종교 지도자, 사이비 지식인, 학자, 교육자 등이다. 사우디 아라비아는 엄격하고 편협한 이슬람 종파인 와하비즘*을 전파하기 위해서 막대한 석유 부를 계속 이용한다.

---

*1703년 사우디아라비아의 우야이나에서 태언난 와하브에 시작된 이념으로 이슬람 내 모든 개혁을 부인하고 초기 이슬람의 전통과 엄격함으로 회귀하고자 주장함

그러나 여기에는 좋은 소식도 있다. 이 사회는 단일 체제가 아니라는 점이다. 많은 일반인들과 관리들은 내심 우리가 그들의 지도자와 종교 당국에 압력을 가하여 관용을 가르치고, 이슬람을 현대화하며, 관용과 현대화를 거부하는 세력에 대한 재정 지원을 중단하기를 바란다.

부시 대통령이 이런 도전을 회피해 온 것이 정말 안타깝다. 최근 사우디 아라비아 방문 직후 나는 한 젊은 사우디 여성에게서 다음과 같은 이메일(그녀의 이름을 서명한)을 받았다. "온건한 사우디인으로서 사우디 아라비아에서 벌어지는 일을 폭로하려는 당신의 노력에 감사 드립니다. 프리드먼 씨, 사우디 학교에서는 종교적 배척을 가르치고, 대부분의 사원에서는 이교도들에 대한 증오를 설교하며, 언론 매체는 전적으로 정부와 종교인들의 통제를 받습니다. 우리의 온건한 이념은 설 자리가 없습니다. 우리 정부는 우리의 삶을 마비시키는 종교적 통제를 저지하기 위해서 아무런 조치도 취하고 있지 않습니다. 프리드먼 씨, 우리는 도움이 필요합니다."

5월 8일, 사우디인이 소유한 아랍어 일간지인 『알 샤크 알 아우사트』는 한 아랍인 외교관이 익명으로 쓴 에세이를 실었다. 이 외교관은 글에서 다음과 같이 질문했다. "1948년 이후, 모든 아랍 국가들이 팔레스타인을 핵심 문제로 삼지 않고, 내부 건설로 관심을 돌렸더라면 어떻게 되었을까? 모든 아랍 국가들이 시민을 교육하는 일과 신체적, 정서적 건강과 문화적 수준을 개선하는 일에 집중했다면 어떻게 되었을까? 성직자들의 행태를 보면 놀라지 않을 수 없다. 이들은 이스라엘에 대한 성전(聖戰)을 떠들어대며 서로 경쟁적으로 자살을 지지하는 종교적 판정을 남발하면서도, 시민들을 격려하여 자기네 나라 갱신을 위한 영적인 성전을 전개하지는 않는다."

간단히 말해, 미국과 서구는 이들 나라에 잠재적 파트너들이 있다. 이들은 투쟁이 바람직한 방향으로 가도록, 즉 이슬람과의 전쟁이 아니라 영적인 메시지와 정체성을 둘러싼 이슬람 내의 전쟁으로 방향 전환을 하도록 우리가 지원해 줄 것을 간절히 바란다.

그리고 이슬람 내의 전쟁은 실제로 종교 전쟁이 아니다. 이는 미래와 과거의 전쟁이다. 또한 개발과 저개발, 광적인 음모론의 창안자들과 합리성을 신봉하는 사람들, 자살 폭파 옹호자들과 무덤 한가운데서 사회를 건설할 수 없다는 사실을 아는 사람들의 전쟁이다. 아랍인과 이슬람교도들만이 이 내부 전쟁에서 승리할 수 있지만 미국은 진보파를 공개적으로 격려할 수 있다. 그러나 미국은 임시 처방만 추구하고 있다. 사담 후세인만 몰아내면 광신자들이 전부 몰락하리라는 생각이다. 나는 그렇게 될지 의심스럽다.

열성적으로 이런 도전에 응한 유일한 서구 지도자는 네덜란드 정치가 핌 포르투인이었다. 다른 이유로 5월 6일 암살된 포르투인은 이슬람교도들의 네덜란드 이주에 (2010년이 되면 교회보다 이슬람 사원이 더 많아진다) 의문을 제기했다. 그 이유는 그가 이슬람교도들을 반대해서가 아니라, 이슬람이 계몽운동이나 종교개혁을 거치지 않았다고 생각한 데 있었다. 서구에서는 계몽운동과 종교개혁을 통해 교회와 국가가 분리되었으며, 근대성과 민주주의, 관용을 포용할 태세를 갖추었다.

동성애자였던 포르투인은 관용이 몹시 필요했다. 이슬람 이주민들에게 그가 제기한 도전은 이랬다. 나는 관용하기를 원한다. 그러나 당신은? 당신은 동화되지 않는 권위주의적인 문화를 가지고 있으며, 그런 사실이 우리나라의 자유주의적이고 다문화적인 정신에 위협이 되지 않겠는가?

스무 번째 항공기 납치범으로 기소된 자카리아스 무사위는 미국

법정에서, "미국의 파괴를 위해 알라께 기도했다."고 증언했다. 이는 추악한 생각이다. 많은 이슬람교도들은 그런 기도를 지지하지 않는다. 그러나 이들과 우리가 협력하여 그런 기도를 지지하는 사람들에 대해 이념 전쟁을 전개할 때까지, 그의 출신지에는 무사위들로 넘쳐날 것이다. 그리고 그들을 찾아내기 위한 FBI 요원도 모자라게 될 것이다.

부정否定의 땅

2002년 6월 5일

나는 어제 날짜 『타임스』 지에서 호스니 무바라크 이집트 대통령에 관한 기사를 읽었다. 내용은, 무바라크 대통령이 9·11 사건 이전에 알 카에다의 음모에 대해서 미국에 경고를 했으며, 팔레스타인 국가에 대한 새로운 안을 가지고 있다는 것이다. 다 좋은 일이다. 그런데 솔직히 말해, 그 중에 안도감을 주는 얘기는 없다. 이유는 간단하다. 우리에게는 경찰 노릇을 해주는 이집트는 필요치 않다. 우리에게 필요한 것은 우리의 진보파가 되어 주는 것이다.

내 말은 우리에게는 이집트가 19세기와 20세기 초 아랍 정치에서 수행했던 역할, 즉 역사가 맡겨준 이집트만이 수행할 수 있는 역할을 하는 것이 필요하다는 뜻이다. 다시 말해 아랍과 이슬람 전통에 뿌리박고 있으면서도 진보적이고, 다원적이며, 민주적인 이념적 메시지를 가지고 아랍-이슬람 세계를 현대화 하는 것이다. 이는 이집트가 미국을 위해 할 수 있는 가장 중요한 일이며, 지금까지 수십 년 동안 하지 못한 일이기도 하다.

직선적으로 말하겠다. 아랍 세계의 중심이 있다면 당연히 이집트다. 이집트는 가장 규모가 큰 중산층과 가장 우수한 교육을 받은 인구, 가장 잠재력이 큰 민족을 가지고 있다. 이집트는 지중해의 대만이 되어야 한다. 그러나 이 나라는 침체되어 왔다. 아랍의 작은 나라들마저 우습게 여길 정도다.

요르단은 미국과 자유 무역 협정을 맺은 아랍 최초의 나라이다. 바레인은 가장 혁신적인 민주주의 실험을 하는 아랍 국가이다. 카타르는 알 자지라라는 자유 위성 텔레비전의 선구자이며, 튀니지는 권위주의적인 정부가 있음에도 경제적 자유화와 유럽공동체와의 긴밀한 유대 형성에서 앞서간다.

이 모든 혁신은 이집트에서 나와야 했다. 그랬더라면 아랍 세계 전체 특히 이라크, 시리아, 사우디 아라비아와 같은 다른 정체된 나라들에 영향을 미쳐 현대화를 앞당겼을 것이다. 그러나 그런 일은 일어나지 않았다.

지난 세기에 나귀브 모푸즈, 타하 후세인, 토피크 알 하킴과 같은 아랍의 걸출한 지식인들을 배출한 이집트가 그 후계자를 내지 못했다. 너무 여러 해 동안 언론 통제와 권위주의 정치가 지속된 탓에 이집트의 지적인 분위기는 진부하고 고루해지고 말았다.

무바라크 대통령은 "우리에게는 온갖 종류의 민주주의가 있다."고 말했다. 정말 그런가? 온갖 종류가 다 있지만, 진정한 민주주의만 없는가 보다. 왜냐하면 진정한 민주주의라면 이집트의 민주주의 전문가인 사아드 에딘 이브라힘을 재판에 회부하지 않았을 것이기 때문이다. 그는 자유롭게 말하고, 사회 변혁을 촉구하며, 공식적인 정책에 의문을 제기할 권리를 요구한 죄밖에 없다.

1990년대 중반 무바라크는 20년 뒤 두 배로 늘어날 인구 증가와 보조를 맞추기 위해 경제 개혁과 민영화가 필요하다는 점을 깨달았던 듯하다. 그러나 약간의 개혁으로 경기가 조금 활성화된 뒤, 그는 다시 이전으로 돌아가 자기 식대로 행동했다. 2000년 이후 이집트 경제 성장은 빈혈 상태에 빠지게 되었으며, 많은 외부 투자나 국내 투자를 유치하지 못했다. 인구 4백만의 코스타 리카는 6천 8백만의 이집트보다 많은 수출을 하며, 이집트와 인구가 같은 태국은 수출 규모가 열 배에 이른다.

그렇다. 이집트도 알 카에다에게 위협을 받아 왔다. 그러나 이집트는 위협에 대처하는 방식으로 급진적인 이슬람 지도자들을 체포하거나 추방해 왔다. 그 여파로 이념적인 공백을 남기게 되었다. 오사마 빈 라덴과 같은 정신병자가 퇴영적인 아랍-이슬람적 메시지를 가지고 그처럼 명성을 얻게 된 이유는 아랍 세계, 특히 이집트가 진보적이고 민주적인 아랍-이슬람의 대안을 명확하게 표명하여 그에게 반격을 가하지 못한 탓이다.

부시 외교진은 아랍 세계에 아랍어로 미국의 메시지를 방송하기 위해서 텔레비전이나 광고에 재정을 지출하려 한다. 솔직히 말해 우리가 아랍어로 방송할 수 있는 현대적이고 진보적인 메시지는 그 영향력에서 앞으로 이집트에서 나오게 될 메시지와 견주기 어려울 것이다. 그런데 그 메시지가 아직 나오지 않고 있다.

보라. 무바라크는 우리 적이 아니다. 그는 믿을 만한 친미파이며, 또 다른 아랍-이스라엘 전쟁에 대한 보루이다. 그러나 그가 진정 우리를 도우려 한다면, 우리도 진정 그의 도움이 필요하다면, 우리는 그에게 알 카에다나 이스라엘에 관해서 얘기할 필요가 없다. 그에게 이집트에 관한 얘기를 해야 한다.

우리가 9·11 이후 한 가지 배운 게 있다면, 테러리즘은 금전적인 빈곤에서 생겨나지 않는다는 점이다. 테러는 존엄성의 결핍에서 생긴다. 아랍과 이슬람의 젊은 중산 계급의 경우가 이에 해당한다. 이들은 좋은 직업은 너무 귀하고, 자신의 잠재력을 실현하거나 미래를 형성할 기회는 너무 적은 나라에 갇혀 있다고 느끼면서 그런 상황을 미국의 탓으로 돌린다. 우리는 이런 순환을 끊어야 하며, 이 일을 하는 데 이집트인들보다 더 효과적으로 우리를 지원할 수 있는 사람이 아무도 없다. 부시 대통령은 용기 있게 그 말을 할 것인가? 아니면 우리는 우리 자신과 그들에게 계속 거짓말을 할 것인가?

최고의 적은?

이란 테헤란에서

2002년 6월 12일

돌발 퀴즈 : 중동의 이슬람 국가들 가운데 9·11 이후 미국인들에게 조의를 표하려고 자진해서 촛불을 켜고 밤샘을 한 나라는 어느 나라일 까요? 쿠웨이트? 아닙니다. 사우디 아라비아? 아닙니다. 이란? 맞았 습니다. 당신이 이겼군요, 당신이 이란 행 무료 여행권을 타게 되었습 니다. 그리고 당신이 여기 오면, 9·11 이후 많은 사람들이 진심으로 미국을 동정한 이슬람 국가를 발견할 뿐 아니라, 거리의 수많은 사람 들이 지금 미국과의 관계 재개에 대해서 얘기하고, 희망하는 나라를 발견하게 될 것입니다. 그런데 국민들의 태도에 놀란 이란의 지배층인 강경파들이 2주 전 미국과의 관계 재개를 공개적으로 언급하는 것을 불법화하는 전례 없는 조치를 취해야 했습니다.

아무리 그래봐야 소용없는 짓이다. 공식적인 불허에도 불구하고, 이 란–미국 관계는 여전히 이 곳에서 최고의 정치적 주제이며, 의회와 개 혁주의 언론에서 여전히 공개적으로 논의된다. 또한 이란인과 미국 방 문객의 대화는, 조금씩 형태는 다르지만 반드시 "우리 관계가 언제쯤 회복될 것 같습니까?"라는 질문으로 마무리되는 듯하다.

무엇이 이런 논의에 불을 지피고 있을까? 우선 이란–미국 관계가 회복되고 이란에 대한 미국의 통상 금지 조치가 해제되면, 오늘날 이란을 괴롭히고 일반인들을 좌절시키는 모든 일들이 역전되리라는 비현실적 인식이 널리 퍼져 있다. 현재 이란의 문제점은 광범위한 실업에서부터 외부 세계에 대해 느끼는 고립감, 외국인 투자의 결여, 일반적인 정치적 질병 등 여러 가지다.

그런데 놀라운 일은 부시 대통령이 이란을 (이라크와 북한과 함께) '악의 축'의 일부로 낙인찍은 것이 이런 논의를 크게 강화했다는 사실이다. 우선, 의회와 언론의 개혁파들은 부시의 선언에 당혹했으며, 강경파는 그 선언을 미국이 이슬람 공화국과 결코 관계를 맺지 않을 것이라는 증거로 이용했다. 그러나 그 후 개혁파들은 '악의 축'이라는 비난을 가리키며 강경파에게 이렇게 말함으로써 반격을 가했다. "당신들의 정책 때문에 우리가 어떤 지경에 와 있는지 보라."

여기에다 9·11 이후 많은 이란 대학생을 낙담시킨 이란인에 대한 미국 비자의 감소와 두 주 전 오랜 후원자였던 러시아가 사실상 나토에 가입했을 때 이란인이 받은 충격을 더해 보라. 그러면 많은 사람들이 왜 미국과의 관계를 재고하고 있는지 이해가 갈 것이다.

놀라운 점은 이란 내의 논의가 워싱턴의 논의를 크게 반영하고 있다는 사실이다. 워싱턴에는 다음과 같이 세 가지 학파가 있다. 이란의 이런 논의에 불을 붙이는 것을 지원한 후 적극적으로 외교 관계를 추구함으로써 논의를 촉진해야 한다고 주장하는 참여파가 있는가 하면, 미국이 계속 고립시키기만 해도 이란의 성직자 정권은 저절로 붕괴한다고 보는 통상 금지파가 있다. 또한 이라크의 경우처럼 이란의 정권에 변화를 강요하고 싶어하는 강경 정책파도 있다.

이란에도 미국과의 관계를 이란 현대화의 열쇠로 보는 참여파가 있다. 또한 미국을 불신하고 이란이 혼자서도 잘 해나갈 수 있다고 믿는 고립파도 있다. 그리고 이란은 미국과의 대립을 통해서 강화된다고 믿는 보수주의자들인 도발파도 있다.

이 곳의 외교관들은 강경파의 영적 지도자인 아야톨라 알리 하메네이도 미국과의 관계를 더 이상 반대하지 않는다고 주장한다. 그는 여기서도 분위기를 탐색할 수 있으며, 이란 경제가 미국의 투자와 교역을 얼마나 절실히 필요로 하는지 잘 알고 있다는 것이다. 그러나 하메네이는 미국의 입장 완화가 정치적 반대자들에 대한 격려로 끝나지 않을까 경계하고 있다. 그래서 개혁파가 아닌, 자신이 신뢰를 얻고 통제할 수 있도록 관계 회복을 추진할 수 있는 방법을 찾고 있다.

그러나 현재, 두 나라의 여러 파벌들은 각기 다른 파가 관계를 개선하거나 악화시킬 수 있는 근본적인 조치를 취하지 못하게 저지할 수 있는 힘을 지니고 있다.

정말 안타까운 점은 두 나라의 말없는 다수가 참여를 지지한다는 데 있다. 지난 해 이란의 강경파들은 테헤란에 있는 미국 대사관을 완전히 개조하기로 결정했다. 이 건물은 1979년 이란 학생들이 점거한 이후 한번도 손을 댄 적이 없었다. 대사관 개조의 목적은 그 건물을 혁명 박물관으로 전환하려는 데 있었다. 박물관은 지난 해 11월 4일 개관했지만 아무도 찾아오지 않았으며, 그래서 지금은 문을 닫은 상태다. 이란인은 대부분 미국 대사관 박물관을 원하지 않는다. 이들이 원하는 것은 미국 대사관이다. 간단히 말해 나는 최종 결과가 어떻게 될지 알지 못한다. 그러나 이것은 알고 있다. 콜린 파월 국무장관이 내일 테헤란에 가서 제재 조치, 이란의 핵 개발 계획, 팔레스타인 테러리스트들에 대한 지원, 외교 관계 등 모든 것을 협상 테이블에 올릴 용의가 있다고 발표한다면, 테헤란을 흥분의 도가니로 몰아넣으리라는 점이다.

이란의 제3의 물결

이란 테헤란에서

2002년 6월 16일

이란에 폭탄이 있다. 나는 알고 있다. 내가 발견했다. 아니, 아니, 그런 폭탄이 아니다. 이 폭탄은 고등학교, 대학교, 다방 등 쉽게 눈에 띄는 곳에 숨겨져 있다. 이 폭탄은 이란 사회 밑에서 계속 똑딱 소리를 내며, 다음 10년에 걸쳐 폭발하여 이슬람 공화국의 얼굴을 바꿔 놓을 것이다. 그 폭탄을 여기서는 간단히 '제3세대'로 부르겠다.

이란 혁명가들의 제1세대는 1979년 국왕을 타도하고 이슬람 공화국을 세웠다. 이들은 이제 늙어서 백발이 성성하고, 점점 지쳐 간다. 그들은 대중의 동의보다 강제력에 의존하여 이란 생활의 모든 측면을 이슬람화하려는 정권이다. 제2세대는 28만 6천 명이 사망하고, 50만 명이 부상한 1980년대 이란-이라크 전쟁 중에 성년이 되었다. 이들은 위축되고 말이 없는 잃어버린 세대다.

제3세대는 16세에서 30세 된 사람들로 전적으로 이슬람 지배 아래서 성년이 되었다. 이들은 왕의 압제를 전혀 알지 못한다. 아는 것은 아야톨라뿐이었다. 이란 인구의 3분의 1에 해당하는 1천8백만 명이 이 세대에 속하며, 이 가운데는 2백만 명의 대학생과 4백만 명의 대학 졸업자들이 포함된다.

아야톨라 호메이니의 보좌관을 지냈던 개혁파의 지도자 모센 사즈가라는 다음과 같이 지적한다. "대부분의 혁명과 마찬가지로 제3세대는 혁명 1세대들에게 특별히 공감하는 바가 없다. 실제로 이들은 나라를 제대로 다스릴 줄도 모르는 정부를 가져다 주었다면서 우리를 비난한다. 그들은 제4세대가 등장할 때까지 이란 인구에서 가장 중요한 집단이다. 16세 미만 2천4백만 명으로 이루어진 제4세대가 성년이 되면, 다음 10년 간 이 세대가 가는 대로 이란이 따라 움직이게 될 것이다."

제3세대가 가려고 하는 곳은 이미 분명해졌다. 이들 중 일부만이 종교적으로 보수파다. 이들은 젊고, 거침 없으며, 현대적으로 보인다. 또한 좋은 일자리가 많지 않기 때문에 실직 상태인 경우가 많다. 이들은 인터넷이나 위성 접시 안테나를 통해 세계와 연결되어 있으며, 자신들이 접하는 내용들을 좋아한다. 좋은 생활, 좋은 직업, 더 많은 개인적 자유와 외부 세계와의 더 많은 접촉을 원한다. 그리고 이런 것들을 갖지 못한 데 대해 분노가 점점 높아진다. 이들은 이슬람을 받아들이나, 이슬람이 생활을 속속들이 지배하는 것은 원하지 않는다.

사회학 교수인 하미드레자 잘라에푸르는 이렇게 말한다. "그들은 반 종교적이지는 않지만 반 근본주의이다. 무엇에든 맹목적인 추종자가 되려 하지 않는다." 그의 19세 된 아들 모하마드레자는 아버지 말에 열심히 고개를 끄덕이며 동의한다.

정부에서는 이미 이들 때문에 종교적으로 상당히 고삐를 늦추었다. 내가 6년 전 이 곳을 방문했을 때, 한 친구의 안내로 이란인 기타 연주자를 보러 갔었다. 그 연주자는 전기 기타를 가지고 있었지만 자기 침실에서만 노래를 연주할 수 있었다. 대중 음악이 금지된 탓이었다. 오늘날 그는 대중 가요 콘서트를 열고 있으며, CD도 취입한다. 내가 지난번 여기 왔을 때, 여자들은 검은 옷으로 온 몸을 감싸야 했고, 머리도 드러내지 못했다. 지금은 옷 색깔이 다채로워졌으며, 머리 스카프도 위로 올려서 머리를 드러낸 여자들이 많다. 성직자들이 이 여자들에게 야단을 치면 이들도 되받아 소리를 지른다. 요즘 이란에서 가장 인기 있는 영화는 신정체제의 위선을 조롱하는 것들이다. 지금 테헤란에서는 서출의 아이를 갖게 되지만 그 아기를 키우기로 결심하는 15세 된 소녀에 관한 영화와 딸의 약혼자와 사랑의 도피 행각을 벌이는 어머니에 관한 영화가 상영되고 있다.

이란의 제3세대는 사우디 아라비아의 경우와 전혀 다르다. 사우디 아라비아는 점점 젊어지고, 점점 가난해지고, 점점 이슬람화되며, 점점 반미화 되는 나라다. 이런 경향은 사우디 젊은이들이 부패하고, 비종교적이며, 친미적인 체제에 반발하는 모습을 통해 알 수 있다. 반면 이란은 점점 젊어지고, 점점 가난해지지만, 이슬람화와 반미적 경향은 점점 약화되는 나라다. 이란의 젊은이들이 자신들을 세계로부터 고립시키는 반미 신정체제에 반발하는 모습에서 그런 경향을 알 수 있다.

1900년대 초 이란에 전신(電信)이 들어왔을 때, 그것은 전제적인 카타르 정권에 대항하여 최초의 입헌 혁명을 일으키는 데 기여했다. 1970년대에 전화와 카세트가 이란 전역에 퍼졌을 때, 그것들은 아야톨라 호메이니가 국왕에 반대하는 혁명을 전파하는 도구가 되었다. 오늘날에는 인터넷과 위성 텔레비전이 들어왔으며, 그와 함께 이란의 제3세대에게 새로운 취향과 열망을 가져다 주고 있다.

이 제3세대는 하타미라는 개혁파 대통령 후보가 그 열망을 충족시켜 주리라고 기대했다. 그러나 그는 보수파와 대결할 의지가 없는 실패자임이 드러났다. 어쨌든 제3세대는 결국 갈아탈 새로운 정치적 말을 발견하게 될 것이며, 그럴 때 이란은 변화할 것이다. 아야톨라의 축복이 있든 없든 말이다.

이란 그리고 이념 전쟁

이란 테헤란에서

2002년 6월 19일

신정체제(神政體制)와 민주주의가 결합하여 아기를 낳는다면 어떻게 될까? 그 아기는 어떤 모습일까? 아마 이란과 같은 모습이 될 것이다.

이란이 정말 흥미로운 점은 진정한 민주주의도 아니고 그렇다고 진정한 이슬람 신정체제도 아니라는 사실이다. 민주주의는 많은 이란 사람들이 더 많은 민주주의가 필요하다는 사실을 알 수 있을 만큼만 존재하며, 신정체제는 많은 이란 사람들이 신정체제가 덜 필요하다는 것을 알 수 있을 만큼만 존재한다.

그리고 이 곳의 모든 소동 배후에 어떤 일이 벌어지는지 귀를 기울여 보면, 민주주의자들이나 종교적 보수주의자들을 막론하고 두 가지 열망을 종합할 방도를 찾는 사상가들이 많음을 알게 된다.

민주적인 개혁파들이 세속주의를 강요하려다 실패한 국왕으로부터 얻은 경험, 그리고 지난 23년 동안의 이슬람 통치로부터 얻은 교훈이 있다. 그것은 바로 이슬람을 존중하지 않는 민주주의는 결코 이란에 뿌리를 내리지 못한다는 점이다.

또한 종교 사상가들이 지난 23년의 경험을 통해서 알게 된 사실이 있다. 그것은 바로 이란 사람들은 정부를 지배하려 하고 국민들의 의복과 생각, 언어까지 간섭하려는 무능한 성직자들을 충분히 겪어 왔다는 점이다. 그래서 이란 사람들은, 이제는 이슬람이 국민의 반발을 사지 않고는 생활을 속속들이 규제할 수 없다는 것을 알고 있다. 이슬람 사원에서 이탈한 많은 젊은 이란인들이 성직자들을 몹시 혐오하기 때문에, 일부 이슬람 학자들은 어떤 동네를 갈 때면 욕설이나 봉변을 당하지 않으려고 터번과 의복을 벗고 다닐 정도다.

그러나 바로 이처럼 이란은 광적인 반(半) 민주주의(이라크나 사우디아라비아와 달리) 상태에 있다. 즉 사람들이 용기 있는 발언 때문에 매일 체포되고, 감옥으로 가서 책을 쓰고, 다시 풀려나고, 의회에 출마하고, 용기 있는 발언을 하고, 개혁주의 신문을 발행하고, 또 다시 체포되는 일이 반복된다. 따라서 이란에서는 국가와 종교 사이의 적절한 균형을 찾는 방안을 둘러싸고 활발한 토론이 이루어진다.

어느 날 나는 보수적인 종교 신문 『레살라트』 지의 정치부장인 아미르 모헤비안을 만나러 갔다. 그는 내게 다음과 같이 말했다. "혁명 시절에 우리는 극대화된 방식으로 사회에 일정한 종교적 가치를 제공했다. 지금 우리는 반발을 겪고 있다. 그래서 나는 이슬람 사회에 대한 새로운 규정을 제안하고 있다. 이 새로운 규정에 따르면 사람들을 종교인으로 개종시키려 하지 않아도 된다. 우리는 비정상적인 사회가 되지 않기를 바랄 뿐이다. 극대화된 종교적 가치를 계속 강요한다면, 세대간의 간격만 커진다. 최소한의 규정만 명확하게 전달한다면, 우리는 새 세대와 많은 것을 공유하게 될 것이다."

같은 날 나는 호메이니의 보좌관을 지냈으며 지금은 개혁파가 된 모센 사즈가라를 방문했다. 이란 학생들이 편집을 맡는, 학생 대상 신문을 발행할 예정인 그는 다음과 같이 말했다. "우리는 왕을 타도하고 새로운 정부, 즉 새로운 방식을 전 세계에 과시할 이슬람 정부를 세우게 되리라고 믿었다. 그러나 혁명 후 우리가 한 일은 새로운 방식이 아니었다. 우리는 민주주의와 이슬람을 결합시키는 데 성공하지 못했다. 그 때문에 개혁 운동이 일어나게 되었다. 그러나 이 운동도 실패했다. 헌법상의 권력을 갖지 못한 탓이었다. 헌법에 따르면 종교적인 권위가 모든 것을 초월해 있어서 언제든 변화를 막을 수 있었다. 그러므로 이제 실질적인 합헌적 민주주의를 추구해야 한다. 종교적 민주주의가 아니라, 종교에 대한 존중심을 바탕으로 한 실질적인 민주주의 말이다."

이런 분석이 이 곳에서 통용되려면 오랜 시일이 걸릴 것이다. 지금으로서는 이슬람 정권이 아직 완강하게 자신의 입장을 고수하고 있다. 그럴 수 있는 것은 무엇이든 해결해 주는 석유 수입과 국내의 모든 적들을 박살낼 수 있는 무력을 보유한 덕분이다. 강경파 성직자들은 쉽게 물러나지 않을 것이며, 해외에 적을 만드는 것도 두려워하지 않는다. 긴장이 조성되면 이란 사회를 군국주의화하고 비판을 봉쇄하는 데 도움이 되기 때문이다. 그러나 강경파 성직자들도 강제만으로는 무한정 살아남을 수 없다는 점을 깨달은 듯하다. 그것이 바로 그들이 토론을 허용하는 이유이다.

얄궂은 점은 9·11 이후 아랍-이슬람 세계에서 전개되리라 기대했던 이념 전쟁이 일어나지 않은 데 있다. 민주적이고, 이슬람적이며, 진보적인 대안을 제시하는 아랍인에 의해 오사마 빈 라덴의 이슬람 파시즘에 대한 전쟁이 벌어지리라는 예상이 빗나갔다. 이념 전쟁이 일어날 만한 대부분의 지역에 충분한 민주주의가 없기 때문이다. 그러나 이란에서 지금 이념 전쟁이 벌어지고 있다. 이 전쟁은 9·11 사건에 대한 반응이 아니라, 세속적 전제주의와 종교적 전제주의에 대한 이란 자신의 쓰라린 경험에 대한 반응이다.

부디 이념 전쟁이 좋은 결과를 맺기를 바란다. 이란의 사상가들과 정치인들이 합헌적 민주주의와 새롭게 정의된 이슬람을 결합하게 된다면, 모로코에서 인도네시아까지 이란식 이슬람 혁명이 일어나지 않은 이슬람 세계 전체에 긍정적인 영향을 미칠 수 있다. 여기서 새롭게 정의된 이슬람이란 국가를 통치하려 하기보다는, 사회적 규범을 고쳐 하는 일에 그 역할을 한정하는 이슬람을 말한다.

통계로 본 이란

이란 테헤란에서

2002년 6월 23일

오늘날 이란과 관련한 가장 놀라운 사실은 신문의 솔직한 보도이다. 어떤 날 아침은 기사를 보다가 숨을 멈출 정도다. 주류 신문인 『엔테크 하브』지의 경우 얼마 전 '하늘로 치솟는 통계 숫자들'이라는 제목으로 장문의 기사를 싣고, 다음과 같은 통계 내용을 보도했다. 지금 테헤란의 거리에서 영업을 하는 매춘부가 8만 4천 명이며, 고위 관리들이 관련된 일부 업소를 포함하여 매음굴이 250개소에 이른다. 매일 테헤란 거리로 새로 매춘을 나오는 가출 소녀들이 60명으로, 지난해보다 12퍼센트가 증가되었다. 테헤란 교도소에 수감중인 모든 마약 중독 여성의 40퍼센트가 에이즈 환자이며, 최근에 16세와 18세인 두 자매가 두 달 동안 1천 1백 명에게 에이즈를 감염시킨 일도 있다. 20세 이하의 4백만 명의 청소년이 우울증을 앓고 있으며, (이미 30퍼센트에 달하는) 실업률도 꾸준히 증가하고 있다.

이런 문제들은 모두 흔들리는 경제의 여러 가지 징후들이거나, 아니면 『이란 뉴스』지가 2주 전 대담하게 주장한 것처럼 다음과 같은 원인들에서 생겨난 것이기도 하다. "국가의 경제 구조 전체가 근본적으로 파산 상태에 있으며, 긴급하고 철저한 개혁이 절실히 필요하다. 심각하고 두드러진 문제들을 일부 살펴보자면 충분한 외국인 투자의 결핍,

경제 체제 내에 속속들이 누적된 관리 부실, 경제 상황 악화를 불러 온 정치적 고립, 극심한 실업, 높은 인플레 등을 꼽을 수 있다.”

이 같은 경제의 악화는 일차적으로 미국의 제재 조치의 결과가 아니다. 이란은 석유 수입이 풍부해서 유럽이나 암시장에서 무엇이든 구입할 수 있다. 그러므로 경제 악화는 주로 이란의 신정체제 지배자들의 관리 부실의 결과다. 다시 말해, 그들의 부패, 무능, 자의적 결정, 종교 법전, 반(反) 세계화 본능 등의 결과다. 따라서 오늘날 이란에서 벌어지는 가장 큰 드라마는 다음과 같은 내용이 될 것이다. 즉 아야톨라들이 평화롭게 이란의 체제를 개혁할 것인가, 아니면 체제가 사회 불안으로 폭발할 것인가?

지난 달 『노루즈』 신문에 발표된 여론 조사에 따르면, 테헤란의 조사 대상자 중 6.2퍼센트가 현 상태에 만족한다고 답했고, 48.9퍼센트는 ‘개혁’ 을 지지하며, 44.9퍼센트는 ‘근본적 변화’ 를 지지했다.

이란의 신정체제 성직자들이 직면한 문제는 국유 경제를 민영화하고, 외국 투자자를 끌어들이지 않으면 새로운 일자리를 충분히 제공할 수 없다는 데 있다. 그리고 지배 체제의 모든 핵심 세력을 개혁하지 않고서는 경제를 개혁할 수도 없고, 새 기술과 새 시장을 가져오는 외국인 투자자들을 끌어들이지도 못한다. 이 체제에는 지배자들의 동맹 세력인 시장 상인, 성직자, 성직자 자녀들은 물론 이슬람 자선 단체들에 주어진 막대한 독점권이 포함된다. 거대 재벌들을 위한 위장 단체의 구실을 하는 이슬람 자선 단체들은 아무런 세금도 내지 않고 담배에서 면세 자동차에 이르기까지 모든 것을 수입한다. 또한 이란은 투명한 법의 지배 없이는 산업에 대한 투자자를 끌어들이지 못한다. 법의 지배는 성직자 평의회와 그들이 임명한 판사들의 자의적인 지배를 억제한다는 뜻이다. 이란의 성직자와 판사는 체제 위에 군림하면서 의회와

법원을 지배한다.

이슬람 혁명을 통해서 수백만 명의 농촌 인구가 도시화되었으며, 이들은 진정한 시민이 되었다. 이는 국왕도 하지 못한 일이었다. 한 자동차 부품 회사의 경영자는 다음과 같이 말했다. "이제 이란 시민들은 교육, 도로, 수송 기관, 보건 시설을 보유하고 있다. 현재 대학생의 60퍼센트가 여성이다. 그런데 이제 새로운 시민들은 농촌 정부가 아니라 시민의 정부를 바라고 있다. 시민의 정부는 시민의 종교와 권리를 존중하는 세속적인 정부이다."

우선 성직자들은 권좌에 계속 머물 수 있을 만큼 충분한 석유 수입이 있으며 농촌 지역에서, 신학교에서, 시장에서 충분한 지지를 얻고 있다. 그러나 이란의 급속한 인구 증가를 감안할 때, 이란이 충분한 일자리를 창출하려면 무엇인가 대가를 치르지 않으면 안 될 것이다. 23년 전 왕정이 무너졌을 때 이란 인구가 3천만 명이었지만, 현재는 6천6백만 명에, 30세 미만이 70퍼센트에 이른다.

재야 경제학자인 라힘 오스쿠이는 다음과 같이 말한다. "지배 체제는 두 가지 선택이 있다. 그러나 두 가지 다 결과는 마찬가지다. 지배 체제가 붕괴를 무릅쓰고 국제적, 국내적 변화에 저항하거나, 아니면 유연하게 변화하여 적응하는 것이다. 그러나 현재 상태를 그대로 유지할 수 없는 경우…… 내 생각으로는 성직자들이 살아남기 위해서 체제를 세속화해야 한다는 결론에 도달하게 될 것이다. 그러나 세속화에는 시간이 걸린다. ……우리의 모든 현대적인 혁명은 국가 내부로부터 왔다. 오늘날 사회 내부의 요구 수준을 감안하면, 외부의 간섭이 없는 경우, 이란과 같은 후진적인 지배 체제는 이 혁명 세력들을 영원히 저지할 수 없다."

테헤란에서 보는 세계

이란 테헤란에서

2002년 6월 26일

이란의 한 고위 관리가 테헤란에서 보는 세계가 어떤 모습인지 내게 설명한다. 그는 이렇게 말한다. "이란은 미국이 아프가니스탄의 탈레반 정권 축출을 위해 이란의 오랜 동맹군인 북부 동맹을 조직하는 일을 지원합니다. 탈레반은 이란이 완강히 반대한 정권이죠.(탈레반과 달리, "우리는 문명화된 원리주의자이지요." 그는 코웃음을 치며 말했다.) 탈레반이 일단 물러나자, 이란은 조용히 미국이 카불에 과도 정부를 구성하는 일을 지원했습니다. 단 한 명의 이란인도 9·11 사건에 연루되지 않았고, 단 한 명의 이란인도 알 카에다에서 발견되지 않았으며, 이란의 원자로는 국제적인 감시를 받습니다. 이란은 중동의 이슬람 국가 가운데 가장 훌륭한 민주주의와 가장 자유로운 언론을 가지고 있죠. 감사의 표시로 부시 대통령은 이란을 '악의 축'으로 낙인찍었답니다.

한편 파키스탄은 탈레반 정권을 탄생시키고, 알 카에다 조직원들에게 은신처를 제공했고, 카슈미르의 이슬람 테러리스트들을 지원했으며, 이슬람 핵폭탄을 제조했습니다. 그런데도 그 지도자인 군사 독재자는 미국으로부터 10억 달러의 원조를 받았습니다. 사우디 아라비아는 탈레반에 자금을 지원했고, 알 카에다에 수백 명의 사우디 시민이 활동하고 있으며, 하마스와 이슬람 지하드를 지원하는 민간 자선 단체들을 가지고 있습니다. 또한 세계 곳곳에 있는 이슬람 원리주의 학교들에게 재정 지원을 하고 있고, 9·11 사태에 연루된 19명의 항공기 납치범들 중 15명을 배출했으며, 민주주의도 없습니다. 그런데도 지도자인 압둘라 왕세자는 부시 대통령의 농장에 초대를 받았죠.”

고백하건대, 이란 관리가 시종일관 위와 같은 식으로 얘기할 때 나는 웃지 않을 수 없었다. 그러나 나는 여기서 이란을 옹호하는 게 아니다. 이란은 자기 국민과 외국을 모두 무시하고 테러리즘을 지원해 온 나라다. 그러나 나는 이란이 중동에서 유일하게 정치적으로 살아 있는 나라라는 주장을 옹호하려 한다. 이란은 미국과 이해 관계가 공유되는 부분이 있으며, 단순히 악마로 낙인찍거나 무시하지 않고 어떻게 올바른 방향으로 조금씩 움직이고 있는가를 새롭게 주시할 만한 가치가 있다.

이란은 세 가지 권력 핵심이 있다. 우선 이란-E가 있다. ‘사악하고’(Evil) 보수적인 성직자와 정보 기관, 정부의 친위대로 이루어져 있다. 이들은 아직도 모든 강제 수단을 독점하고 있고, 하마스와 이슬람 지하드와 몇 년 전에 있은 이란 지식인 살해를 지원한 책임이 있다.

그리고 이란-C가 있다. 성직자들과 상인들 사이에 있는 합리적 ‘보수주의자’(Conservatives)들로 왕의 세속적 전제주의에 대한 진정한 혐오감에서 이슬람 혁명을 뒷받침했지만, 민주주의와 법의 지배를 지지하는 사람들이다. 현재, 이란-C는 이란-E와 공동 전선을 펴고 있다.

마지막으로 이란-R이 있다. 모든 ‘개혁가’(Reformists)들이다. 경제적으로 무일푼인 중산 계급, 증가하는 학생 세대, 성직자 지배에 진력이 난 이전의 혁명가들이다. 이들은 좀 더 많은 민주주의와 강제가 적은 종교를 원하며, 의회에서 야당을 이끌고 있지만 권력은 가장 적다.

이것이 바로 보수주의 지배 엘리트 내의 균열이 이란의 평화적인 변화에 대한 열쇠가 되는 이유다. 변화의 열쇠는 합리적 보수주의자인 이란-C를 얻고, 사악한 보수주의자인 이란-E와 결별하며, 개혁파와 새로운 동맹을 형성하는 것이다. 이런 일은 불가능하지 않다. 성직자 지배, 특히 오늘날 이란에서 찾아볼 수 있는 무능하고, 고립되고, 자의적인 종파는 점차 국민들의 증오의 대상이 되고 있고 결국 이슬람 혁명 전체를 위협할 수 있다.

미국은 어떻게 해야 하는가? 대부분의 개혁가들은 미국이 외교 관계를 재개하고, 경제 제재를 완화한다면 도움이 될 거라고 말했다. 또 어떤 사람들은 미국이 유엔으로 가서 이란 관리들이 테러리즘에 연루된 사실을 증거를 가지고 공개적으로 입증해야 한다고 말했다. "우리 자신은 누가 무엇을 하는지 알지 못하며, 미국이 이름을 공표하면, 테러에 연루된 사람들이 공포에 질리게 된다."고 한 개혁가는 말했다. (한 이란 성직자가 최근 팔레스타인 봉기를 지원하기 위해 새로운 세금을 제안했을 때, 이란 의회에서 이를 거부했다.) 또 다른 사람은 공직에 출마하거나 신문을 창간하려다가 성직자들의 저지를 받고 있는 모든 이란인을 미국은 옹호해야 한다고 주장했다. 성직자들은 이란이 이슬람 민주주의라고 주장하고 있으므로, 미국은 그들에게 민주주의임을 입증하도록 끊임없이 문제를 제기해야 한다.

나는 이 조언들이 모두 정확한지 잘 모른다. 그러나 나는 이란의 상황이 유동적이며, 워싱턴에서 새로운 시각으로 바라볼 만한 가치가 있음을 안다. 그 이유는 이 곳의 테러 지원 세력이 테러를 지원한 죄가 없기 때문이 아니라 죄가 있기 때문이며, 워싱턴이 이란을 새로운 시각으로 접근할 경우 문제 세력들을 강화하기보다는 약화시킬 것이기 때문이다. 또한 이란 사람들은 이 테러 지원 세력에 용감하게 맞설 의지가 있다. 그리고 워싱턴의 새로운 접근은 이 세력의 죽음을 지연시키기보다는 오히려 죽음을 재촉할 것이다.

중요한 상황의 종말

2002년 6월 30일

나는 중동에서 최근 발생한 사건들을 보면서, 우리가 지금 오슬로 평화 회담의 종말뿐 아니라, 이스라엘-팔레스타인 분쟁의 해결안인 이스라엘·팔레스타인 2국가 설립안 전체의 종말을 목격하고 있는 게 아닌가 하는 의구심을 갖게 된다.

클린턴 대통령이 진지한 팔레스타인 국가 수립안을 제시한 시점인 1년 전 팔레스타인 사람들의 2차 인티파다가 시작되었을 때, 나는 그들이 엄청난 실수를 저지르고 있다고 주장한 바 있다. 최종 평화안이 협상 중인 상황에서 분쟁 당사자가 폭동과 자살 폭파를 시도할 때, 현재와 미래의 모든 일을 망치게 된다. 이 경우 이스라엘의 평화 진영에 충격을 가했고, 여러 해에 걸쳐서 이룬 모든 신뢰 구축 조치들을 파탄 냈으며, 이스라엘 사람들에게 배신감을 안겨 주었다.

이런 해석이 팔레스타인 사람들의 경우에 특히 타당한 이유는 외교적인 대안들을 여전히 이용할 수 있는 상황에서 무엇 때문에 폭동을 일으켰고 또 그 목적이 무엇인지를 분명하게 밝히지 못한 데 있다. 이들은 헤즈볼라가 레바논에서 이스라엘을 몰아내는 데 성공한 것에 크게 영향을 받아서, 자신들도 피와 무력으로 국가를 세울 수 있으리라는 환상에 빠진 듯하다. 그래서 아라파트가 일단 모험을 건 것이다.

중동 문제 전문가인 스티븐 코헨은 다음과 같이 말한다. "이 2차 인티파다는 아라파트의 1967년 전쟁이었다. 이집트의 나세르 대통령과 마찬가지로 아라파트는 순간적인 환상에 완전히 빠져들어 현실적인 것과 비현실적인 것을 구별하지 못했다. 그리고 나세르와 마찬가지로 이런 행동이 종말의 시작이 될 것이다."

그러나 다음과 같은 문제가 있다. 아라파트가 물러나고, 이스라엘 사람들 대다수가 서안과 가자 지구, 동 예루살렘을 모두 아라파트의 후계자에게 기꺼이 양보한다고 하자. 그러나 이스라엘 측이 주장할 안전 요건과 팔레스타인 주권 제한 요구가 너무 높아서, 어떤 팔레스타인 지도자도 받아들일 수 없을 것이라는 점이다.(이는 지난 1년간 팔레스타인에 대한 이스라엘의 신뢰가 무너졌기 때문이다.)

사정이 이러하다면 두 국가 안에 대한 협상이 불가능할 뿐 아니라 이스라엘이 서안과 가자 지구를 영구적으로 점령할 운명에 있는 듯하다. 그리고 이는 남아프리카 백인이 인종 차별 정책에 따라 흑인을 지배한 것처럼, 이스라엘이 서안과 가자 지구를 영구적으로 점령할 수밖에 없다는 뜻이다. 왜냐하면 현재의 인구 통계학적 형태가 지속될 경우, 2010년이 되면 이스라엘과 서안, 가자 지구, 동 예루살렘의 팔레스타인 인구가 유대인보다 더 많아질 터이기 때문이다. 그리고 상황이 이러하다면 끊임없이 지루하게 계속되는 갈등이 이스라엘에 치명적인 위험을 가하게 될 것이다.

그 이유는 오늘날 중동에는 세 가지 흐름이 형성되고 있기 때문이다. 첫째는 부도덕한 이스라엘-팔레스타인 전쟁이다. 둘째는 아랍 세계의 인구 폭발이다. 실제로 모든 아랍 국가마다 장래에 일자리 부족과 좌절을 겪게 될 15세 미만의 인구가 크게 늘어나고 있다. 셋째는 아랍의 위성 텔레비전 방송과 인터넷, 그밖에 다른 여러 가지 민간 언론 매체의 폭발이다.

근본적으로 지금의 문제점은 아랍의 폭발하는 매체가 이스라엘-팔레스타인 갈등에 관한 장면들을 화면에 담아서 폭발하는 인구를 향해 전파하면서, 아랍의 새로운 세대들 속에 이스라엘과 미국, 유대인에 대한 분노를 조장하고 있다는 사실이다. 이 새 세대 중에는 언젠가 아빠한테 가서 다음과 같이 말하는 10대가 생겨날 것이다. "아빠, 문 앞에 어느 파키스탄 아저씨가 핵폭탄 가방을 팔러 왔어요. 10만 달러 짜리 수표로 달라고 하는데요. 제가 핵폭탄 가방을 텔아비브로 직접 운반하고 싶어요." 그러면 아빠가 곧 수표를 내 줄 것이다.

현재 아랍 사람들이 국내적으로 현대화에 적응하려고 몸부림치는 가운데, 이스라엘의 유일한 희망은 가능한 질서 있게 점령지에서 철수하여 아랍 세계와의 마찰을 최소화하는 것이다. 나는 아라파트를 교체하라는 부시 대통령의 요구에 박수를 보낸다. 그 요구는 결국 이스라엘과 함께 2국가 설립안에 대한 파트너로서 팔레스타인을 '재신임하려는' 부시 대통령의 필사적인 노력이다. 그러나 부시 대통령이 팔레스타인 사람들과 함께 2국가 안에 대한 파트너로서 이스라엘을 '재신임하기' 위한 조치를 취하지 않은 것은 우스운 일이다. 그는 이스라엘이 가자 지구와 서안의 광범위한 정착촌 중의 일부를 철수하기 시작했다고 주장한다. 그러나 이스라엘에 대한 재신임안을 요구하면 팔레스타인 사람들이 개혁을 하는 데 도움이 될 것이며, 필요할 경우 이스라엘의 입지를 강화하여 일방 철수까지도 가능하게 해줄 것이다.

부시가 이 점을 무시한 이유는 유대인 유권자들을 소외시키려 하지 않은 데 있다. 슬픈 일이다. 조지 부시가 이스라엘 편이기 때문이겠지만, 역사와 기술, 인구 통계학은 모두 이스라엘의 편이 아니다.

갈림길에 선 아랍

2002년 7월 3일

부시 대통령이 최근 연설에서, 팔레스타인 사람들은 국가를 세우기 전에 품위 있는 통치 기구를 먼저 만들어야 한다고 주장한 것은 옳았다. 그러나 정말 안타까운 점은 부시 대통령이 통치 기구의 근본적인 개혁이 필요한 것은 팔레스타인 사람들뿐만이 아니라, 아랍 세계 대부분이라고 과감하게 말하지 못한 데 있다.

그러나 우연하게도 바로 이번 주에 용기 있게 발언한 중요한 인물들이 있다. '유엔 개발 계획'은 화요일 '아랍 경제 사회 개발 기금'과 함께, 아랍 세계가 뒤떨어지고 있는 세 가지 핵심 원인들을 분석한 잔인할 정도로 솔직한 '아랍 인적 개발 보고서'를 공동으로 발표했다. (스페인의 국내 총생산(GDP)이 아랍 22개국의 GDP을 전부 합친 것보다 많다.) 간단히 말해, 아랍 세계가 뒤떨어진 이유는 자유와 여성의 권리, 우수한 교육이 부족한 탓이다. 빈 라덴이 생겨난 사회 경제적 환경을 이해하려면 이 보고서를 읽기 바란다.

22개 아랍 국가들의 총인구는 현재 2억 8천만 명이지만, 급증하는 출산율을 볼 때 2020년이 되면 4억 1천만에서 4억 5천9백만 명에 이르게 된다. 현재 급증하는 새 세대가 인구 과밀한 도시에서 분노와 가난 속에서 성장하지 않으려면 아랍 세계는 가난을 극복하지 않으면 안 된다. 보고서에 따르면, 아랍의 가난은 자원의 결핍 때문이 아니라 능력의 결핍과 기회의 결핍 때문이다. 보고서는 현재 계속되는 아랍-이스라엘 분쟁과 이스라엘의 점령이 아랍의 개발을 지체하게 하는 원인이자 구실이 되어 왔다는 주장을 존중하면서도, 이런 설명만으로 그치지 않는다.

우선 보고서의 지적에 따르면 "1980년대와 1990년대 초 남미와 동아시아의 대부분의 지역에서 통치 기구의 변화를 가져온 민주주의의 여파가 아랍 국가들에는 거의 미치지 않았다." 보고서는 표준적인 자유 지표를 이용하여, 전 세계의 7개 주요 지역 가운데 아랍 지역의 자유 점수가 가장 낮다고 지적한다. 이 점수에는 시민적 자유, 정치적 권리, 민중을 대변하는 목소리, 언론 매체의 독립성, 정부의 책임성 등이 포함된다. 아랍에는 여성들이 아직도 투표를 하거나, 공직을 가지거나, 고위 관리직에 오르거나 또는 창업 자본을 얻을 수 없는 나라들이 너무도 많다. 보고서는 아랍 여성과 관련하여 다음과 같이 지적한다. "슬프게도 아랍 세계는 시민 절반의 창조성과 생산을 스스로 빼앗고 있다."

보고서에 나타난 교육 분야에 대한 조사를 보면, 아랍 세계 전체가 해마다 약 3백 권의 책을 번역하는데, 이는 그리스 한 나라가 번역한 숫자의 4분의 1에 지나지 않는다. 연구 개발에 대한 투자는 세계 평균의 7분의 1도 안 되며, 인터넷 접속률도 사하라 사막 이남의 아프리카 지역보다 낮다. 취학률이 상당히 높아졌음에도, 아랍의 성인 6천5백만 명이 아직도 문맹이며 그 가운데 거의 3분의 2가 여성이다. 이것이 바로 1960년대 아랍 세계의 1인 당 평균 생산성이 '아시아의 호랑이들'보다 더 높았다가 오늘날 한국의 절반으로 떨어지게 된 이유다.

보고서의 결론은 다음과 같다. "아랍 지역이 다음 세대들을 위해 보장해야 할 것은 아랍의 능력과 지식, 특히 여성의 능력과 지식에 대해,

훌륭한 통치 기구에 대해, 아랍 국가들 사이의 강력한 협력에 대해 투자하려는 정치적 의지다. 아랍 세계는 지금 갈림길에 서 있다. 많은 개발 문제를 발생시킨 비효율적인 정책과 무력증을 특징으로 하는 지금의 상태에 계속 남아 있을 것인가, 아니면 인적 개발에 바탕을 둔 아랍 르네상스에 대한 전망을 적극적으로 추구할 것인가 하는 근본적인 선택의 갈림길에 있다."

당연한 지적이다. 그리고 가장 훌륭한 점은 다음과 같은 사실이다. 서문에 따르면, 이 보고서 내용을 조사하고 작성한 사람들은 "아랍의 뛰어난 지식인 집단"이며, 이들은 "편견 없는 객관적인 분석"만이 아랍 사람들과 정책 입안자들이 더욱 밝은 미래를 추구하는 데 도움이 될 수 있다는 신념을 가지고 있다. 이 보고서에는 미국을 위한 메시지도 있다. 너무 오랜 세월 동안 미국은 아랍 세계를 멍청하고 거대한 주유소 정도로 취급해 왔다. 최고 지도자가 석유를 계속 공급하는 한, 이스라엘에 우호적인 한, 아랍의 여성과 어린이들에게 어떤 일이 일어나는지 전혀 관심이 없었다. 이 곳에서는 부실한 통치 기구, 실업의 증가, 급증하는 출산율이 아랍의 미래를 암담하게 만들고 있었다.

우리 자신에 대한 조롱을 그만둘 시간이 왔다. 이런 상황을 변화시키려면 오사마와 사담, 아라파트 들을 몰아내는 것이 필요하다. 그러나 그것만으로는 충분치 않다. 우리 역시 옷소매를 걷어 부치고 아랍 사람들이 스스로 모든 문제를 처리하도록 지원해야 한다. 나쁜 소식은 아랍 사람들 자신이 깊은 굴을 파고 몸을 숨겨 왔다는 사실이다. 좋은 소식은 이 보고서에 나타난 것처럼, 아랍에는 변화를 위한 우리의 파트너들이 있다는 점이다. 아랍을 지금과 같은 혼란에 빠트린 건달들보다도, 바로 우리의 파트너와 협력할 때가 된 것이다.

장벽 없는 세계로의 여행

2001년 9월부터~2002년 6월까지

2001년 9월 11일

　2001년 9월 11일은 미국 역사상 한 번도 일어난 적이 없던 순간이었다. 나는 그런 일을 가족과 함께 겪었으면 하고 바랬다. 그러나 가끔씩 발생하는 폭력 때문에 우리는 종종 비행기에 동승한 승객들이나 버스 옆자리의 낯선 승객, 혹은 엘리베이터 안에 동승한 낯선 무리와 꼼짝없이 갇히게 되는 일이 생긴다. 9월 11일에 나는 가족과 멀리 떨어진 이스라엘의 한 택시 안에서 얼굴도 모르는 택시운전사와 처음 만난 비서들과 함께 있었다.

　공교롭게도 9월 11일은 내 칼럼이 실리는 화요일이었으며, 그 날 아침 나의 이스라엘 발 칼럼이 『뉴욕 타임스』 조간에 실릴 예정이었다. 내 글은 우리 딸아이 나탈리에 관한 기사로 시작했다. 우리 딸은 내가 여행을 자주 다니기 때문에 내가 떠날 채비를 하기 전까지는 다음 여정지가 어딘지 알려고 하지 않는다. 내가 이스라엘로 떠나기 하루 전에 나탈리는 어디로 가는지 물었고 나는 그 목적지가 이스라엘이라는 말을 해 주었다. 그러자 그 아이는 걱정스러워 얼굴을 찌푸리면서 "아빠는 왜 그런 곳을 가야 하지?" 하고 나에게 물었다. 나는 9월 11일 아침에 실리게 될 기사에 "아빠는 왜 그런 곳을 가야 하지?" 하는 물음을 소재로 내 딸아이의 눈에 비친 이스라엘에 대해 쓰기 시작했다. 이제 오슬로 평화회담이 물거품으로 돌아간 곳이자 내 딸아이의 고향이기도 한 이스라엘. 그 곳이 고향인 내 딸아이조차 가서는 안 될 위험한 이스라엘에 대해서 말이다. 내 칼럼 제목은 '장벽들'이었다. 이 글을 통해 이스라엘과 팔레스타인 양측이 지상과 공중을 막론하고 서로 자신을 보호하기 위하여 장벽을 설치하고 있음을 지적하고자 했다.

『뉴욕 타임스』의 독자들이 그 날 아침식사를 거의 끝내고, 날로 위험해져 가는 이스라엘을 다룬 내 기사를 읽고 있을 무렵이었을 것이다. 그 때 4대의 납치 비행기는 세계무역센터와 펜실베니아의 한 들녘, 그리고 우리 집에서 그리 멀지 않은 국방부 건물을 향해 돌진하고 있었다. 이 사태로 우리 가족들은 내가 예루살렘에 있으니까 평소 분쟁이 빈번한 사지에 있었으려니 했겠지만, 지구 어디에도 안전지대가 없다는 사실을 알게 된 셈이다.

테러 발발 시간 나는 텔아비브 대학의 총장인 이타마르 라비노비치 씨와 인터뷰를 막 마친 상태였다. 오후 여섯 시로 예정된 다음 인터뷰까지는 시간이 조금 있었기 때문에 텔아비브 교외에 있는 총장의 사무실을 나와 대기 중이던 택시 뒷좌석에서 수영복을 집었다. 지중해에서 수영을 즐기려던 참이었다. 그런데 내가 택시 문을 열기도 전에 운전사 요람 씨는 얼굴이 상기된 채 영어와 히브리어를 섞어가며 두 대의 여객기가 세계무역센터 건물을 가격(최초 공격 미 동부시간 오전 8시 45분)했다는 이스라엘 라디오 방송 내용을 설명해 주었다. 나는 과거 『렉서스와 올리브나무』라는 책을 내기 위해 1993년 2월 26일에 있었던 쌍둥이빌딩 폭파사건을 여러 차례 검토한 경험이 있는지라, 바로 그 순간 이것이 우발적인 사고가 아님을 직감했다.

나는 다시 이타마르 총장의 사무실로 돌아왔다. 그 곳에는 이미 대학 공보과장과 직원들이 입을 벌린 채 두 번째 비행기가 세계무역센터로 돌진하는 CNN 방송을 지켜보고 있었다. 한 비서가 9·11 테러에 대한 이스라엘의 반응을 한마디로 요약했다. "우리가 직면한 상황을 이제야 세계인들이 알게 되었다." 그리고 곧이어, "하느님 맙소사, 저들은 우리를 비난하겠지."라고 덧붙였다. 그녀의 말은 모두 옳았다.

내가 텔레비전의 믿기 어려운 내용을 생각하고 있는 동안 내 마음속에는 섬광처럼 10년 전의 일이 떠올랐다. 그것은 1991년 1월 9일 제임스 베이커 미 국무부장관이 스위스 제네바에서 타리크 아지즈 이라크 부총리와 회담을 마치고 했던 기자회견 내용이었다. 당시 베이커 국무장관은 제네바의 인터콘티넨탈 호텔에서 하루 종일 아지즈 부총리와 대담하고 있었다. 그 대담의 요지는 이라크가 당시 점령하고 있던 쿠웨이트에서 평화롭게 철수할 것과 그렇지 않으면 미국이 주도하는 다국적군이 쿠웨이트로 들어가 강제로 몰아내겠다는 내용이었다. 베이커와 아지즈의 회담에 별다른 진전이 없자, 우리 기자들은 옆에 앉아서 양쪽의 의견을 듣게 되었다. (내 기억으로는 어떤 이유 때문인지 인터콘티넨탈 호텔 직원이 커다란 실물크기의 낙타모형을 호텔의 뉴스 편집실에 가져다 놓았는데, 이는 중동의 관습에 근거한 것인 듯 한데 무슨 의미인지는 필자도 이해하기 어려웠다.) 베이커와 아지즈 사이에 있었던 몇 시간 동안의 회담이 끝난 뒤, 모든 기자들은 호텔 연회장으로 모였다. 이라크는 쿠웨이트에서 철수하라고 종용한 베이커의 노력에 효과가 있었는지 묻는 기자회견을 갖기 위해서였다.

베이커는 몇 분 동안 이라크군의 평화로운 철군을 위해 아지즈에게 설득했던 모든 내용을 자세히 설명했다. 그 때 나는 맨 앞자리에 앉아 무릎에 컴퓨터를 올려 놓고 베이커가 말하는 내용을 받아서 치고 있었다. 베이커 국무장관은 이라크의 철수를 종용하는 자신의 많은 노력에 대해 이야기를 풀어 놓았다. 그리고 결국 "신사 숙녀 여러분, 본인은 유감스럽게도 여섯 시간 동안의 회의를 끝내면서 이라크가 우리 측의 의견을 수용하는 어떠한 제안도 받아보지 못했습니다."라고 말을 끝맺었다.

그의 말이 끝나기가 무섭게 내 손에서는 경련이 일었고, 나는 손을 제대로 움직일 수 없었다. 그것은 "신사 숙녀 여러분, 유감스럽지만……"하는 단순하게 들리는 말 한마디가 일종의 심각한 전쟁을 암시하는 것임을 느꼈기 때문이다. 이제까지 흘러왔던 역사의 수레바퀴가 방향을 틀어 이 세계를 전혀 새로운 방향으로 이끌 거라는 사실을 느꼈던 것이다. 나는 늘 내가 '걸프만 전쟁'에 관한 책을 낸다면 그 제목을 '신사 숙녀 여러분, 유감스럽지만'으로 붙이겠다고 생각해 왔다.

이제 CNN 방송에서 쌍둥이빌딩이 폭파되어 맨해튼 거리로 나둥그러지는 장면을 목격하는 이 순간에도 나는 "역사의 수레바퀴가 또 한 번 방향을 바꾸는구나." 하고 직감했다. 이제 새로 시작해야 할 역사는 암흑 같은 지옥에서 출발하게 될 거라는 사실을 깨달았다. 바로 그 직감 때문에 나는 '신사 숙녀 여러분, 유감스럽지만' 하며, 전쟁을 암시했던 베이커의 불길한 인터뷰 문구가 내 마음을 어둡게 만들었다.

나는 몇 시간 동안 총장의 사무실에서 이스라엘 여직원들과 CNN을 보고 있었다. 그 때 전화가 왔는데, 『예디오트 아로노트』라는 한 이스라엘 신문사에서 에세이 한 편을 바로 써달라는 전화였다. 나는 그 부탁을 거절했다. 나는 집사람과 딸아이들에게 이메일로 무사하다는 소식과 함께 가족들의 안부를 물었다. 그리고 텔레비전을 좀 더 보았다. 그 대학의 여직원들은 나에게 이번 사건이 이스라엘에 어떠한 영향을 줄지 집요하게 물었지만 나는 "글쎄, 잘 모르겠네요."라는 말로 대답을 일축했다. 아마도 다음 단계는 중동분쟁이 세계대전으로 번질 것 같다는 생각을 해 보았다.

마음이 답답해진 나는 혼자 있고 싶어졌다. 택시를 타고 예루살렘으로 향했지만 약 5마일이나 되는 공항 근처 고속도로도 교통체증이 심했다. 그래서 우리는 텔아비브 쪽으로 향했고, 해안에 위치한 힐튼 호텔에서 텔레비전을 더 보았다. 호텔 로비에서 마주친 한 친구가 내게 저녁식사를 함께 하자고 했지만 거절했다. 혼자 있고 싶었기 때문이다. 텔레비전을 보다가 밤 10시가 되어서 해안을 산보하려고 혼자서 밖으로 나왔다.

지중해의 밤바람에 머리는 맑아지기 시작했고 이제껏 나를 괴롭혀 오던 '나의 두 딸아이가 자라야 할 세상은 어떤 세상이어야 할까?' 하는 생각에 빠졌다. 그곳에서 나는 처음으로 "신사 숙녀 여러분, 유감스럽지만 여러분이나 저의 자식들은 우리가 자라났던 바로 이 세상에서는 자라날 수 없게 되었습니다. 이제 역사는 방향을 바꿔 암흑의 뒷골목으로 달음박질치고 있고, 우리에게 소중한 것들은 멀어져 갔습니다."라고 문장을 마무리했다.

그 때 처음으로 감정이 격해지기 시작했다.

처음에 나는 내 감정이 격해졌다는 사실을 느끼지 못했다. 그런데 10월 어느 날 9·11 테러 발발 이후 6주가 흘렀을 즈음, 몇몇 친구들과 독자들이 나에게 "선생님의 칼럼은 상당히 격정적이더군요."하면서 상기시켜 주었다. 솔직히 나는 생각지도 못했지만, 그들이 이를 지적할 때마다 "내가 몹시 흥분했다는 걸 느끼셨군요." 하고 대답했다. 나는 내 조국이 순식간에 공격을 당해서 주식 중개인 마크 매든의 동생을 포함하여 수많은 무구한 시민이 처참하게 학살되어 화가 치밀었다. 그 공격의 주범인 오사마 빈 라덴 일행이 저들의 학살극을 대담하게 정당화하려는 광기 어린 오만에도 분을 참을 수가 없었다. 내가 테러리스트들을 증오하고 있는 이 순간에도 세계는 테러리스트들이 미국을 증오하는 이유까지 분석하면서 책임의 일부를 미국에 떠넘기려는 것 같아서 분노는 더욱 거세졌다.

그러나 무엇보다도 나를 격분하게 만든 것은 미국이라는 땅이 이제 더 이상 13살과 16살인 두 딸에게 우리가 자랄 때와 똑같은 환경을 제공해 주지 못한다는 사실이다. 이탈리아에서 여름 순회공연을 계획하고 있는 내 딸 올리의 카운티 청소년 오케스트라는 9·11 테러 직후 2주만에 공연일정을 취소해야 했다. 올리는 이 공연 때문에 여름 내내 구슬땀을 흘리며 바이올린을 연습했다. 오케스트라 관계자들은 미국인 오케스트라의 이탈리아 순회공연은 너무 위험하다고 생각한 것이다. 나는 그 결정이 너무 심하다고 생각했고, 이에 화가 치밀었으나 다른 부모들은 아이들의 안전에 대한 걱정을 더 많이 했다. 나는 부모들을 설득해서라도 공연을 강행하고 싶었지만 그렇게 하지 않았다.

이렇게 세상은 바뀌어 가고 있는데 나는 새롭게 변해 가는 세상을 받아들이고 싶지 않았다. 올리의 공연 취소말고도 또 한 가지 유사한 일이 내 딸 나탈리가 다니는 중학교에서도 있었다. 우리 딸아이 반은 9월 11일부터 3주 뒤에 뉴욕 수학여행을 계획한 상태였으나 그 일로 학부모 회의가 열렸다. 과반수 의견은 여행을 취소한다는 것이었다. 몇몇 선생님들 역시 아이들의 여행을 꺼려했다. 나는 이해는 됐지만 이해하고 싶지 않았다. 이 또한 내가 받아들이고 싶지 않은 새로운 세계의 변화된 모습이다. 나는 기존의 계획을 수정하려고 하는 어떠한 이유도 인정하고 싶지 않았다. 콘서트도, 볼티모어 오리올즈 야구경기도 강행토록 주장하고 싶었다. 그리고 예전에는 없었던 캠든 경기장의 신변 검사조치와 길게 늘어선 워싱턴 덜래스 공항의 검색대에 화가 났다. 이런 변화는 내가 자라는 동안 겪지 못했다. 그러나 받아들이고 싶지 않지만 우리 자식들이 감수하고 살아가야 할 환경인 것이다.

비단 우리 딸아이들이 보고 싶어서만이 아니라, 언론인으로서 종종 전쟁 터나 빈민국을 떠돌아다니는 나로서는 고국 미국으로 돌아올 때면 항상 특별한 느낌을 갖게 된다. 가끔씩 나는 러시아나 베네수엘라, 요르단 강 서안 지구와 아프리카 등지를 다녀오기도 한다. 그 때마다 우리 집사람 은 여행이 어땠냐고 묻곤 하는데, 나는 "글쎄, 여보, 그 곳은 상황이 그리 썩 좋질 않아. 뭔가 심상치 않아."하고 대답한다. 나는 종종 집에 와서 볼티모어에 있는 수려한 도심의 경기장인 캠든 경기장이나 워싱턴의 날 렵하고 깔끔한 지하철과 같은 시설에 감탄을 금치 못한다. 또한 사회가 얼마나 훌륭한지, 세금이 얼마나 넘치는지, 서로 다른 사람들과 다른 정 부 조직들, 그리고 개인 기업들이 얼마나 잘 손을 맞추어 일을 같이 해 나가는지 놀라면서 모두가 하나의 제도로 굳어져 가는 우리 사회를 생각 한다. 여러 사람들이 모여서 공동의 부를 이루고 수준 높은 사회를 만드 는 이 나라에 살고 있다는 게 얼마나 자랑스러운가! 바깥 사회가 아무리 비이성적으로 돌아간다고 해도 미국만큼은 내가 다시 들어 와 쉴 수 있 는 곳이다. 내 아내와 딸들이 평온을 영위하는 그런 보금자리인 것이다. 이렇게 위대한 나라가 바로 9월 11일에, 우리 미국에 대해서 제대로 알 지도 못하는 사람들에 의해 산산조각 났다.

바로 이것이 나를 포함한 미국인들이 흥분을 감추지 못하는 이유다. 그 리고 나 같은 언론인은 왜 이번 사태가 일어났는지 아주 궁금해진다. 과 연 테러를 자행한 사람들은 어떤 부류일까? 어떤 역사적인 힘이 그들을 등장시켰을까? 흥분과 호기심, 이 두 가지 자극제는 9·11 테러 이후 내 감정을 사로잡고 하루하루 나의 마음을 괴롭혔고, 마치 대장간의 망치와 모루처럼 내 기사를 만드는 도구가 되었다.

9월 11일 저녁 늦게, 나는 테러 사태 이후의 이스라엘 발 기사를 어떻게 송고할지 생각하기 시작했다. 우연히 이번 주 초에 이스라엘 군사정보부

장 아모스 말카 소장을 만나 취재한 적이 있었다. 항상 나는 아모스 말카 소장의 정보능력에 감탄해 왔던 터라, 세계가 발칵 뒤집힌 그 저녁에도 그에게 다음날 아침 대화를 하자는 전갈을 보냈다. 그는 이미 워싱턴 출장 계획이 잡혀 있었다. 하지만 몇몇 이스라엘의 주요 테러 전문가들과 함께 아침 7시에 시간을 냈다. 미국 테러의 배후를 조종한 자들을 이스라엘은 어떻게 바라보고 있을까? 이것은 흥미로운 일이었다. 그들은 이미 오사마 빈 라덴을 주 용의자로 보고 있었다. 나는 오랫동안 자살 폭탄 테러를 수없이 겪으면서 얻은 이스라엘의 테러 대책에 관심이 많았다. 미국도 이제 군사력으로 테러를 진압해야 하는 새로운 환경을 맞이했다고 보기 때문이다. 이스라엘 작가 아리 샤비트는 이 문제를 다음과 같이 보고 있다. 미국의 오랜 적이었던 옛 소련은 냉전기간 내내 미국을 증오하는 마음보다 자신들을 아끼는 마음이 더 컸기 때문에 쿠바 미사일 위기 때도 양측이 공멸 위기를 모면하곤 했다고 한다. 최근 미국이 새로이 마주치게 된 자살 테러범은 그 성향이 아주 달라서, 이들은 자신을 아끼는 마음보다 우리에 대한 증오가 더 크기 때문에 죽음까지 불사하고 우리를 공격했다고 한다.

이스라엘의 군사 테러 전문가들은 충격적인 사실을 털어 놓았다. 그에 따르면 이스라엘이 팔레스타인의 자살 테러를 효과적으로 제압할 수 있었던 유일한 순간은 야세르 아라파트가 그 일을 맡아 주었을 때였다고 한다. 그 때 그는 팔레스타인 사람들의 테러를 제재하면서 당근과 채찍을 사용했다고 한다. 즉 팔레스타인이 자살 테러를 자행하면 벌칙을 가하고, 또 자제했을 때는 상을 주었던 것이다. 그것은 아주 간단해 보였다. 같은 팔레스타인 사람끼리도 아메드 씨 집안에서 모하메드 씨 집안의 일을 모르고, 모하메드 씨 집에서도 아메드 씨 집안일을 속속들이 알 수 없는 것인데, 하물며 이스라엘이 아무리 세계에서 가장 완벽한 정보망을 보유한다고 해도 팔레스타인 사회에 대해서 속속들이 잘 파악할 수는 없는 것이다. 이러한 이해의 기반은 가족 관계나 문화, 유전적 성질 등 알려지지 않은 여러 가지 요소들로 구성되어 있기 때문이다. 따라서 그 사회만이 사회 내부에 있는 자살 테러리스트들을 효과적으로 제압하고 불법으로 단죄할 수 있을 만큼 내부정보에 익숙하다는 것이다.

이후부터 줄곧 내가 갖게 된 견해는 테러와의 전쟁을 승리로 이끌 수 있는 유일한 길은 현지의 파트너들을 동원하는 방법이라는 것이다. 현지 파트너가 테러 지원 단체를 사전에 차단시키고, 테러리스트들을 검거하거나 자살 테러를 공공연히 비난할 수 있도록 스스로의 테러 방지책을 마련하는 길이 효과적이다. 그렇다. 때로는 우리가 운 좋게 테러를 막을 때도 있을 테고, 때로는 테러리스트들이 일을 저지르기도 할 것이다. 그러나 우리가 일관되게 그들을 효과적으로 차단하기 위해서 그들의 사회와 경찰 조직, 정부 조직, 언론 매체 등에 우리 파트너들을 두어 테러리스트들을 색출하고 그들의 불법 행위를 알려야 한다.

한 이스라엘 장교와 대화를 하면서 또 다른 관점을 알게 되었다. 나는 그에게 지나가는 말로 이 비행기 납치범들의 배후에는 '정보국'이나 '정부 조직'이 개입했을 거라고 언급했다. 이번 테러가 빈 라덴과 그의 추종자들, 또 몇몇 특별조직만으로 실행될 수는 없었을 거라고 주장했다. 특히 이번에 비행기를 세계무역센터 건물로 정확하게 조종해서 날아 들어간 것은 믿기 어려울 정도의 고난도 기술이 필요하다고 생각했기 때문이다. 그 이스라엘 테러 전문가는 이를 부정하면서 이렇게 말했다. "일단 이륙하고 난 상태에서 그 정도의 조종 기술 습득은 그리 어려운 일이 아닙니다. 보세요, 그들은 착륙기술을 익힐 필요가 없었어요."

홉스 씨 이웃

이틀 뒤 나는 요르단 행을 결심했다. 아직 미국으로 갈 수 없었기 때문이다. 이 곳 아랍 세계에서 9·11 테러가 어떤 영향을 주었는지 파악해 보고 싶었던 것이다. 테러가 있은 뒤 몇 시간 동안 세계의 아랍-이슬람권 친구들은 전자우편을 통해 이슬람교도를 대신하여 일어난 사태에 대한 유감 표명과 나와 내 가족에 대한 안부를 물었다. 그들 모두에게 고마운 마음이 들었다. 그들로 인해 세상엔 아직 좋은 사람들이 있음을 알게 되었다. 그 사람들은 각기 현실적으로는 빈 라덴 부류의 종교적 전체주의자나 군부독재 및 전제군주들에 의해 자유를 억압받고 있었지만 자기들 나라의 진정한 변화를 갈망하고 있었다. 그러나 그 중에는 나를 혼란스럽게 만든 우편물이 하나 있었다. 두바이에 살고 있는 한 미국인 친구가 보낸 것이었다. 그는 페르시아만에 퍼진 한 소문에 대해 이야기했다. 사고 당일 세계무역센터에 가지 말라는 이스라엘 정보국의 경고로 4천여 유대인들이 9·11 테러 당일 아침 사고 현장에서 피해 있었다는 것이다. 그는 나에게 소문이 사실인지 물었는데 나는 참 어이가 없었다. 만일 한 정보 관리가 소문의 진위 여부에 대해 발설했다고 한다면 이 소문은 틀림없이 널리 퍼져 나가 일반 대중은 확인도 하지 않은 채 사실로 간주해서 믿었을 것이다. 그가 보내 온 상식 이하의 이 소문은 그때 처음 들었지만 유감스럽게도 그것이 마지막이 아니었다. 9·11 이후 방문하게 된 아랍-이슬람 국가에서 이러한 소문을 거듭 접해야 했다. 만약 여론 조사를 해 본다고 해도 아랍-이슬람 사회에서는 여전히 이 심각한 거짓말을 믿고 있다는 사실을 알게 된다. 불신에서 초래된 여러 소문들이 아랍 세계 전역에 퍼지기 시작했으며 아랍에서는 이런 소문들이 발생하는 진원지가 어디인지 언급을 회피하고 있었다.

암만에서 둘째 날 저녁에, 한 요르단 친구는 몇몇 젊은 요르단의 기술자와 사업하는 친구들을 불러 저녁 만찬을 준비했다. 그들은 똑똑하고도 성격 좋은 친구들이었다. 그 친구들은 9·11 테러에 대해서 내가 느낀 것만큼의 심한 공포를 느낀 듯 보이지는 않았다. 이번 테러에 대해 미국도 일부 책임을 인정해야 한다고 생각하는 눈치였지만, 그 날 저녁 만찬은 내게 위안이 되었다. 물론 앞으로도 계속해서 아랍의 좋지 않은 편견들을 접하게 되긴 하겠지만, 저녁 만찬을 통해 아랍-이슬람 권이 테러에 대해 취하고 있는 입장을 처음으로 접했기 때문이다. 이 요르단인들은 미국을 증오하지 않았다. 거꾸로 이들은 미국을 동경했다. 그러나 엄밀하게 그들이 미국을 동경하는 까닭은 미국이 그들 편에서 주기를 원했기 때문이며, 그들은 미국이 항상 이스라엘 편을 들고 있으며 팔레스타인 편은 들지 않는다는 사실을 불쾌하게 느끼고 있었다. 그래서 다른 여러 아랍 국가들처럼 요르단의 입장은 미국이 조금이라도 콧대가 꺾여서, 아랍의 분노를 알아야 한다고 생각한 것이다. 특히 아랍의 정서를 고려하지 않는 부시 행정부에 대한 분노는 더했다.

사우디에 있는 한 미국 외교관은 9·11 직후 아랍 세계의 정서에 대해 나중에 내게 이야기하면서, 많은 아랍인들이 열등감과 좌절감을 경험한 바 있다고 했다. 그는 "아랍인들은 억울한 심정이다. 9·11 테러에 대한 아랍인들의 입장은 '나는 당신들(미국)이 고통받아서가 아니라 당신들에게도 통제할 수 없는 일이 일어났다는 사실이 기쁜 것이다. 스스로 내 인생을 결정할 수 없는 세상에 살고 있기 때문이다.'"라고 했다.

오늘날 아랍-이슬람 사회는 현대화에 뒤쳐진 소외감이나 서방과 같은 수준의 자유와 기술력을 갖추지 못한 패배감으로 가득 차 있다. 이러한 감정 때문에 아랍 사회는 그 곳에서 발생한 추악한 사건들을 다른 외부세력들의 탓으로 돌리고, 미국과의 끊임없는 애증 관계를 지속하고 있다.

그렇다 하더라도 이 곳 요르단 사람들은 친미 아랍인들이다. 만만치 않은 수의 골수 반미 아랍인들은 9·11 테러에 대해 찬반의 양면적 가치도 고려해 보지 않고 일방적으로 테러를 지지한다. 나는 그 지지 세력들이 주장하는 내용을 요르단에서 처음 접했다. 한 요르단의 기업인이 저녁식사 자리에서 인기 있는 아랍어 인터넷 사이트에 접속했다. 그의 회사는 9·11 테러 직후 며칠을 온라인 여론 조사에 매달리고 있었는데, 그 여론 조사 결과, 테러공격을 지지하는 여론이 압도적 다수로 나왔다. 그날 밤 그는 우리에게 "더 이상 여론 조사는 할 필요가 없어요."라고 말했다.

테러에 대한 강력한 지지 여론은 어디에서 나오는 것이냐고 물었더니, "사우디 아라비아와 아랍에미레이트연합의 독자들로부터"라고 주저 없이 말했다. 그는 또 이 웹 사이트에서는 익명으로 반미의 글을 실을 수 없음을 강조했다. 네티즌들은 실명을 밝혀야 하고 떳떳하게 자신의 분노를 실명으로 폭로한다는 것이다. '그랬다. 반미 문제는 생각했던 것보다 더 심각했다.'

요르단 방문 시 젊은 왕 압둘라를 취재하면서 느낀 바를 이야기할 필요가 있다. 압둘라 왕과 라니아 왕비는 어느 날 오후 집으로 나를 초대하고 이번 테러에 대해 이야기하였다. 왕의 개인 서재는 사방 벽이 모두 바닥에서 천정까지 수집한 권총으로 장식되어 있었다. 그 권총들로 인해 이제껏 점잖은 사람으로 평가해 왔던 그에 대한 나의 이미지는 변하기 시작했다. 내가 앉아서 잠깐 생각을 더듬고 있을 때, 그들 부부는 9·11 테러에 대해서 요르단 사람들이나 아랍 사람들이 미국 사람들만큼 놀라지 않는 다른 이유를 설명해 주었다. 그 이유는 그들이 항상 행복한 로저 씨 주변에 살고 있는 것이 아니라 집 없는 떠돌이 홉스 씨의 이웃에 살고 있기 때문이라고 했다.*

아랍인들에게 9·11 테러는 정도에 있어서만 차이가 있었을 뿐이다. 즉 이번 테러는 매일 반복되는 일상에서 일어났던 일들보다 조금 더 혐오스럽고 잔인했다는 점밖에 차이가 없다. 만일 1948년(1차 중동전쟁), 1956년(2차 중동전쟁), 1967년(3차 중동전쟁), 1973년(4차 중동전쟁), 그리고 1982년의 전쟁(레바논 침공)을 겪었거나, 또 검은구월단(한 팔레스타인 저격수가 카이로의 쉐라톤 호텔 밖에서 요르단 수상을 저격하고 무릎 꿇고 앉아 그의 피를 핥아먹은 사건)이나 걸프 전쟁을 경험하고, 무수히 많은 저격 사건과 공중 납치, 차량 폭파 등의 사건들을 경험했다면 9·11 테러는 그다지 보아 넘기기 어려운 사건이 아니라는 얘기다. 중동의 여러 사람들에게 9월 11일은 2001년도의 아홉 번째 달에 걸쳐 있는 두 번째 화요일에 지나지 않는다.

압둘라 국왕은 테러를 진심으로 안타까워했는데, 그것은 그가 천성적으로 친미적인 성향을 가지고 있을 뿐만 아니라 요르단과 그의 왕권이 빈 라덴 조직에 의해 위협받고 있기 때문이기도 했다. 그러나 나는

---

*로저는 미국 어린이 텔레비전 프로에 나오는 인물로 항상 쾌활한 소년 역을 맡고 있다. 이에 반해 홉스는 역시 옛날 텔레비전 속의 인물로 집 없는 떠돌이로 슬픈 사람 역을 맡았던 인물이다.

그에게서 또 아주 간단한 사실, 즉 테러범을 잡기 위해선 "돈을 추적하라."는 힌트를 얻었다. 그는 처음으로 나에게 중동의 자선 단체나 종교 NGO들은 항상 그들의 진정한 모습을 나타내지 않는다는 사실을 일깨워 주었다. 오사마 빈 라덴은 착한 이슬람교도들에게서 자선 기금을 지원받아서 아프간과 요르단, 기타 다른 곳에서 활동하는 자신의 테러 활동에 썼다.

요르단에서 떠날 때, 나는 런던으로 향하는 이른 아침 비행기를 타게 되었다. 새벽 세 시에 공항의 출발 대기실에 앉아 탑승을 기다리면서, 컴퓨터를 꺼내 기사 작업을 하고 있었다. 잠시 후 멀쑥하게 비즈니스 정장을 잘 차려 입은 한 아랍인 청년이 내게 오더니, "토머스 프리드먼 선생님 아니십니까?" 하고 묻는 것이었다. 나는 "그래요, 그렇습니다만." 하고 고개를 끄덕였다. "놀랍습니다. 나는 지금 선생이 쓰신 『베이루트에서 예루살렘까지』라는 책을 읽고 있습니다." 하고 말했고, 그의 손에는 그 책이 들려 있었다. "참 반갑군요. 어디서 오셨습니까?" 하고 물으니 그는 이집트 사람이며 서방의 한 커다란 석유회사에 근무한다고 했다. 그는 나에게 무얼 쓰냐고 물었고, 나는 아랍과 이슬람 사회의 사람들이 빈 라덴이 저지른 행위에 대해서 실망하는지 어쩌는지 하는 내용에 대한 기사를 정리하고 있다고 했다. 나는 기사의 일부를 읽어 주었다. 그는 나에게 자신의 생각으론 내 논조가 조금 부드러운 경향이 있으며 이 곳 사람들의 정서를 충분히 반영하지 못한 것 같다고 하면서 나의 말을 간간이 막으며 이해시키려고 하였다.

기억을 더듬어 보건대, 그는 나에게 "선생님은 책 속에서 베이루트의 테러리스트들에 대해서 설명하면서 그들도 다른 평범한 사람들과 그리 다르지 않다고 하였습니다. 그들도 그들 주변의 다른 사람들이 느끼는 것과 똑같이 느낀다고 하셨지요. 다른 차이가 있다면 다른 사람들이 하지 못하는 총의 방아쇠를 당길 준비가 돼 있다는 것뿐이라는 말을 하셨지요. 선생님은 이 이야기를 좀 더 생각해 봐야 할텐데요."하는 말을 했던 것 같다.

달리 표현해서 그의 기조에 깔린 주장에 따르면 테러리스트는 두 부류가 있다. 첫 번째 테러리스트는 주변의 다른 사람들이 느끼는 것을 같이 공감하며 주변 사람들의 정서에 따라 행동을 결심한다고 한다. 또 다른 하나는 극단주의자들인데 이들은 다른 사람들과 전혀 다른 것을 느끼며 마음대로 행동을 한다. 그는 빈 라덴과 그의 추종자들은 전자 테러리스트에 해당한다고 주장했다.

"그렇군요." 나는 그가 시간 내준 것에 대해서 고맙다고 인사를 했다. 다시 내 기사정리 작업을 시작했다. 그리고 나는 그 기사에서 빈 라덴은 미치광이 떠돌이일 뿐이고 아랍-이슬람 사회의 골 깊은 불만을 이용하는 사람에 지나지 않는다는 내용의 글을 썼다.

요르단의 압둘라 국왕으로부터 들은 "돈을 추적하라."는 한마디 말은 집으로 돌아와서도 한 주 동안이나 내 가슴속에 맴돌았다. 나는 이 화두를 토대로 해서 기사를 썼는데, 이 기사가 나온 날 아침 나는 미시간 대 강연 때문에 디트로이트로 날아갔다. 디트로이트의 메트로 공항에서 조수 마야 골만을 불러 메시지 들어온 것이 있나 알아봐 달라고 했다. 그녀는 쿠웨이트 정부의 한 고위관리가 전화해서 나와 통화를 하려 했다는 사실을 이야기했다. 디트로이트 공항의 전화 부스에 서서, 그녀로 하여금 그 관리의 사무실로 연결을 하게 했다.

"톰 선생님, 방금 인터넷에서 선생님이 쓰신 조간 기사를 읽었어요. 옳은 지적이에요. 우리는 이런 돈에 관한 문제를 신중히 검토해 보지 않았어요. 우리는 그저 쿠웨이트의 각료회의에서 이슬람 자선 단체들을 해체시키는 문제를 놓고 논쟁만 벌여 왔지요. 나는 다른 사람들에게 '우리는 그 돈이 조성되는 출처를 알고 있으며, 돈이 어디로 새는지를 알고 있다.' 라고 이야기했어요. 그렇지만 모든 사람들은 자선 단체들의 활동 중단을 원치 않습니다. 그들은 단지 수수방관하려고만 하는 것이죠. 난 선생의 기사를 몇몇 사우디의 신문에 넘겨 줬고, 그들에게 아랍어 기사로 내보내라고 지시했지요."하고 말했다.

이 말을 들은 지 몇 달이 지난 2002년 1월 9일 재무장관 폴 오닐은 성명을 발표했다. 미국 정부는 RIHS(Revival of Islamic Heritage Society)의 자산을 봉쇄하겠다는 발표였다. RIHS는 쿠웨이트의 한 NGO인데 파키스탄을 거쳐 빈 라덴과 연계되는 조직이었던 것이다. 그 발표는 내게 그리 놀라운 일이 아니었다. 오닐은 "RIHS는 쿠웨이트에 기반을 둔 NGO로서, RIHS 파키스탄 사무소에서는 기부자들 몰래 그 기부금을 테러 단체에 전달했다. 파키스탄 사무소는 쿠웨이트 본부로부터 자금을 조달받기 위해 죽거나 혹은 존재하지 않는 고아들의 명단을 사용해서 그들을 돌본다는 명목으로 자금 지원을 요청하기 위해 고아원의 수를 부풀렸다. 결국 실재하지도 않는 고아들을 돌보기 위해 조성된 이 자금은 알 카에다 테러리스트들의 수중으로 들어갔다."라고 공식 발표했다.

기부자들이여, 당신들 참 좋은 일을 했습니다. 좋은 하루 되십시오.

9·11 테러와 관련해서 나는 내 딸 나탈리의 매릴랜드 실버스프링에 있는 이스턴 중학교에서 처음으로 눈물을 흘렸다. 매학년 초 1년에 한 차례 선생님들과 만나는 저녁행사인 '백 투 스쿨나이트'(Back to School Night) 일정에 맞추어 요르단에서 귀국하였다. 이스턴 중학교는 워싱턴 교외에 위치해 있고 이웃 중산층의 자녀들이 다니는 공립학교이다. 전 교생은 40여 개의 다른 국적을 가진 아이들로 구성되어 있고, 반수 이

상의 아이들이 흑인이거나 히스패닉 계열이다. 그 날 저녁 학부모들은 자녀들의 교실을 방문하기에 앞서, 체육관에서 교장과 인사를 나누기 위해 모두 모였다. 빗물이 새는 체육관 지붕 한가운데 대형 성조기가 달려 있었고, 행사는 흑인, 백인, 히스패닉 아이들로 구성된 '노아의 검은 방주'라는 합창부의 「갓 블레스 아메리카」(God bless America) 합창과 학교 오케스트라의 국가 연주로 시작되었다. 나는 그저 그 자리에 참석해서 눈물을 꾹 참으며 나 자신에게 이런 말을 했다. '여기에 모든 이야기가 담겨 있구나. 다양함 속에서도 하나의 결집으로 거듭나는 것. 이것이 바로 우리가 애써 지키려는 것이며 우리가 강인해 질 수밖에 없는 이유이다. 빈 라덴과 그 추종자들은 물론이고 많은 외국인들이 미국에 대해서 이해하지 못하는 부분이 바로 이것이다.'

나탈리의 학교와 세계무역센터는 여러 가지로 공통된 점이 많은데, 두 곳은 모두 미국의 시민민주주의라는 세속주의 종교를 모시는 사원인 셈이다. 우리의 세속주의 종교는 누구든 이 땅에 들어와서 이 땅의 주인이 되고 열심히 일해서 자신의 꿈을 실현시킬 수 있다는 신념을 바탕으로 세워진 종교이다. 미국의 경제적 부는 수백만의 개인들이 그렇게 일해서 얻어진 결과이며, 미국의 군사력은 이러한 사회적 기본가치가 위협받을 때 하나의 세력으로 힘을 결집시키는 다양한 개인들의 능력에 기초하고 있다.

세계무역센터는 수천의 사람들이 매일 아침 배우자에게 작별 인사를 하고, 일터로 가서 그들 개인의 에너지를 더 큰 하나로 모으는 세속주의 종교를 신봉하는 사원이었던 것이다. 나탈리의 학교가 미국에 있는 백만 이상의 세속주의 종교의 사원 중 한 곳으로 40개 국의 국적을 가진 사람들이 모여 있는 곳인 것처럼 세계무역센터도 90개의 서로 다른 국적을 가진 사람들이 모이는 세속주의 종교의 사원이었던 것이다.

9·11 테러가 있은 다음날 밤 나는 NPR(National Public Radio)에서 놀라운 방송을 들었다. 가끔씩 편성하는 프로인 '잃어버린 소리' 라는 프로그램에서 NPR 방송은 청취자들에게 세계무역센터에 대한 추모의 말 한마디를 부탁했다. 그 건물을 일종의 의미 있는 장소로 추모하기 위한 현장의 목소리들을 모으려는 것이었다. 청취자들은 전화나 녹음을 통해서 방송국의 특수 전화 녹음 장치에 연결되어 있었다.

그날 밤 NPR 방송은 현장의 생생한 목소리들을 방송했다. 신분을 알 수 없는 한 히스패닉계 남자는 굵직한 목소리로 다음의 이야기를 했는데, 나는 이 이야기에 감동했다. "세계무역센터 건물은 미국 건물입니다. 그런데 그 곳을 청소하는 대부분의 사람이 멕시코나 중미에서 불법이민 온 여자들이었습니다. 밤늦게 이 빌딩에서 울려 퍼졌던 노래며 소리들은 그들이 냈던 것입니다. 이 방송을 들으시는 여러분 모두가 그 밤에 울렸던 몇 구절의 노랫소리를 기억해 주셨으면 합니다. 이 곳에 와서 여러분이 기피하는 일들을 처리했던 멕시코 사람들은 여러분들과 함께 죽어 갔습니다. 그들을 기억해 주세요, 감사합니다." 그는 이 마지막 대목에서 눈물을 흘렸다.

빈 라덴에게 있어 세계무역센터 건물은 언덕 위에 우뚝 서서 세상을 멸시하듯 내려다보는 거대한 백색의 건물이었던 것이다. 그러나 대부분의 미국인들에게 세계무역센터는 높이 솟은 두 개의 탑이 바로 하늘을 찌를 듯 솟은 미국의 재능과 힘의 결집을 나타낸다. 이 탑은 자유의 여신상을 굽어보고 있었다. 빈 라덴의 눈에는 자유의 여신상과 쌍둥이 빌딩 사이에서 아무런 관계도 느끼지 못했을 것이다. 그들의 눈에 미국은 그저 다른 사람들로부터 착취를 해서, 어떠한 도덕적 가치도 없이 부자가 된 것으로 보였을 것이다. 세계무역센터에서 일하는 사람들의 눈에 그 건물은 자유의 여신상이 상징하고 있는 내용을 실현하는 구현체였던 것이다. 대부분 이민 온 많은 사람들이 지칠 줄 모르고 일할 수 있는 능력과, 그 개인의 능력을 고층빌딩과 공장과 대학에서 발휘하도록 연결해 주는 그런 이념의 구현 말이다.

나는 NPR 방송을 타고 울려퍼지는 한 젊은 여성의 전화 목소리에 충격을 받았다. 베벌리 엑커트라는 이름의 이 여인은 남편 생 루니를 잃었는데, 남편의 50번째 생일에 만들었던 음악 CD에 관한 이야기를 했다.

"테이프에는 다른 음악도 있었어요. 그것은 '애니멀즈'가 부른 「이곳을 벗어나고 싶어요」라는 노래였거든요. 생은 고등학교 시절에 친구들과 단지 학교를 가고 싶지 않다는 의미로 부른 것이었는데, 남편이 세계무역센터 건물에서 나오지 못하게 돼 버린 지금 생각해 보면 그 가사들은 아주 다른 의미를 지닌 것 같이 느껴지네요. 그리고 '블러드 스위트 앤 티어스'가 부른 또 다른 노래 「당신은 나를 아주 행복하게 했지」라는 노래도 우리가 즐겼던 노래지요. 9월 11일 아침에 서로에게 그 가사 내용을 인용해서 작별 인사를 주고받았는데, 그 가사의 내용 또한 똑같이 실제로 일어났어요. 그는 나를 아주 행복하게 해 주었거든요. 그이에게 이렇게 이야기를 해 줄 수 있는 기회를 갖게 됐군요, 음……." 하고 그녀의 목소리는 젖어들기 시작했다. 그 곳이 세계무역센터였다. 그 곳은 날마다 수천 명의 생 루니와 라틴 아메리카계의 근로자들과 금융거래인들, 그리고 내 주식 중개인 마크 매든 형제가 귀에 익은 콧노래를 흥얼거리며 일터로 향했던 곳이다. 그들의 죽음으로 수많은 미국인들이 깊은 슬픔으로 휩싸였던 이유는 우리가 희생자들이 어떤 부류의 사람들이었는지를 대충 알고 있었기 때문이다. 우리는 모두 희생자들과 같이 동고동락을 하였던 것이다.

(이미) 지적했듯이 빈 라덴에 있어서 쌍둥이빌딩은 신을 부정하는

타락하고 물질주의적인 한 사회를 상징하는 것이었을 것이다. 또한 도덕적 가치도 없는 부유하고 힘이 센 사회를 상징했다고 볼 수 있다. 물론 빈 라덴은 결코 그 속의 진실을 이해할 수 없을 것이다. 그러나 우리는 자유주의 사상과 개인 존중의 정신, 법이 지배하는 사회, 창업가 정신, 남녀 평등, 인류공영의 사고, 사회적 유동성, 자기반성, 실험정신, 종교적 다원주의 등 다양한 우리들의 가치가 있기 때문에 부유하고 강한 나라가 된 것이다. 결코 그러한 가치들을 희생시킨 대가로 얻은 것이 아니다.

하지만 강한 나라가 유지되기 위해서 우리들의 일터에는 안전이 보장돼야 하고, 제도는 강력해야 하며, 사회는 이렇게 열거한 중요한 가치들을 존중해야 한다. 그러기 위해서 미국인들이 9·11 테러를 통해 새롭게 인식해야 할 것은 소방관, 경찰관, 정부조직, 그리고 법 집행 기관들을 새로운 존경심으로 대해야 한다는 것이다. 그들이 우리의 학교와 직장을 비롯한 사회의 모든 기반을 보호해 주고 있기 때문이다. 그들이야말로 우리의 시민민주주의 정신의 사원을 지켜나가는 파수꾼들이다.

나탈리의 학교 방문 이후 두 달이 지나고 나는 뉴욕에서 열린 세계 경제 포럼에 참석했다. 2002년에는 스위스의 다보스가 아니라 뉴욕의 맨해튼에서 열린 것이다. 한 컴퓨터에 앉아 이메일을 확인하고 있을 때 프랑스어를 사용하는 한 쌍의 남녀가 내게로 와서 자신들을 소개했다. 남편인 알렉스는 소프트웨어 회사인 북미 아도닉스사의 CEO였다. 그 부부는 내게서 발걸음을 멈추더니 자신들은 내 칼럼을 자주 읽는 독자라고 했다. 그 중에서도 나를 즐겁게 하는 사실은 그들의 표현을 빌리자면, '선생님 따님의 학교에 관해서 쓰신' 기사였다는 것이다.

왜냐고 내가 물으니 "내가 미국을 사랑하는 이유는 미국에는 모든 개인을 존중하는 사회적 규범이 있기 때문이죠."라고 말하면서, "미국은 놀라울 정도의 결속력을 갖추고 있는 나라이고, 이를 프랑스에 있는 가족들에게 어떻게 설명해야 할지 모르겠습니다. 선생님도 미국에 살지 않는다면 이를 잘 모를 것입니다. 나는 1세대 프랑스인입니다. 아버지는 튀니지아 출신이고 어머니는 동유럽 출신이니까 나는 우연히 프랑스 국적을 갖게 된 것이죠. 거기에서 태어났기 때문에 얻은 것이니까요. 비록 내가 프랑스에서 태어났지만 선생님은 나를 다른 프랑스인을 부모로 둔 보통의 프랑스인과는 다르게 느낄 겁니다. 나는 비록 이 곳 미국에서 태어나지는 않았고 현재 이 곳에 살면서 일하고 있지만 다른 미국인 부모에게서 태어난 사람과 다르다고 생각해 본 적이 없습니다. 원래부터 결속력은 미국사회에 내재해 있나 봅니다. 다른 곳에서는 흉내낼 수 없는 것 같아요. 프랑스에서는 사람들 외모에 몇 가지 특색이 있는데, 이러한 전형적 프랑스인의 모습을 가지지 않은 사람들은 프랑스 사회에서 적응하기 어렵습니다. 그러나 이 곳 미국에서는 누구든 일반적인 질서들만 잘 지킨다면 누구도 개의치 않습니다. 물론 빈 라덴은 이러한 사실을 알 턱이 없지요. 미국의 사회 통합 정신은 250년 동안 형성된 전통이며, 빈 라덴의 사회에는 이러한 전통이 존재하지 않기 때문입니다."

정치적 올바름

프랑스 사람도 미국의 전통을 잘 알고 있는데 미국인 학생들이나 교수들은 왜 그렇지 못할까? 고백하건대 나는 미국 대학에서 9·11 테러 이후에 이런 사회적 분위기를 파악 못하는 몇몇 미국인 교수들이나 학생들과 암울한 대화를 나눈 적이 있다. 빈 라덴과 그 일당은 미국의 중동정책을 변화시키려는 목적으로 이번 일을 저지른 것이 아니다. 그러나 몇몇 교수와 학생들은 미국의 중동 정책 변화가 이번 사건의 동기인 것처럼 이해하고 있다. 여러분은 빈 라덴이 "제기랄, 나는 미국이 사우디 아라비아에서 군사력을 줄이고 맥도날드를 철수시킨다면 미국을 원망할 일이 없어. 또 이스라엘과는 그들이 1967년 이전의 국경선으로 후퇴를 한다면 이스라엘과도 불편할 게 없어."라고 이야기하는 것을 들어본 적이 있는가? 그는 우리와 새로운 형태의 공존을 바라고 있질 않다. 그가 바라는 것은 미국 전체의 파괴인 것이다. 그게 바로 비행기 납치범들이 자신들의 요구 사항을 남겨 놓지 않는 이유이며, 그럴 내용도 없었던 것이다. 그들의 행동 자체가 자신들의 요구사항에 대한 의사표시, 즉 도발 행위를 알리는 선전포고였던 것이다. 그들은 단순한 불만 표출이나 어떤 이유로 관심을 끌기 위한 순수 테러리스트가 아니다. 그들은 미국 타도라는 지정학적 이슈를 관철하려는 전사들이다. 제2차 세계대전 당시 우리가 나치를 반격할 때 나치에 통첩을 보내지 않은 것처럼 그들도 이미 통첩 없이 전쟁을 벌인 것이다.

『월 스트리트 저널』 기자 대니 펄 씨에게 카메라에 대고 "나와 나의 어머니는 유대인입니다." 하고 큰 소리로 외치도록 한 후 목을 잘라 살해한 한 파키스탄의 이슬람 광신자 역시 별도의 테러 동기에 대한 말을 남기지 않았는데 이것도 같은 이유이다. 그들은 행동으로 이미 모든 것을 보여 준 셈이다.

한 가지 확실한 것은 미국이 과거에 추진했고, 또 현재 추진하고 있는 일 중 모두가 옳고 잘됐으며 더 발전시킬 여지가 없다는 것은 아니다. 세계 도처에서 미국이 수년간 해온 일들 중에는 아주 어리석고 잘못된 일들이 있다. 우리는 세계의 추악한 정권들을 지원한 적이 있으며 특히 중동에서는 여전히 그 일을 하고 있다. 우리가 항상 완벽한 것은 아니라는 얘기다.

그러나 미국은 인류 역사상 어느 국가보다도 많은 시간 동안 여러 장소에서 세계의 보다 나은 삶의 질을 향상시키기 위하여 노력해 왔다. 그럼에도 몇몇 사람들은 이를 달갑게 여기지 않고 있다. 몇몇 사람들은 우리의 자유와 다원주의, 종교적 포용력, 현실주의, 남녀 평등, 민주주의, 개인적 신념의 존중, 자유 시장 원리, 다민족 체계 등과 같은 우리 사회 성장 요인들을 다른 사회로 확산시키려는 시도를 배격한다. 그들은 진정으로 우리가 하는 일보다도 우리가 미국인이라는 사실만으로 우리를 증오한다. 그 이유는 우리의 존재 자체가 그들의 종교적 신념에 배치되며, 그들이 건설하려는 세상의 이상과 배치되기 때문이다. 기독교인과 유대인을 미워하고, 세속적인 것과 남녀 평등을 증오하는 부류가 있다. 보기에 따라서 우리가 상대방을 죽이지 않으면 우리가 그 상대방의 손에 죽게 되는 경우가 있다. 이는 다문화주의에 관한 교육을 통해서 고쳐질 수 있는 단순한 판단착오가 아니다.

여러 가지 일들을 반추해 보면서, 나는 빈 라덴에 관해서 쓴 책인 피터 버겐 씨의 『성전』을 읽고 브루스 호프만 씨가 그 내용을 잘 정리한 서평을 한 편 본 일이 있다. 『아틀랜틱 먼슬리』 2002년 1월호에 실린 그 서평의 내용은 다음과 같다.

만일 서구의 많은 사람들이 이 사건을 문명간의 전쟁이라고 생각하지 않는다면, 이는 빈 라덴이 주장하고 있는 '종교적 열정과 이슬람에 대한 충성심, 골 깊은 불만 등을 하나의 강력한 이념적 힘으로 결집하여 누구도 부인 못할 위대한 업적으로 나타난 결과' 라는 견해에 동조하는 것이다. 빈 라덴은 이번 사태를 미국과 그 연합 세력들이 애써 부인하려 하는 바로 그 '문명의 충돌' 의 수단으로 저질렀던 것이다. "이번 사태는 종교와 신념의 문제이다. 우리는 이교도들과의 전쟁을 결코 망각할 수 없다. 이것은 우리의 이념이므로 이슬람교도들은 이슬람교도들끼리 연합전선을 구축해야 한다."라고 그는 11월 3일 방영된 알 자지라 텔레비전의 비디오 녹화방송을 통해 연설하였던 것이다.

미네소타 주에서 747 여객기 조종을 배우려다가 비행기 납치범 혐의를 받고 검거된 20대의 자카리아 무사위는 2002년 4월 재판에서 5분 연설의 기회를 얻었다. 그는 여기서 '미국의 멸망'과, '유대인과 그들 정부의 멸망', '이슬람 국가에 의한 스페인 지배' 등을 기원하는 기도를 하였다.

빈 라덴과 그 추종자들은 우리를 미워하는 방식이 남들과 많이 다르며, 우리를 파괴로 몰고 가려는 그들의 구상 또한 간담이 서늘해질 정도로 잔인하다. 호프만 씨는 T. E. 로렌스 즉 '아라비아의 로렌스' 에게서 놀라운 문구를 찾아 인용했다. 정말 빈 라덴에게 딱 맞는 내용이었다. "모든 사람들은 꿈을 꾸지만 다 똑같은 꿈을 꾸는 것은 아니다. 밤에 마음을 뒤흔드는 꿈을 꾸는 사람은 다음날 아무것도 아니었음을 알게 된다. 그러나 백일몽을 꾸는 사람들은 아주 위험한 부류이다. 왜냐하면 그들은 현실에서 그 꿈을 실현에 옮기려 하기 때문이다."

오사마 빈 라덴은 백일몽을 꾸는 부류이다. 이들은 우리가 미국인이라는 이유로 우리를 증오한다고 대 놓고 이야기하며, 단지 유대인의 핏줄이라는 이유로 죄 없는 기자의 목을 자르는 그런 사람이다. 수준 높은 미국의 대학에는 자기 자신의 허물을 보지 못하고 남의 허물을 책망하려는 사람들은 없다. 우리는 빈 라덴 테러 조직과 같은 악마101 군단(Evil 101)을 양성하지 않기 때문이다.

나는 미국의 대학에 사악한 부류가 없다는 사실을 9·11 바로 직후 중서부의 주요 10개 대학에서 강연을 하면서 알게 되었다. 교수들과 기부자들, 학생 등 여러 사람들과의 모임에서 중동 연구 관련학과의 한 교수는 빈 라덴과 그 추종 세력들이 광분하는 이유는 아랍의 텔레비전 방송들이 이스라엘이 팔레스타인 사람들을 학대하는 장면을 방송하기 때문이라고 주장하였다. 개인적인 생각으로는 이스라엘이 서안 지구와 가자 지구를 점령해서 정착하는 것은 바람직하지 않다고 본다. 이러한 상황은 의심의 여지없이 이스라엘과 그들의 지지자인 미국에 대한 아랍의 분노를 부채질하는 역할을 한다. 그러나 빈 라덴은 이에 대해 별반 관심을 두지 않고 있다. 그는 9·11 이후에나 '팔레스타인'에 대한 언급을 했는데, 그 이유는 9.11 이후 아랍에서의 그에 대한 지지기반이 하락하는 것을 의식했기 때문이다. 더구나 그 교수는 팔레스타인도 이스라엘과 마찬가지로 그런 보기 꺼림칙한 텔레비전 화면에 대해 책임을 져야 한다고 했던 것 같다.

나는 9·11 테러 이후 처음으로 교묘히 비행기 납치 사건을 이용하는 일이 만연하고 있다는 것을 느끼게 되었다. 9·11 테러가 발생하고 나서 이를 자신들이 추구하는 목적이나 억울한 일들을 해결하는 데 이용하기 위한 다양한 부류의 사람들이 나타났다. 그들은 정작 실제의 비행기납치범들은 그렇지 않았음에도 "우리는 팔레스타인을 위해 그 일을 저질렀다."든가, "세계화의 반대를 위해 우리가 저질렀다."든가, "미국의 학대에서 이라크를 보호하기 위해서 저질렀다."든가 하는 식으로 자신들의 여러 가지 억울한 사연들을 대외적으로 알리려 하였다.

미국을 먼저 비난하려는 병적인 현상은 유럽의 대학들과 마찬가지로 몇몇 미국 대학들에서 증세를 보이고 있었다. 나는 남부의 한 작은 대학의 교수회의에서 강연을 한 적이 있다. 내가 비행기 납치범들은 그들의 범행 동기를 기록한 내용을 남기지 않았으며 그들의 행동이 곧 그들의 범행 동기였다는 요지를 설명하자마자, 듣고 있던 한 여교수가 완강히 아니라고 거부했다. 이는 미국의 정책에 대한 반항이라고 주장했다. 그 여교수의 말에 따르면 빈 라덴이 원하는 것은 오직 사우디에서 미군을 철수하는 것이라고 했다. 이를 어떻게 받아들여야 할까? 나는 그 말에 기가 막히고 말았다. 빈 라덴이 원하는 것이 사우디에서의 미군 철수였다면 그것이 3천여 명의 무고한 시민을 뉴욕에서 학살해도 될 정도로 그렇게 양자가 버금가는 이슈라고 생각되는가? 그것이 진정한 범행의 이슈였다면 그에게 달리 그 이슈를 관철시킬 대안은 없었을까? 불과 얼마 전까지만 해도 이라크의 공격을 받아 미국의 군사 원조를 절실한 것으로 생각하고 있던 사우디를 대신해서 어떻게 빈 라덴이 미군 철수 요구를 당당히 할 수 있을까?

우리가 이교도들이기 때문에 저들이 우리를 증오하고 우리가 저들 사회를 아프게 하기 때문에 이슬람 극단주의자들이 우리를 비난한다고 보는 시각은 더 이상 대학에서 허용될 수 없다. 유감스럽지만 더 이상은 안 된다. 오사마 빈 라덴의 추종 세력은 그들이 세계무역센터를 가격할 때 「위 아 더 월드」라는 노래를 부르지 않았다. 토론 시간 내내 간신히 감정을 억제하다가 나는 다음 강연을 위해 양해를 구하고 나왔다. 그 학교에서는 내가 머무는 동안 나에게 보안요원을 지원했다. 그는 비번인 소방관이었거나 경찰관이었던 것 같은데 기억이 잘 나지 않는다. 어쨌든 그 보안요원은 미국이 만들어낸 아주 전형적인 소박한 사람이었다. 그는 우리의 토론 시간 내내 그 회의실 안에 있었고, 회의실 밖으로 나갔을 때는 내 동요하는 표정을 읽을 수 있었을 것이다. 그러나 그는 먼저 "저 사람들은 어느 나라에 사는 사람들인지 모르겠네요."라고 고개를 저으며 내게 말했다. 나는 내심 이 방안에 그런 생각을 하는 게 나 하나만은 아니라는 생각에 위안이 되었다.

나에게 "그래요 9·11은 끔찍했지요. 그렇지만 그 일은 터질 만했어요."라고 말하는 사람들을 향해서 "그렇지만 뭐가 어떻다고요?"라고 반문하는 기사를 쓰게 된 건 이런 정치적인 문제 때문이다. 그 대학 방문이 있은 후 나는 어떤 저녁식사 자리에서 내 딸아이들에게 "애들아 너희들은 너희들이 좌익이 되든 우익이 되든 혹은 중도의 부류가 되든 그건 너희들이 알아서 해라. 또 너희들이 백인이든 흑인이든 어떤 부류의 사람들을 데리고 집에 와도 나는 이해한다. 그렇지만 미국인으로 태어났다는 사실에 대해서 감사하게 생각하지 않거나 이 조국을 사랑하지 않는 사람들과는 이 집에 같이 들어올 수 없단다." 하고 이야기했다.

나는 이 이야기를 2002년 1월에 브뤼셀에서 열린 NATO 회의에서 재차 이야기한 바 있다. 그 때 회의에 참석한 한 프랑스 학자는 나에게 이렇게 말한 적이 있다. "프리드먼 씨, 당신의 생각에 동감하는 바입니다. 하지만 당신 딸들에게 한 이야기들은 좀 지나친 데가 있는 것 같습니다."

간혹 바깥 세계의 사람들은 어떠한 이유에선지 미국의 학자나 지식인, 언론인, 혹은 시사평론가들이 조국에 대한 애국심을 이야기할 때 그다지 긍정적으로 듣지 않는 것 같다. 냉전 종식 이후 반미주의는 축구를 제치고 세계 제일의 운동 경기처럼 인기 있는 관심사가 되었다. 일반적으로 지식인들 사회에서는 앞으로 미국은 무엇이든 일어난 사건에 대해서 최초로 책임을 져야 하며 미국의 주요 지식인들은 이렇게 세계의 비평가들로부터 동네북 역할을 감수해야 한다는 생각을 일반적으로 가지고 있다. 만일 우리가 세계 여러 사람들이 모인 자리에서 미국이 책임지는 역할을 받아들이지 않는다면 마치 우리가 칵테일파티에서 방귀라도 뀐 것처럼 주변의 사람들이 우리를 조소하거나 슬금슬금 우리에게서 뒷걸음질칠 것이다.

모두가 다 그렇다는 것은 아니다. 내가 이러한 문제에 대해 상당히 낙심하고 있을 무렵에 '우리는 늘 혼자' 라는 기사를 써 놓고 다음날 사무실에 있을 때였다. 전화가 한 통 걸려 왔는데, 호주의 시드니에서 온 전화였다. 그 날 아침에 호주에 살고 있는 한 여자가 내 기사를 읽었고, 그녀는 멀리 호주에서 나에게 전화를 했던 것이다. 그녀의 남편은 지금 호주 SAS부대의 특무대원이며 아프가니스탄에서 미군과 같이 전쟁을 수행하고 있다면서 벌써부터 남편을 몹시 그리워하고 있다고 했다. 그러면서 내가 낸 기사 내용 중 '우리는 늘 혼자' 라는 표현은 적절치 않다고 지적했다. 나는 그녀의 전화에 고맙다는 인사를 했고, 아울러 내가 실수한 부분에 대해서도 사과를 했으며, 나에게 도전장을 내민 것 같다는 농담을 덧붙였다.

이제 나의 특별한 비망록의 서두를 마치면서 코미디언이며 작가이기도 한 래리 밀러 씨가 『위클리 스탠다드』지 2002년 1월 14일판에 기고

---

* political correctness:이번 테러의 원인이 중동과 서구 사회 사이의 정치적인 이해관계 때문에 일어났다는 것이 정치적으로 올바른 입장이라는 것.

해서 나를 즐겁게 해 주었던 한 에세이를 인용할까 한다. 밀러 씨 역시 대학을 비롯한 여러 곳에서 우연히 발견하게 된 정치적 올바름*에 대해 심기가 불편해 있는 상태였다. 그는 에세이에서 사람들이 9·11 테러 이후에 내뱉은 현명하지 못한 표현들을 거론했다. 그가 가장 어리석다고 꼽는 표현은 "미국이 옳은 것도 아니고 그들이 사악한 것도 아니다. 양쪽 다 책임이 있다."라는 것이다. 그 이유를 다음과 같이 설명하였다.

주목해 주세요, 우리 미국이 옳고 그들이 악한 것입니다. 이 양측에는 아무런 상관관계가 없습니다. 이 내용을 함께 이야기해 봅시다. 여러분, "우리가 옳다."라는 의미는 "우리가 완벽하다."라는 의미가 아닙니다. 아시겠어요? 완벽한 사람은 시스타인 성당 천정에 그려진 구레나룻 덥수룩한 하나님밖엔 없습니다.

미국은 지나 온 역사에서 실수도 물론 했겠지만 이제까지 자유와 박애, 미래에의 꿈, 상호 존중 등과 같은 여러 가치를 상징하는 최고의 표상이었고 앞으로도 그리할 것입니다. 못 믿으시겠다면 각국의 국경을 모두 개방하고 무슨 일이 벌어지는지 살펴보시기 바랍니다. 반나절만에 전 세계는 유령의 도시로 변모하게 될 것입니다. 미국으로 들어가려는 사람들 행렬 때문에 미국은 마치 브로드웨이에서 가장 인기 있는 연극 「더 프로듀서」를 지켜보기 위해 기다리는 거대한 관객들의 대기 줄처럼 보일 것입니다.

밀러 씨는 "이제 새해에 해결해야 할 일은 우리의 살해당한 형제자매를 결코 잊지 말아야 한다는 것이고, 또 테러와 미국의 책임에 대한 상관관계를 인정하는 사람들에게 그들의 부도덕한 생각에 대한 책임을 물어야 한다는 것입니다. 여러분 자녀에게 정치학을 가르치는 교수가 뭐라 하든 간에 우리는 이 점에 대해 확고해야 합니다." 하고 글을 맺었다.

올바른 외교 정책

9·11 이전에는 내가 쓰는 글에 대한 독자 수가 그리 많은 것은 아니었다. 그런데 9월 12일부터 사정이 달라졌다. 많은 사람들이, 내 기사의 고정적인 독자도 아니었던 사람들조차도 다음 번에 일어나게 될 사태에 대한 나의 견해를 부탁해 왔다. 이런 변화의 가장 큰 이유는 바로 우리의 아이들 때문이었다. 9·11 사태가 있고 나서 사람들은 외교 문제가 그들과 그들 자식들의 생사를 가름하는 중요한 문제라고 인식하게 되었다. 이제 사람들은 외교와 관련이 많아졌다. 주차 보조원이나 웨이터, 승강기 조작원, 리무진 운전사, 비서, 치위생사 등과 같은 평소 내 생각에 외교와는 관심이 멀 것 같던 사람들조차도 9·11 이후에는 한두 번쯤 내게로 와서 다음 번에 일어날 일이 어떤 것인지를 묻곤 한다.

나는 '국제 자연보호' 라는 단체의 수석회장인 내 친구 글렌 프리켓과 9·11 테러가 있고 난 몇 달 후에 같이 식사를 한 적이 있었는데, 그 친구는 엉뚱하게도 나에게 이번의 충격적인 사태가 세계를 무대로 생태의 다양성을 보존하는 일을 하려 했던 그의 계획에 어떤 영향을 미치겠는가 하는 물음을 던졌다.

"나는 내가 하는 일을 사람들에게 아주 부담 없이 이야기 해. 사람들

은 이제 나스닥의 주식거래보다는 세계의 문제에 더 많은 관심을 기울이고 있어. 그들은 이제 '장벽들은 이제 모두 허물어졌습니다. 여러분은 이제 장벽을 세워서는 여러분 스스로를 보호할 수가 없습니다.' 하는 얘기를 알아 듣게 된 거지. 세계는 하나의 생태계(혹은 생활환경) 속에 놓여 있고, 이 하나의 환경 속에서는 서로 연관되어 있기 때문에 개별적인 모든 부분 부분들은 함께 보호돼야 한다네. 9·11 테러 이전에 우리 대학친구들은 내가 하고 있는 일이 무엇인지 묻곤 했는데, 그 때 나는 '자연보호'를 한다고 했어. 그 속에는 '무슨 일을 하는 거지?' 하는 뉘앙스가 있는 셈인데, 국제 자연보호의 웹주소는 다른 비영리단체들처럼 'dot.org'을 사용하기 때문에 여느 벤처사업체들처럼 'dot.com'을 사용하지 않거든. 지난해에는 한 예일대 동창에게서 이메일을 받았는데, 그 친구는 편지에서 'dot.org라니, 무슨 말이야?' 하는 것이었어. 달리 말하면 돈버는 회사에서 근무하지 않으니 의아하다는 거겠지."라고 글렌은 말했다.

나는 이 심각함이 얼마나 지속될지 모른다. 나는 다음에 무엇이 올지도 모른다. 그러나 나는 2001년 9월 11일 아침 8시 48분에 정말 어리석었던 1990년대가 공식적으로 끝났음을 알았다.

빈 라덴주의의 순환고리

2001년 11월초까지도 아프간과의 전쟁은 진행 중이었으며 나는 다시 현장으로 나가보고 싶어졌다. 그래서 택한 곳이 파키스탄이었다. 그 때 탈레반 정권은 모든 언론인들을 추방했다. 북부 동맹과 함께 취재를 같이 하는 몇몇 언론인들을 제외하고 모든 서방 기자들은 대개 이슬라마바드나 페샤와르 등 파키스탄의 국경 도시에서 전쟁을 취재해야 했다.

나는 카타르와 두바이를 거쳐서 파키스탄으로 들어갔다. 카타르의 도하에서 한 부류의 현지인 친구들과 아침을 들었는데, 현지의 모든 친구들은 작금의 사태에 대해서 다소 기가 죽어 있었고, 시대 착오적인 이맘*들의 손아귀에서 이슬람을 살리고, 정교를 분리하지 않는다면 아랍 세계의 미래는 영원히 뒷걸음질칠 것이라는 불만의 소리들을 내 놓았다. 동석했던 한 기자가 생각하는 유일한 희망의 인물은 '아랍 아타투르크'였다. 그는 근대 터키의 창건자 아타투르크가 했던 방식 그대로 자신의 나라에서도 아랍 사회의 세속화가 강행되기를 희망했

＊imam: 이슬람 율법학자.

다. 여러분이 머리를 자유롭게 기르고 거리를 다닐 수 있는 현대적이고 진보적인 아랍인과 같이 다녀 보면, 거짓과 존경받지 못하는 종교 지도자와 거짓 언론 그리고 선거로 뽑히지 않은 정치 지도자들이 난무하는 세계에 살고 있는 그들의 일상에 일고 있는 폭발 일보직전의 불만을 느끼기 시작하게 된다.

그 날 아침식사 자리에서 특히 기억되는 것은 내게 언젠가 집에서 저녁식사를 대접해 주었던 한 카타르 친구가 한 말이었다. 그는 아침식사 자리에서 조용히 나에게 "문제가 심각합니다. 11살 먹은 아들녀석이 빈 라덴을 훌륭한 사람으로 여기고 있으니 말입니다." 하고 말했다.

그러고는 이 문제로 고민하는 빛이 역력했다. 아랍의 중산층은 이런 사람들이다. 그들에게서는 반미 감정을 느낄 수가 없었다. 그런데 그들의 아이들은 어디에서 반미 감정을 마음속에 굳히게 된 걸까? 학교에서? 아니면 텔레비전에서? 불행히도 이러한 정서는 아랍의 어디에나 깔려 있는 것이어서 접하기가 그리 어려운 것은 아니다. 카이로에서 들었던 이야기지만, 어떤 사람이 사우디 아라비아에서 나에게 이런 말을 했다. 그들은 종종 철마다 그 날의 과일을 파는데 과일의 상태에 따라서 흔히 과일을 자동차의 등급으로 표현한다는 것이다. 그것은 미국에서도 마찬가지이다. 제일 우수한 과일을 캐딜락에, 그 다음은 크라이슬러에 비유하곤 하는 것이다. 내가 들은 바로 요즈음 사우디와 이집트에서는 과일장수들이 가장 품질 좋은 과일을 이미 널리 알려진 '오사마'로 부른다는 것이다. 그런데 어린아이들이 이를 모를 수가 있을까?

나는 이것을 두고 그들이 미국인 대량 학살을 용인한 것이라고는 생각지 않는다. 하물며 그들이 이를 이해했다고는 생각지 않는다. 그럼에도 모든 아랍의 젊은이들은 빈 라덴을 그들의 통치자들과 이스라엘을 지원하고 있는 미국의 눈을 찌를 수 있는 손가락으로 인정하고 있다. 빈 라덴은 그들에게 있어 권력구조에 도전하는 믿을 만한 인물로 알려진 아랍의 로빈훗이다. 우리는 빈 라덴을 경멸하지만 그가 자신의 인생에 있어서는 충직한 사람이라는 사실은 기억해 둘 만하다. 그는 사우디 아라비아에서 백만장자로서의 인생을 포기하고 아프간으로 들어와 동굴에 은거하면서 옛 소련과 또 나중에는 미국과 투쟁한 인물이다. 그는 그런 점에서 동시대의 다른 아랍의 지도자들보다 더욱 더 믿을 만한 지도자인지 모른다.

비극은 그가 이러한 권위를 이용해서 증오와 배척을 조장하고 있다는 것이다. 이념적으로 그를 무력화할 수 있는 유일한 방법은 또 다른 권위를 하나 세우는 일이다. 현대적 감각이 있고, 진취적이며, 포용력이 있으면서도 아랍 문화에 기반을 두고, 이슬람의 현대적 해석에 영향을 받은 그런 인물을 세우는 일이다. 이 일은 아랍의 지도자들이 40여 년 동안 제시하지 못했던 일이다. 그들은 빈 라덴을 체포해서 축출하려고는 했지만 진보적인 이념으로 사회를 변혁시키려 하지는 못했다. 오히려 그들은 이념적 공백상태를 초래하거나 그 공백상태를 약간은 덜 폭력적이지만 빈 라덴이나 마찬가지로 아랍 현대화에 적대적인 지역 종교 지도자들이 메웠던 것이다. 이러한 종교지도자들은 정부로부터 관료 성직자의 지위를 부여받고 정부의 자금을 지원 받는 대가로 선거를 거치지 않은 지도자에게 달라붙어 지내게 된다.

이 모든 것은 내가 '빈 라덴주의의 순환고리' 라고 불렀던 것들의 한 부분이고, 세 개의 순환요소로 이루어져 있다. 단적으로 이 순환고리는 반 현대적인 아랍 지도자들을 가리킨다. 그들은 정치적 정당성을 획득하기 위해 반 현대적 입장을 취하는 이슬람 종교 지도자들에게 힘을 실어 주었고, 현대 세계에서 활약할 수 있는 방향으로 교육을 받지 못하여 결국 가난에서 벗어나지 못하는 청년 세대를 배출해 놓았다. 반 민주주의는 반 현대주의를 강화시키고, 반 현대주의는 가난을 증폭시키고, 가난은 반 민주주의를 강화시키고, 그리하여 수레바퀴는 구르고 또 구르며 또 다시 굴러가…….

타이타닉호를 타신 것을 환영합니다

나는 도하에서 출발해 아랍에미레이트 항공의 파키스탄 행 비행기를 갈아타려고 두바이로 갔다. 아랍에미레이트 항공에 탑승하려고 줄서서 기다리고 있는데, 내 앞의 한 파키스탄 신사가 미국으로 치면 고등학교의 레터맨 자켓*같은 것을 입었는데 그의 등뒤에는 TITANIC 이라는 글씨가 가로 새겨져 있었다.

그 모습은 마치 어떤 재앙을 암시하는 흉조처럼 보였다.

이슬라마바드에 도착해서 나는 곧장 메리어트 호텔로 향했는데 그 당시 그 곳은 뉴스 센터 역할을 하고 있는 곳이었다. 호텔에서의 첫날 밤에 나는 한 레바논 텔레비전 방송국 기자와 마주쳤다. 그녀는 나를 알아보고는 내게 대화를 요청했고 내 기억으로는 대충 이런 말을 했던 것 같다. "선생님은 아랍과 이슬람권에 대해 무척 냉담하시더군요. 아주 불공정하게 다루고 있어요." 얼마나 놀랐던지 파키스탄에서 얼굴을 내밀기가 민망스러울 정도였다.

"글쎄요, 구체적으로 어떤 말을 하시는 건지." 하고 대답했다. 그 당시 나는 시차 때문에 무척 피곤해 있었고, 썩 좋은 컨디션이 아니었는

---

*letterman jacket: 학교의 이름과 로고가 부착된 운동선수의 복장.

데, 그 다음 이어지는 그녀의 말 한마디에 나는 뚜껑이 열리는 줄 알았다.

"사람들이 당신을 얼마나 혐오하는지 아시나요? 9·11 테러 당시 나는 파리에 있었는데 파리 사람들이 그 광경을 보면서 얼마나 기뻐했는지 당신도 보았어야 해요." 하면서 나에 대해서라기보다는 미국을 가지고 이야기하였다.

그 순간 나는 이성을 잃고 되받아쳤다. "당신은 우리가 당신들의 비민주성을 얼마나 증오하는지 알아요? 당신은 우리가 당신네들의 그 투명하지 못한 관행에 대해 얼마나 증오하는지, 당신들의 경제적 낙후성에 대해, 당신들의 여성 차별에 대해 얼마나 증오하는지 알아요? 또 당신들은 당신들만이 사람을 판단할 수 있다고 생각하나요?"

이 대목에서 그녀는 뒤로 멈칫 했으며, 다시 시작하려 하자 옆에 있던 PD가 말 그대로 그녀를 끌다시피 해서 저녁 방송 촬영 장소로 사라졌다.

파키스탄에서 나를 더욱 슬프게 만든 것은 며칠 뒤 한 친한 파키스탄 친구가 들려 준 그의 아이들에 관한 이야기이다. 9·11 테러가 있고 난 뒤 아이들은 이슬라마바드의 사립학교에서 돌아와서 그에게 이런 말을 학교 친구들로부터 들었다고 하더라는 것이다. 즉 테러 당시 4천여 명의 유대인들이 세계무역센터에 있는 직장에 출근하지 말 것을 통보 받았다는 것이다.

나의 사려 깊고 교양 있는 파키스탄 친구는 아이들을 앉혀 놓고 그 이야기가 거짓일 수밖에 없는 이유를 설명했다는 것이다. 세계무역센터에 있는 수백 개의 회사에 소속된 모든 고용자에 대해서 누가 어떻게 그들 전체의 이름을 관리하겠는지, 또 어떻게 누가 유대인인지 아닌지를 구별하며, 어떻게 그들 모두의 집 전화번호를 알아서 테러 전날 밤에 전화를 할 수 있겠는지, 그중 누구도 경찰에 연락을 안 했다는 것과 수상한 사건이 벌어지고 있는데도 의아해 하지 않았다는 건지, 또 어떻게 해서 4천 명이나 되는 사람들에게 직장에 나가지 말라고 경고했다는 건지, 사건 직후 한 사람의 이름도 알려지지 않았다는 게, 그런 사실들이 도대체 이해가 가는 일인가 말이다.

그 친구의 아이들은 그 말을 이해한 것처럼 보였고 학교로 되돌아가 그 이야기를 하였다고 한다. 그러나 일주일 뒤 그는 학교로부터 자기 아이들의 견해가 반의 다른 애들과 다르므로 4천 명의 유대인이 직장을 나가지 않도록 주의를 받았다는 그 이야기에 더 이상 왈가왈부 하지 말 것과 그렇지 않으면 그의 아이들을 배척하겠다는 전갈을 받았다는 것이다.

어느 날 오후 나는 아프가니스탄과 국경을 사이에 두고 있는 제법 번화한 도시인 페샤와르로 운전을 하고 가다가 2천8백 명의 학생이 다니고 있는 파키스탄에서 제일 규모가 큰 이슬람 학교 다룰 울룸 하카니아에서 잠깐 멈추어 본 일이 있다. 이 마드라사스는 물라 무하마드 오마르라고 하는 탈레반 지도자가 졸업은 하지 않았지만 수학했기 때문에 더욱 유명한 곳이다. 내가 함께 동행하고 있는 팔레스타인 기자 한 명과 그 곳을 찾았을 때 그 곳 교장은 외출 중이었고 이란인 영상기사를 취재하고 나서야 그의 조수 한 명이 우리에게 그 곳을 잠깐 보여 주었다. 그 곳에는 기억에 남는 두 곳이 있었다. 한 곳은 도서관이었는데 우리는 그곳의 과학도서를 보여 달라고 했다. 보잘것없어 보이는 금속 선반에는 서른 권 정도의 책들이 있었는데 그 중에도 1932년 이후에 출판된 책은 하나도 없어 보였다.

또 다른 하나는 코란을 가르치는 교실이었다. 그 교실은 정면에 칠판이 있는 한 작은 교실이었는데 칠판 옆에 교사가 서 있었다. 나이는 여덟 살에서 열다섯 살쯤 되어 보이는 약 스물다섯 명 정도의 남자아이들이 나무로 만든 책받침 위에 코란을 놓고서 바닥에 앉아 있었다. 우리는 그 아이들과 이야기를 했는데 모든 아이들이 미국을 악으로 보고 오사마 빈 라덴을 영웅취급 했다. 그 교실을 둘러보고 나서, 나는 그 곳의 학생들 중에서 이번 테러와 또 다음 번의 테러에 동참하겠다고 할 아이들이 단 한 명도 없을 거라고는 단정할 수 없었다. 나는 그 교실에 있는 라힘 쿤두즈라는 12살짜리 소년에게 미국이 어떤 나라라고 생각하느냐고 물었는데, 그 아이는 "그들(미국인들)은 이교도들이고 이슬람을 좋아하지 않아요. 그들은 그저 힘으로 전 세계를 지배하려고 합니다."라고 말했다.

어느 누구도 이 라힘이라는 소년에게 미국이 보스니아와 코소보, 소말리아, 쿠웨이트에서, 그리고 현재는 아프가니스탄에서 이슬람교도들을 구원하기 위한 전쟁을 수행했으며, 그러나 같은 시간에 세계 어느 나라도 심지어 같은 이슬람 국가조차도 손가락 하나 까딱 않고 있었다는 사실을 이야기해 주지 않은 것 같다. 마드라사스의 교육과정에 이러한 내용을 넣지 않은 것은 안타까운 일이다. 하지만 이것은 부분적으로는 우리의 잘못이기도 하다. 우리는 파키스탄으로 하여금 소련군을 아프가니스탄에서 몰아내는 전쟁을 수행토록 하였다. 그 후 파키스탄을 군사독재 치하에서 폐허가 되도록 방치한 채로 우리는 빠져 나왔다. 그리하여 공교육 체계가 붕괴된 것이다. 많은 파키스탄의 학생들에게 있어서 교육과 하루 세끼의 먹을거리를 해결하는 유일한 길은 이러한 마드라사스를 다니는 것뿐이다. 1978년에는 파키스탄에 3천 개의 마드라사스가 있었는데, 현재는 3만 9천 개로 늘었다. 대다수의 마드라사스는 현대화에 필요한 교육을 받지 못한 젊은이들을 배출하고 있으며, 그들은 여자들과 접촉해 본 적도 없고 서방 세계가 상징하는 모든 것들을 적대시한다.

　파키스탄에서 귀국하는 길에 나는 아랍에미레이트 연합에 있는 아부 다비에 들른 적이 있다. 그 곳에는 항상 사우디에 관한 걸러지지 않은 좋은 정보들을 접할 수 있다. 아랍에미리트 연합에서 상위권 대학의 고위 직원인 미국인 친구가 점심식사 시간에 자신이 사우디 아라비아에서 열린 한 회의를 다녀온 이야기를 해 주었다. 그는 한 사우디의 동료가 자신이 그 곳에 있을 때 옆으로 데리고 가더니, "여기서 하는 말은 믿지 마세요. 빈 라덴은 사우디 어느 집에나 다 있습니다."하고 말했다는 것이다.

　아부다비에서 나는 뉴델리로 갔다. 아랍 사회에서 보았던 폭풍전야와도 같은 노여움으로부터 잠시 휴식을 찾기 위함이었다. 힌두교와 이슬람교도간의 상존하는 갈등을 안고서도 인도는 다문화 민주주의를 유지하고 있는 나라이다. 비록 썩 훌륭하지는 않지만 어쨌든 민주주의가 통용되고 있는 나라다. 그럼에도 인도의 관리들에게 파키스탄에 대해서 물어보면 나는 아찔해진다. 마치 이스라엘 사람들이 팔레스타인 사람들에 대해 이야기하는 듯 들리기 때문이다.

　"그 사람들 믿을 수 있는 사람들이 아니죠. 아니, 선생님도 무샤라프가 진실하다고 믿으십니까? 그는 테러리스트라구요." 하고 인도의 관리들이나 지식인층은 말한다. 나는 인도 사람들 사이에 일고 있는 극도의 불안정 상태에 놀랐다. 다소 미국이 파키스탄과 손잡으려고 하는 양태가 마치 자신들(인도)이 미국과 처음으로 친밀한 유대관계를 맺었던 단계와 유사하게 돌아가고 있다고 느끼기 때문이다. 미국과 인도의 관계를 파키스탄과 비교하며 불안해 하고 있는 이 친구들의 말에 나는 적잖이 당황하였고, 그 이야기는 접어두자고 누차 이야기하였다. 인도인들은 대미관계를 그렇게 위험하게 보는 경향이 제법 강하였다. 비록 힌두교도와 이슬람교도간의 상존하는 갈등이 가끔씩 외부로 표출되기는 하지만, 인도는 다문화적인 민주주의 국가로서 다른 나라들이 썩 좋아하지는 않더라도 미국과의 자연스런 관계를 유지하고 있으며 이러한 관계는 쉽사리 단절되지 않을 것이다. 그렇다. 조용히 있자. 그들은 일단 내가 하는 말에 고개를 끄덕이면서 듣고는 있지만 무샤라프에 대해서 말할 때는 내게 "우리들을 배신해서는 안 됩니다."하고 경고할 것이다.

나는 이제 눈 덮인 콜로라도의 한 산야로 가서 조용한 오두막에서 귀마개를 쓰고 쉬고 싶었다.

문명이라는 단어

눈 덮인 콜로라도의 오두막 대신에 이번에는 러시아로 갔다. 크리스마스 바로 전날 나는 러시아 행을 결심한 것이다. 새로운 대통령 블라디미르 푸틴에 대해서 좀 알고 싶었기 때문이다. 푸틴은 아주 신속하게 빈 라덴을 상대로 하는 미국의 전쟁에 참가하겠다고 결정했고 아주 이례적으로 부시행정부의 ABM 협정 파기 결정에 동조를 하면서 미군이 러시아 국경에 접한 옛 소련영토에 주둔할 수 있도록 했다. 더구나 그는 정당한 상황 하에서는 나토의 증원군대도 주둔할 수 있도록 했는데 이러한 일련의 조처들에 나는 놀라지 않을 수 없었다. 도대체 어찌된 영문인가?

일부분의 해답을 우리는 모스크바 중심에 위치한 맥도널드 본점에서 찾아볼 수 있다. 지난번 한 3년 전에 그 곳을 찾았을 때는 감자튀김을 맛볼 돈이 없어 못 들어가고 기웃거리는 러시아 젊은이들이 가게 바깥에 즐비했었는데, 지금은 그게 아니었다. 맥도널드는 만원이었다. 그 중에는 1990년대 초반에 보았던 모피코트를 입은 여피족들이나 자본주의로 변화하는 과정에서 한몫 챙긴 사람들은 보이지 않고 중하층 계층의 사람들로 자리가 메워져 있었다. 그들도 이제는 모두 함께 이런 정도의 호사를 누릴 수 있게 된 것이다. 물론 아직은 수도인 모스크바의 이야기이고 시골로 가면 상황은 더욱 뒤쳐질 테지만, 실제로 모든 나라들에 있어 시작은 수도를 중심으로 이루어졌다가 그것이 점차 바깥방향으로 진행되어 나가는 것이다. 이제 러시아에서 자본주의는 시작 단계이기는 하지만 그 뿌리를 내린 셈이다.

나는 헨리 키신저와 즈비그뉴 브레진스키가 함께 묘사한 영원히 도전적이고, 팽창주의적이며 미국과는 적대적 관계로 남을 것이라는 러시아에 대한 그들의 견해에 동의하지 않는다. 민주주의 환경 아래 놓인 이슬람은 터키나 인도에서와 같이 독재 체제에서의 이슬람과는 판이하게 다르다. 러시아도 그들의 역사상 처음으로 의회에 책임을 져야 하는 선거직 대통령이 집권하게 되었으며 제한적인 자유 언론과 무제한의 자유 시장경제가 도입되어 이제는 아주 다른 러시아가 되었다.

그렇다. 이러한 러시아 변화의 뿌리는 아직 깊지는 않다. 푸틴은 자국민들의 의사를 무시하면서 강제로 친 서구 진영으로 끌고 가는 것이 아니라 그들에게 절실히 필요한 사항들을 찾아서 반영해 주고 있는 것이다. 보리스 옐친의 자서전 집필가인 나의 러시아 친구 레옹 아롱은 "9·11 이후 러시아에서 일어난 변화는 이제 미국과의 관계를 과거의 단기적 관계 이상으로 격상하는 의미가 있다네. 러시아는 이제 소련제국의 종식과 군비축소, 경쟁적 정치 제도의 도입과 정책 결정에 있어서의 여론수용, 반 서구 민족주의 좌파에 대한 느리지만 지속적인 일소, 대다수 정치 계급의 사적 경제와 자유 시장의 수용, 세계경제 체제와 통합 필요성 인식 등 지난 10년간 이룬 개혁적 변화로 얻어진 국가의 우선적 과업에 대하여 끊임없는 변화를 해 나갈 것이라네." 레옹은 바이런의 「돈후안」이라는 시구가 러시아의 환경과 비슷하다며 다음과 같이 인용하였다. '역사(驛舍)와도 같아서/그 곳의 말들도 운명이 달라지고/역사도 제 운율을 타고 흘러간다네.'

나는 크렘린 바깥의 볼쇼이 극장과 나란히 있는 호텔에서 밤에 뜬눈으로 누워 러시아와 아랍 사회에 대해 생각했다. 교훈이 될 만한 사항들이 생각났다. 우리는 사람들이 사는 제도적 환경을 변화시키고, 사람들이 그들 자신과 세계 그리고 그들의 정부를 바라보는 시각을 변화시켜야 한다. 세계 도처에 있는 추악한 아랍과 이슬람권의 정부를 변화시켜야 하며, 이러한 나라들의 행태를 변화시켜야 한다. 역사나 지리적 환경만이 모든 것을 좌우하지는 않는다. 사람들이 어떻게 통치받고 있는가, 그들 삶의 현장에서 무슨 목소리가 나오는가, 부모 세대보다 더 풍요로운 삶의 질을 누리기 위해서 자식 세대에게 무슨 기회가 주어지는가 등이 바로 그 자신의 나라와 나머지 전 세계를 어떻게 대할 것인가 하는 운명을 결정한다.

오랫동안 우리 미국은 자국민들보다 더 자유주의적인 아랍과 이슬람의 독재자들과 생활을 같이해 왔다. 그래서 반미성향의 민주주의 사회보다는 친미성향의 독재자를 가까이 했던 것이다. 이 얼마나 근시안적인 발상인가. 여러 친미성향의 아랍-이슬람 정부는 거리와 언론에서 자국민들이 미국과 이스라엘을 공공연하게 비난하는 것을 방치하면서 그들 정권의 안정을 누려왔다. 이러한 여러 국가들에서 정치세력이 이슬람 사원으로 들어가서 코란을 숭배하는 것은 이곳이 그들에게는 유일하게 정부의 통제에서 벗어나 대중과 함께 모일 수 있는 곳이기 때문이다. 진정한 자유를 실행할 수 있는 진짜 의사당이 전혀 없기 때문이다.

9·11은 바로 이러한 현상으로 말미암은 부산물이라 할 수 있다. 나는 우리 미국이 우리를 좋아한다고 공공연하게 이야기하는 아랍-이슬람의 독재자들이나 전제군주들 대신에 비록 우리를 딱히 좋아하지는 않더라도 그들 사회에서 민주적으로 선출된 지도자들과 관계를 유지

하기를 바란다. 아랍 사회의 국민들은 우리가 그들의 정통성 없는 정부를 지원하고 있다고 보고 있다는 사실을 잊지 말아야 한다. 중동의 사학자 버나드 루이스 씨의 지적에 따르면 9·11 테러의 비행기 납치범들은 이집트와 사우디 출신의 사람들인데, 두 나라는 중동에서 가장 친미적인 성향의 나라들이지만 국민들은 반대로 가장 반미적인 성향을 가지고 있다는 것이다. 한편 이란은 그 지역에서 가장 반미적인 성향의 정권이지만 그나마 국민들은 가장 친미적인 성향을 가지고 있다고 본다. 그 까닭은 이란 국민들은 그래도 미국이 그들의 정통성 없는 정권을 지지한다고는 보지 않기 때문이다.

"러시아도 다른 나라들이나 마찬가지지요." 자원 재벌인 알파그룹 미하일 프리드문 회장이 새로 단장한 한 도서관 음식점에서 조반을 같이 하면서 나에게 이렇게 이야기한 적이 있다. "어느 국가이든 다 그래요. 다른 것은 그 나라 역사나 영토의 크기일 뿐이지요. 처음 맥도널드가 러시아에 왔을 때는 받아들이기가 쉽고 값도 저렴했지요. 이제는 아주 고급스러운 것들이 들어오더군요. 사람들은 수입이 생기게 되었고 여행도 즐기게 되었으며 또 다른 일들을 경험하려 하고 있지요. 푸틴은 상당히 서구 지향적인 사람입니다. 그는 서방으로의 접촉을 굳게 신뢰하고 있어요. 우리는 유럽문화의 산물인 셈이지요. 지도층 인사들은 유럽식의 생활방식을 즐기고 있답니다."

처음으로 나는 러시아 사람들이 C로 시작되는 단어인 문명(Civilization)을 이야기하는 것을 설명하려는 것이다. 그들이 이야기하는 것은 우리들 미국과 소련은 똑같은 문명에 속해 있으면서 결속력을 다질 필요가 있다는 것이다. 이 말은 푸틴을 비롯한 러시아의 일반 사람들이 미국이 원하는 모든 것들을 기꺼이 추진한다는 의미가 아니며, 또 구세대의 러시아 사람들이 오랫동안 상실한 옛 소련의 힘을 그리워하고 있거나 서방의 우월한 지위에 대해서 불평하고 있다는 의미도 아니다. 그러나 전체적으로 볼 때 대부분의 러시아 사람들은 "우리들은 너희들과 너희들의 약자를 괴롭히는 행태를 원망한다. 우리는 가끔 너희들과 반대의 의견을 내놓기도 하고 경우에 따라서 그러한 반대의견을 통해 너희들을 괴롭힐 수 있게 되기를 희망하기도 하지만, 결국 큰 테두리에서 볼 때 우리가 누구의 편을 들겠는가? 결국은 미국이다."하고 말할 것이다.

〈뉴 이스베스티아〉 지의 편집장인 오토 라치스 씨는 모스크바 지붕 꼭대기의 비좁은 사무실에서 차를 마시며 이렇게 이야기했다.

"이제는 동양과 서양의 대결구도는 끝이 났다. 오히려 제도적으로 안정된 사회들과 안정되지 못하고 혼란스러운 사회들 간의 대결구도인 것이다. 그래서 우리는 중국을 이러한 안정된 사회로 잡아당기든지 밀든지 해야 한다. 이는 매우 어려운 문제이다. 또 하나의 불안정한 사회가 이슬람 사회이다. 몇몇 지도자들은 말하기를 아라파트가 오히려 독재자라고 하기도 한다. 민주주의라는 수단으로 사람들을 다스리기는 불편하기도 하고 어렵기도 하다. 그러나 다른 수단으로 다스릴 때에는 아주 치명적인 실수들이 저질러진다. 민주주의는 불편하기는 하지만 독재로는 훌륭한 일을 할 수가 없다. 푸틴 주변의 사람들은 민주주의가 그들이 하려는 것을 저해하고 있다고 생각한다. 문명국가들은 민주주의만이 그 사회의 안정성을 공고히 할 수 있다는 사실을 받아들여야 한다."

파편 속의 균열

1월까지 아프가니스탄 전쟁은 대체로 마무리 되고 있었다. 탈레반 정권은 대패하였고 오사마 빈 라덴은 지하 어딘가로 피한 뒤였다. 나는 생애 처음으로 카불을 한 번 보고 싶었다. 민주당 상원외교위원회 위원장인, 델라웨어 출신 조셉 바이든 상원의원도 마침 같은 기회에 그 곳에 가려고 했다. 우리는 동행길에 올라 그 곳의 느낌을 함께 경험하기로 결정했다. 그리고 이슬라마바드로 가서 그 곳에서 유엔의 구호 비행기로 카불에서 50마일 떨어진 바그람 공군 기지에 도착했다. 바이든 의원은 수세식 화장실도 제대로 갖추어지지 않은 채 업무를 재개한 미 대사관에 머물렀다. 나는 본사에서 계약해서 사용하고 있는 집으로 숙박지를 정했다. 이 곳은 그나마 시설이 약간 나은 편이어서 친절한 운전사며 요리사들이 연신 불을 지펴, 건포도 필라프와 아프간식 빵을 식사로 제공했다.

카불에 대한 내 첫인상? 그것은 동방의 '그라운드 제로'*였다. 나는

---

*핵무기가 폭발한 지점을 뜻하나, 일반적으로 9·11 테러를 당한 뉴욕 세계무역센터 자리를 지칭.

내 아내가 아프간의 수도가 어떠하더냐고 물어 왔을 때도 그렇게 대답했다. 포격 받은 직후의 드레스덴이나 베이루트의 그린라인, 또 히로시마라고 할 수도 있었다. 대학가와 아파트 지역, 전직 관료 주거지, 옛 소련 대사관 단지들은 세계무역센터의 타격 지점과 흡사하다는 생각이 들었다. 마치 주먹으로 일격을 가한 으스러진 케이크 조각과도 같았다. 이것은 미국의 포격 때문만이 아니라 23년을 끌어 온 그들의 내전에 의해서도 그렇게 된 것이었다. 나는 혼자서 그것을 '눈 덮인 라이베리아'라고 표현해 보았다. 벽이며 창문이며 사람의 마음까지도 모든 것들이 오랫동안의 전쟁으로 자연스럽게 파괴된 것처럼 보였다.

어느 날 아침 바이든 의원과 나는 옛 소련의 대사관 자리를 가 보았다. 그 곳에는 수천 명의 난민들이 임시로 만든 방 하나짜리 아파트에 벌떼처럼 모여서 나무난로를 피워 놓고 비닐쪼가리로 습한 냉기를 막고 있었다. 모두가 샌들을 질질 끌고 다니고 있었고, 외투 대신 담요를 뒤집어쓰고 있었다. 그들은 차단 막도 설치하지 않은 채 오물을 눈앞에 두고 있었다. 그들의 수척한 볼과 커다란 눈동자가 눈에 띄었다.

나는 카불에 있는 동안 줄곧 마음이 편치 않았다. 시간이 얼마나 걸리든지 군인이 얼마나 더 필요하게 되든지 상관없이 미국이 이 곳에 남아서 이 나라를 일으켜 주기를, 또한 최소한의 안보를 제공해 주면서 스스로 일어설 수 있도록 지원해 주기를 마음속 깊이 기원했다. 이러한 일들이 소련군의 철수 이후에 그들을 방치해 두었던 우리가 그들에게 해야 하는 최소한의 의무라고 본다. 우리는 이 곳을 스위스로 만들자는 것이 아니다. 단지 탈레반 체제에서보다 좀 더 나은 환경과 좀 더 자유롭고 안정적인 사회로 만들자는 것이다. 그러나 이조차도 엄청난 액수의 돈과 인력, 자원이 필요할 것이다. 그러나 돈만 쏟아 붓고 사람들을 자극시켜서 아프가니스탄의 과거를 되돌리려는 발상은 어리석은 이야기이다. 지원 자금이 제대로 효과를 보기 위해서 그들에게는 무엇보다도 기본적으로 필요하지만 이미 완전히 산산조각나 버린 정부 조직이 필요한 것이다.

나의 인간적인 감정은 계속해서 아프간의 재건을 도와야 한다는 생각으로 나를 이끌고 있었지만 나의 이성은 계속해서 현실적으로 참기 힘든 모습들을 마주치게 되었다. 이런 참기 힘든 일은 내가 죠셉 바이든 의원과 함께 타지크인인 그 곳 과도정부의 내무장관 유누스 카누니를 만나면서 시작되었다. 파슈툰족인 대통령 하미드 카르자이의 사진이 걸려 있어야 할 그의 사무실에, 그는 9·11 테러 이후 사살되었던 북부 동맹의 지도자 아메드 샤 마수드의 사진을 걸어놓았다.

톰 프리드먼의 정치 규범 제1조. 새로운 각료가 그 나라의 대통령이 아닌 자신이 추앙하는 사망한 전쟁 지도자의 사진을 집무실에 간직하는 나라는 절대 믿어서는 안 된다. 나는 이 지역에서 민족의 전쟁 지도자에 관한 문화가 상당히 뿌리깊게 박혀 있다는 느낌을 받았다. 어떤 중립적인 정부가 세워진다 해도 그 진짜 뿌리를 파내기란 어려울 것이라는 판단을 했다. 그 전쟁 지도자의 사진을 보면서 생각에 잠긴 나는 스스로 '아프간의 황금기는 언제였을까? 칭기즈칸 시대였을까? 총기가 발명된 이전이란 말인가?' 하는 물음을 던져 보았다.

나의 아내는 우편엽서를 수집하는데 내가 카불을 떠나기 전에 그 곳 우편엽서를 가져다 달라고 부탁한 일이 있다. 나는 그녀의 부탁에 이렇게 말했다. "글쎄, 여보 카불에서 그런 걸 구할 수 있을까?" 단테의 지옥에서는 우편엽서 같은 것을 다루지 않는다. 그래도 인터콘티넨탈 호텔 서점에서 몇 장 구할 수 있었다. 나는 손에 집히는 대로 골라서 몇 달러를 주고 웃옷 주머니에 넣고는 집으로 가져 왔다. 집에 와서 아내 앤에게 주면서 "이건 카불의 낮이고, 이건 야간 풍경." 하고 설명하는데 한 장의 엽서가 나를 당황시켰다. 그것은 두 부분의 사진이 있는 것이었는데 한쪽은 포격으로 만신창이 난 건물사진이고, 다른 하나는 지붕이 붕괴되고 바닥에는 온통 파손 잔해로 뒤덮인 복도의 사진이었다. 나는 "뭐야 이건?" 하고는 뒷면을 보았다. 그 뒷면 좌측 상단에는 '아프가니스탄, 약탈되고 파괴된 카불의 박물관. 사진:레슬리와 앤더슨' 하고 인쇄되어 있었다. 그 사진은 파괴된 아프카니스탄 국립 박물관이었던 것이다. '한 나라가 오랜 전쟁 중에 있다는 걸 어떻게 알 수 있을까? 사람들이 그 폐허더미를 배경으로 기념엽서를 만들 때가 아니겠나!' 하는 생각이 들었다.

아프간에 대한 또 다른 걱정스런 암시를 나는 제임스 미치너의 소설 『캐러반』에서 알게 되었다. 그 소설은 한 아프가니스탄 소녀를 소재로 한 소설이었는데, 이 소설은 그에게 첫 번째의 큰 히트를 안겨 준 명작이었다. 미치너의 다른 대부분의 소설과 마찬가지로 이 소설 역시 역사소설이었는데, 나는 이 책을 카불에 있는 『뉴욕 타임스』 사의 한 방에서 밤에 손전등을 밝히면서 읽었다. 어느 날 밤 여러 벌의 담요를 덮고서(10시쯤에 전기가 끊기기 때문에 추위를 피하기 위해 그렇게 했다) 그 책을 읽다가 좋지 않은 대목을 만났다. '아프가니스탄에서는 거의 모든 건물이 격렬한 전투로 생겨난 상흔을 간직하고 있다. 현재 샤 칸*이 점령하고 있는 성벽처럼 몇몇의 것들은 적의 포위망을 방어하기 위한 것이고, 다른 것들은 복수와 난폭한 살인의 흔적들이다. 다른 면 지역에는 알렉산더 대왕이나 칭기즈칸, 타멜레인**, 나디르샤*** 등에 의해 남겨진 상흔들

＊Muhammad Zahir Shah:공화정 이전의 아프간의 왕. 1914년 10월 15일 카불에서 태어났으며, 전대 왕인 나디르 샤의 둘째아들. 1933년 11월 8일 부왕의 사망으로 즉위. 1973년 7월 해외 출장중에 자신의 사촌인 다우드 칸 전 총리가 쿠데타를 일으켜 공화제를 선언하였고, 이후 현재까지 이탈리아에서 망명중.

이 있다. 아프가니스탄만큼 테러와 파괴로 얼룩진 땅이 또 있을까?

그 대목을 읽고 나서 나는 이 책의 속표지 쪽으로 넘겨서 이『캐러반』이라는 소설이 1963년에 출간되었음을 알게 되었다. 그 시기의 아프가니스탄은 평화로웠고, 희미하나마 친 서구적인 발전 단계를 진행하고 있던 때였다. 그 시기는 행복한 시기였다. 그렇다. 내 인간적 감정에서 보면 미국이 아프가니스탄의 뒤에 남아서 이 나라가 제대로 설 수 있을 때까지 도와 줘야 한다는 느낌이 인다. 그러나 한편으로 나의 이성에 기초해서 냉정하게 본다면 이 나라는 부즈카시라고 부르는 염소 폴로 경기가 인기를 끌고 있는 나라라는 것을 염두에 두어야 한다. 이 경기는 채찍을 든 기수들이 말을 달려 서로 부딪치고 난투를 벌이며 공 대신에 머리 없는 염소의 시체를 가지고 골 문전 안으로 그것을 가져 가는 경기인데, 그 경기를 볼 때마다 우리는 우리 자신이 염소가 아니라는 사실을 확인하고 안도의 한숨을 쉬어야 할 정도로 잔인한 경기이다.

나와 죠셉 바이든 상원의원 일행이 그 곳을 빠져 나가려고 하는 날 바그람 공군 기지에는 일기가 좋지 못했다. 그래서 유엔에서는 비행을 연기시켰고 델타 셔틀 비행기도 카불 운행을 하지 않았다. 유엔 비행기가 못 뜨니 이 곳을 빠져 나가는 길이 막힌 셈이었다.

죠셉 바이든 상원의원의 경호상 이유로 우리 일행은 미군 수송기를

＊＊Tamerlane：절름발이 티무르란 뜻으로 티무르의 유럽식 이름. 1336년 타르타리의 케시에서 출생. 아르메니아, 고라산, 페르시아, 바그다드, 다마스커스 등을 점령하고, 러시아의 모스크바까지 진출. 1398년 인도 침공, 당시 델리 인근의 무굴제국 함락. 1402년 앙고라에서 오토만 투르크 왕국과의 전쟁 승리. 1405년 중국 원정길에 전사.

＊＊＊Muhammad Nadir Shah：1919년 8월 3차 아프간전쟁을 주도했던 장군이었으며, 1929년 반 헤즈볼라 세력을 이끌고 수도 카불을 장악, 왕위를 계승. 재위 중 아프간 헌법을 제정하고, 의회를 구성하는 등 국내 통일과 서양 문화 도입에 힘썼으나 1933년 암살당함.

탑승할 수 있었는데 그 비행기는 밤늦게 와서 우리를 싣고는 곧 바로 파키스탄으로 갔다가 다시 바레인으로 향하기로 되어 있었다. 이렇게 해서 나는 바그람 공군 기지에서 하루 종일 그 곳에 본부를 두고 있는 미국인 특수요원들과 자리를 함께 할 수 있었으며, 이는 내가 그들과 격의 없는 대화를 나눌 수 있는 좋은 기회였다. 바그람 공군 기지는 알 카에다 전쟁 포로들을 임시로 감호하고 있는 장소이기도 했는데, 그들은 비행기 격납고에 갇혀 있었다. 내가 관심 깊게 보았던 것은 그 곳에 갇혀 있던 전쟁 포로들이 아니라 우리의 병사들이었다. 그들 중 몇몇은 금발의 여군 헌병이었는데, 그녀들은 이슬람의 부르카* 대신에 카키색 미군 위장복을 입고 있다는 것이었다. 한 여군에게 그 곳을 지키는 일이 어떠냐고 물었더니 처음에 그 포로들은 여자인지도 잘 모르더라는 것이었다. 나중에 종종 얼굴을 마주해서 그들도 알게 되었다고 한다. 제임스 미치너의 표현대로 '남자들만 나다니는 냉혹함이 감도는 잔인한 땅'에서 알 카에다와 지내다가 갑자기 헬멧 아래로 금발머리다발이 삐쳐 나온 M16 소총을 멘 여성의 감시를 받게 되다니, 얼마나 믿기 어려운 경험을 맛보는 순간인가. 사실 이 모습은 미국이란 나라를 그들에게 보여줄 수 있는 가장 적절한 사례가 된다. 우리를 강인하게 하는 원동력이 무엇인지, 우리 사회는 단지 반쪽의 구성원(남성)에 의해 움직이는 게 아니라 전체가 가동되고 있다는 사실을 말이다.

몇 주 뒤 나는 영국 옥스퍼드 대학의 로드하우스에서 세계화를 주제로 회의를 하고 있었다. 그 때 한 아프간 학생이 아프간에서 일어난 모든 비극은 아프간의 내부 문제에 간섭하려는 외부 세력 때문에 일어난 것이라며 내게 장황하게 설명을 했다. 나는 그의 이야기를 듣고 내가

＊burkas: 검은색 아프간의 전통 여성복장. 눈 있는 곳에 외부를 내다보기 위한 사각의 구멍이 나 있는 길다란 복장.

아는 레바논 사람도 그와 똑같은 이야기를 했다며 그 레바논 사람이 이야기한 말을 인용했다. '외세가 내정에 참견하지 않았다면 레바논은 아주 평화롭고 훌륭한 국가가 될 수 있었다.'는 말을 말이다. 물론 이러한 가정은 레바논에서나 아프간에서나 모두 일고의 가치도 없는 이야기다. 이들 국가들이 외세의 전쟁터가 되었던 것은 외부에서 넘볼 수 없도록 그들의 단합된 결속력을 보여주는 힘이 부족했기 때문인 것이다.

나는 바그람 공군 기지의 혼잡한 천막 안에서 저녁식사를 하고 있을 때 섬광과도 같이 놀랄 만한 사실을 발견하였다. 거기에서 나는 마치 내가 우리 딸 나탈리의 이스턴 중학교에 와 있는 것 같은 착각을 느꼈다. 특수부대 A팀 대원들이 식사하는 곳을 둘러보고 있는데 그 일상적인 모습 속에는 미국의 저력을 느낄 수 있는 장면이 함께 숨어 있었다. 그것은 미사일이나 야간폭격기와 같은 우수한 병기가 아니었다. 우리의 특수부대는 흑인, 아시아인, 히스패닉, 백인 등 모든 인종이 다 함께 모여서 구성되어 있다는 사실이었다. 이러한 여러 개의 분산된 힘을 하나로 모아서 강력한 힘을 창출하는 결속력은 미국이 가지고 있는 힘의 원천인 것이다. 아프간은 이러한 결속력을 최근 수십 년 간 갖지 못하고 나약하게 분열되어, 외부의 힘을 끌어들였던 것이다.

아프가니스탄은 들어가는 것보다 나오기가 너무 힘들었다. 죠셉 바이든 상원의원과 우리 일행을 태우기로 되어 있던 미군 수송기가 바그람 공군 기지에 착륙하자, 관제탑을 통제하는 미 육군대위가 민간인 탑승을 허락할 수 없다는 지시가 국방부에서 내려왔다고 상원의원에게 전했다. 죠셉 바이든의 여행과 관련해서 럼스펠드 국방장관은 그가 상원 외교통상위원장이었음에도 도움을 거절했던 것 같다. 비행기도 없고, 군수 수송도 없이 이젠 아무것도 기댈 것이 없게 되었다. 이것이 마지막 지푸라기라고 생각했는데, 죠셉 바이든은 냉정을 유지했고 조용히 화를 삭히고 있었다. 카불에서 며칠 정도는 있어 보겠다는 생각을 하고 있었던 나도 낙담하기는 마찬가지였다. 나는 콜린 파월 국무장관에게 부탁해 볼 것을 바이든 의원에게 권했다. 의원은 그 방법을 내게 물었고, 나는 주머니 속의 위성전화기를 꺼내 암기해 두었던 국무부 교환 전화를 눌러 죠셉 바이든에게 주었다. 그 시각 워싱턴은 일요일 아침이었다.

"나는 죠셉 바이든인데, 콜린 파월 좀 연결해 주시겠어요?" 죠셉이 교환원에게 그렇게 부탁한 지 얼마가 지났다. "콜린이야? 이봐, 나 죠셉 바이든일세. 응. 그래, 나 지금 아프가니스탄의 바그람 공군 기지 활주로에 나와 있네. 미군 수송기를 타려는 참이야. 근데 국방부에서 민간인은 태우지 말라고 했다는군. 성가시게 해서 미안하지만 자네가 좀 도와 줄 수 없겠나?"

파월은 럼스펠드에게 전화를 해 볼 테니 기다려 보라고 했다. 그 시각 럼스펠드는 교회에 있었다. 파월은 다시 차관인 폴 월포비츠에게 연락을 취했다. 파월은 플로리다에 있는 중부 사령부 본부에 추가로 더 전화를 해 보고 나서 죠셉 바이든에게 다시 "이봐 죠, 거기 항공 통제 장교 좀 바꿔줘 봐."하고 말했다. 죠셉 바이든은 "이봐 대위, 국무장관 전화시네, 한번 받아 보시게." 하고 그 위성 전화기를 통제 장교에게 건넸다.

철벽같이 어두운 밤이었지만 나는 그 대위가 하얗게 상기된 얼굴로 전 합참의장이었던 국무장관과 통화하는 것을 볼 수가 있었다. 시종일관 그 대위의 입에서는 "네! 네! 네!"라고 하는 대답뿐이었다. 통화를 마치고 전화기를 되돌려 주면서 대위는 "어서 오르십시오. 의원님"하는 것이었다. C-130 수송기 뒤쪽 자리에 앉았을 때 승무원이 활주로 반대편에서 격추사격을 하고 있어서 지금 바로 이륙한다고 고함을 질렀다. 커다란 수송기 속에는 단지 우리들 일행 몇 명만이 있었다. 그 비행기는 로켓처럼 곧바로 급상승하는 듯 했으며, 사방이 높은 산으로 둘러싸여서 이미 몇 번의 비행기 추돌 사고가 있었던 터라 그 편이 오히려 우리에게는 다행스러웠다. 세 시간 후 우리는 파키스탄의 자코바 바드에 착륙했는데, 그 곳은 파키스탄의 중심부에 위치해서 미 공군기지로 활용되고 있는 곳이었다. 몇 시간 후 우리는 C-17 수송기에 올라 바레인으로 향했다.

자코바바드의 미국공군들과 나눈 대화에서 나는 새로운 사실에 눈 뜨게 되었다. 한 군인은 나에게 "이 곳에서는 비행할 때마다 아프가니스탄과 국경을 맞댄 파키스탄 어느 곳에서나 늘 소총 공격을 받습니다."하고 이야기해 주었다.

파키스탄은 지금 전쟁에서는 우리의 동맹군이 아니냐고 했더니, 그 병사는 아프가니스탄 국경 지역 파키스탄 사람들에게 그 이야기를 해 보라며 어깨를 들썩했다.

이 순간 나는 기자로서 이 같은 대규모 전쟁 중에는 어떤 근거도 없이 수많은 이야기들이 돌아다닌다는 것을 생각하게 되었다. 또한 이 순간은 사실과 다른 근거를 토대로 만든 이야기에 의존하고 있다는 느낌을 받는 순간이었다. 그렇지만 그로부터 몇 주 뒤 『월 스트리트 저널』의 대니 펄 기자가 한 반미 성향의 파키스탄 테러리스트의 손에 목이 잘리는 장면을 보았을 때는 당시 자코바바드에서의 대화를 생각하게 되었다. 파키스탄에서의 제정신이 나간 그 미국인 살해범은 주변의 지역정서를 보여 준 듯했다.

유럽의 이슬람 사원들

9·11 테러 당시 가장 나를 힘들게 했던 이슈는 '비행기 납치범들이 과연 어떤 사람들일까?' 하는 것이었다. 우리는 오사마 빈 라덴을 알고 있었다. 그는 아주 독특한 인물이었다. 사이비 교주이기도 했고, 한 민족국가의 지정학적 문제를 투쟁의 명분으로 삼는 과대망상에 사로잡힌 인물이었으며, 조직의 운영 기법을 잘 알고 있는 지도자이기도 하였다. 또한 빈 라덴의 추종자들은 자기 나라의 정치 지도자들이나 미국, 이스라엘 등에 대한 적개심 때문에 빈 라덴을 따르는 무리들이었다.

테러에서 중요한 역할을 했던 비행기 납치범들은 대략 두 가지 성향을 가진 부류다. 한 부류는 납치극을 꾸미고 직접 비행기를 조종하는 등 그들이 하는 일에 대한 전반적 내용을 모두 알고 있었던 부류인데, 나는 잠시 후 그 이유를 밝히겠지만 일단 이들을 '유럽파'로 부르기로 한다. 다음 부류는 보조자 역할을 했던 부류인데, 그들의 임무는 일단 비행기 납치에 성공하면 승객들을 조종석에 접근 못하게 하는 일을 맡았다. 아프가니스탄에서 입수된 빈 라덴의 비디오테이프를 보면 모든 보조자들은 처음 알 카에다 조직원으로 들어올 때부터 순교자의 길을 걸을 것과 미국으로 가기로 다짐받는다. 그리고 비행기에 탑승할 때까지 구체적인 행동 방침에 대해서는 일체 비밀로 붙여 누설하지 않았다. 나는 이런 부류를 '사우디파'라고 부르기로 한다. 이들은 도대체 어디서 왔을까? 명확한 해답을 얻기 전까지 우리는 여전히 위협받고 있으며, 이 상태에서는 제2의 테러 방지를 위한 조치를 취할 수도 없다. 어찌 보면 이 물음은 대답하기 곤란한 질문이다. 이는 모든 비행기 납치범들이 이미 모두 세상을 떠났기 때문이기도 하고, 다른 한편으로는 사우디 국적을 가진 19명 중 15명의 신원 파악에 사우디 정부가 협조하지 않기 때문이다. 우리는 모두 한목소리로 그들을 '자살 폭탄 테러범들'이라고 이름 붙여 놓고는 이들의 행방을 이라크에서만 찾았다. 그러나 나는 이것이 하나의 실수처럼 느껴진다. 그래서 다음의 두 번째 여행은 개인적으로 조사를 하기 위해서라도 벨기에와 사우디 아라비아를 택할 것이다.

내가 벨기에를 선택한 것은 한 기사를 읽고 나서인데, 그 기사는 보수적 일간지인 『내셔널 리뷰』 2001년 11월 5일자에 실렸다. 프리덤 하우스의 사장 아드리안 카라트니키 씨가 9·11 테러에 관해 최초로 집필한 그 기사의 제목은 '등잔 밑이 어둡다' 였고, 테러 가담자의 신분에 대해 궁금해 하던 나의 의문에 원초적인 답을 줄 만한 내용이었다.

카라트니키 씨 말에 따르면 '핵심 비행기 납치범들은 잘 교육받은 특권층의 자제들로 이들은 직접적인 경제적 박탈이나 정치적 박해를 받은 것은 아니었다.' 고 한다. 실제로 9·11 테러를 조직하고 비행기를 몰았던 모하메드 아타와 마르완 알 세히 같은 범인들은 함부르크에서 아파트를 함께 사용하였고, 이 곳에서 모하메드 아타는 함브르크–하브르크 공과대학을 다녔다. 이들 모두는 유럽(현재 1천5백만 명의 이슬람교도가 살고 있는)에서 공부하면서 처음으로 극단적 노선에 물들기 시작했고, 이 곳에서 이슬람교도 테러 단체를 조직했던 것 같다. 이러한 부류 속에는 리처드 라이드라는 신발폭탄 테러범도 가담한다. 그의 부계는 원래 자메이카인데 영국으로 이민 온 사람이다. 라이드는 런던에서 자라나 아버지와 마찬가지로 영국의 감옥에 있는 동안 이슬람 극단주의자로 변한다. 『타임』 지는 그에 대해 다음과 같은 내용의 기사를 실었다(2002년 2월 25일자).

1980년대 초부터 방글라데시와 파키스탄 출신의 이슬람 지도자들은 그들끼리 유대관계를 갖고 영국의 감옥에서 젊은 재소자들을 전도했다. "소외된 계층들에게 이슬람은 일종의 자연적인 종교지요. 그래서 아프리카나 카리비안 계통의 사람들이 이슬람의 복음에 매력을 느끼는 것입니다."라고 영국의 이슬람 학자 지아우딘 사르다르가 말했다. 교도관들도 이슬람 지도자들이 인쇄물을 감옥에 가지고 들어오는 것을 허락했고, 그 인쇄물 중에는 코란 경전에서부터 지하드의 중요성을 과장하는 반미 홍보물도 포함되어 있었다.

또 한 사람은 자카리아 무사위라는 한 프랑스인이다. 그는 모로코에서 프랑스로 이민 온 홀어머니의 아들인데, 열아홉에 프랑스 남부에서 보수적인 이슬람 단체에 가입했다. 그러다가 몇 년 뒤 영국의 상업학교에 다니면서 런던에 있는 이슬람 사원에서 극단적 노선으로 변했다고 한다. 그는 비행학교에서 보잉 747 조종 방법을 배우고, 작은 경비행기를 몰 수 있다는 말을 해서 FBI의 수사망에 올랐다. 결국 9·11 테러 직전 미네소타에서 체포되었다.

아메드 오마르 사이드 세이크와 같은 이슬람 극단주의자도 이와 같은 경우에 해당된다. 런던 태생의 파키스탄계 테러리스트인 아메드는

『월 스트리트 저널』 기자 대니 펄 씨를 유괴해서 살해하라고 지시한 인물이다. 튀니지 태생의 아베데사타르 다함도 벨기에로 이민 온 후 이슬람조직에 가담하면서 극단주의자로 변했다. 『타임』지의 보도 내용(2001년 12월 17일자)에 따르면 다함과 그의 친구들은 처음에는 그다지 종교에 열성적이지 않았으나 얼마 지나지 않아 급진적인 이슬람교도인 동료에게 영향을 받았다고 한다. 그들은 결국 벨기에에서 이슬람 단체에 가입하게 되었고 새로운 요원들을 아프가니스탄에 있는 알 카에다 훈련소로 보내는 데 주도적인 역할을 담당했다. 그 곳에서 다함은 신원이 확인되지 않은 다른 공범과 함께 아프가니스탄의 북부 동맹 지도자 아메드 샤 마수드 옆에 서서 자살 폭탄 테러를 감행토록 지시를 받았던 것이다. 다함 일행은 텔레비전 방송국 기자로 가장해 마수드를 취재하는 것처럼 했었다. 마수드는 9월 9일에 살해되었는데 지금에 와서는 그것이 9·11 테러의 전주곡으로 여겨진다. 빈 라덴과 탈레반 정권은 미국이 아프가니스탄에 북부 동맹 정권을 세우는 것을 우려하여 그를 제거했다고 여겨진다.

테러 계획의 중심에는 중동 출신 인물보다는 빈 라덴이 수년 전부터 유럽 내부에 심어 놓은 극단적 이슬람주의자들이 있었다고 카라트니키 씨는 주장한다. 대부분의 유럽파 이슬람교도들은 유럽에서 자기 힘으로 살아가면서 주변의 유럽 사회와는 단절된 생활을 한다. 대신 그들을 따뜻하게 맞아 주는 지역의 기도회나 사원을 찾아 그 곳에 동화되어 과격한 이슬람교도가 된다. 아프가니스탄으로 훈련을 떠나기도 하는데 이런 과정에서 급속히 테러리스트로 성장하는 것이다. 이러한 유럽파들은 새로이 이슬람교도로 거듭난 사람들이다. 그들은 유럽 사회를 통해 그들의 종교적 신념을 재발견하고, 가슴속에 불타오르는 열정을 가진 젊은 사람들이다. 기독교인이나 유대인처럼 그들도 자신들의 종교에 특별한 결속력과 열정과 불타오르는 신앙심을 불어넣는다.

  "9·11 테러범들을 알기 위해서, 우리는 고전적 의미의 혁명가에 대한 개념을 염두에 두어야 한다. 이들은 대개 고립된 사람들이고 중산층이며 부분적으로는 망명상태에서 성장했다. 취리히에서의 레닌, 파리에서의 폴포트나 호치민 같은 사람들이 대표적이라 하겠다. 미국의 지하 기상대, 독일의 바더 마인호프, 이탈리아의 붉은 여단, 일본의 적군파 등의 지도자들처럼, 이슬람 테러리스트들은 대학 교육을 받고서 포괄적인 신(新) 전체주의 이데올로기로 개종했다. ……그들에게 있어 이슬람이라는 신앙은 새로운 세계적 혁명강령이며, 빈 라덴은 시크 게바라(Sheik Guevara)이다."라고 카라트니키는 기술했다.

  테러리스트들이 양산되는 모습을 살펴 보기 위해 나는 브뤼셀로 향했다. 브뤼셀을 선택한 이유는 알 카에다 조직원 중 일부가 그 곳을 거쳐 왔기 때문이며, 벨기에는 요즘 사람들에게는 잘 알려지지 않았지만 300개의 이슬람 사원이 있는 곳이기 때문이다. 벨기에에서 나는 특별히 두 사람에게서 새로운 사실을 알게 되었다. 한 사람은 벨기에 이슬람교도 집행위원회 위원장 노르딘 말루자뭄 씨였다. 그는 경계가 삼엄한 브뤼셀의 사무실에서 "벨기에 사람들이 이슬람 디아스포라를 가지고 있는 게 문제입니다. 벨기에 국민 가운데 54퍼센트의 사람들은 '원래 벨기에 태생이 아닌 다른 민족 사람들이 진짜 벨기에인으로 살 수는 없다.'고 이야기하지요. 그리고 베일을 쓴 여자들은 일자리조차 구하기 힘듭니다."라고 내게 전했다. 그 날 나는 벨기에 의회에서 유일한 이슬람계 여성 국회의원인 파우자야 탈타우이 씨와 점심을 같이 했다. 아름답고 정열이 넘쳐 보이는 그녀는 모로코계의 여성이었는데, 그녀는 그녀의 아버지 때 북아프리카에서 이 곳으로 왔다고 했다. 그녀는 이 곳 사회에 동화하려고 애쓰지만 그녀와 같은 세대의 사람들 대다수가 사회에서 소외당하고 이슬람교도로 돌아간다고 말해 주었다. 그녀는 "사람들은 벨기에인들이 자신들을 차별하면 자신들도 벨기에인들과 달리 행동하겠다고 생각하고 있어요." 하고 말했다.

비행기 납치범들과 유럽 사회와의 역학 관계는 주요 사건 음모자들과 비행 조종 요원들의 출신을 파악하는 데 중요한 단서가 될 거라고 생각한다. 유럽은 이슬람교도들이 활개칠 수 있는 곳이 못된다. 미국에서 이슬람교도들이 비교적 쉽게 시민권을 얻게 되는 것과는 달리 유럽에서는 이슬람교도의 활동무대가 쉽게 형성되지 않으며, 이슬람 이민자들은 여전히 찬밥 신세다. 북아프리카와 터키 출신의 이슬람교도들이 유럽에서 차지하는 위치는 미국에서의 멕시코 사람들과 같다. 그들은 값싼 임시노동자 신분으로 들어왔다가 되돌아가지 않고 있으면서 또한 유럽 사회에도 잘 동화되지 못하는 사람들이다(이런 사람들이 프랑스에는 5백만, 독일에는 3백2십만, 영국에는 2백만이 살고 있다). 고용 문제나 심리적인 영향으로 소외된 젊고 불만이 많은 이슬람교도들은 이러한 환경에서 발생하게 되는 것이다. 리처드 라이드의 아버지 로빈 씨는 『타임』 지와의 인터뷰에서(2002년 2월 25일자) 그의 아들에 관해서 "그 아이는 나처럼 이 곳 영국에서 태어났지요. 사람들이 내뱉는 '유색인종들 꺼져버려라.' 하는 말 한마디는 무척 참기 어려웠습니다." 하고 말했다.

이러한 환경은 그들의 경제적 지위보다는 그들의 자존심을 상하게 했다. 사람들은 경제적 곤궁보다는 자존심이 극도로 무시당했을 때 아주 극단적이 된다. 유럽 사회의 이슬람교도들 가운데에는 이렇게 무시당하며 사는 사람들이 부지기수로 많다. 그들은 이슬람교도라는 사실을 자랑으로 여기는 젊은이들이다. 어린 시절부터 이슬람이 다른 두 개의 유일신앙(기독교와 유대교)보다도 더 완벽하고 가장 발전된 형태의 종교라고 교육받아 왔지만 이슬람 사회가 서구의 기독교나 유대교 사회보다 교육이나 과학, 민주화, 개발 등의 측면에서 뒤쳐지는 사실을 진정 모르지는 않을 것이다. 이러한 이유로 그 젊은이들은 현실과 인식 사이의 불일치에 직면하게 되는데, 이로 말미암아 그들은 격분에 휩싸이게 된다. 그들은 스스로를 한번 되짚어 보아야 한다. 이슬람에서 모시는 신이 3.0 버전의 능력을 가지고 있고, 기독교에서 모시는 신이 2.0 버전의 능력을 가지며, 유대교에서 모시는 신이 1.0 버전의 능력을 가지고 있다고 가정해 보자. 2.0 버전의 신과 1.0 버전의 신의 가호를 받고 있는 사람들이 정치·경제적으로, 또 교육적으로 3.0 버전의 신을 모시는 지역보다 더 우수하다면 이를 어떻게 설명할 것인가?

젊은 이슬람교도들은 이러한 불일치에 대하여 다음과 같이 체념한다. 이슬람 사회가 뒤쳐지는 한 가지 이유는 유럽이나 미국, 이스라엘 등이 이슬람 사회에 대해 착취하기 때문이며, 다른 하나는 유럽이나 미국 이스라엘 등이 이슬람 사회의 발전을 교묘히 가로막고 있기 때문이고, 또 나머지 하나는 이슬람 사회의 지도자들이 미국 세력을 등에 업고 이슬람 본래의 원리에서 이탈하여 비 이슬람적인 행위를 하고 있기 때문이라는 것이다. 이슬람교도들은 대부분의 기독교가 교화를 통해 2.0.1로, 유대교가 1.0.1로 버전이 상승되었다는 사실을 인정하려 하지 않는다. 이슬람이 정교를 분리하고 사회법과 종교법을 분리하는 등 해석을 통하여 현대화를 받아들인다면 그들의 신은 3.0.1 버전의 수준으로 등급을 올릴 수 있을 것이며, 이렇게 이슬람이 개혁된다면 그들은 많은 이득을 얻게 될 것이다. 몇몇 현대 이슬람 학자들은 이슬람의 재해석을 통한 종교 개혁을 시도하였으나 그들의 노력은 정부로부터 감시의 대상이 되었으며 외부의 제재를 받았다.

세계관이나 신앙 체계, 법, 국가 등을 바라보는 관점에 있어 이슬람 사회는 미국이나 유럽과 같은 서구 사회와 극명한 차이를 보이고 있다. 이러한 극단적인 시각의 차이는 서구 사회로 들어오는 이슬람교도들이 점차 많아지면서 심각한 갈등 요소로 반전하게 된다. 영국의 철학자 로저 스크루톤은 이러한 문제를 『내셔널 리뷰』지(2002년 6월 17일자)에 다음과 같이 투고했다.

이슬람교도들이 서구 사회에 동화할 수 있는 능력에 대해 일반인들이 걱정하는 것은 어느 정도 이유가 있다. 문명의 충돌로 비유한다면 지나칠 수 있겠지만, 일종의 관할 구역의 충돌에 비유한다면 그다지 과장되지는 않을 것으로 보인다. 종교적인 관할 구역은 영토의 관할 구역과 같은 경계 안에 둘 수 있다. 그러기 위해서는 서로가 상대방의 필요에 따라서 조심스럽게 공간을 내 줄 수 있어야 한다. 사실상 이러한 공존은 지극한 신앙심을 통해서 얻게 되는 것이다. 서구 사회에서는 성화가 아주 잘 성취되었기 때문에 종교는 이미 일반 대중이나 정치에서 벗어나 버렸다. 이러한 성화는 유대-기독교 문명 안에서는 하나의 교감 작용을 하게 되었지만, 이슬람 사회에서는 교감이 될 만한 특성을 가지지 않고 있다. 이는 이슬람교도가 서구 사회에서 충실한 시민이 될 수 없다는 의미는 아니다. 물론 될 수는 있다. 그러나 충실한 시민이 되면서 그 사회의 법의 지배와 지역공동체에 근거한 다양한 종류의 종교적 민족적 권위에 대해 서로 인정해야 한다. 대다수의 다른 유럽 이민자들은 그렇게 인정해 왔다. 그러나 라이벌 관계에 있는 상대의 권위를 없애는 일이 어렵고도 불가능하다는 것을 알게 되는 부류도 있다. 또한 몇몇 이슬람교도들은 유럽에서의 안락한 삶을 살 수 있는 혜택을 누리기 위해서 자신들도 유럽의 다양한 상대에 대한 권위를 존중해야 한다는 사실을 잘 이해하지 못하고 있다. 이슬람 테러리즘은 신성한 법에 기반을

두고 있다고는 하나, 그 신성하다는 법은 서구 사회의 세속적인 법과
달라서 분쟁을 평화롭게 해결하기 위한 법이 아니다. 이들은 여전히 이
교도들에게는 말을 건네지 않는다. 이슬람 법은 또한 세상 밖의 법이
며, 딴 세상의, 외계의 법이다. 마치 하늘의 호통치는 목소리로 인간 세
상을 병영처럼 다스리는 법이다. 이슬람이라는 용어는 '복종'을 의미
하고 이들에게 평화란 하늘의 명령에 복종하지 않는 모든 세력들이 사
라지는 시점이다. 그러므로 이슬람의 법 개념을 이슬람 집단 내부적으
로만 한정하는 사람들은 서구 사회와 융합하기가 어려운 일이다. 한 사
회의 통합을 위해서는 그 사회의 시민이 되어야 하며, 시민은 스스로가
그 사회의 규칙에 따라서 행동해야 한다. 다시 말해서 그들 자신의 종
교적 신앙심이나 민족 의식은 개인적인 영역에 국한되어야 하며, 그들
은 다른 가정, 다른 민족, 다른 신앙을 가진 사람들과 똑 같은 시민으로
돌아가야 한다. 교회와 같은 서구 사회의 자생적 단체들이 새로운 이
슬람교도 이웃에게 평화와 화해의 목소리를 계속 전달하려 해도 새로
운 이슬람교도 이웃들은 대개 침묵만 지키고, 그렇게 뻗어 오는 화해의
손길이나 서구 사회의 문화에 대해 이해하려 하지 않는다. 서구 사회에
서는 이 문제를 어떻게 극복할 것인가? 참으로 대답하기 어려운 문제
이다. 그러나 확실한 것은 서구 사회는 이러한 문제를 극복하는 방법을
터득해야 하고 이슬람 이웃들에게 관심을 쏟는 사람들을 비난해서는
안 된다는 것이다.

서구 사회와 이슬람 사회의 가치들 사이에는 신학적인 불일치말고
도 일상적으로 겪게 되는 차이점들이 있다. 유럽 이슬람 사회의 젊은
이들이 일단 종교에 몰입해서 이슬람교도가 되면 그들은 종교 활동을
생존의 유일한 의미로 받아들인다. 그리고 이 때부터 그들은 주변의

외부 사회가 자신들을 항상 공격하고 있다고 간주한다. 유럽의 이슬람교도들은 여성들의 여권 신장이나 유럽 사회의 보편적인 세속화, 물질주의와 상업주의의 발달 등과 같은 사회적 현상이 미국으로 인해서 진전되고 있다고 본다. 그리고 이러한 미국이 주도하는 변화는 자신들의 사회 규범을 흔들어 놓고 있으며, 자신들은 이러한 도전에 직면해 있다고 느끼고 있다. 그들은 미국이 그들의 종교적 세계, 다시 말해서 자신들이 건설하고 싶어하는 이상세계를 파괴하는 가장 가공할 만한 파괴력을 갖춘 무기라고 보고 있다. 바로 그런 이유에서 그들은 서유럽보다도 미국을 영원한 악으로 간주하고, 제 힘을 발휘하지 못하도록 세력을 약화시키거나, 경우에 따라서는 자살을 감수하면서까지 미국의 파멸을 노리는 것이다. 만일 미국이 그들이 생존의 유일한 의미라고 생각하고 있는 이슬람 사회를 파괴한다면 그들도 미국을 파멸시킬 것이다.(사실 유럽의 젊은 이슬람교도들은 모두 결혼을 하지 않은 사람들로서 이들의 종교적 열정은 이성과의 관계에서 비롯되었으며, 결국 젊은 가슴에는 분노와 극단주의가 타오르게 된다. 이에 관한 내용은 프라우드 박사의 도움을 얻어 나중에 자세히 기술하겠다.)

서구 사회에서 이 낯선 이방인들이 부딪치는 이 같은 환멸은 화학반응과도 같아서 그들은 언제라도 그들 분노의 뇌관에 불을 붙여 모든 악의 근원인 미국을 향해 날려 보낼 수 있는 인물이 필요했던 것이다. 이 곳 유럽은 이슬람 극단주의 지도자들에게는 아주 천국 같은 곳이다. 이슬람 극단주의 지도자들은 아랍사회에서 추방되어 정치적 망명자의 신분으로 위장하고 유럽에 머무르는 자들이다. 유럽 사람들은 이 이슬람 극단주의자들을 감시하기는커녕 그들에 대한 정보에 눈과 귀가 막혀 있다. 브뤼셀 나토 본부에 있는 한 고위 미군장교는 나에게

“테러리스트에 대한 벨기에의 입장은 ‘하고 싶은 것은 아무거나 해도 좋은데, 이 곳에서는 하지 마라. 너희들이 우리를 성가시게 하지 않는 다면 우리도 너희들을 성가시게 하지 않으마.’ 하는 식입니다.” 하고 이야기해 주었다.

자존심을 상실해서 괴로워하는 이슬람교도 젊은이들이 이슬람 극단주의 지도자나 미국과 유럽 같은 느슨한 안보 환경을 만나게 되면 이들은 테러를 모의하고 제2, 제3의 테러 비행 조종사 모하메드 아타를 배출하게 된다. (사우디 아라비아 출신의 테러 보조자들에 관해서는 후술하기로 한다.)

카라트니키 씨는 “현재 우리가 마주치는 테러리스트들은 서구 사회에서 나타나는 하나의 현상이며, 이러한 현상은 미국이나 유럽 사회 내부에 있는 이슬람교도 집단 사회에 존재한다는 것을 알게 되었다. 이렇게 볼 때 테러와의 전쟁은 서구 내부에서 지속적으로 노력해야 한다는 것을 알 수 있다. 그 싸움은 마치 저 멀리 중동의 이슬람 사회에서 치루어지는 전쟁과 동일하게 다뤄야 할 것이다. 테러 조직망은 오늘날 서구의 대학에서 활동하는 학생들과 학자들 사이에서 잘 조직되어 있다. 이들은 조만간 여러 종류의 정치 종교 집단들과 연대하여 명령에만 의존하는 ‘침묵하는 자’ 에서 벗어나 이슬람 극단주의자로 성장할 것이다.” 라고 결론을 맺는다.

마법의 왕국

사우디로 떠나기 전에 나는 한 바레인 친구에게 이메일을 받았는데, 그녀는 내게 '마법의 왕국' 사우디로 와 달라고 간곡하게 부탁했다. 그녀는 사우디가 조금은 별천지 같은 나라라는 이야기를 했는데, 그 말에는 일리가 있었다. 사우디 여행은 내게 있어 아주 이례적인 경험이었다. 이 책의 독자들은 내가 나중에 기사를 쓰게 되면 읽게 되겠지만, 나는 사우디를 9·11 테러에 부분적으로 책임이 있다고 초기에 냉엄하게 지적한 바 있다. 그것은 비행기 납치범들 중 15명이 사우디 청년들이었을 뿐만 아니라, 오사마 빈 라덴이 사우디 출신이었으며, 사우디가 탈레반 정권을 지지하고 재정적인 지원을 했기 때문이다. 또한 사우디의 자선단체가 의도적이든 아니든 간에 알 카에다와 세계 전역의 초보수적인 이슬람 학교들에 재정 지원을 했고, 사우디의 교육 제도 자체도 부분적으로는 이슬람 밖의 사람들에 대한 무분별한 차별을 부추기는 지침서 역할을 했기 때문이다.

그러나 무엇보다도 참을 수 없는 사실은 사우디 정부가 미국 역사상 최대의 참사였던 이번 9·11 테러에 15명의 자국민이 개입했는데도 사과 한마디 없다는 사실이다. 나는 사우디 정부가 이번 사태에 책임져야 한다는 차원에서 하는 이야기가 아니다. 내가 바라는 것은 사우디 정부가 유감 표명 정도는 해야 한다는 것이다. "이번 15명의 젊은이들은 미국과 사우디의 우호관계를 단절시키고, 우리나라의 국가적 위상을 손상하게 하기 위해서 참가했습니다. 그들은 사우디의 국민적 정서나 국민들의 관심사항을 대변한 것이 아닙니다. 그렇다고 하더라도 그들이 우리나라의 품 속에 있었던 사람들이라는 것을 인정하지 않을 수 없습니다. 그렇기 때문에 우리는 미국민들에게 깊은 유감을 전해드리며 이런 일의 재발 방지를 위해서 노력을 다하겠습니다." 이렇게 말이다.

그러한 짧은 말 한마디는 사우디에게 엄청난 미국의 호의를 가져다줄 수도 있었다. 그러나 사우디 정부는 처음에 침묵을 지키다가 나중에는 "그 비행기 납치범들은 사우디에 살지 않았다. 설사 그렇다고 하더라도 그들은 정상이 아닌 자들이었다. 따라서 사우디는 그들과 상관이 없다. 또 사우디가 책임이 있다 하더라도 그 비난은 팔레스타인들을 학대해서 아랍의 젊은이들을 분노하게 만든 이스라엘에게 돌아가야 한다."는 요지의 부정을 한 것이다.

나는 이러한 사우디의 책임 회피 노력에 격분하였으며 위험한 발상이라는 생각을 했다. 결국 나는 옛 소련을 냉전의 투쟁 대상으로 생각했던 것처럼 사우디 아라비아를 테러와의 전쟁에서의 투쟁 대상이라고 결론짓게 되었다. 사우디는 테러에 있어서 자금과 이론적 기반을 제공하고 있으며, 우리를 위협하는 테러리스트들의 양성소가 되고 있기 때문이다.

이러한 사우디의 역할은 테러 문제에 있어 사우디를 최우선적으로 검토해야 할 필수적인 대상으로 등장시킨다. 사우디의 자원이나 이슬람 사회에서의 높은 신뢰도 등을 고려해 볼 때, 사우디를 배제하고는

‘이슬람-현대화-서구사회’의 연결 고리를 둘러싸고 있는 문제를 풀어 나가는 데 있어 시작도 제대로 할 수 없는 것이다. 그런 이유로 나는 2002년 1월에 워싱턴의 사우디 대사관에 비자를 신청했고, 그 때 나는 ‘과연 사우디가 문제 해결에 역할 분담을 하려 할까? 설령 한다고 하더라도 그 곳의 체제가 현재의 이슬람을 보다 포용력 있는 형태로 변화시켜 나가는 데 일조할 수 있을까?’ 하는 몇 가지 문제에 대한 해답을 찾고 있었다.

놀랍게도 내가 비자를 신청하자마자 아델 알자베이르라고 하는 압둘라 왕세자의 젊은 외교정책 고문을 통해서 비자가 인가되었다. 이것이 2002년 1월 초의 일이었다. 사우디가 많은 기자들을 그 나라로 불러들인 것은 일종의 위장전략이라고 여겨진다. 기자들이 일단 이 곳에 오면 위기에 몰린 지금의 사우디는 세계 언론을 향해 테러에 대한 자국의 입장을 해명할 테고, 결국 세계의 언론은 해석이 곁들여진 사우디의 모습을 보도할 것이기 때문이다. 나는 확실히 그들의 잘 다듬어진 변명을 들을 수 있었다. 실제로 그 곳에서는 예상 밖으로 내가 좋아하는 많은 사람들을 만났다. 그러나 한편으로 혼란스런 여러 일들을 보고 듣기도 했다.

본론으로 들어가기에 앞서서 나는 잠깐 사우디로 출발하기 전에 기록해 두었던 내용을 언급해 보고자 한다. 이는 이번 사우디 여행기를 전개해 나가는 데 관련이 될 수도 있기 때문이다.

1월말쯤 아프카니스탄과 브뤼셀에서 돌아와 나는 하루 일정으로 뉴욕에서 열린 세계 경제 포럼에 참석했었다. 그 행사가 개최되는 월도프 아스토리아에 도착하자마자, 나는 모로코의 정치가이자 오랜 친구인 앙드레 아조울리를 만나게 되었다. 앙드레는 모로코에 사는 유대인으로 오랫동안 모로코 왕가의 고문으로 신임받고 있으면서, 이스라엘과의 평화 관계 유지에 공로를 해 오고 있는 인물이다. 우리 둘은 약 15분 동안 로비에서 최근의 인티파다 이후 상황이 얼마나 악화될지 논의하고 있었다. 이야기를 주고받다가 우리는 가끔 상대방의 말을 가로막기도 했다. 그러다가 두 사람의 대화 중에 결론이 나지 않는 부분에 대해서는 아랍인으로 하여금 결정을 내리도록 하는 한 가지 생각을 해냈다. 이제까지 이스라엘 평화안이 바라크에 의해 제안되었고, 빌 클린턴에 의해서 미국의 평화안이 제시됐지만, 무역이나 관광, 외교 등의 분야에서 아랍과 이스라엘간의 권리와 의무를 규정하는 아랍의 평화안은 제안된 적이 없었다. 앙드레와 이야기를 하면 할수록 이야기한 내용들을 기사화해야겠다는 생각을 하게 되었다.

나는 앙드레에게 "나는 부시 대통령이 아랍 연맹의 지도자들에게 다음 번에 열리는 아랍 연맹 총회 때 아랍 평화안을 발의하도록 제안하는 편지를 보내도록 해 보겠네."하고 말했다. 그랬더니 그는 나의 이러한 의견에 좋은 생각이라고 하면서 그렇게 꼭 해 보라는 격려를 잊지 않았다.

잠시 뒤 주점으로 들어갔는데 그 곳에서 전 이집트 외무장관이었고 현 아랍 연맹의 회장직을 맡고 있는 아무르 무사와 마주치게 되었다. 우리는 서로 오랫동안 알고 지내는 터였다. 그래서 혹 서로 의견이 맞지 않는 부분이 있어도 우리는 항상 솔직하게 이야기를 터 놓을 수 있는 사이였다. 우리는 이집트의 사업가 샤픽 고브르와 아랍 연맹 유엔 주재 대사 등과 자리를 함께 했었다. 내 기억으로 나는 아무르 무사에게 다음과 같은 제안을 했던 것 같다. "이봐 아무르, 아랍 연맹은 다음에 무슨 일을 할거지? 아무것도 하는 일이 없잖아. 자네는 그 연맹이 무용지물이 되도록 그냥 놔둘 건가?"

그리고는 여러 가지 이야기를 했는데, 그 중에는 아랍 연맹과 관계

된 것들도 있었다. 나는 앙드레와 대화 중에 나왔던 이야기를 해주고 아무르와의 대화 내용도 기사화하고 싶다는 의견을 피력했다. 커다란 시가를 한 모금 빨면서 나의 제안을 곰곰히 생각해 보던 아무르 무사는 "그럼 자네 기사를 한번 써 보게." 하고 말했다.

내 생각에 이 제안에는 아랍 사회의 동의가 필요할 것 같았다. 뉴욕을 떠나기 전 나는 그 곳에 있던 몇몇 아랍의 외교관들에게 이 제안을 들려주었고 그 사람들은 이 제안에 동의했다. 그 날 나는 무사를 다시 마주쳤는데, 그는 나에게 "자네 그 기사 쓸 거지?" 했고 나는 그럴 참이라고 대답했다.

그런 일이 있고 일주일도 채 되지 않은 2002년 2월 7일에 나는 기사를 내보냈다. 그 기사는 부시 대통령이 아랍의 지도자들에게 보내는 편지 형식이었다. 내용은 2002년 3월에 베이루트에서 열리게 되는 아랍 연맹 총회에서 아랍이 이스라엘에게 평화안을 제안하라는 촉구 내용이었다. 즉 이스라엘에 대해서 1967년 중동전 이후 점령하고 있는 팔레스타인 지역에서 철수할 것을 조건으로 양측이 향후 전반적인 분야에 걸친 관계정상화를 하는 것을 골자로 하는 간단한 선언을 이번에는 아랍쪽에서 발표하라는 제안이었다. 기사가 나간 지 며칠 후 요르단 정부의 한 친구가 나에게 요르단의 압둘라 국왕도 부시 대통령에게 2001년 9월 8일에 비슷한 취지의 내용이 담긴 편지를 보냈다고 말하고, 며칠 뒤 암만에서 그 편지 사본을 보내 왔다. 그러나 그 요르단 친구는 그 편지가 공개되지 않기를 부탁했다. 그는 나에게 그러한 제안이 아랍에서의 큰손인 이집트나 사우디에서 제안되지 않으면 아랍 연맹 다수의 지지를 얻기 힘들다고 말했다.

사우디에 도착한 지 이틀 뒤 나는 앞서 거론한 모든 일들을 마음에 간직한 채 압둘라 왕세자와의 인터뷰 제안을 받았다. 압둘라 왕세자는 파드 국왕이 심한 뇌졸증으로 환우중에 있어 실질적인 사우디의 통치자인 셈이었다. 2월 13일 수요일에 아델은 호텔에서 나를 태우고 리야드 외곽에 있는 왕세자의 목장 근처로 갔는데, 그 곳에서 압둘라 왕세자는 경주로를 가로지르며 다른 아랍인들과 경주를 하고 있었다. 아델과 나는 그 곳에 도착한 후 한 시간 이상을 왕자의 천막에 앉아서 그를 기다리고 있었다.(압둘라 왕세자는 늦은 밤부터 새벽 5시까지 일을 했는데 그러한 관례는 낮 동안 날씨가 너무 뜨거워 밖에서 일을 할 수가 없기 때문에 생겨난 베두인 시대까지 거슬러 올라가는 오래된 전통이다.)

우리가 그의 긴 천막 안으로 안내되었을 때 그 곳에는 벽 주변으로 의자가 둘러 있었고 왕가의 여러 사람들과 각료들이 자리를 하고 있었다. 압둘라는 커다란 의자 한쪽 끝에 앉아서 대형 텔레비전 벽면과 방향을 맞추고 있었다. 나는 그 대형 텔레비전 가장자리로 둘러싸고 있는 30개가 넘는 작은 텔레비전들을 대충 세어 보았다. 압둘라 앞에는 원격 작동기가 있어서 작은 화면과 큰 화면 어느 것이든 마음대로 볼 수가 있었다. 또 커다란 세 개의 주스 잔에는 여러 종류의 주스가 담겨 있었고, 팝콘도 놓여 있었다.

그는 나에게 주변에 있는 여러 사람에게 자기 소개를 하라고 했다. 나는 그 곳 사우디의 전통의상을 입은 정부 고위 관리들과 왕족들에게 돌아가면서 악수를 했다. 이전 어디에서도 한 번도 경험해 보지 못했던 상황에 나는 당황스러웠다. 나는 미네소타 출신의 유대계 미국인이며 평소 사우디에 대해서 아주 냉소적인 『뉴욕 타임스』 칼럼니스트이다. 그런 나를 이 곳의 모든 사람들이 좋게 보아줄 리 만무했고, 그들의 시선이 따갑게만 느껴졌다. 그 곳에는 모두 남자들만 있었고, 그들은 이 얘기 저 얘기를 나누면서 담배연기를 연신 뿜어대며 그저 옆에 들러리로 앉아 있는 사람들이었다.

압둘라는 영어를 사용하지 않았고, 아델이 통역을 했는데, 그래서 대화는 많지 않았다. 나는 그 딱딱한 분위기를 깨기 위해 내가 쓴 책 『렉서스와 올리브나무』의 아랍어판을 그에게 주고는 그의 농장이며 말에 관한 질문을 했다. 그는 한눈으로는 내게 응대를, 또 한눈으로는 그 많은 텔레비전 화면들을 번갈아 가며 보고 있었다. 그는 거의 중동에 관한 뉴스를, 특히 이스라엘과 팔레스타인에 관해서 CNN이나 아랍의 여러 방송국에서 방송하는 내용을 하루 종일 보고 있었다. 그가 볼 수 있는 유일한 방송인 아랍의 방송들은 보도의 객관성을 유지하는 것 같지 않았다. 나는 그가 다른 정보도 많이 듣고 있으려니 생각하면서도 대체적으로 세계에 대해 가지는 그의 시각은 아랍의 텔레비전에 의존할 것이라는 생각이 들었다.

이런 저런 이야기를 하는 70대의 압둘라는 교활한 면이 있었다. 사실 그가 70대라고 알려져 있긴 하지만 그가 태어날 무렵에 그 사막 한가운데에서 출생을 증명하는 서류가 있었는지 알 길이 없고 따라서 정확한 나이를 알 길은 없다. 그는 세속적인 사람은 아니었지만 민족과 함께 위기의 순간을 잘 극복해 온 원로로서의 재치를 갖추고 있었다.

45분간의 짧은 대화를 마치고 (나는 허기를 느껴서 몇 줌의 팝콘을 입에 넣었다.), 우리는 뷔페가 잘 차려진 옆의 긴 천막으로 자리를 옮겼다. 압둘라가 나를 안내해서, 시식용 스푼으로 기호에 맞는 요리를 집었다. 그가 좋아하는 것은 무엇이든 뒤따라오던 하인이 식기에 담았다. 그곳에는 아랍, 이탈리아, 프랑스, 아시아, 미국 등 여러 나라 요리들이 준비되어 있었다. 마치 로마의 황궁에서 벌어지는 잔치와도 같아 보였지만, 그 곳 사람들에게는 왕자가 있는 저녁이면 항상 벌어지는 식사자리 같았다. 그곳의 왕족들은 음식을 먹는다기보다는 그저 사람들 사이를 왔다갔다하는 것같았다.

압둘라는 그 길고 네모진 테이블의 가장자리에 앉았고, 그의 정면에
는 시야에 잘 들어오는 커다란 텔레비전 스크린이 설치되어 있었다.
우리는 식사하면서 이야기하기도 나누고 텔레비전도 보았다. 저녁식
사를 마치고 다시 이전의 천막으로 되돌아 와서 커피를 마셨다.

나는 무슨 일이 또 있을까 궁금해지기 시작했다. 10시 무렵이 되자
압둘라는 진지한 대화를 나누고 싶다는 제스처를 보내면서 약 100야
드쯤 떨어진 집으로 자리를 옮기자고 했다. 우리는 그 곳까지 걸었고,
그와 아델 그리고 나 이렇게 셋은 그의 거실에 자리를 잡았다.

이렇게 해서 우리는 이 흥미로운 이야기를 시작하게 된 것이다.

나는 메모장을 꺼내 인터뷰를 시작했다. 나는 15명의 사우디 출신
비행기 납치범들이 누구인지, 왜 사우디 정부가 9·11 테러에 자국의
국민이 개입한 사실에 대해 사과하지 않는지 등을 물었다. 그의 대답
은 빈 라덴과 그의 수하들이 다른 목적보다도 미국과 사우디의 관계를
무너뜨리기 위해 저질렀던 게 명백하고, 미국인들도 이를 명백히 알고
있으리라는 대답을 하였다. "우리는 잠시라도 미국이 우리나라와의 우
정을 의심하리라고는 생각지 않아요. 우리는 미국이 우리를 좋아할 거
라고 생각했어요. 잘못 판단했군요. 만일 당신들이 우리 사우디를 진
정한 우방이라고 생각한다면 우리를 의심하지 말아야 해요."라고 압둘
라는 말했다.

9·11 테러에 대한 사우디의 한결같은 반응은 다음과 같다. 빈 라덴
과 그 추종세력은 이슬람과 아랍 사회를 좀먹는 세력이었고 사우디의
이해에 상반되는 일을 했다. 그러므로 사우디는 그들에 대해 책임질
일이 아무것도 없다. 다른 '서방의 정보기관'이 그 배후에 있었을 것이
다. 학교에서 그렇게 가르쳤기 때문인지, 사우디의 체제에서 그 젊은
이들에게 직업과 여러 가지 기회를 부여하지 못했기 때문이었는지, 정

부가 이슬람 극단주의 지도자들로 하여금 사원이나 기도회에서 반미 감정이 담긴 설교를 하도록 방치했기 때문에 그랬는지 도대체 테러리스트들과 관련한 일체의 인정을 사우디 정부는 한 바 없고 공식적으로 발표할 의사도 없었다. 오히려 사우디는 비행기 납치범들이 생겨난 근본적인 이유를 찾으면서, 그 근본적인 이유를 단지 한 가지 '이스라엘과 이스라엘의 점령'으로 시종일관 결부해서 문제삼고 있다.

압둘라는 9·11 직후 사우디와 다른 아랍 국가들에 의해서 자체조사가 진행돼야 한다고 공공연하게 강조했다. 그러나 이번 사건과 관련해서 아랍 사회에서는 객관성과 신뢰성을 유지하면서 조사할 수 있는 아랍 자체 조사단을 지명하지 않았다. 이제껏 사우디의 한 신문만이 15명의 사우디 출신 비행기 납치범들에 대하여 진지하게 조사를 했고, 그 외에는 아무도 알려고 하지 않았으며 묻는 것조차도 금기시되었던 것이다.

한 시간이 지났을까, 나는 아랍 연맹 총회에 관해서 다음과 같이 질문해 보았다. "왕자님, 아랍 연맹 총회가 곧 베이루트에서 열릴 텐데요. 저는 전에 이 곳에 오기 전에 아랍 연맹이 진정으로 역사에 발전적인 공헌을 하려고 한다면, 또 진정으로 문제 해결의 돌파구를 찾으려는 의지가 있다면 이번 회의에서 아랍 평화안을 내놓아야 한다고 봅니다. 솔직히 말해서 이스라엘도 바라크 총리가 이스라엘 평화안을 내놓았고, 미국도 클린턴 대통령이 미국 평화안을 내놓았지요. 그러나 아랍과 이스라엘사이의 권리와 의무를 규정하는 아랍 평화안은 한 번도 없었어요. 그러니 이제는 이스라엘이 1967년 이후에 점령하고 있는 지역으로부터 철수할 것을 조건으로 이스라엘과의 무역과 관광 등 포괄적인 관계 정상화를 제안하는 평화안을 아랍에서도 내놓을 때가 된 것 같지 않습니까?"

그러자 압둘라는 나를 놀란 듯이 바라보더니, "선생, 갑자기 어디서 오셨오? 지금 내 사무실에 있는 것 맞소?”하고 묻더니, 아델을 향해서 “이봐, 아델, 자네가 이 사람 내 방으로 데려왔나? 내가 이런 말을 하는 이유는 그 아이디어가 내 것이었단 말이오. 단 두 사람만이 그걸 알고 있었지요. 난 이 안건을 가지고 세 달을 궁리했어요. 그리고 이 안을 아랍 연맹총회 이전에 상정하려 했지요. 근데 이제 샤론 총리가 점점 강경해지고 있어서 그것을 내놓기가 어렵다고 결론을 내렸던 거요. 그래서 지금은 그 안을 상정하지 않으려 해요. 지금 당장에라도 전화를 해서 직원한테 내가 제출하려던 그 성명서를 보여 줄 수도 있어요. 그 내용은 선생이 제안한 내용과 유사한 것이지요. 이제 와서 내가 그 성명을 낭독한다면 사람들은 아마 그 아이디어를 선생에게서 얻었다고 생각할 거요. 원래 내가 구상하고 있던 것인데도 말이지.”하고 말했다.

이러한 그의 모든 이야기를 듣고 나는 순간적으로 생각을 해 보았다. 한편으로 보면 비록 그가 그 연설문을 나에게 제공하지는 않았지만, 그의 이 말은 기사거리로서의 가치가 있었다. 다른 한편으로 보면 우리의 대화는 사적으로 이루어진 것이었지만, 그가 내게 전한 이 말을 대외적으로 발표한다면 반응이 꽤나 클 것 같았다. 그러나 그가 아랍 평화안 성명을 발표려고 했지만 샤론의 과격한 행동 때문에 다시 서랍에 집어넣었다는 그 말은 누가 들어도 명백한 핑계에 지나지 않았다.

“솔직히 왕자님, 저는 그런 구실들을 이전에도 들어 왔습니다. 이전에도 몇 번씩 아랍의 지도자들은 ‘네타냐후 총리가 이렇게 하지만 않았어도 나는 이스라엘과 평화를 구축했을 겁니다. 샤론 총리가 그러지만 않았어도 나는 이스라엘을 방문했을 겁니다.’ 하고 말하곤 했죠. 왕자님, 저는 그 후 한동안 이런 구실들을 신중히 받아들이기가 어렵게 되었습니다. 진정으로 중동에 평화를 정착시키는 일에 관심이 있다면 이런 일들을 공공연하게 밝혀야 합니다.”

압둘라 왕세자는 취재 내용 중 어떤 말을 기사화하겠냐고 내게 물었다. 나는 이스라엘의 전면적인 철수를 조건으로 하는 관계정상화를 내용으로 하는 아랍 평화안의 골자를 기사화하는 게 어떠냐고 제안하였다. 그는 잠깐 생각에 빠지더니 "생각 좀 해 봐야겠어." 하고 말했다.

우리는 화두를 다른 곳으로 돌려, 한 시간 반을 더 이야기하였다. 일어서려 할 때 나는 그가 한 말을 발표해도 되겠냐는 질문을 하면서, 그에게 "왕자님께서 위험을 부담할 수 없다면 부시 대통령도 이스라엘과 팔레스타인 사이의 교착 상태를 타개하기 위한 정치적 위험을 감수할 방안이 없습니다."라고 말했다. 함께 서 있던 압둘라 왕세자는 한동안 생각을 하더니 "부시 대통령은 왜 그런 얘기를 나에게 하지 않지?" 하고 물었다. 나는 다시 "잘 모르겠네요. 내가 보기에는 아랍 국가들이 미국 정부를 잘 이해하지 못하고 있는 것 같군요. 가장 먼저 이해해야 할 것은 현 정부는 '부시 2세'가 아니라 '레이건의 3세'라는 것입니다. 이 말은 현 정권의 정책 기조는 현 대통령의 아버지 부시 대통령의 연장이 아니라 신보수주의였던 레이건 행정부 때부터 내려오는 정책이라는 것입니다. 이번 행정부는 레이건과 유사한 정책을 펴고 있습니다." 하고 말했다.

나의 그 말에 압둘라의 눈은 타오르는 듯했다. 이제 나의 말뜻을 알아차린 것이다. 그는 미국에 대해서 더 알고 싶었던 것 같다. 그래서 나는 조금 더 이야기를 계속했고, 내 기억으로는 다음의 말을 했던 것 같다. "왕자님, 또 다른 사항들 중 아랍 국가들이 잘 파악하지 못한 것이 있습니다. 아마 클린턴 행정부가 교체된 후에 데니스 로스, 샌디 버

＊White Anglo-Saxon Protestant : 앵글로색슨계 백인 신교도로서 미국 사회의 주류를 이루는 지배 계급으로 여겨지는 계층.

거, 매들린 올브라이트, 애론 밀러 등과 같은 모든 유대인들이 미국의 중동 정책 일선에서 물러난 것을 알고, 아랍에서는 참 잘된 일로 받아 들여졌을지 모르겠습니다. 그래요, 맞아요. 클린턴 행정부의 유대인 정책가들은 물러났죠. 그들은 더 이상 중동 정책을 담당하지 않고 있 어요.”

“그런데 이제 아랍 사회는 미국의 WASP *정책가들과 대결해야 하 고, 그들은 경험과 능력을 갖추고 있습니다. 그런데 그들은 이스라엘 과 팔레스타인의 분쟁에 별로 관심은 없지만 신경을 덜 쓸 수도 없는 입장에 처해 있는 겁니다. 그러다 보니 중동 문제에 감정을 개입할 여 지가 없게 되는 겁니다. 클린턴 행정부 때는 달랐습니다. 그 때 유대인 이 주도했던 중동 정책은 평화 정착에는 성공하지 못했지만, 내 생각 으로 그들이 너무 지나치게 중동에 관심을 쏟았다고 봅니다. 저는 그 게 실패의 원인이라고 생각하고 있죠.”

압둘라 왕세자는 내 이야기를 정신 없이 듣더니 미국 행정부에 대해 몇 가지 추가적인 질문을 했다. 내가 대답한 내용은 이제껏 그가 아랍 의 텔레비전을 통해서 접했던 정보와는 판이하게 다른 내용이었을 것 이다. 나는 약 2시가 되어서야 그의 집을 나서서 호텔로 돌아왔다. 이 날은 나의 여행 일정 중에서 아주 이례적인 밤이었지만, 나는 압둘라 왕세자가 그의 인터뷰 내용을 기사로 내 보내도록 허락해 줄 거라고는 기대하지 않았다. 다음날 일어나서 나는 아주 방향이 다른 기사를 작 성하기 시작했다.

다음날 오후 아델이 내게 전화를 해서 내가 쓴 기사 내용 중 인터뷰 부분을 팩스로 보내 달라고 부탁을 했다. 나는 그의 요구대로 보내 주 었다. 그는 아마도 압둘라 왕세자와 그 내용을 확인해 볼 것이다. 약 두 시간쯤 뒤에 그는 내게 다시 전화를 해서 “그렇게 내 보내. 모두 다

잘 됐어.” 하고 말하는 것이었다.

“아델, 나는 왕자에게 폐를 끼치고 싶지 않아. 그런데 그 인터뷰 기사 내용을 알기는 하나? 그는 관계 정상화란 말이 무얼 뜻하는 말인지 알아? 아라비아어로 통역은 제대로 한 거야? 나는 이 기사를 신문에 내고 싶지는 않아. 그가 이 글을 부정했으면 좋겠어.”

아델은 “다시 한번 내용들을 확인해 볼게.”하고 말했다.

아델은 다시 전화를 해서 “왕자님은 당신이 의도한 내용이 맞다고 하시네. 그는 ‘평화’ 라는 용어와 ‘외교, 무역, 사업전반에 관한 관계 정상화’ 란 말들을 다 제대로 이해하고 있어.”하고 말했다.

“그래 좋아. 그럼 난 그렇게 내 보낸다.”

이 일은 2월 14일 목요일 오후에 있었던 일이다. 뉴욕으로 원고를 송고하기 전까지는 아직 36시간이나 남아 있었고(일요 칼럼은 금요일 자정까지 작성되기 때문이다), 하시라도 압둘라 왕세자 측근에서 전화를 걸어 인터뷰 기사를 찢어 버리라고 요구할 것만 같았다. 나는 마감 시간까지 기사펑크를 내지 않기 위해 대체 칼럼을 써 놓았다.

그러는 사이 나는 나머지 사흘을 사우디 장관들과 몇몇 왕실 사람들을 만났다. 그러면서 알게 된 것은 압둘라 왕세자는 그 동안 왕실 사람들이나 정부의 어느 누구에게도 그가 이야기한 아랍 평화안에 대해 발설하지 않았다는 사실이었다. 그는 더구나 미국의 대사관에도 알리지 않았다. 이러한 사실은 왕자의 측근에서 나에게 토요일 저녁에 국무부와 백악관에 근무하는 몇몇 고위 관료들의 전화번호를 물어보는 바람에 감지할 수 있었다. 내가 “미국에 있는 사우디 대사관에 알아보면 알 수 있지 않겠느냐.”고 말하기도 했는데, 아마도 이러한 곳을 제쳐두고 일을 처리하는 모양이었다.

토요일 밤까지 나는 여러 가지 일로 지쳐 있었고 한 사우디의 기자

집으로 저녁식사를 하러 갔다. 묵고 있는 호텔인 지다 쉐라톤으로 되돌아 왔는데, 프런트의 직원이 내게 "클린턴 대통령이 전화를 주셨어요. 전화번호를 남기셨거든요."하면서 내게 전화번호를 주었다. 어찌된 영문인지 이해하기 어려웠다. 나는 클린턴 전 대통령의 집으로 전화를 다시 걸었다. 힐러리 여사가 받았다. 농담 몇 마디를 나누고는 클린턴 전 대통령을 바꿔 주었다. 클린턴 전 대통령은 시몬 페레스와 그의 오랜 고문이었던 우리 사비르와 함께 토론하고 있었다. 그 대화는 페레스와 아라파트의 고문 아부 알라가 했던 비공식 회담에 관한 내용이었다. 그들은 클린턴이 아라파트에게 착수할 것을 권고하였던 중동의 평화 정착을 위한 개괄적인 평화안의 초안을 작성한 것이었다. 그는 내게 이를 기사화해 달라고 부탁한 것이다. 나는 클린턴이 한 번 실패한 중동의 평화안을 재착수하려는 열의에 감탄했다. 나는 내가 지금 사우디에 있기 때문에 그 내용이 얼마나 잘된 내용인지를 검토할 수 있는 입장이 아니며, 귀국할 때까지 기다렸다가 이스라엘에도 전화를 해 봐야겠다고 했다. 나는 그에게 내일 아침 기사에서 보게 될 사우디 왕자의 발언을 잠깐 언급했다. 그는 즉각 그것은 아주 중요한 일이며 지지하겠노라는 말을 했다. 일을 다 마치고 나니 새벽 3시였다. 한 주 동안의 일이 이제서야 마무리되었고, 피곤에 지친 나는 잠자리에 들었다.

2월 17일 일요일 아침 『타임스』에 그 기사가 실렸다. 다시 월요일 아침에 사우디 신문들은 이 기사를 다뤘고, 아랍어로 조목조목 군더더기 안 붙이고 그대로 번역돼서 나갔다. 이를 읽은 사우디 사람들은 놀라움을 금치 못했다. 더욱 그 시기가 중요했던 이유는 그 때가 매년 이슬람 순례자들이 메카로 성지 순례를 하는 '하지'(haji)라는 행사를 하루 앞두고 있던 시점이었던 것이다. 따라서 약 2백만으로 추정되는 세계 도처의 이슬람교도들이 동시에 사우디에 모이는 것이다. 2백만 정도의 이슬람교도와 나 하나의 유대인이라.

압둘라 왕세자가 취하려고 했던 일은 무엇이었을까 곰곰이 생각해 보게 된다. 우선 9·11 테러에 많은 가담자가 있었던 사우디는 화두를 바꿈으로써 미국과의 관계에서 사우디의 실추된 이미지를 개선하는 일이 급선무였다. 그렇지만 그의 내면에는 또 다른 목표를 가지고 있었다. 그의 이러한 발표는 국내적으로 가히 쿠데타에 버금갈 만큼 충격적이었다. 그는 사우디 국민들에게 이스라엘을 향해 새로운 입장을 밝히는 민감한 사안을 공표하면서 가족들과 한마디 상의를 하지 않았다. 내 식견으로는 압둘라가 그 사안을 발표하면서 마침내 사우디의 왕이 된 것처럼 보였다. 압둘라 왕세자의 친형제나 이복형제들은 반드시 그를 후계자로 인정한 것 같지는 않았다. 그러나 이번 발표로 그는 이제까지보다도 더 아랍과 세계 정치에 있어 영향력 있는 인물이 되었다. 그는 이러한 국제 사회에서의 입지를 이용해서 국내에서도 영향력을 과시하려 할 것이고 그 자신을 권위 있는 존재로 확고하게 굳혔다.

마지막으로 압둘라는 아랍 연맹 총회가 열리게 되면 아랍의 지도자들은 아리엘 샤론에게 맹공을 퍼붓고 아랍의 군사력을 연합해 미국과 한바탕 대결을 준비하고 있는 이라크로부터 방어책을 구축하려 할 것이라고 예상하고 있었다. 그는 미국에 대해 이라크 공격이 중동 문제 해결의 유일한 대안이 될 수 없다는 주장을 해야 했다. 한편으로 사우디의 지도층은 팔레스타인 카드를 국민들이 부패와 통제 불능의 정치 상황으로부터 관심을 돌리도록 하는데 사용하고 있지만, 또 한편으로 사우디의 지도층은 팔레스타인 문제에 대한 일반 국민들의 정서도 읽고 고민해야 한다. 팔레스타인 문제가 해결되지 않으면 계속해서 아랍의 언론에 의해 달구어졌다가 이스라엘을 지원하는 미국에 대한 적개심으로 녹아내리곤 하는 국민들의 정서를 통해서 사우디의 젊은이들 사이에는 반감이 형성될 것이다. 그렇게 되면 최악의 경우 사우디와 미국은 공식적인 우호관계를 지속할 수도 없게 된다. 이는 사우디의 지도층에 하나의 위협이 될 수 있는 문제이다. 사적으로 압둘라는 예루살렘에 있는 두 개의 이슬람 사원을 되찾는 일에 몰두하고 있었다. 예루살렘에 대해 이야기하면서 나는 그에게 예루살렘은 성전산에 있는 두 개의 이슬람 사원이 그 도시의 전부라는 말을 해 주었다. 그는 유대인 쪽의 예루살렘이나 그 곳의 지리에 대해서는 특별히 잘 모르고 있었던 것 같다.

이틀 정도가 지나서야 그의 발표 내용이 주의를 끌게 되었고 아랍에는 논쟁이 일었다. 내가 사우디에서 미국으로 돌아온 뒤 며칠 후 한 레바논의 고위 정치인은 프랑스 베데스다에 있는 그의 집에서 내게 전화를 걸었다. "이보게 톰, 난 미국 사람이나 프랑스 사람만 이 전화 내용을 도청할 수 있기 때문에 이 곳에서 전화를 하는 것일세." 하고 말했다. 그는 내게 시리아 외무장관 파로크 알 샤라에게 전화해서 내가 그를 인터뷰 할 수 있는지, 사우디 국왕의 평화안에 대해 배서할 수 있는지 물어봐 달라고 부탁했다. 그 레바논 정치인은 이를 간곡히 부탁했지만 시리아 측에서는 이에 대해 흔쾌히 받아들이지 않고 뜸을 들였다. 나는 이런 전화가 적절치 않으며 샤라가 답변을 회피한다고 그 레바논 정치인에게 전해 주었다. 그는 이를 계속 알아볼 수 있도록 도와 달라고 했지만 나는 이를 묵살했다. 나는 또 이스라엘과 페르시아만 주변 한 국가의 각료로부터 전화를 받았다. 그들은 이 전화에서 사우디의 진정한 의도를 물었다. 둘은 모두 내 친구였고, 나는 여기에 기술한 내용을 이야기해 주었다. 이러한 전화들을 통해 나는 내게 압둘라 왕세자의 성명을 둘러싼 아랍과 이스라엘 내부의 반응들을 접할 수 있는 기회를 가졌다.

결국 압둘라 왕세자는 그의 약속을 실행했고, 그의 평화안은 3월말 베이루트에서 열린 아랍 연맹 총회에 제출됐다. 시리아 측의 반발 속에 압둘라 왕세자는 이스라엘 측에 무역, 관광, 외교를 포함하는 '관계 정상화'를 비롯해 여러 포괄적인 내용의 '일상적인' 관계의 유지를 제안했다. 그리고는 말미에 이러한 안은 압둘라 스스로가 생각해 낸 것이란 말을 해 두는 것을 잊지 않았다. 정말로 그의 서랍 속에 이러한 평화안을 숨겨 두었을까? 아니면 이 평화안에 대한 아이디어를 내 기사에서 얻은 것인지? 그랬다면 사우디는 아델의 도움으로 나와의 인터뷰를 통해 이 안을 다시 재조정하여 평화안을 발표함으로써 어떤 대가도 치루지 않고 테러의 고장으로부터 평화의 사절로 변모하는 기회를 얻은 셈이다. 물론 그것도 아리엘 샤론 총리의 거부를 예측했으리라. 그러나 어느 쪽이 그들의 진정한 의도였는지는 알기 어려웠다. 어떤 가정도 배제하기 어려웠다.

그러나 나의 기본적인 생각은 간단했다. 어쨌거나 내가 이슬람권 최고의 지도자인 사우디 왕자로 하여금 중동 평화안을 발표하도록 했고, 이러한 발표로 이스라엘과의 교착상태를 타개하고, 오랫동안 지속된 갈등의 수위를 변모시키는 훌륭한 일을 남겼다. 이번의 일은 클린턴 행정부의 캠프 데이비드 회담 이후 아랍이 제안한 평화안으로는 최초였다.

그러나 외람되게도 이번의 아랍 평화안 발표는 내가 사우디를 방문한 원래의 목적은 아니었다.

토머스 씨

나는 사우디 출신의 15명의 비행기 납치범들을 양성한 세력에 대해 보다 깊은 이해를 할 수 있었다. 리야드에 도착한 다음날 나는 세계에서 가장 광대한 사막지대인 사우디의 엠티 카타르로 내려갔다. 그 곳은 사우디의 남동부에 위치하고 있었는데, 사우디의 석유 및 지하자원 장관인 알리 알 나이미가 나를 부른 것이었다. 그는 그 때 노르웨이의 관계 장관과 노르웨이에서 동행한 기자단과 그 곳의 현지 안내를 하고 있는 중이었다. 우리 비행기는 300미터 높이의 적갈색 모래언덕 틈새에 끼어있는 작은 활주로에 착륙했다. 그 곳은 샤이바라고 불리는 사우디에서 최근에 개발한 유전이었다. 우리가 도착하자 작고 다부진 체구의 주관이 뚜렷해 보이는 나이미 장관은 우리 일행을 사막 언덕으로 안내했다. 우리 모두는 신발을 벗고 바지가락을 걷어올린 채 그 언덕을 향해 발을 모래 속에 빠뜨리면서 터벅터벅 걸어서 약 1마일 정도를 더 갔다. 햇볕은 파도치듯 펼쳐진 모래바다 위를 내리 쬐고 있었고, 온통 보이는 것은 사방의 모래뿐이었다. 마치 『내셔널 지오그래픽』지를 양면으로 펼쳐놓은 것처럼 내가 이제껏 보아 왔던 모습 중 가장 경이로운 모습이었다.

한 모래 언덕 위에 앉아보니 사우디의 두 가지 모습이 떠올랐다. 하나는 이 나라가 참 동떨어진 나라로구나 하는 생각이다. 우선 지리적으로도 그렇고 석유 매장량으로도 그렇다. 이러한 두 가지 요인은 이 나라가 기호에 맞는 선택적 세력만 이 나라에 접근하도록 하였던 것이다. 이러한 지리적인 고립과 스스로 만들어 낸 고립은 사우디로 하여금 외부의 세력이나 외부의 사상에도 흔들림 없이 오랫동안 자기 자신과의 대화만을 해 오도록 하였다.

그러한 이유 때문에 9월 11일이 이러한 사우디의 체제에 하나의 충격으로 나타난 것이다. 세계는 사우디의 이러한 고립 상태를 경유해서 충돌한 셈이고, 15명의 사우디 출신의 비행기 납치범들에게 비자도 없이 '그들이 어떤 사람이냐'는 한마디 질문도 없이 미국 땅을 밟게 했던 것이다. 9·11 테러 이후의 세계는 영화「더 샤이닝」의 유명한 침대 장면에 나오는 잭 니콜슨의 모습을 연상시킨다. 이 장면에서 그는 도끼를 들고 방문을 난도질하면서 노려보고는 "쟈니를 소개합니다!" 하고 소리를 지른다. 이 광경은 영화 속의 셸리 듀발이 놀란 것처럼 사우디를 놀라게 했을 것이다.

또 다른 한 가지 모습은 금욕적이고 엄격한 이슬람이 이러한 경관 속에서 어떻게 뿌리내릴 수 있었을까 하는 것이다. 나는 스스로 '이 곳에서는 하나의 신을 믿지 않을 수가 없는 곳이다. 이 곳에는 하늘과 사람 사이에 아무것도 존재할 수 없기 때문이다. 나무나 바위에 대고 기도하는 것도 허락되지 않고 불교도 허락되지 않는다.' 하는 생각을 해 보았다.

나의 많은 기사들은 아랍어로 번역돼서 사우디의 신문에도 실리고 인터넷의 『뉴욕 타임스』홈페이지에 실리기 때문에 도처에서 내가 사우디에 대해서 썼던 칼럼 내용을 알고 있는 사람들을 많이 만났다. 사우디의 지식인들과 정부관리, 사업가 등 일정에 없이 만나는 사람들마다 대개는 다음과 같은 이야기를 한다.

“안녕하세요, 저는 토머스 프리드먼입니다.”하고 인사하면, “우리나라에 대해서 기사 쓰시는 양반이군요.”라고 대답한다.

“그래요.” 하면 “바로 봤군요.”한다.

“이 곳에 사십니까?”라고 물어 오면, “그래요 이 곳에서 삽니다.”하고 대답한다.

“그래도 당신에게 비자를 내 주나 보죠?”라며 비아냥거리면, “물론이죠. 비자 받았습니다. 불법체류가 아니죠.”하고 대답한다.

그러면 그들은 “나는 당신이 우리나라에 쓰는 내용 모두에 대해 불만이 많습니다. 아주 편파적으로 쓰고 있어요.”라고 나에게 질타한다. 그리고는 대개 대화가 “우리 집으로 저녁식사를 초대할까 하는데요, 몇몇 사람과 같이 대화를 좀 나누고 싶군요.”하고 끝난다.

내가 어디를 가나 사람들은 나와 이야기하고 싶어한다. 그들은 내가 사우디에 대해 쓴 것이 왜 그릇되는지, 왜 사우디가 이슬람 테러리스트 양성소가 아닌지를 내게 설명하려 한다. 그 곳에서 내가 보낸 대부분의 시간은 단체 미팅이었는데, 거기에서 나는 다섯, 혹은 열 명에서 많게는 열다섯 명의 사람들과 동시에 이야기했다. 그 대화를 통해서 나는 지치기도 하고, 화도 날 때가 있었고, 때로는 힘을 얻기도 했으며, 슬퍼지기도 했다. 왜냐하면 우리들 사이에는 심원하게 깔려 있는 문화적, 도덕적, 종교적, 정치적인 벽이 가로막고 있었기 때문이었다.

내가 만난 대부분의 사람들은 교육을 많이 받은 식자층이었는데, 그들은 국제 사회의 언론이 그들의 조국과 그들의 신념 체계를 비평하는 행위에 대해서 상당한 실망을 느꼈던 것이다. 특히 아주 전형적인 사례가 리야드에 있는 ‘국왕 파드 국립 경호병원’ 에서 스물다섯 명의 의사와 간호사들을 모아놓고 한 대화였다. 점심 시간에 내 옆에는 미국 교육을 받은 사우디의 여 의사가 있었다. 그녀는 자리에 앉더니 나에게 이메일을 보내려고 했으나 주소를 제대로 몰라서 그대로 가지고 있었다고 하면서 한 달 전에 작성한 그녀의 편지를 한 장 건네 주었다. 그 페이지의 첫머리는 다음과 같이 되어 있었다.

보내는 사람:히바 파타니
받는 사람:토머스 프리드먼
이슬람에서 손을 떼고 당신의 일에나 전념하시오.

그 다음의 내용은 유대인의 민족적 종교적 우월성을 제시하고 그들의 만행을 정당화하는 내용이 담긴 한 구약 구절을 인용했다. 결말에는 "탈무드가 종종 뻔뻔스럽게 타민족을 동물이나 하늘조차도 거부하는 존재로 묘사하고 있으며, 그들의 적을 정액이나 배설물에 끓여 죽이자는 저급한 표현들은 히틀러조차도 얼굴을 붉혔다."하는 내용으로 끝난다. 모든 내용들은 세심하게 성경에서 나온 내용들을 인용한 것이었다. 그 속에 숨어 있는 내용은 쉽게 파악해 볼 수 있었다. 즉, 코란만이 소름끼치는 내용을 다룬 것이 아니라는 것과, 우리(서방 세계)가 아무런 전후관계 없이 그들(이슬람 사회)을 판단한다면, 그들도 우리에게 그렇게 하겠다는 내용이었다.

물론 그녀의 지적대로 신약이나 코란과 같이 구약은 아주 폭력적이고 무절제한 내용들을 많이 담고 있다. 나는 그녀의 이러한 지적을 이해하지만, 거기에 한 가지 다른 점이 있다. 기독교나 유대교에는 비 기독교인과 비 유대교인의 학살을 정당화하는 말을 하는 테러 지도자가 없다. 그러나 사우디에는 소수이긴 하지만 코란의 해석에 입각해서 종교적 지배를 운운하면서 9·11 테러를 정당화하는 성직자들이 있다는 사실이다. 그들은 뿐만 아니라 9·11 직전에 국민 어느 누구에게도 테러에 대한 검색을 하지 않았다. 중세 시대에 종교를 정치적 파괴적인 수단으로 사용하려는 자들은 수천 수백만의 사람들을 예루살렘이나 그 이외의 지역으로 이동시켰던 십자군 원정이 있었다. 그러나 지금은 아니다. 오늘날의 세계에서 이는 위험한 일이다. 오늘날 저들은 19명의 비행기 납치범을 보내 4대의 여객기를 납치해서 대형 건물 속으로 뛰어들게 했다. 이제 성서와 발달된 과학기술과 종교신자들이 다 함께 대량 학살의 무기로 둔갑해 버렸다.

그 점심 식사 자리에 있던 또 다른 의사는 내게 자신의 아버지는 사우디 교육계에서 가장 영향력 있고 널리 알려진 이슬람 교재를 집필하는 학자이며, 그를 비롯한 그의 다섯 형제자매들은 모두 의사라고 했다. 그가 하고자 했던 말은 사우디의 이슬람 교육 체계가 사악하고 폭력을 유발하는 교육 체계라면 어떻게 인류에 봉사하는 의사를 직업으로 삼을 수 있을까 하는 것이었다.

그들의 분노는 이 테러에서 사우디가 역할 분담을 했다고 보는 시각은 잘못됐다고 느끼기 때문이었다. 나는 그들 많은 수의 학생들이 그들 정부의 비용으로 미국에서 공부했다는 사실에 감명받았다고 이야기 했다. 그들은 반드시 이러한 빚을 사우디 사회에 되돌려 주어야 한다고 강조했다. 몇몇은 법적 의무 사항 때문에 그렇게 하고 있기는 했지만, 대다수는 자원해서 모국에 돌아와서 나라에 이바지하고 있었다.

그 이외에도 내가 누차에 걸쳐 지적한 내용은 서구의 언론 보도 내용은 어쨌건 사실이며, 이슬람은 우리들(서구 언론) 때문이 아니라 오히려 미국 건물의 폭격이나 대니 펄 기자 살해 등과 같은 이슬람교도들의 행위에 의해 왜곡되고 있다는 것이었다. 미국 대통령은 이슬람이 평화를 사랑하는 신념을 가지고 있는 종교라고 연설하고 있음에도 오직 소수의 이슬람국가 지도자들만이 9·11 직후 그들의 극단적 이슬람교도들의 행위에 대한 책임 통감과 자살 테러를 비난했다. 사우디를 비롯한 이러한 아랍의 지도자들이 그렇게 할 수 없는 이유는 그들이 선거로 선출되지 않았고, 여러 부분에 있어 그들 극단주의자들의 신념과는 동떨어져 있으며, 진정한 종교적 가르침을 잘 모르기 때문에 그들 정권의 정통성을 좌우할 수 있는 극단적인 종교적 권위에 이념적으로 도전하기 싫었기 때문인 것이다.

이란의 오누이 역사학자인 라덴과 로야 보로만드는 『데모크라시 저널』 2002년 4월호에 '테러와 이슬람, 그리고 민주주의'라는 제목의 글을 발표했는데, 나는 사우디에서 귀국하자마자 이를 읽어 보게 되었다. 읽고 나서는 이 글을 사우디에 있을 때 읽어 보지 못한 것이 유감스럽게 느껴졌다. 그들은 이 글에서 폭력적인 이슬람교도들이 이슬람의 본래적 의미를 왜곡시켜 진정한 이슬람과 민주주의에 전체주의적 성향을 가미시켰다는 것을 설명하였으며, 주류의 이슬람 지도자들이나 신학자들은 작금의 이슬람 흐름에 별로 영향을 주지 않았다고 기술하였다.

"이슬람교도들은 그들 자신을 현대화와 서구화를 겨냥하여 싸우는 대담한 무사들이라고 평가한다."면서 다음과 같이 썼다.

그러나 사실 그들은 파시즘이나 레닌주의와 같은 현대 서구의 전체주의 사상을 입수해서 이슬람의 사상으로 보이는 옷을 입혀 놓았는데, 이 사상들은 이미 자연적으로 그 설 땅을 잃어버린 낡은 것이다. 우리가 우리 고유의 문화유산을 계승 발전시키려 노력하였다면, 우리의 신학자들이나 지식인들은 이슬람교도들의 이율배반적인 행태를 지적하여 만천하에 드러낼 수 있었을 것이다. 우리 고유의 이슬람이 잘 발전했더라면 지금처럼 이슬람 극단주의자들이 자신들이 절대 유일신의 대변자라고 주장하지 못하도록 했을 것이다. 이 이슬람 극단주의자들은 자신들이 인

간을 희생으로부터 구원시켜 준다고 설교는 하면서도 정작 그 말을 이
행하지는 못하고 있다. 마치 신이 아브라함으로 하여금 그의 아들 이삭
을 희생에서 구해야 함에도 수호천사를 보내지 않는 것처럼 말이다.

나는 그래서 사우디가 이번 테러에 가담했다고 보는 것은 잘못이라고
느끼고 있는 사우디 사람들의 불만을 들었고 그들의 그러한 불만을 이
해했다. 이에 나는 이제껏 만났던 모든 사우디 사람들에게 그들 정부가
이제까지 그 나라 출신 15명의 비행기 납치범들이 미국에 저지른 행위
에 대해 한마디 해명도 없었던 사실에 대해 인식시켜 주었다. 가끔 나는
"이봐 우리 밤은 우리가 주울 테니까 너는 네 것이나 주워. 폭파범 티모
시 맥베이 좀 봐."하는 이야기를 듣는다. 그렇다. 그럼 이제 답을 해 보
겠다. 첫째로 그는 3천 마일이나 되는 이국으로 날아가서 그 다른 나라
사람들의 잘못을 응징하지는 않았다. 그는 미국인이면서 미국인을 살해
한 것이다. 둘째로, 미국의 어느 누구도 맥베이의 이런 행위에 대해서
기립박수를 보낸 적이 없다. 그의 배후에는 어느 누구도 없었다. 그는
혼자였고 제정신이 아닌 사람이었다. 똑같은 형태의 폭파범이었지만 사
우디 아라비아에서는 많은 사람들이 조용히 그다지 드러내지 않으면서
빈 라덴과 그의 추종자들에게 갈채를 보냈다. 사우디는 테러를 지지하
는 국민의 반미 감정이 어디서 나왔는지, 미국이 이스라엘을 지원하는
과정에서 사우디 국민에게 미움을 살 만한 일이 어떤 것이었는지, 또 사
우디 사회의 뒷전에서 반미 감정이 싹트게 된 이유는 무엇인지 하는 물
음에 대한 명확히 해명해야 한다. 만약 그 대답을 논리적으로 하지 못한
다면 대부분의 미국인들은 그들에 대해 혐오감을 느끼게 될 것이다.

나는 하루 저녁을 사우디에서 가장 규모가 큰, 지다에 있는 『오카즈』
신문사에서 보냈다. 내가 그 곳에서 오후 9시에 잠깐 앉아서 몇몇 기자

들과 얘기를 좀 나누려 하다가 가운데 네모진 책상이 있는 커다란 사무실에 들어갔다. 그곳에는 약 스물다섯 명 정도로 보이는 기자, 학자, 사업가 들이 있었는데 이중에는 여자들도 있었다. 내 옆에 컴퓨터가 있었고, 그 컴퓨터로 직원들은 전자문서를 보내고 전화로 질문을 하기도 하였다. 벽에는 커다란 플래카드가 있었는데, '토머스 프리드먼 씨의 방문을 환영합니다.' 하는 문구가 씌어 있었다. 나는 그들의 깊은 환대와 그들의 날카로운 질문에 적잖이 놀랐다. 때때로 이들은 고문하는 듯했고, 특히 참석했던 한 여성이 9·11 테러 직후 세계 도처에서 쏟아진 이슬람교도에 대한 비난에 참기 힘든 고통을 느꼈다고 털어 놓았을 때는 괴롭기도 했다. 나는 그들의 깊은 아픔을 맛볼 수 있었다. 그 중 한사람은 이슬람이 그에게 있어 얼마나 중요하며, 이슬람이 탄압받을 때 깊은 고통을 느꼈다는 이야기를 하면서 비통해 할 때 내 눈에서도 눈물이 쏟아졌다. 간혹 대화는 매우 격해지기도 했으나, 그들은 나를 존중했고 나도 그들을 존중하려고 노력했다. 그 곳의 대화에 대해서 잠깐 기술하고자 한다.

한 기자가 물었다. "왜 당신은 아리엘 샤론 이스라엘 총리를 테러리스트라 하지 않습니까? 테러에 대한 당신의 견해에 의하면 그는 수많은 양민의 학살자 아닌가요?" 나는 "물론 그래요. 그럼 누구 말이 맞는지 한번 거래해 봅시다."라고 말하고는 아무것도 씌어지지 않은 종이 한 장을 꺼냈다. "자, 계약을 맺읍시다. 약속드리지요. 이제부터 내 칼럼에서는 아리엘 샤론을 테러리스트로 부르겠습니다. 그 대신 당신도 앞으로 피자가게에 있는 이스라엘 아이들에게 돌팔매질하는 팔레스타인 사람들에게 테러리스트라고 불러야 합니다. 어때요, 그렇게 하실 거죠?" 누구도 이에 동의하지 않았다.

그들은 팔레스타인 사람들에게 무슨 일이 일어나고 있는지 잘 알고 있지만 그러한 사실을 인정하지 않았다. 팔레스타인 사람들이 유대인에 대해 저지르고 있는 단 한 가지의 사실도 인정치 않았다. 그러한 이유는 사우디 아라비아가 어떤 종교 단체의 공식 활동도 영토 내에서는 인정치 않기 때문이며, 어떤 대학에도 기독교나 유대교와 관련된 학과를 설치하지 않았기 때문이다.

나는 비공식적으로 왕족이며 사우디의 고위급 장관이기도 한 사람과 인터뷰를 하였다. 약 두 시간의 대화를 통해서 우리는 그 납치범들의 신원에 대해서 이야기하였다. 인터뷰 마지막에 그는 통역관을 통해서 "이제 내가 질문 좀 드려도 되겠소?" 하는 물어 보았는데, 나는 그것을 미리 알아차렸다.

"유대인이 미국의 금융과 언론을 다 장악하고 있다는데 사실이오?" 하는 물음이었다. 그것은 아마도 내가 그에게 있어서는 이제껏 만나본 첫 번째의 진짜 유대인이었기 때문에 내게 던진 순수한 호기심으로 질문하는 것 같아 보였다. 나는 그의 등뒤에 대고 다시, "어떻게 그 사실(내가 유대인이란 사실)을 알았지요? 나는 이것을 비밀로 했었는데!" 하고 농담을 해 주고 싶었다.

나는 그에게 우리의 언론사나 은행, 기타 여러 회사들은 일반 국민의 기업이고 특정 유대인 집단이나 심지어는 유대인 집행부까지도 이를 좌지우지 할 수 없다는 이야기를 자세하게 설명해 주었다. 그래도 그들을 설명시키기에는 역부족이었다. 이런 사람들이 그 곳의 고위 관료들이었다.

이 고위 장관이 재삼 나에게 15명의 비행기 납치범들은 외국 정보기관(이스라엘의 비밀 정보기관 모사드나 CIA를 지칭하는 듯했다)의 사주를 받은 게 틀림없고, 그들은 이러한 종류의 작전을 독자적으로 수행할 능력이 없다고 말을 했을 때 나는 어이가 없었다. 다시 해석해 보면 아랍은 그렇게 교활하고 잘 조직된 나라들이 아니라는 얘기였다.

그 부분에 대해서 나는 이렇게 이야기했다. "아시겠지만요, 장관님. 나는 한 가지 이야기를 드려야겠네요. 나는 9월 11일에 이스라엘에 있었고, 9월 12일 아침에 이스라엘 국방부에 가서 이스라엘의 군사 테러 전문가들과 이 대량 학살극을 벌인 사람들의 신원에 대해 이야기를 했었지요. 그들 가운데 한 명에게, '아랍인 단체가 저렇게 고난도의 작전을 펼칠 순 없을 겁니다. 그들 배후에는 국가 차원의 정보기관이 개입되어 있을 겁니다.' 하는 말을 했었어요. 그런데 그 이스라엘 관리의 대답이 뭔지 아십니까? 그들은 '잘못 알고 있군요, 프리드먼 선생님.' 하고 말을 꺼내더니, 비행기가 일단 떠 있는 상태에서 조종하는 것은 그렇게 어려운 일이 아니라는 말을 했어요. 헤즈볼라가 레바논에서 그 강한 이스라엘군을 몰아내는 것을 보세요. 또 팔레스타인 사람들이 이스라엘을 상대로 조직한 자살 폭탄 테러 작전을 보세요. 그들은 아주 고난도의 능력을 가지고 있습니다. 그리고 장관님께서도 아시겠지만 내가 놀란 사실은 아랍 사람들이 9·11 테러 작전을 할 수 있을 만큼 아주 똑똑하다고 유대인들은 생각하고 있습니다." 이 말이 통역관의 입을 통해서 전달되자 그는 웃었다.

비행기 납치범들은 어떤 자들이었을까? 내가 먼저 밝혔듯이 그 납치범들은 여러 가지 면에서 두 개의 조직으로 분류해 볼 수 있다. 유럽 출신의 계획 입안자 부류, 그리고 대부분 사우디 출신인 행동 대원 부류. 나는 이러한 행동 대원들과 인터뷰를 해 보지는 않았지만, 그들이 누구인지는 알고 있다. 그들은 오늘날 고등학교나 대학을 마치고 직업을 구하고 있는 백만의 사우디 젊은이들이다. 대부분의 사우디인들은 막일을 하려고 들지 않기 때문에 사우디의 실업률은 30퍼센트에 이르고 있으며, 많은 인력이 수입되어 실업자들의 자리를 메우고 있다. 그들 중 많은 사람들이 그들 가정에서 최고로 고등교육을 받은 사람들이고 자연히 그들의 부모에게는 자랑거리이다. 그러나 그들이 직업을 구하지 못하고 커피숍 같은 곳에서 죽치고 있으면, 그 부모들은 더 이상 그들을 대단하게 생각하지 않는다. 지다의 어느 밤거리를 나가 보면 우리는 시장거리나 시내를 질주하는 자동차 안에서 이런 젊은이들을 보게 된다. 그들은 베일을 쓴 여자들에게 추파를 던지고, 사이버 교제를 위해 인터넷을 검색하면서 여자들을 찾아다닌다. 사우디 인구의 40퍼센트는 14세 미만이다. 그들은 모두에게 돌아갈 만큼 일거리가 많지 않은 직장을 향해 행군 중이다.

그런 젊은이들 중 몇몇은 자동적으로 이슬람 사원이나 기도회 모임으로 흘러 들어간다. 이러한 많은 기도회 모임들은 사우디 국가의 공인 종교 단체가 아닌 비공식 지도자들이 운영한다. 그들은 이교도들에 대한 적대감을 가르친다. 몇몇 사우디 출신 비행기 납치범들은 처음 알 카에다 조직과 접촉을 하고 소련을 상대로 조직된 아프가니스탄의 지하드 조직에 가입함으로써 테러 기술을 익힌다. 비행기 납치범들은 바로 이러한 젊은이들이었다. 알 카에다의 조직원이 그들의 사원에서 나타나서 젊은 이슬람교도들에게 위험하지만 아주 중요한 임무에 대해서 설명하고, 자신들은 물론이고 가족들까지도 높이 평가해 줄 수 있는 특별한 임무가 있다고 설득을 해서, 그들은 결국 서명을 하게 된다. 9월 11일에 이르러서 그들은 조그만 칼을 가지고 비행기를 납치하기에 이른다.

신사 숙녀 여러분, 유감스럽지만.

알리 사아드 알무사라고 하는, 사우디 신문 『알와탄』의 칼럼니스트는 2001년 12월 24일자 신문에 몇몇 자신과 고향이 같은, 예멘과 접경 지역인, 사우디 남서부 산악의 아시르 지방 출신의 비행기 납치범들에 관한 기사를 썼다.

그 기사는 '대부분의 범인들은 유복한 가정출신이다. 대개의 경우 그들은 중산층을 넘는 가정의 자제들이었고, 가난을 그 테러의 동기로 본다면 그 동기에 해당되는 범인은 아무도 없었다.' 하고 써내려 갔다. 그럼 도대체 무엇이 범행의 동기였을까? 알무사는 이번 사건에 연루된 사우디의 청년들은 '종교를 독이 담긴 내용물을 위장하는 포장지로 사용할 줄 아는 무리들이었으며, 대개 산골 마을에 사는 남부지역 출신으로 믿음이 강하고 천진난만한 사람들로 전쟁이나 정복을 통하지 않고 그들에게 나타날 예언자 모하메드를 신봉하는 사람들이었다. 그러나 그 젊은이들은 어떤 말을 듣든지 그것을 다 믿는다는 것이 문제였다. 젊은이들은 어떠한 사람들이 설교를 하든지 간에 그들이 하는 말을 지나칠 정도로 신중하게 들었기 때문에 이번 일을 수행하게 된 것이다.' 라고 주장한다.

테러 사태를 놓고 비행기 납치범들에 대해서 진지하게 추적 작업을 실시했던 사우디의 유일한 신문은 『알와탄』이었다. 이 신문의 편집인 케난 알 감디 씨는 「보스턴 글로브」(2002년 3월 3일 사우디 발 기사)에서 다음과 같이 밝혔다. 사우디의 비행기 납치범들은 대부분 중산층이며 모험을 좋아하는 사람들이라고 밝혔다. 그들은 대개 남서부의 15번 고속도로 주변에 위치한 아시르 지방의 소도시 출신들인데, 이 지역은 정부의 강력한 통제가 미치지 않는 곳이어서, 알 카에다 조직원들과 종교 지도자들이 비교적 원활하게 활동을 할 수 있는 곳이었다. 「보스턴 글로브」는 이 지역을 '아름다운 산야가 펼쳐진 남서부 지역으로 오늘날 사우디 관광의 중심지 역할을 하는 곳이다. 전국 각지로부터 모여드는 부유한 귀족층과 사업가들이 이 곳에서 특급 호텔, 위락시설, 공연장 등의 관광 시설과 고지대의 시원한 바람을 만끽하고 있지만 중산층인 지역의 원주민들은 상대적으로 불만과 좌절감만 가지게 되었다.'

이 기사는 어떤 부분에서는 실제의 모습을 묘사하는 기사를 실었는데, 중산층의 사우디 젊은이들이 둘러앉아서 이슬람 극단주의자들과 알 카에다를 위한 기도를 하더라는 대목이다. 그런 이유 때문에 미국 정부의 사우디 전문가들이 걱정을 하는 것이다. 미국의 눈에 이 나라는 연령층이 점점 젊어져 가고, 가난해져 가며, 보다 종교적인 색채가 짙어지고, 반미 감정이 날로 심화되어 가는 것으로 비추어진다. 나는 이러한 현상을 어느 날 오후 자동차로 지다 주변을 지나치면서 목격할 수 있었다. 사우디에서는 두 명의 경호인과 같이 다녔는데(그 때문에 솔직히 대니 펄 기자가 납치됐을 때도 나는 별로 개의치 않았었다), 그 경호인들은 멋쟁이들이었고 호기심 많은 사람들이었다. 8일이 넘는 동안을 함께 있으면서 우리들은 서로에 대해 잘 알 수가 있었고 서로의 가족에 관한 사적인 질문도 많이 하였다.

어느 날 그 중 한 친구가 지나가는 말로 이야기했다. "토머스 씨, 이 곳의 문제는 이슬람 때문만이 아닙니다. 이 곳은 직장이 없고 대학을 다니지 않는 젊은 사람이 너무 많습니다. 우리는 이슬람 사원밖에 갈 곳이 없어요. 그 곳에서는 성직자들이 미국에 대한 분노만을 머리에 잔뜩 전해 주곤 합니다. 어느 집이든 둘셋 정도는 실업자예요. 이게 정말 문제입니다."

내가 브리티시 에어라인 여객기를 이용해서 사우디에 갔을 때, 영국에서부터 내 옆자리에는 청바지를 입은 검은 머리의 매혹적인 사우디 여성이 타고 있었다. 리야드에 올 때까지 우리는 말 한마디도 건네지 않았다. 착륙을 얼마 남겨두지 않은 시점에서 나는 그녀가 점점 동요하는 모습을 보았다. 활주로 게이트에 다달아서 나가려고 일어서려는데, 그녀는 내게 고민을 이야기하였다. "나는 베일을 런던에 있는 아파트에 놓고 왔어요.”하고 수줍어하면서 이야기하는 것이었다. “그게 없으면 비행기에서 못 내리거든요. 런던의 공항에서 집에 있는 남편에게 전화는 해 두었거든요, 누굴 좀 보내서 그걸 비행기로 좀 갖다 달라고요. 누군가가 좀 왔으면 좋겠네요.”

그녀는 당황스럽게 휴대폰으로 리야드의 집에 있는 남편에게 전화를 걸어 베일을 보냈는지 확인했다. 이 얼마나 낭비적인 일인가! 이렇게 예쁜 여인이 머리를 덮어야 하다니! 그 여인이 자신의 모습을 가리기 위해 이러한 모든 스트레스를 감수해야 하다니 이 얼마나 시간과 에너지를 낭비하는 일인가!

사우디 아라비아에서 많은 사람들을 만났다. 그들 중 많은 사람들은 존경할 만한 사람들이다. 물론 그들 중에는 나와 견해를 달리하는 사람도 많았지만 말이다. 가장 인상을 주었던 사람들은 여성들이었던 것 같다. 사실 내가 대화를 나누었던 여성들은 교육을 받은 중산층이었거나 부유층의 사람들이 아니었나 싶다. 그러나 남자들보다도 더 가까이 다가와서 그네들의 생각을 이야기했던 것을 생각해 보면 참 놀랄 만한 일이다. 생각컨대, 사우디 여성들의 감추어진 좌절감은 여성이 신발을 신지 않고, 아기나 낳아 기르고, 운전을 못하는 표면적인 것에서만 오는 것이 아니라고 본다. 문제는 다른 데 있다. 딸들을 두고 있는 사우디의 아버지들은 그들의 딸들을 교육시키지만 사우디 사회는 그녀들에게 기회를 주지 않고 있다.

사우디 여성들에 대한 점진적인 여권 신장은 1970년대 중반까지 진전이 되었었다. 그러다가 이란에서 종교 개혁이 있었다. 이 종교 개혁을 통해 이란과 사우디는 ‘누가 더 정통 이슬람을 대표하는가.’ 를 놓고 세계적으로 경쟁을 하게 된 것이다. 그 경쟁으로 이란과 사우디는 세계 이슬람 사회의 원리주의자들에게 경쟁적으로 재정 원조를 하게 된 것이다. 이는 사우디 내부에도 많은 영향을 끼쳤다. 이란의 종교 개혁 시에 사우디의 원리주의자들은 메카에 있는 성전을 접수하려고 시도했던 사건이 있었다. 사우디의 원리주의자들은 사우디의 지도층에게 이슬람 사상이 약하다고 비난했다. 이 사건은 이란의 종교 개혁과 더불어 사우디 지도층을 공포로 몰아넣었고, 이에 지도층은 종교적 강경 세력들을 공격하기보다는 이들과 타협을 하였다. 그리고 이 사회에 보다 엄격한 종교적 수행 원리를 강요하였는데 그 한 예로 모든 점포를 한낮의 기도 시간에 철시하도록 한 것을 들 수 있다. 한 사우디의 각료는 내게, "이란의 종교 개혁만 아니었더라도 오늘날 사우디에서는 여성들도 운전할 수 있었을 텐데요."라고 하였다.

그렇게 이야기는 했지만, 사우디의 여성들에겐 자동차 운전은 말할 것도 없고, 심지어 아주 진보적인 여성들조차도 베일을 쓰는 것을 하나의 독특한 문화로 받아들이고 있는 것이 이 곳의 현실이다. 만일 내일 사우디의 종교 경찰들이 '여자들은 더 이상 베일을 쓰지 않아도 된다.'고 발표를 한다 해도 대부분의 여자들은 계속해서 쓸 것이다. 아마 나이 30세 이상의 여성들은 더욱 그럴 것이다. 코란에는 여성들에게 베일을 강요하는 문구가 없다. 그것은 종교에서 비롯했다기보다는 문화적 전통에서 기인하는 것이다. 아주 보수적인 사막의 베두인이라는 전통 말이다.

이 곳의 문화는 생활 속 아주 깊은 곳까지 들어가 있다. 리야드에 있는 가장 현대식 병원을 그 곳 한 간부의 초대로 둘러본 일이 있다. 그는 내게 집단 보호시설로 안내를 했다. 그 곳에 들어서서 한 환자의 커튼을 열었는데 그 곳에는 한 노파가 심장병으로 고생하고 있었다. 그녀는 산소마스크를 했는데, 입으로 마스크를 물고 그 마스크 위에는 검은 덮개로 얼굴을 덮었다. 보기에도 걱정스럽게 보이는 모습이었지만, 의학적으로 볼 때도 우려할 만한 일이었다. 의사는 병원 측에서 그렇게 한 것은 아니라고 했다. 이런 행위들이 깊은 문화적 기반에 근거하는 것이었다.

지다에서 어느 날 저녁에 아랍의 영자 신문지 『아랍 뉴스』의 편집자인 칼리드 알마이나 씨 부부와 함께 해변이 보이는 한 레스토랑에서 함께 자리한 적이 있었다. 칼리드 씨의 부인은 검은색 이슬람 복장과 스카프를 하고 있었다. 그녀는 미국이 사우디와 대화를 하면서 시민의 권리, 인권, 정치 개혁 등 여러 사안들에 대해 문제 제기를 하지 않았다고 깊은 불만을 토했다. 교육을 많이 받고 명쾌한 설명으로 영어를 구사하는 그녀는 참 인상적인 모습이었다. 우리는 웨이터가 와서 저녁을 나르는 바람에 대화를 중단했다. 칼리드 씨는 커다란 담뱃대로 연신 담배를 물고 있었고, 나는 그녀가 한 말을 생각하고 있었다.

난데없이 칼리드 씨는 종교 경찰들이 발렌타인데이 전날 화원에서 붉은 장미를 모조리 압수를 한 조치를 비난하였다. 붉은 장미는 사우디의 사랑하는 젊은 남녀가 발렌타인데이에 주고 받고 할 것이었다는 것이다. 그는 활달한 민중선동가이며 사우디 정부가 예의 주시하고 있는 인물이기도 했다. 나는 그 곳에 앉아서 식사를 하면서 고개를 끄덕이고 있었고, 칼리드 씨의 부인은 다시 대화로 뛰어들었다.

그녀는 남편의 장미꽃 관련 이야기가 아주 잘못된 것임을 이야기했다. 종교 경찰들이 한 이러한 조치는 발렌타인데이가 사우디의 명절도 아니고, 서양의 것이기 때문에 서양의 영향권에서 사우디를 보호한다는 차원에서 보면 적절한 조치였다고 말했다.

이 대목에서 우리는 이 여인이 미국이 자기네 나라에 개혁을 받아들이라는 집중적인 압력을 행사하지 않은데 대해서 원망하면서도, 발렌타인데이 때 종교 경찰들이 장미를 압수하는 권한에 대해 옹호하는 입장을 취한다는 사실을 발견할 수 있다.

사우디에서 시간을 보내면 보낼수록 사람들이 양면적인 모습을 가지고 있는 것이 일반적이라는 느낌을 받았다.

그렇지만 모든 대화에서 내가 그런 양면적 생각을 가진 사람들과 대화를 나누었던 것은 아니다. 보수적 사우디 일간지인 『알 메디나』 신문사에서 달갑지 않은 모임을 한 적이 있었다. 그 신문사의 편집자들과 칼럼니스트들이 있는 자리에서 대화를 나누는데 그 중 압둘 모센 무살람이라는 사람이 나에게 중동에서 일어나고 있는 총체적인 문제들은 유대인들이 미국을 휘어잡고 있기 때문이라고 했다. 그는 이러한 사실을 몇 년 전 몇몇의 미국 하원의원들이 사우디를 다녀가면서 이야기를 해 주었기 때문에 믿게 되었다는 것이었다. 나는 자리를 박차고 일어나 밖으로 나갔다. 그것은 내가 모욕을 느껴서가 아니었다. 나중에 한 사우디의 친구에게 이야기했지만, 만약 그가 미국에 와서 『뉴욕 타임스』 편집위원들과 자리를 함께 했는데, 그 중 한 사람이 언성을 높여서, "국제사회에서 문제는 이슬람과 아랍권의 산유국들이 모든 것을 통제하고 있기 때문이다.", "우리는 이런 이야기를 한 레바논의 의원이 이곳에 들렀을 때 들은 일이 있다."라고 하는 말을 들으면 어떻겠는가? 이런 말을 하는 것은 아주 어리석기 짝이 없는 노릇이다. 나는 이런 얼토당토 않은 말을 믿고 있는 사람과 다음 화두를 계속 이어 나가는 것은 낭비적이며 그러고 싶지도 않다는 생각이 들었다. 한두 시간쯤 후에 정보부 장관이 전화를 해서 그러한 비꼬는 말투에 대해 사과를 했다. 그는 "감정을 자제하지 못한 것은 양쪽이 마찬가지잖소."하고 말했다. 두 달 후 나는 사우디를 떠났고, 이 사우디 작가는 모든 사우디의 판사들이 썩었다고 표현한 시를 한 편 썼다는 이유로 철창신세를 졌다.

이렇게 유대인이 세계를 쥐고 흔든다는 누군가가 계략적으로 만들어 낸 듯한 생각은 이제껏 내가 방문했던 어느 나라들보다도 사우디에 가장 깊이 뿌리박혀 있다고 여겨진다. 먼저 내가 언급했던 것과 마찬가지로 이렇게 역사를 계략과 음모로만 보는 것은 오늘날 아랍 정치를 병적으로 만드는 이유 가운데 하나다. 아랍인들은 아랍의 미래가 항상 아랍 이외의 외세에 의해서 결정된다고 믿고 있으며 결코 자신들 사회에서 일어나는 어떠한 일에도 스스로의 잘못을 인정하지 않게 된다. 대다수의 미국 사람들은 대만이나 한국, 독일이 자유 민주주의를 취하고 있어서 그 나라들을 평가하고 있는 것처럼 이스라엘에 대해서도 처해 있는 상황 그대로를 평가하는 것임에도 불구하고, 아랍인들은 마치 이스라엘의 로비에 의해 미국이 그들을 평가하는 것처럼 그릇된 시각을 가지고 있는 것이다. 즉, 누군가가 뒤에서 이스라엘에 유리하도록 조종한 것임에 틀림이 없다고 생각하는 것이다.

아마도 가장 힘들었던 대화는 가장 나중에 있었던 대화가 아닌가 생각된다. 그 대화는 사우디의 한 신문사에서 일하는 어떤 친구의 집에서 있었다. 그 자리에는 남녀 왕족이 함께 자리를 해서 내가 사우디에 대해서 썼던 기사 내용에 대해 불만을 토로하는 자리였다. 나는 그 자리가 순수하게 그들이 자신들의 조국과 종교적 신념을 옹호하려 하였던 자리였다고 생각한다. 그렇다고 해도 그들은 자신들이나 자신들의 사회 시스템, 교육 시스템 같은 것들이 9·11 테러와 아무런 상관이 없다는 주장을 하고 있었기 때문에 나는 화가 치밀었다. 이 아랍 친구들은 테러와 관련한 어떠한 이야기를 해도 테러 발발 이유는 초지일관 이스라엘 때문이라는 것이었다. 아랍의 젊은이들은 텔레비전을 통해 이스라엘 사람들이 팔레스타인 사람들을 가혹하게 다루는 것을 보고 노여워하고 있었다. 이 아랍 젊은이들은 수년간 사우디 정부가 팔레스타인 사람들의 곤경을 본척만척 했던 사실을 잘 고려하지 않고 있었다. 또한 오사마 빈 라덴이 자신의 지지율이 떨어지기 전까지는 팔레스타인 문제를 거론하지도 않았던 사실을 제대로 염두에 두지 않고 있다. 또 세계 모든 사람들이 오늘날 미국에 대한 감정이 격해져 있지만 뉴욕 상공에서 비행기를 납치해 테러를 저지르는 일은 엄두도 못 낸다는 사실을 왜 모르는지. 이들은 오로지 시종일관 이스라엘 탓뿐이었다.

사우디에서의 마지막 날에 있었던 이 대화를 마치면서 나는 그들에게 "우리들 사이에 존재하는 문화적인, 정치적인, 종교적인 골이 너무 깊어서 그 사이를 메우기는 참 힘들 것 같군요." 하고 말했다. 그들도 나의 이 말에 동감을 했다. 후에 호텔로 돌아와서, 한 사우디 친구를 불러 나의 슬프고도 깊은 아쉬움을 털어 놓았다. "어디 술 파는 데 없나? 어떤 술이든 상관없는데 말야." 하고 물으니, 그는 싱긋 웃더니 사우디에서 술 마시는 게 금지돼 있긴 해도 호텔에서 네 블럭 더 가면 술 마시는 곳을 찾을 수 있다고 했다.

내가 이 곳 사우디에서 내 말을 진정으로 알아 줄 사람이 없다고 아쉬워하고 있을 때, 낮에 모임에서 보았던 한 사람이 오후에 찾아왔다. 그는 내가 이 곳에서 경험한 일들에 대해 놀랄 만한 설명을 해 주었다.

"나는 그 대화에서 나온 얘기들을 듣고 실망했어요. 동석했던 사우디의 왕족들은 문제의 본질을 알고 있어요. 그렇지만 선생 앞에서는 말하고 싶지 않았던 거죠. 그건 선생이 그 내용을 기사화 하면 민감하게 될 테니까요. 나는 항상 사람들에게 '이 사람 쓰는 기사는 사실이다. 그가 다루는 기사의 표현방식은 논하지 말고 거기 써 있는 사실만 파악해 보자.'라고 말합니다. 사실 우리의 교육 제도 같은 것들에는 문제가 있거든요. ……부족적인 감정도 너무 강해요. 사막 한가운데서 외세의 공격을 받을 때, 뭉치지 않으면 죽거든요. 우리의 이슬람 교육에도 문제가 있어요. 일부분은 반드시 수정할 필요가 있어요. 그런데 이 사람들은 피해의식을 느끼고 있기 때문에 선생에게 솔직하게 변화에 대한 이야기를 안 합니다. 또 교과서는 문제가 없어요. 가르치는 사람이 문제입니다. 이 곳 종교 지도자들은 금요일 예배 때 젊은이들에게 미국은 이슬람교도들을 몰살하려 한다고 가르칩니다. 압둘 아지즈 왕은 '와하비' 라고 불리는 종교 지도자 단체를 만들어 아랍 민족을 통합하려 했습니다. 그런데 이 종교 지도자들은 국왕에게 반기를 들었고 국왕은 그 종교 지도자들을 제압해야만 했어요. 그 후 종교 지도자들과 국왕 두 세력간에는 일종의 균형이 생겼지요. 지도층에서는 사우디 정부의 불안정 상태를 막기 위한 방향으로 교육과 이슬람 조직을 운영했어요. 그러나 9·11 테러가 일어난 지금에 와서 극단적 이슬람주의자들은 넘지 말아야 할 선을 넘고 말았지요. 정부는 그들을 색출할 겁니다. 그런 차원에서 9·11 테러는 잘된 일이지요. 정부가 이 종교 세력을 통제할 명분이 생겼으니까요. 그러나 이런 내용은 언제까지나 비밀에 부칩니다. 그들은 바깥 사람들에게 문제를 결코 이야기하지 않습니다. 아, 나는 예외입니다. 내가 이야기하는군요. 문제를 바로 잡읍시다. 사람들에게 문제를 바로 잡아야 한다고 나는 이야기합니다. 우리가 이러한 부족적인 시야에서 탈피하지 못한다면 우리는 절대로 발전하지 못 겁니다."

나는 그에게 진정으로 그가 이번 여행에서 나를 구원해 준 사람이라고 말했다. 나는 그를 통해서 사우디에도 미국의 파트너 역할을 해 줄 사람이 적잖이 있겠구나 하는 느낌을 받았다. 문제는 그들의 숫자가 얼마나 되는지, 또 그 세력들이 기득권을 얼마나 유지하고 있으며 더 늦기 전에 이 마법의 왕국을 개혁하려는 의지가 어느 정도인지 하는 것들이다.

아랍과 이슬람 사회의 자유주의자들

2002년 4월에 나는 요르단과 이스라엘을 다시 찾았다. 9·11이후에 이 곳은 얼마나 변했을까 궁금했고, 또 이 비망록을 쓰기 시작했던 그 곳에서 다시 이를 마무리하고 싶었기 때문이다. 먼저 요르단에 대해서 짚어보기로 한다. 지난 9월에 방문했을 때 빈 라덴이 세인의 관심을 사로잡던 분위기와는 정반대로 이번에는 아리엘 샤론 이스라엘 총리가 관심의 대상이 되고 있었다. 거의 모두가 자기 나라가 침체의 늪에서 빠져나와 민주화와 자유화, 세계화로 나아가기를 희망하고 있는 나의 아랍 친구들은 나에게 실망하는 모습을 보여 주었다. 나는 이들을 '아랍의 자유주의자' 라고 부르기로 한다. 이들 아랍의 자유주의자들은 한편으로는 9·11 테러에서 어느 정도 쾌재를 불렀으리라. 테러를 통해 이들 정부들이 미국으로부터 개방과 개혁주의자들을 등용하라는 압력을 받게 되리라 희망했던 것이다. 또 테러로 인해 빈 라덴과 관계된 국내 문제들을 청산하고 팔레스타인 문제를 해결하는 돌파구를 열게 되기를 기대했던 것이다.

그러나 2002년 봄이 되도록 그러한 기대는 현실로 다가오지 않고 있었다. 이 아랍 자유주의자들은 나에게 이메일과 질문 공세를 퍼붓기 시작했다. 그들은 "아리엘 샤론이 우리에게 저지르는 행위들을 왜 못

보고 있지? 그는 전 아랍 국가들에게 염장을 지르고 있어. 자유주의 개혁안을 다 파괴하고 있어."하고 내게 말했다. 이에 대해 나는 "만약 야세르 아라파트 팔레스타인 수반이 클린턴 대통령이 내놓은 평화 중재안에 따라서 협상을 진행했다면, 우리는 지금 샤론을 나무랄 일이 없을 텐데. 우리가 이런 입장에 설 일도 없었을 거야. 나는 평화 중재안이 제안됐음에도 아라파트가 이를 파기했다는 걸 알고 있다네."

난 그들의 좌절을 이해한다. 오슬로 평화회담 시절 그들은 편안했다. 나를 포함해서 다른 많은 이들까지도 희망을 꿈꾸었다. 그들은 현재와는 다른 미래를 꿈꿀 수 있었다. 그 자식들에게도 단지 전쟁 없는 미래뿐만 아니라 오랜 압제의 사슬에서 벗어나 그들의 잠재력을 마음껏 펼칠 수 있는 기회와 훌륭한 정부를 가질 수 있다는 꿈을 꾸게 할 수 있었다. 오슬로 평화회담이 1990년대 중반까지 진행되고 있었을 때, 아랍의 개혁가들은 권한을 가지고 개혁을 꽃피울 수 있었다. 우리는 이러한 중동의 평화조약이 단지 아랍과 이스라엘 사이의 평화를 유지시키는 일 이상의 의미가 있다는 사실을 염두에 두어야 한다. 중동의 평화는 아랍 세계의 발전동력의 상징이며 원동력이며 도약의 발판 역할을 한다. 아랍 세계는 오랫동안 뒤쳐져 왔기 때문에 그들은 바깥 세계와 협력을 통해서 무역을 하고 그들의 경제 체제를 개방하려 하였던 것이다.

평화의 과정은 아랍과 이슬람의 자유주의자들로 하여금 거의 한 세기 동안 정치를 지배해 온 '누가 팔레스타인을 지배하는가?' 하는 문제를 넘어서 '다른 세계들을 따라잡고 번영할 수 있을 것인가?' 하는 당위적 문제로 접어들 수 있는 최초의 현실 정치 공간이었다. 다시 말해서 '아이들 교육을 어떻게 시킬 것인가? 어떤 종류의 경제제도를 발전시킬 것인가? 어떤 종류의 헌정과 법의 지배구조를 체계화할 것인가?' 하는 실질적인 문제들로의 이행과정이었던 것이다.

아랍과 이슬람의 자유주의자들도 팔레스타인 문제에 관심이 있기는 했지만 다른 부류의 사람들과는 달리 관심이 좀 덜했다. 그들에게 있어 팔레스타인 문제는 다른 현실적 문제를 다루기 위한 전단계로서 반드시 해결돼야 할 문제라고 보았던 것이다. 반면에 민족주의자들이나 낡은 지식인층, 독재자들은 사회가 다른 이슈로 관심을 돌리지 못하도록 하기 위해서 팔레스타인 문제를 다루었던 것이다.

나는 암만에서 압둘라 국왕 측근들과 비즈니스계의 젊은 개혁인사들과 아침식사 자리를 하는 순간 오슬로 평화협정이 썩어 들어가는 냄새를 맡을 수 있었다. 이스라엘과 팔레스타인의 폭력은 아랍 사회를 후끈 달구었다. 그 불화는 아랍의 위성방송사들이 부채질했다. 그들은 팔레스타인 편에 서서 이스라엘의 잔학성을 담은 화면을 앞다투어 시청자들에게 내보냈다. 결국 압둘라 국왕은 국민들에게 그의 자유주의 개혁안을 계속 지지해 달라고 할 수 없게 되었다. 압둘라 국왕은 이 자유주의적 개혁안으로 교육 제도를 바꾸고, 모든 학교에 컴퓨터를 보급하고, 인터넷 회선을 깔며, 그리고 지역 개발에 투자하는 계획을 추진하고 있었던 것이다.

요르단 국왕 부부가 살고 있는 아카바의 집에서 그 부부를 취재할 때, 라니아 왕비는 "우리는 달리기 경주로 치면 처음 도약을 하려던 참이었어요. 그런데 갑자기 상황이 바뀌어서 우리에게 족쇄가 채워진 격이 됐어요. 여전히 우리는 달리고 있지만 이젠 너무 힘이 드는군요." 하고 말했다.

9·11 테러 이외에도 그런 평화 과정의 붕괴로 중동은 외국 투자가는 물론이고 일반 관광객들조차 외면하는 곳이 되었다.(나는 이 곳 암만으로 오기 이틀 전에 예루살렘의 구시가지를 걷다가 한 가게를 둘러보았다. 팔레

스타인인 가게 주인은 "정말이지 선생님은 5일만에 이 가게 안으로 처음 들어오신 손님입니다."라고 말했다. 그 때가 문 닫을 시각인 오후 6시 30분이었다. 그 옆 가게의 주인은 "제발 들어오셔서 오늘 우리 가게의 처음이자 마지막 고객이 돼 주세요."하고 말했다.)

요르단은 그래도 달리기 경주(개혁 정책)를 시작하려 하는 것 같아 보였다. 그러나 이집트와 시리아, 사우디 같은 나라들은 목적 없이 표류하고 있었다. 특별한 게 있다면, 그들 시대착오적인 정부들은 이스라엘과 팔레스타인의 분쟁을 악용해서 자신들 나라의 현대화를 중단하는 구실로 사용했다는 것이다. 현대화는 그들 권력의 지배력을 느슨하게 하고 부정부패의 요소들을 일소할 수 있게 되기 때문이다. 이스라엘과의 분쟁은 아랍의 실패한 정치 지도자들에게 귀중한 자원이며, 확실한 도피처이다. 즉 현대화와 민주화를 중단할 수 있는 전면적인 구실이 되기 때문에 쉽게 분쟁의 종식을 바라지 않을 것이다. 그럼에도 아랍 사회에는 많은 자유주의자들이 살고 있다. 만일 빈 라덴으로 인해 발생한 아랍-이슬람 사회와 서구 사회의 관계에 골 깊게 패인 상처를 치유하려 한다면 이 자유주의자들은 반드시 우리의 파트너가 되어야 할 것이다. 문제는 어떻게 그들을 세력화할 수 있을까 하는 것이다.

그 문제에 대한 해답은 한 가지가 있을 따름이다. 모두가 '누가 팔레스타인을 지배할 것인가?'에 대한 질문을 더 이상 제기하지 않거나, 그 문제를 아랍 민주화를 위한 발판으로 삼아야 한다는 것이다. 부시 행정부는 사담 후세인을 권좌에서 내몰고 민주적인 정부를 들어 앉히는 것이 그 지역 전체를 민주화와 현대화로 유도하는 지름길이라는 환상을 그리고 있다. 나는 그와 생각을 달리한다. 만일 그 계획이 뜻대로 진행된다고 하더라도, 팔레스타인의 문제가 해결되지 않으면 이는 계속해서 아랍과 이슬람의 정치 발전을 저해할 것이다. 팔레스타인 문제가 상존하는 한 진정한 개혁주의자들은 계속 뒤로 쳐질 것이고, 위선 정치가들에게 핑계거리만 안겨줄 것이다.

진정한 개혁가들은 아랍 사회에 있다. 나는 9·11 테러로 인해 그들의 목소리를 듣게 되었다. 그들은 대다수가 여성들이었고 혹자는 편지로, 혹자는 이메일로, 혹자는 대화를 통해서 나에게 자신들의 목소리를 전했다. 그들은 자신들이 타파해 나갈 수 없는 암울한 사회에서 억압을 받고 있다고 호소했지만, 그 사회에서 실현돼야 할 역사적인 일들을 알고 있었기에 더욱 괴롭다고 언급했다. 만연하고 있는 거짓 언론, 진실을 외면하는 지도층, 시대 착오적 종교 등 이러한 것들이 자유주의자들을 통제하고 있었던 것이다. 공공연하게 기성의 썩은 권위에 도전했다가는 철창신세를 지거나 외부와의 단절을 맛보아야 하는 위험을 감수해야 했기에, 일부의 자유주의자들은 내게 연락하기까지 많은 용기가 필요했을 것이다. 그들은 내 생각에 전적으로 동감해서가 아니라 내가 그들을 관심 깊게 생각하고 있고, 그들의 일이 잘되기를 기원하며, 그들을 옳게 판단해 준다고 믿고 있기 때문에 나에게 글을 보낸 것이다. 그들이 보낸 편지 몇 장을 소개해 본다.

한 편지는 미국의 젊은 이슬람 여성으로부터 9월 27일에 이메일로 온 것인데, 다음과 같이 시작한다.

성가시게 해드려 죄송하군요. 우리가 보내는 편지를 읽으시면서 어떤 답을 주실지는 모르겠습니다. ……나는 이슬람 활동가가 아닙니다. 내가 이제껏 돌렸던 전단지는 학교에서 부업으로 했던 '세탁물 1파운드에 40센트'라고 적힌 광고 전단지가 전부였습니다. 그렇지만 나는 이슬람에 대해서 외부에 이야기하고 싶었습니다. 안전이 다시 보장된다면 이슬람은 우리에게 절대적으로 없어서는 안 될 종교입니다.

그렇게 해서 그녀는 서명을 하고, 수신지가 이슬람 지도부로 된 전단지 한 장을 첨부했는데 다음과 같이 적혀 있었다.

우리들은 당신들의 아들딸이고 이슬람 사회의 미래이며, 당신들의 형제자매이며 같은 길을 가고 있는 동반자이기도 합니다. 당신들은 우리들의 어른이시며, 우리가 이 나라에서도 우리의 귀중한 믿음을 이어나갈 수 있도록 사원을 지어 주셨습니다. 우리는 이러한 여러분의 생각과 배려를 고맙게 여기고 있습니다. 세계무역센터와 미 국방부 건물이 테러당하는 동안 우리는 힘없이 우리 친구들과 가족, 아이들, 우리의 동료들이 무참하게 살육되는 것을 보았습니다. 미국에서는 유감스럽게도 이러한 테러리스트들을 이슬람교도들이라고 하고 있습니다. 자유, 정의, 평화, 그리고 새로운 인생을 찾아 미국을 찾은 우리 이슬람교도들은 이러한 악몽 같은 일이 자식들에게까지 물려줘야 할 멍에가 되었다는 사실이 믿겨지지 않습니다.
이제는 테러의 목소리가 이슬람의 목소리로 변질되어선 안됩니다. 우리는 이제 테러의 목소리를 영원히 종식시켜야 합니다. 이슬람 사회 내에서도 테러리스트들을 그들의 믿음과는 상관없이 이슬람의 적으로 간주해서 비난해야 한다는 것을 단호히 요구하는 바입니다.

또 다른 감동적인 편지는 2002년 5월 11일 이스라엘과 팔레스타인의 분쟁지역에서 보내온 편지였다. 베이루트와 암만을 출퇴근하고 있는 한 아랍의 자유주의자가 보내온 그 편지는 내가 보낸 안부 편지에 답장으로 보내온 것이었는데, 그 내용을 소개해 보면 다음과 같다.

이보게 톰, 아랍의 자유주의자들은 멸종위기에 처했다네. 그들은 지금

썩은 아랍의 지도층이나 이슬람 원리주의자들 때문에 다른 나라로 망명을 선택하거나 어떤 조건을 받아서 침묵을 지키기도 한다네. 이는 수십 년간 쉬지 않고 진행된 아랍의 자유주의 전통을 되찾기 위한 우리의 투쟁이 아랍의 현 사회 조직과 정치 제도에 의해서 물거품이 되었음을 보여주는 것이라네. 지금까지 약 20여 년을 번성하고 있는 이슬람 원리주의 노선은 압제 치하에서 생겨난 비극적인 결과물이라네. 사실 오늘날 압제에 대항할 조직적 자유 단체는 없는 실정이고, 간혹 유일하게 반대 세력 역할을 하는 단체는 이슬람 반대세력이라네. 그들이 인권과 자유를 위해 투쟁하고 있고, 소외 계층에 대한 교육 기회 부여와 빈곤 타파를 위해 노력하고 있지. 그들만이 유일하게 대안을 건의한다네. 우리는 앞으로 다가오는 나라의 파탄을 타개할 대안은 일련의 정치적인 자학밖엔 없다는 두려움을 느꼈고 이는 20세기의 대부분의 시간 동안 우리를 괴롭혀 왔던 것보다 더 견디기 힘든 상황이 될 것 같네. 따라서 조만간 우리는 침묵을 깨고 분연히 일어날 걸세.

아랍인으로서 우리는 현재와 같은 역사의 격동기에 참여해야 한다는 의무감을 느끼네. 그러나 현재 우리가 처한 곤궁의 상태는 우리 스스로가 자처한 것이라고 보는 견해는 역사 왜곡이라네. 이는 모욕적으로 아랍을 무시하는 처사라네. 아랍의 자유주의를 가장 저해했던 것은 보수 정치 세력들과 싸우는 과정에서 아주 간헐적으로 미국과 적대 관계에 서기도 했다는 사실이지.

미국은 거의 착오 없이 압제와 시대 역행적인 정치 제도를 지원해 왔네. 미국은 이슬람 원리주의를 성장시켜 구소련의 위협에 대항하도록 하였다네. ……우리들 중 가장 이상주의적인 사람들조차도 국제 외교를 이타주의적인 것으로 보지는 않을 걸세. 우리 자유주의자들을 좀먹는 것은 우리들의 이해 관계 뿐만 아니라 자네들의 이해 관계 때문이라네. 아랍의 독재자들이 무조건적인 복종을 맹세하며 보내는 감사의 표시를 미국이 거절하거나, 미국이 다른 새로운 정책을 만들지 말고 우리들 자유주의자들과 굳건한 연대를 형성한다면 문제는 쉽게 해결될 걸세.

깊은 생각을 필요로 하는 또 한 통의 편지를 2002년 3월 10일에 받았다. 이 편지는 사우디의 한 여성이 보낸 것이었다. 편지에는 그녀가 서명을 했고 내가 사우디에서 돌아와 2주가 흐른 뒤에 받아 본 것이어서 진위를 의심할 필요는 없었다. 이 편지는 독자들에게 세상엔 아직도 참 훌륭한 사람들이 많다는 사실과 미국이 아랍 세계를 변화시키는 데 함께 일할 수 있는 파트너가 있다는 사실을 일깨워 준 편지였다.
세 개의 문단을 이 글에 올려 보고자 한다.

프리드먼 선생님, 저는 온건한 사우디의 국민으로서 지난번 선생님께서 사우디를 직접 체험해 보시고 간 노고에 대해서 감사의 인사를 드립니다. ……바라건대 세계가 사우디 국민이 종교적인 통제에 의해 인권을 유린당하고 있다는 사실을 알아 주었으면 좋겠습니다. 사우디의 종교 단체들은 국민들의 사상까지도 감시를 하기 때문에 어떠한 책이나 신문도 이전의 사상과 다른 내용을 발간할 수 없습니다. 프리드먼 선생님, 사우디의 학교에서는 종교적인 보복을 가르치고 있고 이슬람 사원에서는 이교도들을 증오하는 설교를 합니다. 이 나라의 언론은 정부나 종교 지도자들에게 감시를 받고 있습니다. 우리들의 온건한 사상을 표현할 곳이 어디에도 없습니다. ……사우디의 젊은이들은 한 가지 사고 체계만 가질 수 있고, 다른 사상을 갖는 것은 금기시되어 그릇되다거나 사악하다는 평가를 받습니다. 문제는 바로 이런 것입니다. ……사우디의 인터넷은 국왕 압둘 아지즈 정보 과학 공동체가 통제하고 있으며,

이 기구에서는 우리가 인터넷에 접속할 수 있는 사항들을 결정합니다. ……우리는 선생님의 도움이 필요합니다. 너무 오랫동안 고통받고 있어요. 우리 사우디의 여성들도 세계 다른 나라들의 여성들처럼 꿈과 희망과 관심과 능력을 가지고 있지만 다른 점은 사우디의 여성이라는 이유로 원하는 것을 할 수 없는 경우가 있다는 것입니다. 사우디의 이슬람은 사람들에게 여자는 미천하다고 가르칩니다. 우리들은 원하는 직업을 가질 수도 없고, 학업에 관심 있어도 대학으로 진학할 수 없습니다. 직장에서도 여성들은 다른 남자 동료들과 달리 취급받으며 괄시를 받습니다. 종교 경찰들은 심지어 여성들의 복장과 행동요령 등을 통제합니다. 제 꿈은 독립을 해서 제 자동차를 가져 보는 겁니다. 또한 인간으로서의 권리를 찾고 싶습니다. 프리드먼 선생님, 사우디의 여성을 위해서 글을 남겨 주십시오.

……또한 부탁건대, 이 글을 제 실명으로 올리지 말아 주세요. 진심으로 감사드립니다.

그녀는 끝에 서명을 하였다.

개혁 성향의 내용을 담은 또 하나의 글을 이집트의 비평가이자 극작가이기도 한 알리살렘이 쓴 대담한 내용의 논평에서 보았다. 그 글은 런던에 있는 아랍어 일간지 『알 하야트』 지에(2001년 11월 5일) 실렸다. 그는 이 글에서 아랍의 텔레비전이나 신문 따위의 여러 매체들이 항상 아랍의 저항 운동을 전할 때 사람들을 선동해서 파멸로 이끄는 보도 태도를 비난하였다. 그 논평은 '아동을 위한 신 극단주의 교육과정'이란 제호로 실렸다. 살렘은 "나는 극단주의를 가르치는 현대식 유치원을 건설하는 데 필요한 사업 지원자를 찾고 있다."라는 표현을 썼다. 살렘의 논평은 다음과 같다.

장담컨대, 이렇게 자란 아이들이 고등학교와 대학교를 진학하면, 이들은 극단주의자들로 변모할 것이다. 새로운 어떤 교육 과정도 그 아이들의 극단적 성향을 완화시켜 온순한 아이들로 만들 수는 없게 된다. 우리는 교활한 사람들을 언론과 관료사회로 보내게 된다. 우리에게 당신의 자녀들을 보내면 그 아이들은 틀림없이 진정한 극단주의자가 될 것이다. ……나는 그 아이들에게 "애들아, 다른 사람들도 우리와 똑 같은 신을 모신다고는 생각하지 마라. 다른 사람들은 다른 신을 믿는 이교도들이란다. 그 이교도들이 자유, 민주, 인권, 진보, 문명 등에 지대한 관심을 가지고 있다는 말은 거짓말이다. 그들은 위선자야. 그들은 우리가 자기들보다 더 훌륭하고 위대하고 강력하기 때문에 우리를 증오하고 있단다. 너희들은 그들이 인생을 귀중히 여긴다고 쉽게 생각할지 모르지만 그것이 바로 우리의 약점이야. 우리는 이 약점을 극복해야 한단다. 우리는 반대로 죽음을 사랑하며 지키고 있단다. 알라께서 우리를 만드실 때 우리에게 인생을 살면서 건설적이고 즐거운 인생을 살라고 우리를 만들었다고는 생각지 마라. 오히려 알라께서는 우리에게 삶을 부정하고, 경멸하며, 아주 이른 시기에 삶을 포기하는 우리의 능력을 시험하기 위해서 우리를 창조하셨단다.

애들아, 해변을, 꽃을, 장미를 경멸해라. 보리밭을, 나무를, 음악을 증오해라. 그리고 모든 예술적, 문학적, 과학적인 노력들을 증오해라. 논리적 이유나 지식 같은 것, 가족이나 이웃들, 심지어 나 자신까지도 모든 살아있는 것들은 가치가 없는 것이란다. 자, 이제 수업 시작하자."

지구촌 세상

내 글들이 신문지상에 실렸던 시간을 회고하면서, 나는 '9·11 테러의 진정한 의미'와 '테러가 시사하는 것이 무엇인지' 질문을 하게 된다.

역사적 사건들을 돌이켜 보면 대개는 처음에 일어났을 때는 요란하다가 나중에는 별것 아닌 듯 여겨지지만, 9·11 테러는 양상이 아주 다르게 느껴진다. 이 사건은 처음 발생한 시점보다 앞으로 더 커다랗고 심각한 양상으로 전개될 수 있다. 우리는 이 사건에 대한 의미파악을 이미 다 했다고도 할 수 없으며, 이제사 그 파악을 시작하고 있다고 해석해야 한다.

2002년 4월 25일 저녁. 지금 나는 예루살렘의 데이비드 시타델 호텔에서 이 글을 쓰면서, 구시가지의 훤하게 밝혀진 성벽을 바라보고 있다. 이 곳에서 9·11 테러를 우연히 맞이했고 바로 이 나라를 다시 찾은 것이다. 구시가지의 성벽은 내가 쓰는 이 이야기의 배경이다. 내가 느끼는 바로는 9·11 테러도 바로 이런 장벽 때문에 생긴 것이기 때문이다.

이 말은 9·11 테러가 하나의 장벽을 허물었던 사건이라는 뜻이다. 그 테러는 미국을 비롯한 세계의 여러 시민 사회를 놀라게 하고 문명이라고 하는 장벽을 허물어 버린 것이다. 19명의 잘 훈련된 젊은이들이 비행기를 납치해서, 미 국방부와 세계무역센터로 날아들어, 3천에 이르는 생명들을, 그날 아침 사랑하는 가족들에게 저녁에 돌아오겠다고 인사하고 나간 무고한 사람들을 순간에 불귀의 객으로 만들었다. 어찌 가능한 일인가? 이제 더 이상 문명의 이름으로 자제시킬 만한 인간의 행위는 아무것도 없게 됐다. 중요한 장벽이 허물어진 것이다.

문명을 보호해 주는 장벽이 허물어졌다는 단순한 결과가 중요한 것이 아니라 바로 그 시점이 문제인 것이다. 정보 기술의 발달로 세계화를 통해 국가와 국민들 사이의 장벽이 사라지고 있는 그 순간에 문명의 벽이 허물어진 것이다. 그 세계화는 전 세계가 무역센터 건물 붕괴 장면을 볼 수 있게 하였고 사람들끼리 이에 관한 느낌을 주고받을 수 있게 하였다. 9·11 테러는 긴장감을 양산했다. 매스미디어가 잘 발달된 이 사회에서는 이러한 긴장감조차도 여러 가지 양태로 부풀려지기도 하면서 세계 전역으로 급속도로 번져 나간다. 마치 한 지붕 아래서 화가 잔뜩 난 아주머니가 모욕적인 어떤 일을 해 놓고, 식사시간에 전 가족이 모여서 윽박지르고 싸우고 끝내는 주먹도 오가지만, 좁은 공간 때문에 집안 어디로 도망을 가도 대화를 회피할 수는 없게 된 것과 같다.

테러 직후 파키스탄을 잠깐 다녀오면서 카타르의 도하를 경유했다. 어느 월요일 늦은 시간에 카타르에 도착해서 기사를 송고하고, 다음날 아침 미국 영사관에 근무하는 친구 호아이다 나딤과 쉐라톤 호텔에서 아침 식사를 같이했다. 그녀가 9·11에 대한 아랍 언론의 반응을 나에게 상세히 설명해 주고 있었는데 휴대폰이 울렸다. 전화를 건 사람은 카타르 대학의 고위 관리였는데, 우리는 서로 다 같이 아는 사이였다. 그 친구는 통화에서 호아이다에게 "톰 프리드먼의 기사를 인터넷에서 읽고 있는데 지금 도하에 있나 봐? 너 그 친구 어디 있는지 아니?" 호이아다는 "여기에 있어." 하면서 내게 그 전화를 바꾸어 주었다. 나는 그 전화를 받고 놀라지 않을 수 없었다. '세계가 이렇게 작아지고 있구나!' 하고 말이다. 도하에서 칼럼을 써서, 뉴욕으로 송고했는데, 그 기사가 홈페이지를 통해 세계로 번지고, 다시 그 내용을 읽은 친구가 다른 친구의 휴대폰으로 나를 찾아서 내게 전화를 하고.

사이버 『뉴욕 타임스』는 약 1백5십만의 독자를 보유하고 있어서 종이로 인쇄되는 신문보다 그 독자 수는 압도적으로 많다. 고정적인 독자 이외에도 간헐적으로 홈페이지를 접속하는 네티즌 수가 1천5백만이 된다. 이러한 효과는 기존의 신문보다 정보의 확산 능력이 광범위해진다. 9·11 테러 이전에는 내 기사에 대한 반응이 별로 많지 않았었는데, 테러 이후에는 10배나 증가하였다. 이는 정보화의 확산과 세계의 통합력의 확산, 독자와 기자간의 호기심과 열정의 증가 등에 기인하는 것으로 이 모든 것들은 기자로서 가지는 감성적 경험을 한 차원 높게 해 준다.

압둘라 왕세자와의 인터뷰를 바로 마치고 나는 한 요르단 친구로부터 이메일을 받았다. 한 이스라엘 극우 칼럼니스트가 『예루살렘 포스트』에 압둘라 기사를 인용하면서 나를 맹렬히 비난하는 기사를 실었다는 것이다. 그는 칼럼 내용을 다음과 같이 이메일로 보내왔다.

토머스 선생, 당신은 우리측에 적지 않은 파문을 일으켰어요. 당신의 기사는 『요르단 타임스』에 곧바로 다시 실렸고, 이는 다시 아랍어 신문인 『알라야』로 번역되었지요. 또 그 칼럼들은 지방의 인터넷에 전송됐는데, 시온주의 유대교의 공모 이론에 합치되는 부분과 상반되는 부분이 함께 실려 있어요. 『예루살렘 포스트』에서 당신을 반박한 기사를 본 일이 있습니까? 어리석은 녀석!

이렇게 요르단 친구는 내 칼럼이 지역의 인터넷 채팅에서 어떤 대접을 받고 있는지 알려 주었다. 그리고 우리가 인터넷을 통해서 읽어 본 『예루살렘 포스트』의 기사에 대해서 평가하면서 그 기사를 쓴 기자를 '어리석은 녀석!' 이라고 덧붙인 것이었다.

9·11 테러 이후 하루에 거의 한 시간은 세계 도처에서 온 이메일을 읽거나 답장을 보내는 데 보냈다. '멤리'(MEMRI:Middle East Mirror)와 같은 번역 서비스 덕분에 우리는 자신이 올린 글에 대해서 아랍 신문의 평론가가 한 논평을 바로 볼 수 있게 되었고, 그 논평에 대한 우리의 평을 다시 원래의 평론가에게 보낼 수도 있게 되었다. 영국 주재 사우디 영사는 런던에서 발행하는 아랍 신문에 팔레스타인 자살 폭탄 테러범을 찬양하는 시를 한편 올린 적이 있었는데 나는 그 시가 번역된 내용을 다음날 아침 이메일로 받았다.

우리는 언제든지 수시로 접할 수 있는 상태에 놓여 있다. 이제는 우리의 사생활을 은폐할 수 있는 벽이 없어졌기 때문에 기사 내용을 다시 다듬거나, 개인적으로 노골적인 불만을 표출했다가도 모른 체하고 다시 침착하게 대화로 돌아갈 수 있는 시간적 공간적 여유가 없어진 것이다. 오히려 울분이 가득 담긴 기사를 쓰면, 그 기사는 중동이나 유럽 할 것 없이 모두의 컴퓨터 속으로 곧장 전달되고 이를 읽은 상대방의 노여움이 다시 메아리처럼 되돌아오며 이 두 상대는 바로 감정 싸움으로 번지게 된다. 그래서 세계는 아주 위험스럽고 건전하지 않은 방향으로 혈압이 계속 높아지고 있다.

세계는 하나가 되었고, 기술적인 측면에서는 긴밀하게 유대가 잘 되고 있다. 그러나 이러한 세계화는 문화가 다른 사회끼리의 깊은 이해를 전제로 하지 못한 것이다. 9·11 테러가 우리에게 전하는 깊은 메시지는 바로 이 문제 속에 들어있는 것이다. 그 세계화 속에 불협화음이

있다는 것이다. 기술적으로는 담장을 다 헐어 버렸지만, 정치 문화적
으로 다른 부류들이 한곳으로 이합집산 되어 버린 꼴이다. 마치 인터
넷과 인공위성, 초고속통신망 같은 장비들이 새로운 첨단 문명의 바벨
탑을 높이 쌓아 놓은 것이다. 마치 그 옛날 신이 서로 다른 언어로 우
리들을 떼어놓듯이 신은 다시 우리에게 그런 저주를 주는 것이리라.

어찌 보면 기술은 서로의 이해를 더욱 어렵게 만드는지도 모른다.
인터넷이나 위성 텔레비전 덕분에 우리는 상대방의 관점과는 상관없
이 우리 식의 해석이 달린 뉴스를 보게 된다. 따라서 우리의 고정 관념
은 그 뉴스를 통해서 더욱 확고히 굳어지게 된다. 나는 두바이 공항에
서 〈아랍 뉴스 네트워크〉 방송을 보고 있었다. 그 방송은 인기 있는 아
랍의 위성방송이었다. 늦은 밤이었는데 그 시각에 화면으로 보여 주는
내용은 이스라엘 사람들이 팔레스타인 사람들을 학대하는 장면들이었
다. 거기에는 팔레스타인 자살 폭탄 테러와 같이 사건의 원인이 되는
전후관계에 대한 해명은 한마디도 붙여지지 않았다. 단지 한편의 테러
영상 속에 암울한 배경 음악을 편집한 내용이었다. 나는 그 화면을 보
면서 속으로, '압둘라 왕세자가 이런 화면만을 보았으니 화가 날만도
했겠군. 그는 이런 화면만 줄곧 보아 왔던 것이 아닌가!' 하고 생각해
봤다. 이스라엘의 우익 방송인 〈예루살렘 포스트 온라인〉의 방송 내용
만 보는 미국에 사는 유대인들의 시선도 항상 편협하기는 마찬가지다.
인터넷도 마찬가지이다. 이제는 누구든지 CNN과 BBC의 기사 내용을
짜깁기해서 만들 수 있게 되었다. 인터넷을 통해서 자기 기호에 맞는
기사만 골라 모아서 의견을 같이하는 사람들과 채팅방이나 웹사이트
에서 이 내용을 주고 받을 수 있게 되었으며, 이런 사람들끼리 동료의
식을 발휘하게 된 것이다. 아랍의 젊은이들도 예닌이나 가자 지구 같
은 곳에서 일어났던 생생한 화면을 신문에 나기도 전에 이메일로 주고

받고 있다. 나도 그런 종류의 사진을 무수히 받아 본 적이 있다. 누가 어디서 어떻게 찍었는지 믿을 만한 증거도 없는 사진 말이다.

인터넷이 위험한 것은 그 기술력의 신비함 때문에 사람들이 쉽게 인터넷의 내용을 사실로 인정한다는 것이다. 사람들은 이제, "사실일 거야. 나도 인터넷에서 봤어." 하는 말들을 한다. 인터넷이 걸러지거나 제대로 편집되지 않은 정보들을 첨단의 기술력을 기반으로 그대로 대중에게 노출시키기 때문에 사람들은 이에 대해 신뢰성을 느끼게 된다. 인터넷을 통해 사람들은 영리해지고 정보에 빨리 접근하긴 하지만 획일화되기도 한다. 인터넷에 실린 소문들은 급속도로 하나의 사실로 자리잡게 된다. 특히나 교육을 제대로 받지 않은 사람들에게 문제가 되는데, 그들은 스스로 인터넷에 접속하지 않고도 주변의 네티즌들로부터 정보를 간접적으로 접하게 되는 것이다. 그 좋은 예가 4천 명의 유대인이 테러 당일 테러 정보를 입수해서 사고 현장을 피할 수 있었다는 소문이다.

"1930년대 사진기술이 보편화되기 시작할 무렵에 사람들은, '사진은 속일 수 없는 거야.' 하는 말들을 했지요. 그렇지만 이제 사람들은 카메라가 진실을 왜곡하는 훌륭한 도구로 이용되고 있다는 사실을 서서히 알게 되었습니다. 인터넷도 이 같은 기능이 있어요. 사람들은 인터넷의 수준 높은 기술력 때문에 인터넷에 실리는 정보를 사실로 받아들인답니다. 그렇지만 카메라처럼 인터넷도 거짓을 만들어요. 많은 사람들이 아직 그런 배경을 이해 못하고 있어요."라고 이스라엘 정치연구가 야론 에즈라히 씨가 말했다.

『뉴욕 타임스』(2002년 4월 21일자)에 조지 패커 씨가 이 같은 인터넷의 진실 왜곡 사례에 대해 다음과 같은 기사를 실었다.

어떤 점에서 보면 위성방송이나 인터넷은 세계인들에게 정보에 대한 왜곡된 시각을 갖게 만들고, 자제력을 잃게 만든다. 대중매체는 표면상으로 우리에게 익숙한 내용들을 다루지만, 배경 설명이나 걸러지는 내용이 없이 다루고 있다. 문제는 그 보도의 내용 자체가 아니다. 보도 내용이 매체를 타고 세계로 확산되면서 사람들은 보도 내용에 따라 이해를 같이하는 사람들끼리 자기들만의 영역을 확고히 하면서 오히려 배타적으로 변화한다.

세계를 하나로 통합하는 기술적인 능력은 빠르게 진행되고 있어서, 우리가 서로 다른 문화적·종교적·정치적인 배경을 가진 상대를 제대로 이해하기도 전에 통합이 진행되고 있다. 그런 이유로 우리는 상호 이해와 상호 몰이해와의 사이에서 머뭇거리고 있으며, '지구촌'은 실제로 의심과 루머와 반목으로 얼룩진 배타적 사회로 변모하고 있다.

이러한 현상은 9·11 테러 후의 여행을 통해서 발견하게 된 사실이다. 상황은 그렇게 나아지지 않고 있었고, 많은 사람들은 외부에서 일어나고 있는 통제할 수 없는 상황으로부터 자신들을 보호하려고 본능적으로 새로이 장벽을 쌓았다. 그 때문에 2천년대가 시작하는 새해 벽두부터 태동한 세계화가 빈 라덴으로 인해 큰 타격을 입게된 것이다. 미국은 세계 각국으로부터 자신들을 증오하는 들끓는 여론을 직면하면서 본능적으로 자신을 보호할 수 있는 장벽을 구축하려 하고 있다. 그 장벽은 이제 과거의 벽들과는 다른 것이다. 아마 단기적으로는 보호해 줄 수도 있겠지만, 현대 기술은 그 장벽을 자꾸만 또 허물어 뜨릴 것이다.

장기적으로 볼 때, 단 한 가지 해답은 사람들이 다른 상대방이 쌓아 놓은 벽에 대한 인식을 바꿔야 한다는 것이다. 그래서 서로 다른 문화와 정치적 전통의 차이를 극복해서 좁아진 세상을 함께 살아가야 한다. 이 숙제는 온라인상에서 다운로드를 받아서 할 수 있는 것이 아니다. 낡은 생각을 버리고 변화와 관용과 외교와 진정한 대화로써 이를 풀어 나가야 할 것이다. 나의 오랜 친구이자 전 베이루트 아메리카 대학의 심리학 교수인 리처드 데이 씨는 내가 두바이에 있는 그의 집에 잠깐 들렀을 때 이런 이야기를 했다. "우리가 세계화에서 살아남기 위해서는 서로를 잘 알고 이해해야 할 걸세. 이제까지는 그게 잘 이루어지지 않았어. 그저 남을 무시하기만 했지. 그렇게 되면 끝장이야."라고 말이다.

내가 이 문제에 관한 기사를 신문에 발표했을 때 국제 교육 연구원의 원장을 맡고 있는 알렌 E. 굳맨 씨는 나에게 같은 주제로 쓴 자신의 짧은 수필 한편을 보냈다.

약 1년 전인가, 인도네시아 교육부 장관을 방문한 일이 있었다. 교육부 장관 자신은 AFS라는 미국과의 학생 교류 프로그램을 통해서 고등학교 시절에 미국과 인연을 맺은 사람이다. 미국 아이오와의 한 가정에서 체류했던 그는 근방 500마일 전역을 통틀어 유일한 이슬람교도였다고 한다. 주인집 아주머니는 매일 새벽 기도 시간에 일어나서 그가 기도할 수 있도록 깨워 주었다는 것이다. 그는 "우리나라를 한 번도 와 본적이 없는 미국인 아주머니가 다른 나라의 문화와 종교를 존중해 준다는 사실을 알게 되었지요." 하고 지난 기억을 이야기해 주었다. 아마 그 장관도 그렇겠지만 그 주인집 아주머니도 평생을 두고 이 일을 잊지 못할 것이다. 그 기도 시간을 미국 동부 현지 시간으로 따지면 세 시에서 네 시였으니, 그 아주머니도 매일같이 그 시간에 일어났다는 얘기가 된다. 국제적인 교육이 수반되지 않고는 아무리 발달한 통신 장비를 가지고 국경을 넘나든다 해도 사람들의 사고 방식을 변화시키기란 어렵다. 또한 정확한 정보를 공유하기도 어렵다. 뉴스를 올리고 인터넷을 운영하는 어떤 사람도 아이오와 같은 곳의 쌀쌀한 새벽에 일어나서 모하메드라는 낯선 아이가 기도할 수 있게 깨워 주고 따뜻한 아침밥을 준비해 주는 일을 하기란 쉽지 않은 일이다.

9·11 이후 많은 사람들이 이 좁아진 세계를 좀더 이해해야 할 필요성을 직감적으로 느꼈을 것이다. 이런 이유로 실제 아마존닷컴에서 하룻밤 사이에 이슬람이나 아랍 사회에 관한 책이나 코란이 100대 베스트셀러가 되기도 했다. 그러나 유감스러운 것은 아랍의 아마존닷컴에서도 미국의 문화에 관한 책들이 그 정도로 성황리에 팔리지 못했다는 것이다. 다른 상대방을 이해하려는 노력은 똑같이 진행돼야 한다. 이것이 우리가 문명 안팎으로 치러야 할 전쟁인 것이다. 중동전문가 스티븐 코헨 씨는 "우리는 문명 내부에서도 한 사회내의 개혁 세력과 보수 세력과의 전쟁을 치르고 있고 한 문명과 다른 문명 사이에서도 전쟁을 치르고 있다."라고 말했다.

이제 첨단기술의 시대에 어떠한 장벽도 우리를 외부의 도전으로부터 보호해 줄 수는 없게 되었다.

장벽들

생각해 보니 이 글은 원래 쓰게 된 동기가 되었던 지점인 테러의 현장에서 마무리하는 것이 옳을 듯 싶다.

2002년 4월에 있었던 한 파티에서 키가 큰 한 기자가 내게 다가오더니 자기소개를 했다. 이름은 제임스 글랜즈이고『뉴욕 타임스』과학부 기자라고 했다. 9·11 테러 두 달 후 그는 다른 기자들과 무역센터 건물 지하 6층에 있는 패스역을 다녀왔다고 한다. 그 곳의 일부는 손상되지 않았다고 한다. 그는 거기에서 나와 관계될 만한 것을 발견했다고 하였다.

"우리는 폭발 잔해를 헤치고 화물차 입구 쪽으로 갔어요." 하고 감질나게 해 놓고는 나머지 이야기는 이틀 뒤에 해 주었다. "불빛도 없이 손전등을 들고 들어갔어요. 상상이 좀 어려우실 겁니다만, 그 곳은 마치 폭격을 맞은 것 같았어요. 배관과 빔들이 천장에 매달려 흔들리고 뒤섞인 차들이 다 부서져 있었지요. 그 곳에서 우리는 차 한대가 고열로 녹아 말 그대로 반죽이 되어 버린 모양을 보았어요. 선생님도 건물 20층이 주저앉아서 6인치 높이로 떨어져 나간걸 보셨을 겁니다. 한 고철 빔은 녹아서 3피트 정도 높이의 석순이 되었어요. 마치 선사시대의 동굴로 내려온 것 같았죠. 정말 믿기지 않았어요. 그리고 몇 미터를 더

내려가니 패스역이 있더군요. 그 곳에는 '통근자 카페' 라는 곳이 있었는데 여전히 주점 뒤편의 선반에는 물병들이 있었고 음료수 컵들도 가지런히 놓여 있더군요. 근처에는 탑승구로 연결되는 회전문들이 있었는데 몇몇은 그대로였어요. 그러나 아래를 주의하지 않으면 그 밑으로는 미궁으로 빠질 구멍들이 있었죠."

"회전문을 통과하면 전철 플랫폼으로 연결되는 에스컬레이터가 있는데 그 곳에는 아직 손상되지 않은 열차들이 있었어요. 한 열차를 보니 절반은 멀쩡했지만 나머지 반은 천정에서 떨어진 물체에 의해서 심하게 파손돼 형체를 알아볼 수 없더군요. 내부에 붙여진 광고를 읽으면서 그 열차 안으로 들어가는데, 머리 속에는 일상적인 모습과 살육 현장의 서로 다른 모습이 한꺼번에 떠오르는 겁니다. 이런 것들을 다 경험하고 돌아서니 내 뒤에 나무 벤치 같은 것이 보였어요. 그 위에 마개를 따지 않은 아이스 차 캔이 있는 것 같았어요. 그래서 옆의 사람에게 손전등을 비춰 달라고 해서 그 캔에 적힌 상표를 보았어요."

"바로 옆에서 손전등을 옆으로 비치니 벤치 저쪽 끝에 『뉴욕 타임스』의 특집기사란이 펼쳐져 있는 것을 보았어요. 어두워서 잘 보이지 않았는데, 그 위에는 미세한 흰색 먼지가 덮여 있었지요. 자세히 보니 그 페이지의 오른쪽 상단 부분에 선생님의 칼럼이 있더군요. '장벽들'이라고 붙인 제하의 선생님 칼럼말입니다. 로버트 프로스트 씨의 시가 생각나더군요. '벽을 좋아하지 않는 것이 있었지/그 아래로 얼어붙은 땅이 융기하고/상층에 누운 돌을 태양위로 내몰고/벽을 좋아하지 않는 것이 있었지/벽이 몰락하길 바랬지.'"

"낮은 맨해튼의 중심에서 장벽을 세우는 일은 문명으로 일구어 낸 일이죠. 이 장벽은 자연이 파괴한 것이 아니라 반 문명 세력이 파괴했어요. 이런 반 문명 세력이 있다는 걸 이전엔 누구도 몰랐을 겁니다. 그런데 그 파괴의 세력은 문명이 가장 발달한 도시 가운데에 나타난 것입니다. 그 곳은 우리가 일구어 놓은 문명을 가장 극명하게 보여주는 상징적인 도시였던 것입니다. 저는 밀실 공포 증세가 있는 사람은 아니지만 그 아래로 모든 벽들이 떨어져 내릴 것 같은 느낌을 받았어요. 선생의 칼럼을 보니까 마치 그 기사가 사실로 나타난 것 같더군요."

그래서 그 신문을 어떻게 했냐는 나의 질문에, 그는 "그 곳은 마치 베수비오 화산을 만난 폼페이와도 같더군요. 그 신문을 치우고 싶다는 느낌도 나질 않고 해서 그냥 그 곳에 두고 다음날 그에 관한 기사를 썼지요. 이 이야기를 선생께 해드리고 싶었어요. 그렇게 그 곳에서 선생의 칼럼을 봤는데, 지금은 그 신문 어디 있을지 모르겠군요." 하고 말을 맺었다.

먼 발치에서 보면 미국을 영원히 보호해 줄 것처럼 보였으나 테러와 더불어 처참히 내려앉은 그 장벽, 문명의 활동을 보호해 줄 것처럼 보였으나 테러에 유린당한 그 장벽, 미국 시민민주주의 종교의 사원인 세계무역센터를 떠받치기 위해 존재했으나, 끝내 수많은 사람들을 생매장시키며 무너져 내린 그 장벽. 제임스의 직감은 적중했다. 9·11에 관한 많은 이야기들이 장벽과 그 장벽이 어떻게 해서 무너졌는가 하는 데 집중되어 있었다.

기술의 발달로 사람들의 의사 소통과 거래가 손쉬워지고, 작은 집단들이 세계 이곳 저곳을 누비면서 대 혼란을 일으키기도 하는 이 세상에, 하루에도 수많은 장벽들이 허물어지고 있는 이 세상에서 우리는 어떻게 살아가는 법을 배워야 하는가? 이 문제는 새로운 세기를 맞이하면서 풀어야 할 숙제이다.

이 글을 마치면서 하고 싶은 말이 있다. 나는 항상 건강하고 오래 살아서 내 딸아이의 결혼식에서 음악에 맞추어 춤도 추고 싶고, 내 나이

일흔이 넘어서도 골프장을 다녀 보고 싶다는 생각을 했었다. 그러한 평소의 바람이 지금 이 순간에는 과거 어느 때보다도 더 강렬해진다. 그것은 어떤 이유에서일까? 나의 이 글에 진정으로 마침표를 찍는 날이 궁금해지기 때문이다. 그 날을 기다려 본다.

평소 언론인으로서의 내 경륜이 늘 그랬던 것처럼, 이번에 발간된 책 역시 나와 『뉴욕 타임스』가 함께 만들어 낸 작품이다. 나는 아서 슐츠버거 씨에게 여러 가지로 신세를 많이 졌다. 그는 내가 『뉴욕 타임스』에서 외교 칼럼니스트로 활동할 수 있도록 배려해 주었을 뿐만 아니라, 일할 수 있는 여건을 만들어 주었다. 덕분에 나는 언제든 세계 도처를 마음대로 돌아다닐 수 있었고, 내가 바라는 기사를 쓸 수 있었다. 세계에서 이렇게 해외 뉴스에 해박한 논평을 할 수 있는 신문은 단 하나 슐츠버거 가족이 이끌고 있는 『뉴욕 타임스』밖에 없다.

현재 『타임스』의 수석 편집위원장인 호웰 레인스 씨는 워싱턴 지국의 지국장이었으며, 수석 논설 편집위원이었다. 9·11 테러가 발생했을 때 그는 내게 취재할 곳을 알려 준 아주 중요한 친구이자 조언자다. 게일 컬린스는 2001년 9월에 호웰의 뒤를 이어 편집위원이 되었다. 내가 게일과 대화를 시작한 것은 9월 11일 이스라엘에서 그녀에게 전화를 걸었을 때가 처음이었다. 대부분의 기사가 이 책으로 엮일 수 있게 된 것은 그녀의 도움이 컸다. 이 책에 수록된 기사들이 집필되던 때는 테러로 인해 힘든 상황임에도 그녀는 내게 최대한 배려해 주었으며, 이 책 발간 계획이 결실을 볼 수 있도록 많은 협조를 해 주었다. 그녀의 모든 노력에 깊은 감사의 말을 전한다. 게일의 동료이자 나의 오랜 친구인 필 타우맨 씨에게도 감사의 인사를 전한다.

『뉴욕 타임스』의 모든 출판을 관장하는 톰 갈리와 마이크 레비타스도 이번 출판 계획과 관련한 복잡한 일들을 맡아서 고맙게도 잘 처리해 주었다. 그 두 사람과 나의 오랜 문학적 조언자이자 긴밀한 친구인 에스더 뉴버그는 아직도 이 책의 출판을 위해 대화를 나누고 있다. 지금하면 세 번째로 하는 말이지만 에스더가 최고라고 말해 주고 싶다. 그리고 역시나 세 번째로 하는 말이지만 내 친구이며 훌륭한 편집자인 조나단 갈라 씨에게도 최고라는 말을 전한다. 나는 15년 동안 책 3권을 집필했는데, 그 작업 역시도 이 사람들과 줄곧 같이 일해 왔다. 더 이상 훌륭할 순 없을 것이다.

이 책에 출간된 모든 칼럼들은 처음에 『뉴욕 타임스』에 실렸던 내용들이다. 이 모든 내용들을 『뉴욕 타임스』에서 발간하려고 스티브 피커링 씨와 슈 커비 씨가 편집한 적이 있다. 그들은 모두 최선을 다해 주었다. 그 두 사람에게도 깊은 감사를 드린다. 또 훌륭한 나의 보조자 마야 골만 씨는 모든 칼럼을 집필하고 책을 만드는 데 아낌없는 도움을 주었다. 그녀와 함께 일했다는 사실이 행운이라고 생각한다.

또 나의 모든 칼럼들을 시종일관 함께 챙겨 주느라 애를 쓴 나의 지적동반자 스티븐 코헨. 그가 가지고 있는 중동과 아랍, 이스라엘에 대한 명쾌한 지식은 이 세상 누구도 따라오지 못할 것이다. 그는 훌륭한 영감으로 내게 현장의 이곳 저곳에서 많은 사실을 접할 수 있도록 큰 힘을 보태 주었다. 매일같이 나에게 조언을 해 주었던 존스 홉킨스 대학교 국제관계대학원의 외교전문가 마이클 만델바움. 그는 역사에 대한 해박한 지식을 가지고 있었을 뿐만 아니라 현장에 있는 내 목소리를 잘 들어 주고 그것들을 잘 편집할 수 있도록 많은 노력을 기울인 사람이다. 모든 것들이 내겐 소중한 도움이었다. 후버 연구소의 외교전문가로 활동하는 래리 다이아몬드 씨는 내가 도움이 필요할 때면 항상 시간을 내서 파키스탄을 비롯하여 이 책에 기술된 모든 나라들의 국내 사정에 대해서 조언을 아끼지 않았다. 그리고 헤브루 대학의 정치학자 야론 에즈라히는 대화를 나눌 때마다 새로운 생각을 떠오르게 했다. 그의 말과 영감이 내 기사와 비망록의 내용에 지대한 영향을 주었음을 밝힌다. 나의 오랜 친구인 랍비 데이비드 하트만 역시 많은 종교적인 지식을 전해 주었다.

전 파키스탄의 외교가이자 집필가이며, 현재 카네기 재단에 소속해 있는 후세인 하카니 씨도 내게 파키스탄에 관한 해박한 지식을 나눠 주었다. 아랍에서 내게 이메일을 보내 주었던 많은 친구들, 그 가운데 특히 나디아, 호아이다, 세레나, 라미스, 파디, 사미르에게 감사드린다. 가끔 내 의견에 동의하고, 다투기도 했던 사람들이지만 모두가 내게 솔직한 그들의 의견을 전해 준 사람들이다. 이들 모두에게 감사드린다.

특별히 나의 골프 친구들에게도 감사의 말을 전하고 싶다. 조엘

핀켈스타인, 조나단, 레슬리 플러치크, 알렌 코츠, 댄 호니그, 잭 머피, 프랭크 라즈노프스키, 스티브 울프, 조지 스티븐, 버논 조단. 그들 덕분에 나는 9·11 이후에도 그린에 나가 머리를 식히며 마음을 안정시킬 수 있었던 것 같다. 물론 그 때문에 돈이 조금 들긴 했지만 말이다.

마지막으로 나의 아내 앤. 그녀는 내 측근에서 가장 중요한 편집자 역할을 해 주었다. 그녀는 나의 흠을 그냥 보아 넘기지 못하는 사람이었고, 덕분에 나는 항상 내가 할 수 있는 최대의 노력을 다할 수 있었다. 그녀와 같이 살면서 친구가 되고 영감을 같이 공유할 수 있다는 게 다행스럽다. 또 우리 부부가 나의 어머니와 장인 장모님을 든든한 후원자로 모시고 있다는 사실이 고맙게 생각된다. 그리고 나의 두 딸 올리와 나탈리. 그 아이들은 아빠가 식탁에서 훈계조로 털어 놓는 많은 칼럼 내용들을 들어야 했다. 또한 9·11 이후 기념품도 제대로 살 수 없는 외진 곳으로 여행을 했던 많은 날들을 아빠 없이도 잘 참아 주었다.

이처럼 줄줄 늘어놓은 온갖 고마움에 보답하기 위해 이 책을 그들 모두에게 바친다.

KI신서 2231

경도와 태도

1판 1쇄 인쇄 2010년 2월 20일
1판 1쇄 발행 2010년 2월 25일

지은이 토머스 L. 프리드먼 **옮긴이** 김성한 **펴낸이** 김영곤 **펴낸곳** (주)북이십일 21세기북스
기획편집 최인수 **디자인** 에이틴 **마케팅·영업** 최창규 서재필
출판등록 2000년 5월 6일 제10-1965호
주소 (우413-756) 경기도 파주시 교하읍 문발리 파주출판단지 518-3
대표전화 031-955-2100 **팩스** 031-955-2122
이메일 book21@book21.co.kr **홈페이지** www.book21.co.kr **커뮤니티** cafe.naver.com/21cbook

책 값은 뒤표지에 있습니다.
ISBN 978-89-509-2181-1 13320